Oral 2

Deuxième partie

Connaissance du système éducatif

Éric Tisserand

Directeur adjoint de l'ESPE de l'académie de Strasbourg

SOMMAIRE

Connaissance du système éducatif et de l'école primaire

Sommaire

**Retrouvez le corrigé et un exemple d'entretien sur : www.editions-foucher.fr*

Se préparer à l'oral « CSE » à l'aide de cet ouvrage

La seconde épreuve orale est notée sur 100 et comprend deux parties : EPS (voir la partie EPS de cet ouvrage) et connaissance du système éducatif, de l'école et capacité à se situer en futur professeur des écoles notée sur 60. Durée totale de la préparation : trois heures ; durée totale de l'épreuve : une heure et quinze minutes (pour la partie CSE : 15 minutes d'exposé et 30 minutes d'entretien).

Le sujet se présente sous forme d'un dossier de cinq pages constitué de plusieurs textes et accompagné de plusieurs questions.

Il n'y a pas de programme précis et détaillé pour cette partie. On peut néanmoins en dessiner un contour très général. Il s'agit d'avoir quelques références en philosophie, histoire et sociologie de l'éducation, dans les approches psychologiques et sociologiques des processus de d'apprentissage et de socialisation mais aussi dans les approches didactiques et pédagogiques. Les membres du jury peuvent s'attendre à des connaissances assimilées dans les domaines :

- de l'école et son fonctionnement : les programmes, les cycles, les conseils, les projets, le travail d'équipe, les évaluations, l'éducation prioritaire, le statut de l'élève, l'aide aux élèves en difficulté, les élèves à besoins éducatifs particuliers, le partenariat, les parents...
- de l'école en tant qu'institution : héritage d'un long processus historique, ses missions (éduquer, instruire, former), les valeurs, le fonctionnement,
- des missions de l'enseignant et des spécificités du professeur d'école : polyvalence, rapport au savoir, neutralité politique et religieuse, adhésion à la déontologie du métier, courants et méthodes pédagogiques, différenciation, hétérogénéité, bases didactiques de l'enseignement, numérique...

Les fiches Mémo tentent de respecter, dans ses grandes lignes, le référentiel des compétences communes à tous les professeurs et les personnels d'éducation, acteurs du service public d'éducation. Elles vous donnent les éléments de base pour réactualiser vos connaissances sur le système éducatif français (organisation, valeurs, objectifs, histoire et enjeux contemporains) et développer votre capacité à vous situer en tant qu'agent du service public (éthique, sens des responsabilités, engagement professionnel), à vous situer comme futur acteur de la communauté éducative en particulier celle d'une école primaire, à vous situer comme futur praticien expert des apprentissages et porteur de savoirs et d'une culture commune, à vous situer comme futur pédagogue et éducateur au service de la réussite de tous les élèves (éthique, sens des responsabilités, engagement professionnel).

Les fiches Méthode et les sujets de la partie 2 vous permettent de vous préparer à l'exposé et à l'entretien, et de vous y entraîner.

1 Faire partager les valeurs de la République

La première des compétences du référentiel des compétences communes à tous les professeurs et les personnels d'éducation est « faire partager les valeurs de la République ».

1 Comprendre ce qu'est la République

« La France est une République indivisible, laïque, démocratique et sociale. Elle assure l'égalité devant la loi de tous les citoyens sans distinction d'origine, de race ou de religion. Elle respecte toutes les croyances. Son organisation est décentralisée » (Article 1 de la Constitution de 1958).

La langue de la République est le français. L'emblème national est le drapeau tricolore, bleu, blanc, rouge. L'hymne nationale est la « Marseillaise ». La devise de la République est « Liberté, Égalité, Fraternité ». Son principe est : gouvernement du peuple, par le peuple et pour le peuple » (Article 2 de la Constitution de 1958).

A. La République française est un espace du consensus social et politique

Ce consensus social et politique est le produit d'un long combat, contre la monarchie et l'Église. Il est la première base sur laquelle se construit l'identité nationale française et affirme l'existence d'un **pacte social**, renouvelé à chacune des générations, le partage d'une **citoyenneté** corrélée à celle de l'identité nationale, l'usage d'une **même culture politique**, consensus politique, tant à droite qu'à gauche. Enfin, cette **identité** est pensée comme **universelle**.

B. La République française est un régime constitutionnel

La France est une **république indivisible** : La République est donc un « tout » qui ne peut être disjoint au nom de revendications régionales. Il n'existe en France qu'un seul peuple. La nation reconnaît l'égalité parfaite de tous ses enfants.

- La France est une **république laïque**, dans laquelle est appliqué un principe voté en 1905, la séparation de l'État des Églises.
- La France est une démocratie : le pouvoir est mis à disposition du peuple qui élit des représentants. Ceux-ci gouvernent en son nom. Concrètement, c'est le Premier ministre nommé par un Président élu qui gouverne avec un Parlement élu au suffrage universel direct.
- La France est une **république sociale**. Elle assure par la contribution de tous une solidarité dans un grand nombre de domaine, ainsi que l'égalité dans l'accès à tous les services.
- Enfin, depuis les années 1980, la France est une **république décentralisée**, l'État transférant des responsabilités et des charges aux collectivités locales, communes, départements et régions.

À propos de la citoyenneté

La **citoyenneté** est la qualité du citoyen, c'est-à-dire l'appartenance à un État en l'occurrence démocratique. Elle peut être envisagée et vécue comme une simple appartenance à une démocratie ou de façon informée, impliquée et volontaire. Une citoyenneté éclairée met en jeu une éducation morale et aux valeurs, la connaissance des institutions de leur fonctionnement, des droits et devoirs du citoyen et la réflexion sur les fondements de la démocratie et leur application au quotidien.

La citoyenneté définit un ensemble de droits et de devoirs réciproques. Le citoyen réclame légitimement de l'État le respect de ses droits parce que l'État réclame légitimement du citoyen l'accomplissement de certains devoirs (respecter la loi, participer aux dépenses collectives en fonction de ses ressources, défendre la société dont il est membre si elle se trouve menacée). Qui, membre de la cité ou d'un État, jouit de droits, doit remplir des devoirs. C'est le résultat de l'intégration d'un individu dans un groupe social donné, dont la loi détermine les modalités. Toute démocratie suppose l'égalité des citoyens, leur liberté et l'allégeance à la loi de la majorité.

Le citoyen n'est pas seulement un sujet de droit individuel. Il détient une partie de la souveraineté politique. L'ensemble des citoyens d'une nation choisit ses gouvernants par l'élection et est donc à la source du pouvoir. C'est ce qui légitime les décisions prises par les gouvernants, représentants des citoyens élus par eux et restant sous leur contrôle par l'intermédiaire des élections. On a affaire à une démocratie représentative (délégation de pouvoir) et non pas participative (tout individu participe directement aux choix opérés).

2 Les valeurs de la République

A. La liberté

« Les hommes naissent et demeurent libres et égaux en droits » (Article 1 de la Déclaration des Droits de l'Homme et du Citoyen, 1789).

Le **Contrat républicain** impose le respect de l'égalité entre tous, la réciprocité entre les Hommes, l'existence d'une loi commune qui définit l'ensemble des libertés, l'obéissance à la loi commune, qui impose un gouvernement par le peuple et pour le peuple et enfin que chacun reconnaisse la volonté commune comme étant la sienne propre.

Cette **liberté** se décline en libertés de l'individu et notre démocratie reconnaît à tous des droits fondamentaux de différentes natures :

▸ **Droits à jouir de la liberté (pouvoir d'agir)**

Liberté de la propriété (garantie par la loi afin qu'il existe une égalité de succession, une égalité entre hommes et femmes et entre enfants, quelle que soit le statut légal du mariage), **liberté de la vie privée et de la vie familiale** (les biens sont protégés et le domicile est inviolable. L'individu bénéficie du secret de sa correspondance. L'État en outre ne favorise par une forme de famille, ne s'occupe pas de l'orientation sexuelle des Français...), **liberté religieuse** (qui est garantie par l'article 10 de la Déclaration de 1789 : « *Nul ne doit être inquiété pour ses opinions, même religieuses, pourvu que leur manifestation ne trouble pas l'ordre établi par la loi* »). Cette liberté affirme d'abord le droit de croire ou de ne pas croire, de pratiquer une religion, d'en changer... La République ne reconnaît pas depuis 1905 de religion d'État. Elle entend être neutre, tout en garantissant la **liberté de conscience**, la **liberté de circulation**, les libertés **d'opinion**, **d'expression** (droit de penser et de s'exprimer librement avec des limites : interdiction de porter atteinte à la réputation d'autres personnes et de professer des opinions racistes ou antisémites), **d'association**, de se marier, d'être présumé innocent si le citoyen est arrêté par la police et présenté à la justice selon une loi égale pour tous, une **liberté d'entreprendre**, un droit de **grève**, une **liberté syndicale**...

▸ **Droits sociaux (pouvoir d'obliger l'État à agir)**

Droit à l'**éducation**, à la **santé**, aux **loisirs**, au **travail**, d'être candidat à toutes les fonctions publiques...

B. L'égalité

Consubstantielle à la liberté, l'**égalité** naît dans le contexte de la Révolution française qui entend mettre fin aux privilèges et garantir après des siècles d'inégalité de statuts une même loi pour tous, sans distinction de naissance, de condition. Elle marque la disparition des privilèges de naissance et permet de distinguer les individus entre eux par les « vertus » et les « talents ».

« La France assure l'égalité devant la loi de tous les citoyens sans distinction d'origine, de race ou de religion » (Article 1, Constitution 1958).

La République condamne au titre de cette égalité toutes les formes de **discriminations** : selon les origines, son sexe, son âge, les mœurs, la situation familiale, l'appartenance confessionnelle, l'ethnie, le parti politique...

Une autorité constitutionnelle indépendante, le « **Défenseur des droits** », a été mise en place en 2011 et a pour mission de veiller à la protection des droits, des libertés des citoyens et des enfants et de promouvoir l'égalité.

La France a adopté le 31 mars 2006 une **loi pour l'égalité des chances** présentée comme une réponse aux situations d'inégalités et de discrimination qui touchent les populations des quartiers difficiles, notamment les jeunes. Elle est parfois dénoncée comme une tentative de faire entrer dans les promotions une notion de quota, sur critères ethno-raciaux. Afin de garantir l'égalité, il convient d'être attentif à la capacité qu'ont les groupes à se reproduire aux postes et aux fonctions, aux jonctions entre milieu social et réussite scolaire, à comprendre tout le flou de la notion de mérite personnel et à envisager toutes les formes de discriminations.

La Nation mise sur l'école gratuite et obligatoire pour atteindre cet idéal d'égalité.

Ainsi, l'école actuelle promeut la mixité sociale mais aussi mixité entre les sexes. La nouvelle convention interministérielle pour l'égalité entre les filles et les garçons, les femmes et les hommes dans le système éducatif (2013-2018) traduit la conviction selon laquelle la réussite de tous les élèves est liée à la manière dont l'École porte le message de l'égalité, l'incarne et en assure l'effectivité. Destinée à ancrer l'égalité entre les filles et les garçons dans les pratiques des acteurs de l'école, cette convention ouvre trois chantiers prioritaires :
- la transmission des valeurs d'égalité entre les filles et les garçons ;
- le renforcement de l'éducation au respect mutuel et à l'égalité entre les filles et les garçons, les femmes et les hommes ;
- l'engagement pour une mixité plus forte des filières de formation et à tous les niveaux d'étude.

C. La fraternité

La **fraternité** est moins présente dans les grands textes et moins utilisée aussi, pour ses deux dimensions, d'une part chrétienne et d'autre part maçonnique. La fraternité ne se décline pas en droit mais impose aux citoyens une obligation de type morale. On aurait aujourd'hui tendance à vouloir remplacer la fraternité par la solidarité. La fraternité se renforce du fait de la prise en charge par l'État de la question de la régulation sociale.

D. La laïcité

NB. Le concept de laïcité est développé dans l'ouvrage *Le système éducatif en fiches mémos*, fiche 5 : Neutralité, laïcité.

Tentons dans ce paragraphe de démonter les liens intimes entre laïcité, égalité et liberté.

▸ Définir la laïcité

La laïcité est une doctrine à la fois philosophique et politique. Au plan philosophique elle repose sur l'affirmation que l'Homme est essentiellement un être libre et raisonnable qui peut régler sa vie (donc jouir de sa liberté) en usant de sa raison. Au plan politique, elle pose que l'organisation de la « cité » doit être fondée sur ce constat, et ne saurait donc en aucune manière être fondée sur les religions, les croyances qui ne relèvent pas de la raison mais de la foi. La laïcité est donc le concept permettant de faire vivre la liberté et l'égalité.

▸ Laïcité, liberté, égalité et neutralité : être au clair avec ces notions et comprendre leurs liens

La laïcité protège la liberté de croire ou de ne pas croire, elle assure à chacun la possibilité d'exprimer et de pratiquer paisiblement sa foi, mais ceci dans la sphère privée. La **liberté de conscience** permet donc à chaque citoyen de choisir sa vie spirituelle et religieuse. Elle doit nécessairement s'accompagner de l'égalité en droits des options spirituelles et religieuses qui interdit toute discrimination et toute contrainte. Enfin, elle a pour corollaire la **neutralité** du pouvoir politique (et de ses services publics) qui reconnaît ses limites en s'abstenant de toute ingérence dans le domaine spirituel ou religieux. Le principe de neutralité est expressément inscrit dans la loi de 1905, repris par la Constitution de 1946 et de 1958. La neutralité du service public a été consacrée comme un corollaire du principe d'égalité. Par contre, toute tentative d'ingérence, de prosélytisme dans la sphère publique est combattue vigoureusement.

La laïcité

Garantit et exige la neutralité de la sphère publique → **Sphère publique :** le citoyen; Contrat social ; valeurs républicaines

Garantit la liberté et le respect de la sphère privée → **Sphère privée :** l'individu; Foi ; croyances

Nous reviendrons sur ceci en première partie de la fiche Mémo 3.

Laïcité, égalité, liberté sont donc des notions intrinsèquement liées garantissant chacune l'existence de l'autre. Ces principes sont des fondements majeurs de la République et donc de l'école républicaine. Empreinte de liberté, d'égalité et de fraternité, la laïcité est le fondement du pacte républicain.

Comment éduquer à ces valeurs ?

L'école a pour mission :

- **de transmettre les valeurs de la République** énumérée précédemment quelles que soit la diversité des cultures pour les transcender et dégager des savoirs et valeurs fondateurs de notre démocratie et permettre l'adhésion de tous à la nation au-delà des origines, des appartenances, des religions et des communautés ;
- **de faire vivre ces valeurs**. Il appartient à l'école de faire vivre ces valeurs, de développer et de conforter le libre arbitre de chacun, de garantir l'égalité entre les élèves et de promouvoir la fraternité ;
- **de faire comprendre ces valeurs** en les inscrivant dans ce qui fonde notre démocratie. À ce titre, il faut se garder de développer un relativisme des valeurs.

▸ L'enseignement moral et civique et le parcours citoyen

Les activités collectives en maternelle, l'**enseignement moral et civique** par la suite constituent des moments privilégiés pour faire progresser la tolérance et le respect de l'autre et travailler in situ les valeurs laïques. Cet enseignement est dispensé à l'ensemble des élèves et une progression est construite du cours préparatoire à la Terminale.

Mais il ne faut pas limiter le travail sur les valeurs à cet enseignement : c'est un travail de tous les jours dans toutes les disciplines et à toutes les occasions. Ainsi dès la rentrée 2015 est mis en place un **parcours citoyen** du CP à la Terminale, articulé autour de l'enseignement moral et civique mais aussi d'une éducation aux médias et à l'information prenant pleinement en compte les enjeux du numérique et de ses usages, de l'enseignement aux élèves du jugement, de l'argumentation et du débat dans les classes dès l'école élémentaire.

▸ Onze mesures pour une grande mobilisation de l'École pour les valeurs de la République

En réaction aux attentats de janvier 2015, Najat Vallaud-Belkacem a présenté onze mesures issues de la grande mobilisation de l'École pour les valeurs de la République, jeudi 22 janvier 2015.

Retrouvez-en le détail sur : www.education.gouv.fr/cid85644/onze-mesures-pour-un-grande-mobilisation-de-l-ecole-pour-les-valeurs-de-la-republique.html

Respecter et faire respecter les principes fondamentaux du service public d'éducation

Un service public est une activité exercée directement par l'autorité publique (État, collectivité territoriale ou locale) ou sous son contrôle, dans le but de satisfaire un besoin d'intérêt général.

Le professeur se doit de connaître, respecter et faire respecter les grands principes détaillés dans cette fiche.

1 Le service public sert l'intérêt général

Le critère juridique essentiel du **service public** est l'intérêt général dont l'État est le garant. Il est défini par le législateur, et sa mise en œuvre échoit à l'administration, sous l'autorité du gouvernement et sous le contrôle du juge. Ainsi, il est d'intérêt général que nos enfants soient éduqués et formés. Lorsque la puissance publique prend en mains elle-même l'activité d'intérêt général ou de la confie à un organisme public ou privé étroitement contrôlé par elle, bénéficiant de privilèges et soumis à des obligations spécifiques, on se trouve alors en face d'un service public. L'intérêt général implique l'affirmation des valeurs de la République dont émergent les principes du service public, système de référence qu'un fonctionnaire doit utiliser comme points d'appui de ses actes.

2 Cinq grands principes applicables à tout service public dont l'enseignement

Le principe d'égalité devant le service public

La République « *assure l'égalité devant la loi de tous les citoyens sans distinction ou d'origine, de race, de religion* [...] *la loi garantit à la femme dans tous les domaines des droits égaux à ceux de l'homme* [...] *la Nation garantit l'égal accès de l'enfant et de l'adulte à l'instruction, à la formation professionnelle et à la culture.* » (Extraits de la constitution de 1858).

Conséquence : l'État doit mettre en œuvre un droit d'égal accès au service public et respecter un traitement égal devant le service public.

À l'égalité d'accès s'ajoute l'égalité de traitement ou de fonctionnement qui s'énonce en ces termes : à situations égales, il doit y avoir traitement égal, mais à situations différentes, il peut y avoir traitement différent. L'application du principe d'égalité n'est de ce fait pas mécanique : il impose seulement qu'à des situations semblables soient appliquées les mêmes règles ; il n'interdit pas qu'à des situations non semblables soient appliquées des règles différentes. Ainsi, l'enseignement considéré comme un service public doit offrir à chaque enfant les mêmes possibilités d'accès à l'école et la même qualité des prestations servies et reconnaître que les enfants sont très différents les uns des autres et que leur appliquer les mêmes méthodes pédagogiques est vraisemblablement le plus mauvais service à leur rendre.

Le principe de neutralité du service public

Le service public est gestionnaire d'une activité d'intérêt général, aucun usager éventuel ou usager réel ne peut donc être écarté de l'accès aux prestations, sauf pour des raisons légales et réglementaires. L'affirmation de **neutralité** poursuit un but clairement défini : éviter que des usagers ne fassent pas confiance au service public porteur d'une idéologie et éviter que le service ne procède à des exclusions pour des raisons idéologiques. La neutralité est respect de la liberté de conscience.

« Corollaire du principe d'égalité, la neutralité garantit le libre accès de tous aux services publics sans discrimination. Intimement liée à la nature de l'État républicain, à son rôle de gardien des valeurs républicaines, la neutralité doit s'inscrire dans l'activité quotidienne des services publics. Elle implique la laïcité de l'État, l'impartialité des agents publics et l'interdiction de toute discrimination fondée sur les convictions politiques, philosophiques, religieuses, syndicales ou tenant à l'origine sociale, au sexe, à l'état de santé, au handicap ou à l'origine ethnique. Tout usager dispose donc des mêmes droits face à l'administration et les procédures doivent être garantes de son impartialité. » (Charte des services publics, 18 mars 1992)

Sont posées ainsi deux règles absolues :

1. le service public doit être assuré sans discrimination des personnels et des usagers en fonction de leurs opinions politiques (neutralité politique), religieuses (neutralité religieuse), syndicales, politiques...
2. le service public reste impartial.

Le principe produit deux ensembles de conséquences juridiques : les unes relatives à l'usage des locaux du service public, les autres au comportement des personnels. Tout agent du service public est tenu à une impartialité absolue dans l'exercice de ses fonctions et doit traiter les usagers de manière égale. Il ne peut faire acte de propagande politique ou religieuse, ni faire de prosélytisme. Ce principe postule donc l'abstention et l'impartialité. Il se fond dans celui de l'égalité dès lorsqu'il implique la non-discrimination des personnes et des opinions (races, convictions politiques, religieuses). Il se précise en une obligation de réserve qui limite l'expression des agents publics et impose le principe de laïcité.

Nous proposons de détailler le principe de neutralité appliqué à l'école dans la troisième partie.

Le principe de continuité du service public

Ce principe vise le fonctionnement ponctuel et régulier du service public et correspond en somme à « *la nécessité d'une présence permanente de la puissance publique pour assurer la vie de la société* », a le caractère d'un principe de valeur constitutionnelle, ce qui impose de le concilier avec le droit de grève, lui aussi principe de valeur constitutionnelle.

Le principe de mutabilité/adaptabilité du service public

Le service public assumant une fonction d'intérêt général, il doit se transformer, modifier ses objectifs et finalités, ses propres règles de fonctionnement pour mieux assurer ses fonctions ou pour tenir compte des changements extérieurs des conditions économiques et sociales.

3 À propos du respect de la laïcité à l'École dans le cadre de la neutralité

La **laïcité**, principe constitutionnel de la République, est un des fondements de l'école publique.

A. Les articles de référence du Code de l'éducation

- « *L'organisation de l'enseignement public gratuit et laïque à tous les degrés est un devoir de l'État.* » (Article L141-1).
- « *Suivant les principes définis par la Constitution, l'État assure aux enfants et aux adolescents dans les établissements publics d'enseignement la possibilité de recevoir un enseignement conforme à leurs aptitudes dans un égal respect de toutes les croyances. L'État prend toutes dispositions utiles pour assurer aux élèves de l'enseignement public la liberté des cultes et de l'instruction religieuse.* » (Article 141-2).
- « *Les écoles élémentaires publiques vaquent un jour par semaine en outre du dimanche, afin de permettre aux parents de faire donner, s'ils le désirent, à leurs enfants l'instruction religieuse, en dehors des édifices scolaires. L'enseignement religieux est facultatif dans les écoles privées.* » (Article L141-3).
- « *L'enseignement religieux ne peut être donné aux enfants inscrits dans les écoles publiques qu'en dehors des heures de classe.* » (Article L141-4).
- « *Dans les établissements du premier degré publics, l'enseignement est exclusivement confié à un personnel laïc.* » (Article L141-5).

Loi de séparation de l'Église et de l'État (1905)

Article 1 : « *La République assure la liberté de conscience, elle garantit le libre exercice des cultes sous les seules restrictions (édictées ci-après) dans l'intérêt de l'ordre public.* »

Article 2 : « *La république ne reconnaît, ne finance, ni ne subventionne aucun culte.* » Il s'agit donc de la dissociation de la citoyenneté et de l'appartenance religieuse. La loi de 1905 consacre d'une part la neutralité de l'État face aux religions et d'autre part la garantie par la loi de la liberté de conscience et d'opinion.

Remarque Partie intégrante de l'Allemagne de 1870 à 1918, l'Alsace-Moselle conserva le statut concordataire négocié entre Napoléon et le pape en 1801. Ce statut impose à l'État de reconnaître trois cultes officiels, le catholicisme, le protestantisme et le judaïsme, de rémunérer et de loger les ministres du culte (qui dépendent du ministère de l'Intérieur), d'entretenir les édifices religieux, d'organiser un enseignement obligatoire de la religion à l'École réalisé dans le temps scolaire, soit par les professeurs des écoles, soit par des catéchèses. Deux facultés d'État, une catholique et une protestante à Strasbourg, délivrent des diplômes de l'enseignement supérieur. L'État régule les cultes, nomme l'évêque, après accord du Saint-siège.

B. La neutralité du service public d'enseignement

À l'école, comme ailleurs, les croyances religieuses de chacun sont affaire de conscience individuelle et relèvent donc de la liberté. Mais, à l'école où se retrouvent tous les jeunes sans aucune discrimination, l'exercice de la liberté de conscience impose que l'ensemble de la communauté respecte un principe de neutralité.

La liberté de conscience respectée
Aux termes de l'avis, rendu le 27 novembre 1989 à la demande du ministre de l'Éducation nationale, le Conseil d'État a estimé que « *le principe de laïcité de l'enseignement public, qui est l'un des éléments de la laïcité de l'État et de la neutralité de l'ensemble des services publics, impose que l'enseignement soit dispensé dans le respect, d'une part, de cette neutralité par les programmes et par les enseignants, et, d'autre part, de la liberté de conscience des élèves* ». Ainsi, l'éducation ne condamne aucune croyance ou opinion et elle ne prend parti pour aucune. Un enseignant ne peut se servir de ses fonctions à des fins de propagande ou de prosélytisme, soit par son comportement, soit par son enseignement.
Mais une liberté encadrée
Néanmoins, la jurisprudence administrative reconnaît qu'il peut être imposé aux usagers et au personnel de limiter les manifestations de leurs opinions dans les établissements accueillant des services publics. Le Conseil d'État a clairement posé quatre blocs d'obligations qui ont chacune été confirmées par des décisions des tribunaux administratifs validant les exclusions prises en vertu de ces motifs : 1. Sont prohibés les actes de pression, de provocation, de prosélytisme, ou de propagande ; 2. Sont rejetés les comportements pouvant porter atteinte a la dignité, au pluralisme ou a la liberté de l'élève ou de tout membre de la communauté éducative ainsi que ceux compromettant leur santé et leur sécurité ; 3. Sont exclus toute perturbation du déroulement des activités d'enseignement, du rôle éducatif des enseignants et tout trouble apporté a l'ordre dans l'établissement ou au fonctionnement normal du service ; 4. Les missions dévolues au service public de l'éducation ne peuvent être affectées par les comportements des élèves et notamment le contenu des programmes et l'obligation d'assiduité.

C. Les obligations des personnels de l'école

Des personnels neutres
Les enseignants ont une obligation de neutralité et de réserve renforcée par rapport aux autres agents publics car « *rien n'est plus vulnérable qu'une conscience d'enfant* ». En conséquence, dans l'exercice de leurs fonctions, « *les enseignants, du fait de l'exemple qu'ils donnent explicitement ou implicitement à leurs élèves, doivent impérativement éviter toute marque distinctive de nature philosophique, religieuse ou politique qui porte atteinte à la liberté de conscience des enfants ainsi qu'au rôle éducatif reconnu aux familles. L'enseignant qui contreviendrait à cette règle commettrait une faute grave. À raison du trouble apporté au fonctionnement de l'établissement, il serait susceptible d'être immédiatement suspendu dans l'attente d'une action disciplinaire.* » (Circulaire du 12 décembre 1989, dite circulaire Jospin). Le Conseil d'État a établi « *qu'il n'y a pas lieu d'établir une distinction entre les agents de ce service public selon qu'ils sont ou non chargés de fonctions d'enseignement* ». Les obligations mentionnées s'appliquent à tous les personnels de l'école.
Des lieux neutres
Le principe de neutralité des services publics s'oppose à ce que soient apposés sur les édifices publics, et notamment sur les écoles, des signes symbolisant la revendication d'opinions politiques, religieuses ou philosophiques.
Une neutralité étendue
Le service public de l'éducation n'a pas vocation à mener des activités commerciales et l'obligation de se garder de toute « marchandisation » et de la publicité d'un produit. Le principe de neutralité trouve donc une extension dans le principe de neutralité commerciale. Sont interdits les prospections, démarchages, publicités à l'école, les recommandations aux familles de commerçants ou de marques pour l'achat de fournitures scolaires. Les interventions des entreprises à l'école sont régies par un « Code de bonne conduite » qui prohibe le démarchage en milieu scolaire, la diffusion des données personnelles des élèves. Pour plus de précision, référez-vous à l'ouvrage ***Le système éducatif en fiches mémos***, fiche 5 : Laïcité et neutralité.

D. Les obligations des élèves

La liberté de conscience, de croyance religieuse des élèves est reconnue. Elle s'inscrit dans le cadre de l'article 10 de la Déclaration des Droits de l'Homme de 1789 : « *Nul ne doit être inquiété pour ses opinions, même religieuses, pourvu que leur manifestation ne trouble pas l'ordre établi par la loi* ». Tout acte de **propagande** ou de **prosélytisme** religieux ou confessionnel est interdit. « *L'enseignement public est laïque. Aucune forme de prosélytisme ne saurait être admise dans les établissements.* » (Circulaire du 15 mai 1937).

C'est dans ce cadre que s'applique la loi du 15 mars 2004 encadrant en application du principe de laïcité le port de signes ou de tenues manifestant une appartenance religieuse dans les écoles, collèges et lycées publics qui a prévu que le Code de l'éducation comprenne un article L.141-5-1 qui précise : « *dans les écoles, les collèges et les lycées publics, le port de signes ou tenues par lesquels les élèves manifestent ostensiblement une appartenance religieuse est interdit »*. Cet article indique également que dans chaque établissement scolaire, « *le règlement intérieur rappelle que la mise en œuvre d'une procédure disciplinaire est précédée d'un dialogue avec l'élève.* » (Article L141-5-1).

L'application de la loi sur le port de signes religieux

La loi s'est appliquée à la rentrée 2004. Comme le précisait le président Chirac dans son discours du 17 décembre 2003 : « *Il ne s'agit pas d'inventer de nouvelles règles ni de déplacer les frontières de la laïcité* ». Comme son nom l'indique, cette loi ne vise pas à refonder la laïcité mais simplement à préciser son application dans un contexte qui a évolué. Aucun article d'une loi existante n'a été abrogé et le législateur ne considère pas qu'il y ait atteinte au respect de la liberté de conscience.

La circulaire du 18 mai 2004, publiée au B.O. du 27 mai 2004 a pour but de clarifier l'application de la loi.

▸ Nature des signes et des tenues interdits

« *Les signes et tenues qui sont interdits sont ceux dont le port conduit à se faire immédiatement reconnaître par son appartenance religieuse tels que le voile islamique, quel que soit le nom qu'on lui donne, la kippa ou une croix de dimension manifestement excessive. La loi est rédigée de manière à pouvoir s'appliquer à toutes les religions et de manière à répondre à l'apparition de nouveaux signes, voire à d'éventuelles tentatives de contournement de la loi.*

La loi ne remet pas en cause le droit des élèves de porter des signes religieux discrets. » La loi « *n'interdit pas les accessoires et les tenues qui sont portés communément par des élèves en dehors de toute signification religieuse. En revanche, la loi interdit à un élève de se prévaloir du caractère religieux qu'il y attacherait, par exemple, pour refuser de se conformer aux règles applicables à la tenue des élèves dans l'établissement.* »

▸ Qui est concerné ?

« *La loi s'applique à l'ensemble des écoles et des établissements d'enseignement scolaire publics* ». *Elle ne concerne pas les établissements privés.* « *La loi s'applique à l'intérieur des écoles et des établissements et plus généralement à toutes les activités placées sous la responsabilité des établissements ou des enseignants y compris celles qui se déroulent en dehors de l'enceinte de l'établissement (sortie scolaire, cours d'éducation physique et sportive...)* ».

▸ Face à un élève transgressant la loi

Il faut entamer un dialogue avec la famille. Ce dialogue ne consiste pas en une négociation mais a pour but de rappeler la loi et de convaincre. « *La loi doit être appliquée dans le souci de convaincre les élèves de l'importance du respect du principe de laïcité [...] la priorité doit être donnée au dialogue et à la pédagogie. Ce dialogue n'est pas une négociation et ne saurait bien sûr justifier de dérogation à la loi* ».

En cas de refus, la loi républicaine doit être appliquée. Un refus délibéré de l'élève de se conformer à la loi entraîne une procédure disciplinaire dans le secondaire et un signalement à l'autorité académique pour le primaire.

Les élèves doivent suivre tous les enseignements correspondant à leur niveau de scolarité. Cette règle découle du principe de l'obligation scolaire. Un élève ou sa famille ne peuvent pas refuser d'étudier une partie du programme, d'effectuer une activité et se dispenser de certains cours. L'emploi du temps en vigueur dans l'établissement s'impose aux élèves.

4 Deux autres principes

A. L'obligation scolaire

Les articles de référence du Code de l'éducation	« *L'instruction est obligatoire pour les enfants des deux sexes, français et étrangers, entre six ans et seize ans.* » (Article L131-1). « *Cette instruction obligatoire est assurée prioritairement dans les établissements d'enseignement.* » (Article L131-1-1). « *L'instruction obligatoire peut être donnée soit dans les établissements ou écoles publics ou privés, soit dans les familles par les parents, ou l'un d'entre eux, ou toute personne de leur choix. Un service public de l'enseignement à distance est organisé notamment pour assurer l'instruction des enfants qui ne peuvent être scolarisés dans une école ou dans un établissement scolaire.* » (Article L131-2).
Un principe : l'obligation d'instruction	Cette instruction est obligatoire pour tous les enfants, garçons et filles, nationaux et étrangers entre 6 et 16 ans y compris les enfants en situation de handicap. L'obligation s'applique à compter de la rentrée scolaire si l'âge de six ans est atteint au 31 décembre de l'année en cours. Un enfant de 6 ans révolus, fréquentant l'école maternelle, est soumis à l'obligation scolaire. Hormis ce cas de figure, l'école maternelle n'est pas obligatoire, bien que plébiscitée par une écrasante majorité de parents. S'il est possible de se voir refuser une inscription pour un enfant de deux ans en maternelle, l'inscription des 3 à 5 ans est de droit, celle des 6 ans obligatoire et à la charge des parents. Les personnes responsables d'un enfant soumis à l'obligation scolaire doivent le faire inscrire dans un établissement public ou privé. En cas de changement de résidence, ces formalités doivent être accomplies dans les 8 jours. Le caractère obligatoire de l'enseignement concerne l'assiduité, la participation à toutes les activités et à tous les contenus de l'enseignement prévus par les programmes y compris en maternelle. Le non-respect de l'obligation de scolarisation est sanctionné, les sanctions allant de la suspension des allocations familiales à l'emprisonnement (Article 227-1 du Code pénal).

Les dérogations à l'obligation de fréquentation d'une école	Les personnes responsables d'un enfant soumis à l'obligation scolaire peuvent lui faire donner l'instruction dans la famille par leurs propres moyens. Ils en font chaque année la déclaration au DASEN et au maire. Dès lors, les enfants font, dès la première année et tous les deux ans, l'objet d'une enquête de la mairie (ou à défaut du préfet) aux fins d'établir quelles sont les raisons de ce choix, et s'il leur est donné une instruction compatible avec leur état de santé et les conditions de vie de la famille. Le résultat de cette enquête est communiqué au DASEN qui, au moins une fois par an, fait vérifier que l'enseignement assuré est conforme au programme. Si tel n'est pas le cas, les parents sont enjoints d'améliorer leur performance dans un certain délai. Si le problème persiste, ils sont mis en demeure d'inscrire, dans les quinze jours, leur enfant dans un établissement public ou privé.

B. La gratuité

La **gratuité** est fondée pour l'enseignement élémentaire dans les écoles publiques par la loi du 16 juin 1881. Elle fut ensuite élargie aux écoles maternelles, aux classes enfantines ainsi qu'au second degré et à l'enseignement agricole public.

Les articles de référence du Code de l'éducation	« *L'enseignement public dispensé dans les écoles maternelles et les classes enfantines et pendant la période d'obligation scolaire est gratuit.* » (Article L132-1). « *L'enseignement est gratuit pour les élèves des lycées et collèges publics qui donnent l'enseignement du second degré, ainsi que pour les élèves des classes préparatoires aux grandes écoles et à l'enseignement supérieur des établissements d'enseignement public du second degré.* » (Article L132-2).
Ce qui est gratuit	Le principe : la gratuité concerne l'ensemble de la prestation d'enseignement dispensé à l'école. – Pas de droit d'inscription. – Pas de participation financière aux activités obligatoires c'est-à-dire celles se déroulant durant le temps scolaire inscrites dans l'emploi du temps dans le cadre des programmes qu'elles aient lieu dans les locaux scolaires ou en dehors. – Pas de participation aux fournitures communes (à usage collectif) de l'école.

Ce qui est à charge de familles	- Fournitures scolaires individuelles* - Les activités facultatives peuvent donner lieu à une contribution financière des familles à condition de : 1) demander l'autorisation des parents ; 2) faire en sorte que, dans la mesure du possible, tous les élèves de la classe puissent bénéficier de l'activité y compris ceux dont les familles disposent de peu de moyens. Des solutions permettant d'alléger le coût peuvent être envisagées (subvention mairie, fonds de la coopérative...).*

* Plusieurs textes, dans une perspective d'éducation à la consommation, ont tenté de mettre en place des règles de bonne conduite pour limiter prescriptions d'achat de fournitures scolaires et moraliser les pratiques. Les enseignants doivent faire preuve de modération. Il leur est interdit de recommander une marque ou un fournisseur (*cf.* principe de neutralité). Les collectivités publiques et établissements concernés veillent à ce que la fabrication des produits achetés n'ait pas requis l'emploi d'une main-d'œuvre enfantine dans des conditions contraires aux conventions internationales reconnues.

3 Connaître la politique éducative de la France

Différentes institutions se voient confier des missions impulsées par les politiques, évaluées et régulées. Le système éducatif est l'instrument de la politique éducative française.

1 En préambule : que veut dire éduquer ?

Éduquer
Éduquer est une notion ambiguë et complexe qui consiste à élever un enfant (composante qui concerne particulièrement les familles et correspond à une éducation spontanée et non intentionnelle, un éveil des aptitudes sans qu'il n'y ait programmation), enseigner (désigne *a contrario*, une éducation intentionnelle assurée par les professionnels d'une institution dont les buts sont explicites, les méthodes plus ou moins codifiées) et former (fonction sociale de l'éducation : préparation de l'individu à telle ou telle fonction sociale). Ces trois dimensions sont à la fois complémentaires et antagonistes. Ceux qui élèvent sont peu performants pour enseigner car impatients, anxieux, trop liés affectivement à l'enfant. L'enseignant, lui, n'est pas là pour être aimé ou aimer mais pour faire apprendre. Il enseigne quelque chose à quelqu'un : l'objet de l'enseignement est l'élève. Le formateur a comme objet de son action la fonction sociale qu'il va faire acquérir à la personne. Aussi différentes qu'elles soient, ces approches sont fédérées par le fait qu'elles font apprendre. Éduquer, c'est permettre à l'enfant d'apprendre à devenir homme et d'accéder progressivement à la culture. En ce sens, toute éducation est une socialisation. Comme le précise Durkheim, « *l'éducation est* ***l'action exercée par les générations adultes sur celles qui ne sont pas encore mûres pour la vie sociale****. Elle a pour objet de susciter et de développer chez l'enfant un certain nombre d'états physiques, intellectuels et moraux que réclament de lui et la société politique dans son ensemble et le milieu spécial auquel il est particulièrement destiné [...]* ***l'éducation consiste en une socialisation de la jeune génération*** ».
Socialiser
La socialisation est le processus au cours duquel l'individu intériorise les normes (règles et usages établis), les valeurs et les comportements que la société veut lui inculquer, ce qui le rend apte à s'intégrer dans le monde social. Ce processus d'acquisition des connaissances, des modèles, des valeurs, des symboles, bref des « manières de faire, de penser et de sentir » propres aux groupes et à la société où il est appelé à vivre est vital pour que l'individu puisse élaborer son identité. Il s'agit pour lui à la fois de s'intégrer mais aussi de se singulariser, se positionner dans l'espace social qui n'est pas uniforme. Les processus d'intériorisation des règles, normes, sont complexes : modelage social et acculturation, besoin de sécurité et de se conformer au groupe, apprentissages qui sont par nature sociaux.

Socialiser

La société a besoin d'assurer la cohésion sociale par la socialisation. La cohésion sociale correspond à l'état d'une société unie par des valeurs et/ou des règles de vie communes acceptées par tous. Les individus composant les différents groupes se sentent ainsi solidaires et animés de buts communs. Ceci renforce l'attraction des individus les uns par rapport aux autres et leur attachement au groupe et à la société.

Éduquer/instruire : deux termes antinomiques ?

Une distinction entre éduquer et **instruire** est souvent envisagée. L'éducation viserait plus à développer des valeurs, des habitudes, des conduites, une moralité que des connaissances alors que l'**instruction**, par la transmission de savoirs, viserait à former l'esprit et le jugement.

Cet antagonisme entre ces deux termes, héritage direct des débats de la révolution, semble exagéré. Kant inscrit l'instruction comme un pôle de l'éducation (la partie positive), l'autre (la partie négative) étant la discipline. Quant à ceux qui, comme Condorcet, pensent que l'instruction suffit à elle seule à instituer le citoyen, ils confèrent à leur définition de l'instruction une dimension éducative. Finalement, ne peut-on pas considérer que l'éducation englobe l'action de développer chez un individu des facultés morales, physiques mais aussi intellectuelles ?

2 L'école, institution spécialisée d'instruction et d'apprentissage de la citoyenneté

A. Une mission de l'école : assurer instruction et socialisation méthodique de la jeune génération

Les objectifs de l'enseignement en France d'après le Code de l'éducation – Article L. 122-1

« Le droit de l'enfant à l'instruction a pour objet de lui garantir, d'une part, l'acquisition des instruments fondamentaux du savoir, des connaissances de base, des éléments de culture générale et, selon les choix, de la formation professionnelle et technique et, d'autre part, l'éducation lui permettant de développer sa personnalité, d'élever son niveau de formation initiale et continue, de s'insérer dans la vie sociale et professionnelle et d'exercer sa citoyenneté. »

L'éducation scolaire, ses finalités

L'**école** est une institution voulue par et pour la société mais conçue autour de et pour l'enfant. À l'école, l'élève est traité comme une fin. C'est pour lui qu'il travaille, c'est sa propre autonomie qu'il apprend. L'école est une microsociété avec pour mission de transmettre des connaissances et de faire vivre ensemble des enfants qui devront vivre ensemble plus tard.

L'éducation scolaire, ses finalités

Sa fonction d'intégration est de préparer l'individu à s'insérer dans la société de demain. Elle les dote d'une langue (patrimoine inaliénable d'une nation), de savoirs fondamentaux, de valeurs communes et les fait accéder au patrimoine d'une société permettant ainsi d'assurer l'unité de la nation. L'école dispense des savoirs organisés, adaptés et pensés didactiquement de façon à être à la portée de l'enfant et à s'enchaîner logiquement. Il s'agit de savoirs désintéressés, sans finalité professionnelle et à long terme.

Sa seconde mission est de discriminer les individus dans l'espace social en les différenciant. Le fonctionnement même d'une société impose cette mission de différenciation. Et cette fonction de préparer les enfants à leur future tâche professionnelle n'est pas sans soulever questions et tensions. L'école primaire est moins concernée par cette dimension que le Secondaire.

Les missions civiques de l'école sont donc :
- de former et de nourrir l'adhésion à la collectivité de l'élève ;
- de donner à tous les élèves les moyens concrets de participer à la vie publique ;
- d'édifier une culture, un sentiment d'appartenir à un univers restreint ;
- de dépasser les appartenances premières, familiales, particulières, historiques, spirituelles, religieuses, linguistiques, financières…

Chaque société se fixe un certain idéal de l'Homme, de ce qu'il doit être du point de vue intellectuel, physique et moral et se dote d'un système d'éducation en adéquation avec cet idéal, et qui s'impose aux individus. Le système éducatif est garant du renforcement de l'homogénéité de la société en préparant les enfants, individus à identités hétérogènes à devenir de futurs citoyens animés par une part d'identité commune universelle.

Pourquoi confier à l'école cette mission ?

L'enfant est bien sûr socialisé dans sa famille. Mais il l'est selon certaines particularités : ethniques, linguistiques, religieuses, politiques, sociales, culturelles… Face à la diversité des modes de fonctionnement des familles, on peut reprendre l'idée de Durkheim qui confie à l'école le soin d'assurer la socialisation méthodique des jeunes générations. Elle a ainsi un rôle unificateur et est vecteur de rationalité et d'homogénéité.

De même, la famille peut certes être considérée comme une microsociété, mais particulière, qui ne reflète pas totalement ce qu'est la société. Elle permet de tisser des liens sociaux de nature affective ou interpersonnels mais pas institutionnels. Or il faut que l'enfant puisse intérioriser de tels liens. L'école lui permet, puisque les relations entre le maître et l'élève sont régies par des rapports institutionnels. Elle représente l'intermédiaire entre la famille et le monde.

L'école n'est pas la famille. L'école est l'espace où s'apprend, en théorie, tout ce qui ne peut s'apprendre au sein de la famille : des normes communes, une identité collective, des usages sociaux, certains principes… Elle refuse toute définition communautaire de la classe, malgré les pressions et des revendications (alimentation, habitude de vie…). Le projet de l'école publique républicaine est celui de l'école du citoyen. Elle possédait un projet de formation morale et civique de l'enfant du peuple, qui devait réaliser le projet républicain et être émancipateur de ses appartenances confessionnelles, linguistiques et particulières.

B. Le statut de l'enfant à l'école : un apprenti citoyen

L'enfant à l'école est un **élève**. Il a un rôle social et fait l'apprentissage des rapports sociaux institutionnels. Il est confronté aux normes et aux valeurs de la République au travers de la microsociété qu'est l'école.

Mais cette microsociété n'est pas totalement à l'image de la société :
- l'école est soumise aux lois de la République mais dispose de ses propres règles internes contractualisées dans le règlement intérieur. C'est une entité qui a ses propres règles de fonctionnement.
- l'élève n'est pas un citoyen à part entière. Il est un citoyen mineur, un « apprenti citoyen » sous la responsabilité d'un individu majeur, le professeur qui tient un rôle social (celui d'éduquer). Le maître n'est donc pas l'égal des élèves. Son rang, son statut, sa fonction lui confèrent une autorité définie institutionnellement dont il fait usage.

3 L'école, pilotée dans le cadre d'une politique éducative

A. Qu'est-ce qu'une politique éducative ?

Définir une **politique éducative** revient à préciser des ambitions, des objectifs, des finalités des principes, une ligne de conduite qui fournissent la base de l'octroi des moyens au service de ces éléments, de la planification détaillée et de l'action effective en termes d'éducation. Ces éléments constituent le guide de la prise de décision et il convient de se livrer à l'évaluation des résultats par rapport aux objectifs initiaux afin de réajuster cette politique.

Toute politique éducative est influencée par des déterminants sociaux (niveau de chômage, structure familiale, confits sociaux…), démographiques (effectifs, immigration…), économiques (finances, orientation budgétaire, situation mondiale…), juridiques, technologiques (essor des nouvelles technologies) mais aussi philosophiques (humanisme, valeurs…), idéologiques (communisme, socialisme, libéralisme, conception marchande de l'éducation…), moraux (morale laïque)…

B. Comment est-elle mise en œuvre ?

Un président de la République est élu sur un programme politique. Il nomme un ministre de l'Éducation nationale qui met en application ce programme et fait adopter des lois et publier des textes officiels. Le ministre élabore un projet éducatif en s'appuyant sur des organes consultatifs, divers experts, des conseillers, en consultant des chercheurs, des praticiens, des partenaires, des parlementaires… Pour décliner cette politique, il est aidé par une administration, la France s'étant dotée d'une institution centralisée au service de l'Éducation, et des relais locaux. Le système est donc composé de « décideurs » et d'acteurs devant appliquer les orientations prises et les directives. Des « contrôleurs », les corps d'inspection veillent à vérifier l'adéquation entre les préconisations et les actes sur le terrain (voir fiche 6).

C. La traduction de la politique éducative : les textes officiels

La fiche 3 retrace les principes fondamentaux du système éducatif français s'appuyant sur des valeurs à respecter et valoriser. La mise en œuvre d'une politique éducative se matérialise par des **textes officiels** publiés au journal officiel et au **bulletin officiel de l'Éducation nationale (B.O.E.N.)**. Les lois découlent des options politiques de la majorité qui gouverne et les autres textes officiels les déclinent.

Globalement, on peut considérer que le projet général se traduit par la loi d'orientation de 2013 (voir fiche 6), par les programmes scolaires (voir fiche 6) qui sont transmis aux acteurs du terrain (les enseignants au service des élèves), qui doivent les mettre en acte avec une liberté pédagogiques réaffirmée.

La hiérarchie des textes réglementaires

▸ Les textes législatifs : les lois

Au sens large, une **loi** est une disposition normative et abstraite posant une règle juridique d'application obligatoire. En France, les lois sont proposées par le gouvernement ou les parlementaires et votées par l'Assemblée nationale et le Sénat. Elles sont publiées au Journal Officiel.

▸ Les textes réglementaires

Les textes réglementaires sont issus du pouvoir exécutif. On distingue :
- le **décret** : acte administratif unilatéral pris par les deux plus hautes autorités exécutives de l'État (le président de la République et le Premier ministre). Décision exécutoire à portée générale, notamment nécessaire pour la mise en application des articles d'une loi.
- l'**arrêté** : décisions administratives prises en application des décrets par les ministres, les préfets, les sous-préfets et par les maires en fonction des attributions que leur confèrent la Constitution et les Lois. Ils concernent des textes qui doivent être régulièrement revus (programmes, calendrier scolaires...).
- la **circulaire** : note d'organisation interne à un service émise par le fonctionnaire qui en assure la direction.
- l'instruction, les **notes de service** : documents internes du ou des chefs hiérarchiques explicatifs de la méthode ou du mode de fonctionnement qu'il faut appliquer pour la bonne marche du service.

▸ La hiérarchie des normes

1. Le bloc de constitutionnalité (la Constitution de 1958, Préambule de 1946) ; 2. Le droit international (traités) et le droit communautaire (directives/règlements) ; 3. La loi ; 4. Les principes généraux du droit ; 5. Le décret ; 6. L'arrêté ; 7. La circulaire ; 8. Les instructions et notes.

En cas de dispositions contradictoires dans différents textes, c'est la disposition figurant dans le texte de plus haute hiérarchie qui s'impose.

Connaître les principales étapes de l'histoire de l'école et les enseignements à en tirer

Étudier l'histoire de l'enseignement, c'est s'intéresser aux étapes, aux heurts et soubresauts qui ont jalonné la longue maturation du système éducatif français à plusieurs degrés. C'est aussi faire les liens avec des approches sociologiques, politiques, idéologiques de l'enseignement essentielles au regard sur l'École d'aujourd'hui. Comprendre l'histoire de notre école permet de mieux en appréhender les spécificités.

1 Les repères chronologiques

A. L'Ancien Régime : le contrôle par l'Église

L'origine des écoles est lointaine. En 789, l'empereur Charlemagne instaure dans tous les évêchés des écoles de lecture destinées aux futurs prêtres et fonctionnaires.

La création des premières universités où s'inscrivent les élèves qui savent lire, écrire et qui maîtrisent le latin date du Moyen-Âge.

À l'époque moderne, du XVIe au XVIIe siècle, les Jésuites mettent en place un réseau de collèges qui prennent de l'essor, jusqu'à rivaliser avec les universités et drainer de plus en plus d'étudiants.

L'école primaire reste balbutiante dans les campagnes, exception faite des tentatives de Charles Demia et Jean-Baptiste de la Salle. Dans les bourgs, par contre, le clergé et la bourgeoisie mettent en place des écoles gratuites. Les élèves sont répartis en classes de niveaux d'âge et de connaissances.

Jusqu'au XVIIIe siècle, l'école est sous tutelle de l'Église. L'État se décharge sur le clergé pour éduquer.

Le milieu du XVIIIe siècle voit un fort investissement de l'État dans certains domaines touchant surtout aux formations professionnelles (écoles militaires, des ponts et chaussées, par exemple), une remise en question de la place de l'Église et des débats sur la responsabilité de l'État en matière d'éducation. Un fort courant influencé par les idéaux du siècle des Lumières prône une éducation « nationale » soustraite à l'influence de l'Église. Il se heurte bien souvent à cette dernière qui reste très puissante.

B. La Révolution française et l'Éducation nationale

Les premiers révolutionnaires attendent beaucoup de l'instruction et de l'éducation. Il s'agit de rompre avec la mainmise de l'Église, d'articuler primaire et secondaire, de contrôler les écoles de province par le pouvoir central, de savoir s'il faut privilégier instruction ou éducation, et enfin de déterminer à qui et jusqu'où divulguer le savoir. L'enseignement est, de ce fait, l'un des enjeux cruciaux de la Révolution et suscite de nombreux et ardents débats avec des positions très contrastées et des lois successives résolument en porte-à-faux les unes par rapport aux autres. Condorcet propose en 1792 un dispositif laïc et non obligatoire d'instruction publique indépendant du pouvoir politique. Ce dispositif vise à former des citoyens libres et éclairés. Critiqué car ne se mettant pas assez au service de la Révolution, il est écarté. Les Montagnards, animés de visées plus ciblées sur l'éducation que sur l'instruction, se focalisent presque exclusivement sur l'enseignement élémentaire. À la suite de Thermidor, on observe une inversion des préoccupations. Les thermidoriens se soucient plus de l'éducation des élites et allègent l'intervention de l'État dans l'élémentaire tout en conservant un dispositif laïc et public qui cohabite avec des établissements privés. Ce dispositif scolaire est théoriquement bien organisé et structuré mais dans les faits souffre d'une absence de financement qui rend la situation des établissements précaire et désastreuse. Seules les institutions secondaires peuvent fonctionner correctement et sont l'objet de l'attention de l'État

C. De la Révolution aux monarchies du XIXe : lente et chaotique émergence d'une école publique

L'ambition n'est pas de détailler les réformes successives mais de pointer quelques faits saillants.

Le système napoléonien (1804-1814) : prise en main par l'État pour le secondaire, retour de l'Église
Napoléon a renforcé la responsabilité de l'État : il a jeté les fondements du dispositif éducatif actuel centralisé et hiérarchisé. Il s'agit pour lui de disposer d'une administration publique avec un corps enseignant au service de l'État en place, fidèle à l'Empereur et garant des préceptes de la religion catholique (voir Concordat). Mais il a porté ses efforts uniquement sur l'enseignement secondaire chargé de sélectionner et former les élites : ouverture des lycées, constitution d'une administration des lycées, baccalauréat (1808), enfin collation des grades par l'Université. Il a abandonné l'école primaire aux communes et négligé l'instruction des filles. Il a par ailleurs abrogé l'essentiel des dispositions prises par la Révolution en matière d'éducation populaire, délaissé le rôle de l'État dans ce domaine et abandonné le principe de laïcité.
La Restauration (1814-1830) : le retour du contrôle ecclésiastique et des notables
Maintien du dispositif napoléonien jugé suffisamment docile pour défendre « la religion et la fidélité au souverain ». Contrôle de l'école par l'Église, essor des congrégations, reconnaissance de la lettre d'obédience pour diplôme d'enseignement.
La monarchie de juillet (1830-1848) : reprise en main de l'État
Le ministre Guizot fait le constat de la déshérence du primaire. Il prône la notion de service public d'enseignement afin d'instaurer un « gouvernement des esprits » et rend ceci opérationnel par une loi permettant de donner un nouvel essor à l'enseignement primaire : la loi Guizot du 28 juin 1833 marque l'interventionnisme de l'État dans l'organisation, les contenus, les supports (manuels) et la pédagogie de l'enseignement élémentaire. Il dote l'État d'une inspection (1835), avant de généraliser les dispositions de la loi de 1833 aux filles (1836).

Le début de la IIe République (la Révolution de 1848)
La révolution de 1848 proclame la IIe République qui reste liée à l'adoption du suffrage universel masculin. Le rôle des enseignants est donc de former des citoyens de la république qui iront voter. Carnot, ministre de l'Instruction publique, souhaite une réorganisation de l'Éducation primaire sur les bases de la neutralité et de la liberté, de la gratuité et de l'obligation. Il s'appuie sur les enseignants dont il veut améliorer le sort et en faire des défenseurs de la république (les « hussards » de la République).
IIe République (1852-1860) : une reprise en main par la bourgeoisie et l'Église
Une vague de défiance et de méfiance à l'égard des instituteurs laïcs accompagne le retour à l'ordre. Falloux (1811-1886), ministre de l'Instruction publique et des Cultes de Napoléon III, fait voter en 1850 la loi portant son nom dite aussi « loi du parti de l'ordre » qui donne à l'Église la meilleure part : elle surveille et contrôle les programmes y compris de l'enseignement public, facilite l'ouverture d'écoles privées et supprime pour les instituteurs congréganistes et les sœurs l'obligation du brevet de capacité.
La fin du Second Empire : des avancées
L'Empire étant devenu « libéral », divers acquis sociaux sont négociés : suppression du délit de coalition en 1864, essor d'organisations, en particulier la Ligue de l'enseignement de Jean Macé qui propose alors pour l'avenir un programme d'éducation pour tous, gratuit, public, laïc et obligatoire. En 1867 également, Victor Duruy fait voter une loi renforçant la gratuité pour les pauvres sans instaurer l'obligation scolaire, empêchant de nouveaux congréganistes de rentrer dans l'école laïque et réorganisant les écoles normales. Chaque commune d'au moins 500 habitants est tenue de posséder une école de filles. Le programme de l'école primaire est modifié, introduisant l'histoire et la géographie.

Cette période voit s'initier les grands débats quant au projet d'une éducation pour tous... Le projet se cantonne alors exclusivement à l'enseignement primaire, permettant à la bourgeoisie de préserver le lycée qui demeure l'école de l'élite.

D. La IIIe République, Jules Ferry et l'école publique, gratuite, laïque

À partir de 1789, lentement, le grand idéal des assemblées révolutionnaires tend à se réaliser : l'émergence d'une école publique sous le contrôle de l'État. La IIIe République cimente cette évolution. La République est proclamée mais les républicains doivent conquérir le pouvoir par les urnes, tout au long d'une décennie où le pays reste aux mains des conservateurs.

À partir de 1879, une série de lois modifie considérablement les libertés : liberté de la presse, loi sur le divorce, droit de fonder un syndicat... Parallèlement, concernant l'École, **Jules Ferry** (1832-1893) réorganise le système scolaire. Admirateur de Condorcet, il veut une école populaire de la république, neutre, obligatoire et gratuite qui permettrait de résoudre le problème de l'éducation du peuple.

En dix ans, il va faire voter de nombreux textes remaniant profondément le système. Il rend le primaire obligatoire et gratuit et sécularise l'enseignement public en exigeant un personnel d'État entièrement laïc. Le primaire est organisé en écoles maternelles, élémentaires, manuelles, supérieures, ces dernières constituant l'aboutissement de la scolarité des enfants des classes sociales défavorisées ou moyennes. En rendant l'école gratuite, laïque et obligatoire, Jules Ferry veut achever l'unité nationale et forger des citoyens républicains. Il s'agit de permettre à tous d'accéder à l'instruction primaire pour lutter contre l'ignorance dont profitent cléricaux et monarchistes, d'assurer la promotion sociale par l'instruction et le mérite au sein uniquement du premier degré, de substituer à la religion une morale laïque fondée sur l'ordre, le respect de la propriété et l'amour de la patrie, et de diffuser largement l'importance de l'hygiène également devenue une valeur morale.

Concernant le secondaire, sa forme n'est pas modifiée et les études restent payantes. Environ 5 % d'une classe d'âge le fréquente. Il s'agit souvent des enfants de la bourgeoisie qui n'ont pas été à la communale mais dans de « petites classes » payantes.

E. Le vingtième siècle : massification et démocratisation de la scolarisation

Renforcement des réformes de Jules Ferry jusqu'au Front populaire (1936)
Durant la première moitié du siècle est instituée la séparation de l'Église et de l'État (1905). L'école primaire s'organise de mieux en mieux et la maternelle est clairement positionnée comme une école à part entière avec ses spécificités. Les contenus de l'élémentaire sont simplifiés, hiérarchisés. Même si certains, dont Piaget ou Freinet, s'intéressent à la psychologie de l'enfant et promeuvent des méthodes actives, l'école communale est peu réceptive et les méthodes pédagogiques restent très traditionnelles. Après la Première Guerre, nombreux sont ceux qui souhaitent scolariser plus longtemps (jusqu'à 14 ans) les élèves dans une même structure : « l'école unique ». De multiples et très fortes réticences freinent ces projets. Le Front populaire prolonge, finalement, la scolarité obligatoire jusqu'à 14 ans (Jean Zay). La gratuité à toutes les classes de l'enseignement secondaire s'étend progressivement et le certificat d'études est obligatoire pour pourvoir continuer ses études dans les établissements secondaires. Les classes d'orientation sont créées dans les établissements secondaires en vue d'établir une liaison plus souple entre le secondaire et le primaire. L'enseignement technique est rattaché au ministère de l'Éducation nationale et se structure. L'école moyenne est fondée, bien qu'elle demeure sélective.

L'État français (1940-1945) : le retour en arrière
L'État français du maréchal Pétain édicte des lois entraînant le retour à la situation que la France avait connue avant l'avènement de la IIIe République : retour en masse des écoles privées, rétablissement de l'enseignement congréganiste, introduction de l'enseignement religieux à l'école. À ceci s'ajoutent la suppression des écoles normales et des représentants élus du personnel, la dissolution des syndicats professionnels, l'interdiction à certaines catégories de Français à se présenter aux examens et à accéder aux postes de fonctionnaires, le reniement des principes républicains de liberté, d'égalité et de fraternité. L'école devient aussi celle de la collaboration : délation des instituteurs juifs, ségrégation puis interdiction scolaire, essor du maréchalisme, caporalisation des esprits, introduction de programmes ouvertement antisémites et xénophobes...
L'après-guerre et la reconstruction
À la Libération, les textes établis par le régime de Vichy sont rapidement abrogés, les programmes du primaire sont allégés et le baccalauréat modifié avec trois séries. L'ambition est de distribuer à tous une culture générale indispensable à l'épanouissement de l'Homme. Après l'important accroissement démographique (baby-boom), un vaste programme de construction ou de reconstruction des écoles primaires et maternelles est mis en œuvre.
La Ve République : cap sur le secondaire pour tous
De 1959 à 1975 se structure un « collège unique » pour tous avec une scolarité obligatoire jusqu'à 16 ans. L'idée est de démocratiser l'enseignement en vue d'une société plus égalitaire mais aussi d'élargir le vivier de recrutement des élites. Il conduit à trois types de lycées (enseignement général, technique, professionnel). Par la suite, les différentes lois (Savary, Jospin, Fillon, Peillon) viseront à corriger les problèmes, notamment en prenant en compte l'hétérogénéité des élèves. Le nombre d'élèves accédant au secondaire s'est envolé, alors que se généralise aussi l'enseignement en maternelle et on peut parler « d'explosion scolaire ». L'ensemble du système éducatif forme un véritable réseau où chaque niveau dépend du précédent. La réforme des collèges a des répercussions sur l'école. Celle-ci se cantonne aux moins de 12 ans et n'est plus, pour aucun élève, une fin de cursus. Elle doit donc aider les élèves à acquérir les apprentissages fondamentaux destinés à leur permettre de réussir au collège. Les différentes matières de base sont rénovées, l'éveil se développe. Les méthodes actives prennent de l'essor et le carcan assez rigide qui prévalait se desserre. Ceci ne va pas sans susciter des questions de la part des parents et des instituteurs.

2 Les enseignements à tirer

L'émergence de la forme scolaire
Le Moyen-Âge voit se développer l'**apprentissage**. L'apprenti apprend par immersion dans la pratique et l'imitation des gestes du maître Il n'y a pas de programme, de progression, ni d'enseignement. Le maître montre et explique mais n'enseigne pas. D'autre part, dans les universités, des étudiants entre 14 et 20 ans peuvent assister au même cours et sont mélangés. Certains individus ne se consacrent qu'à penser et diffuser le savoir : la fonction de maître apparaît. Mais on ne peut encore parler de **forme scolaire**. Celle-ci apparaît avec la création des collèges de religieux, notamment les Jésuites. Un élève, dans un lieu où l'on ne produit rien, suit un cursus avec des classes successives (du plus facile au plus difficile) et des examens. Le savoir est découpé en disciplines et l'élève aborde des activités (intellectuelles ou non) dans un ordre pensé par le maître : il y a « didactisation du savoir ». L'élève effectue un travail individuel avec réalisation de tâches et apprend en faisant ce qu'on lui demande de faire et pas seulement en regardant faire le maître Celui-ci ne fait pas toujours avant lui mais donne des consignes. Il est devenu un professionnel des apprentissages. La pratique n'a pas d'enjeu social. Ce modèle initie la forme scolaire occidentale actuelle : des institutions spécifiques au sein desquelles l'unité de base est la classe. Petit à petit, en France, la correspondance entre une tranche d'âge et un niveau s'est imposée. L'enseignement est exercé en des lieux spécifiques, dans l'enfermement (univers clos, contrôle des présences, impositions des rythmes) et la séparation d'avec le monde des adultes et la société. Un décalage se crée entre « école et vie », entre « théorie et pratique ». Le maître officie à part et inculque de façon transmissive, voire dogmatique, un savoir qu'il détient.
Corollaire : isoler l'enfant pour le redresser
Cette clôture scolaire coïncide avec l'apparition du concept d'enfant, qui, auparavant, était considéré comme un adulte en miniature. Il s'agit alors de l'isoler pour pouvoir le façonner. Du Moyen-Âge aux Lumières, une conception de l'enfant corrompu qui doit être redressé prévaut. L'éducation doit donc corriger un être « impur » et le fera par la discipline dans ce lieu spécifique qu'est l'école. Régulièrement, cette vision est contestée par ceux qui voient en l'enfant un être libre, à épanouir. Les idéaux des Lumières et de la Révolution se placent dans cette perspective. Et pourtant, continue à prévaloir une école du dressage et de l'endoctrinement. L'école de Ferry inspirée de la sociologie de Durkheim, assume ce paradoxe : dompter et faire acquérir des savoirs pour émanciper. Le mouvement des Écoles nouvelles tente de changer les conceptions de l'enfant et de l'éducation mais les réticences sont fortes, de telle sorte que le modèle « traditionnel » résiste fortement au boutoir des méthodes actives qui parviennent, d'ailleurs, à mieux pénétrer le primaire que le secondaire.

L'école : un outil idéologique de contrôle des esprits

En adéquation avec l'idée de l'enfant à redresser, l'école est souvent envisagée comme un outil redoutablement efficace pour formater les individus. Les progrès de la scolarisation, il faut le dire, sont très souvent liés à des enjeux et desseins politico-idéologiques de contrôle des esprits, de rectification des carences familiales, que l'on tende à former de bons croyants, des sujets à un souverain, des individus adhérant à un ordre social établi ou des esprits citoyens laïcs. Ainsi l'école a été ballottée entre contrôle par l'Église ou par l'État, le combat entre laïcs et religieux pour son contrôle de l'école dont l'enjeu est bien le contrôle des esprits. Le XIXe siècle marque la mise en place de la guerre scolaire entre laïcs et religieux qui connaît des périodes exacerbées entrecoupées d'accalmies. L'école actuelle est finalement positionnée comme extérieure à l'influence de l'Église.
De fait, suivant les idéologies dominantes, les missions de l'école varient : mission de formatage moral et politique, de pérennisation de l'ordre social sous la IIIe République, mission d'insertion, d'intégration dans les années 1960, débats sur la relation à l'économie (faire entrer l'école dans l'entreprise, professionnaliser) dans les années 1980...

Les demandes de scolarisation à l'origine de la massification

Les mobiles ayant favorisé la fréquentation de l'école par tous les petits français sont de nature diverse. La demande de fréquentation de l'école peut émaner des familles, du politique ou du clergé. Concernant les enfants de la bourgeoisie, la demande a très vite été interne. Très tôt, ces familles ont eu conscience de l'importance de l'école et l'ont façonnée selon leurs besoins.
Concernant les enfants du peuple, il en est autrement. Longtemps, l'éducation des enfants du peuple a été considérée comme superflue voire dangereuse par les politiques, par les parents, mais aussi par la majorité des penseurs, y compris ceux des Lumières. Puis une demande extérieure aux familles est apparue. Il est devenu important de scolariser les enfants de milieux populaires. Le clergé y a vu le moyen de former de bons catholiques ou de bons protestants, les révolutionnaires de bons révolutionnaires, et, par la suite, l'État de bons techniciens ou de bons soldats... La scolarisation des enfants du peuple s'est longtemps opérée contre la volonté des parents qui ne percevaient pas l'intérêt de se priver d'une force de travail. Ce n'est que récemment que la demande est devenue interne. La nécessité de s'assurer un capital de savoir permettant une ascension sociale, les consensus sur les valeurs ont convaincu la population que l'école est importante. Cette démocratisation s'est aussi matérialisée par une école sortant de son ostracisme et s'ouvrant à ses partenaires.

Au final, une lente et progressive émergence de l'école primaire

Sous l'Ancien Régime, l'école commence à timidement se développer sous l'égide des pouvoirs religieux qui la contrôlent. La révolution prend le contre-pied de cet état de fait, promouvant la laïcité. Après la Révolution, sous l'impulsion de Napoléon, se structure très vite un enseignement secondaire destiné aux élites, pièce maîtresse du système français et enjeu des luttes scolaires entre privé et public. L'école élémentaire populaire, d'abord négligée, va petit à petit, quelles que soient les idéologies sous-jacentes, s'imposer comme service public d'enseignement sortant du giron de l'Église sans totalement s'en affranchir pour être intégrée à l'État qui assume des responsabilités financières mais aussi, chose nouvelle, pédagogiques. Elle se structure et se professionnalise. Finalement, l'école pour tous devient au XIXe siècle une réalité. Mais il ne s'agit pas d'une école unique. Coexistent quasi indépendamment l'un de l'autre un réseau primaire réorganisé accessible à tous et le réseau secondaire, toujours diversifié. Les passerelles entre ces deux systèmes restent peu nombreuses et l'accès au secondaire reste réservé, de fait, aux classes sociales aisées.
Après l'école primaire pour tous au XIXe siècle, le XXe siècle se caractérise par la même école pour tous et par le collège pour tous avec le rallongement de la scolarité obligatoire et une massification de l'accès au lycée. Ceci n'est pas sans poser problème, et le collège est au cœur des débats actuels. De ce fait, l'école primaire, reciblée sur les 3 à 12 ans ne correspond plus pour aucun enfant à la fin de son cursus scolaire. Les déchirements et les pressions l'affectent moins et elle s'en est trouvée apaisée.

5 Connaître l'organisation du système éducatif français

Il convient de comprendre comment l'Institution scolaire est structurée. L'organisation détaillée du système éducatif est détaillée dans l'ouvrage *Le système éducatif en fiches mémos*. Cette fiche propose les repères essentiels.

1 Une administration centrale

Un ministre : nommé par le président de la République, responsable de la mise en œuvre de la politique éducative nationale voulue par le gouvernement et votée par le Parlement. Le gouvernement actuel compte deux ministres de plein droit : Éducation nationale et Enseignement supérieur, recherche et innovation.

Son cabinet : des conseillers choisis par lui.

Des directions chargées d'élaborer et de mettre en œuvre les décisions du gouvernement, par exemple : Direction Générale des enseignements scolaires (DEGESCO), Direction de l'évaluation et de la prospective (DEP), Direction de l'encadrement (DE).

Pour plus de précisions, se reporter à l'ouvrage ***Le système éducatif en fiches mémos***, fiche 8 : Les administrations centrales.

2 Des services déconcentrés

La **déconcentration** est le transfert de compétences du niveau ministériel à un autre niveau des services de l'État. Les services déconcentrés de l'État sont les services qui assurent le relais, sur le plan local, des décisions prises par l'administration centrale et qui gèrent les services de l'État au niveau local.

Niveaux	Représentant de l'État	Éducation nationale
État	Premier ministre – Gouvernement	Ministre
Région	Préfet de région	Recteur
Département	Préfet	DASEN
Circonscription		IEN
Établissement	Chef d'établissement (proviseur ou principal)	

A. Recteur

Le **recteur** est responsable de la totalité de la politique éducative de l'académie, de la maternelle à l'université (dont il est le chancelier), et exerce aussi des compétences dans le domaine de l'enseignement privé sous contrat. Il met en œuvre et contrôle l'ensemble de la politique académique conformément aux directives des ministres. En retour, il renseigne les ministres sur la situation de son académie et la manière dont sont accueillies les diverses mesures prises.

B. Directeurs académiques des services de l'Éducation nationale

Les **directeurs académiques des services de l'Éducation nationale (DASEN)** dirigent les services départementaux de l'Éducation. Pour le primaire, ils déterminent l'étendue des circonscriptions du premier degré, décident en concertation avec les mairies de l'ouverture ou de la fermeture de classes et donnent leur avis sur les transports scolaires.

Ils procèdent à l'implantation des emplois d'instituteurs et de professeurs des écoles mis à la disposition de chaque département, assurent la gestion administrative et financière, individuelle et collective de tous les instituteurs et professeurs des écoles en fonction dans le département.

Ils reçoivent les déclarations d'ouverture des écoles privées, et si nécessaire, peuvent s'y opposer. Par délégation du recteur, ils exercent le contrôle administratif et pédagogique des établissements privés liés à l'État.

C. Inspecteurs de l'Éducation nationale

Les **inspecteurs de l'Éducation nationale (IEN)** du premier degré exercent leurs fonctions dans le cadre d'une circonscription dont ils ont la responsabilité, sous l'autorité de l'inspecteur d'académie. Il faut noter que l'IEN est le supérieur hiérarchique du professeur des écoles.

Ils assurent une mission d'impulsion, d'animation, d'évaluation des politiques ou des organismes éducatifs et du fonctionnement des établissements scolaires.

Ils inspectent, conseillent, participent au plan de formation des personnels enseignants du premier degré et contribuent au management de ces personnels pour leur déroulement de carrière. Ils peuvent concevoir, conduire ou évaluer le dispositif de formation continue des personnels enseignants et d'éducation, en lien avec l'université. Ils contribuent aux travaux des groupes d'experts menés par l'inspection générale ou l'administration centrale du ministère.

3 Des compétences dans le domaine éducatif décentralisées vers les collectivités territoriales : le cas de l'école primaire

Compétences	Qui l'exerce
Investissement (construction, reconstruction, extension) et fonctionnement matériel	Commune
Crédits d'équipement, crédits de fonctionnement, entretien des établissements	Commune
Accueil, hébergement, entretien général et technique	Commune[1]
Personnels enseignants (recrutement, formation, gestion, rémunération)	État
Personnels administratifs, de santé (recrutement, formation, gestion, rémunération)	État

Compétences	Qui l'exerce
Personnels techniciens, ouvriers et de service (TOS) (recrutement, formation, gestion, rémunération)	Commune[1]
Répartition des moyens, contrôle et évaluation des politiques éducatives	État
Programmes d'enseignement	État
Validation des diplômes	État
Instance consultative	Le Comité local d'éducation (CLE)[2]

1. Les mairies rémunèrent les **ATSEM (Agents territoriaux spécialisés d'école maternelle)**, les personnels des restaurants, des garderies, parfois des études, soit directement, soit par le biais d'associations ou de sociétés privées. Elles peuvent aussi contribuer au **transport des élèves** (si le domicile est trop éloigné), à la **restauration** et aux **activités périscolaires**, notamment dans le cadre des **projets éducatifs territoriaux (PEDT)**.

2. Les **Comités locaux d'éducation (CLE)**, mis en place par une circulaire du 28 octobre 1997, sont composés de représentants des élus locaux, des parents d'élèves et des directeurs d'école. Ils se réunissent trois fois par an sous la responsabilité de l'inspecteur de l'Éducation nationale. Les CLE sont consultés avant les décisions d'ouverture et de fermeture des classes, au printemps, avant les réajustements.

▸ Répartition des missions

L'Éducation est un service public national, dont l'organisation et le fonctionnement sont assurés par l'État, sous réserve des compétences attribuées aux collectivités territoriales pour les associer au développement de ce service public.

L'État assume, dans le cadre de ses compétences, des missions qui comprennent :

- la définition des voies de formation, la fixation des programmes nationaux, l'organisation et le contenu des enseignements ;
- la définition et la délivrance des diplômes nationaux et la collation des grades et titres universitaires ;
- le recrutement et la gestion des personnels qui relèvent de sa responsabilité ;
- la répartition des moyens qu'il consacre à l'éducation, afin d'assurer en particulier l'égalité d'accès au service public ;
- le contrôle et l'évaluation des politiques éducatives, en vue d'assurer la cohérence d'ensemble du système éducatif.

L'État a la charge :

- de la rémunération du personnel enseignant des écoles élémentaires et des écoles maternelles, du personnel de l'administration et de l'inspection, du personnel exerçant dans les collèges, du personnel exerçant dans les lycées, des personnels de l'enseignement supérieur et de la recherche ;

- des dépenses pédagogiques des collèges, des lycées et des établissements d'éducation spéciale dont la liste est arrêtée par décret ;
- des droits dus en contrepartie de la reproduction par reprographie à usage pédagogique d'œuvres protégées dans les écoles élémentaires et les écoles maternelles.

Les communes ont la charge des écoles publiques. Elles sont propriétaires des locaux et en assurent la construction, la reconstruction, l'extension, les grosses réparations, l'équipement et le fonctionnement.

En conclusion, l'État définit la politique éducative de la Nation et est garant de l'égalité et de l'équité de l'enseignement sur le territoire.

4 Des instances paritaires et consultatives

Les **commissions paritaires** regroupent à parité les représentants des différentes catégories de personnels élus par leurs pairs et les représentants des administrations concernées. Elles sont obligatoirement consultées pour tout ce qui concerne l'éducation, notamment les postes (mutations...) et les carrières (notation, avancement, promotion).

Des organismes consultatifs donnent leur avis sur la politique menée.

Les différents conseils consultatifs	
Au niveau national	Le **Conseil supérieur de l'Éducation (CSE)** donne son avis sur différents textes présentés par le ministère de l'Éducation nationale, notamment sur les programmes scolaires, la délivrance des diplômes, les conditions de scolarité et sur toute question d'intérêt national concernant l'éducation (objectifs, procédures, règlements).
Aux niveaux déconcentrés	Le **Conseil académique de l'Éducation nationale (CAEN)** est consulté pour le fonctionnement des lycées et de l'enseignement supérieur. Le **Conseil départemental de l'Éducation nationale (CDEN)** est consulté pour le fonctionnement des collèges, des réseaux d'écoles, des transports scolaires. Les commissions d'appel statuant sur les questions d'orientation et de redoublement sont intégrées au CDEN.
Pour plus de précisions, on se reportera à l'ouvrage ***Le système éducatif en fiches mémos***, fiche 11 : Les instances paritaires et consultatives.	

L'école, à l'image de notre système politique

La France, pays de tradition centralisée et jacobine, s'est dotée d'une école à son image. L'organisation de l'Éducation nationale est largement héritée du système napoléonien et reste à organisation pyramidale. C'est l'une des écoles les plus concentrées. Le ministère de l'Éducation nationale est l'un des plus grands employeurs mondiaux ! Même si elle accueille tous les enfants de la République, et se veut porteuse des idéaux républicains, les moyens qu'elle met à disposition de ceux qu'elle a décelés comme étant les plus prometteurs sont sans commune mesure avec ceux offerts aux autres, surtout dans le secondaire et le supérieur. Elle a conservé une culture de la méritocratie et de l'élitisme héritée tout autant de Napoléon que de Ferry. Elle peine à reconnaître cet état de fait qui peut poser problème eu égard aux principes qui l'animent (égalité, démocratisation...).

Le futur enseignant doit savoir quelles sont les grandes orientations en termes de politique éducative et avoir une parfaite connaissance du socle commun de connaissances et de compétences, des programmes et du référentiel de compétence des professeurs et personnels d'éducation. Le but de cette fiche est de faire le point sur ce qu'il convient de bien maîtriser.

1 La loi d'orientation de 2013

Le système éducatif français est en constante mutation pour s'adapter aux données sociologiques fluctuantes. Afin de fixer un cap et de veiller à ce que les évolutions se fassent de façon cohérente, régulièrement, tous les dix à quinze ans, sont votées des lois dites d'orientation. Elles fixent les objectifs mais aussi les moyens et les échéanciers. La loi prise actuellement en référence est la **loi d'orientation et de programmation pour la refondation de l'École de la République** publiée au Journal officiel, le 9 juillet 2013. En connaître les grandes lignes, notamment les différents dispositifs et modalités, constituera une plus-value pour les candidats. Les précédentes lois d'orientation sur l'École datent de 1989 et de 2005. La loi 2013 a été rédigée dans un contexte de précarité de l'emploi et de chômage important chez les jeunes, de crise des valeurs de la République et d'image d'une école en panne, alors que les études sociologiques pointaient la persistance des inégalités sociales et l'importance du décrochage scolaire, avec pour ambition pas moins qu'une « refondation de l'école ».

A. Des constats aux ambitions pour l'école du XXIe siècle

Une loi d'orientation part de **constats** et se fixe des **objectifs**. Le slogan de cette loi est « une École juste pour tous et exigeante pour chacun » et trois ambitions sont affichées :

1. élever le niveau de connaissances, de compétences et de culture de tous les enfants ;
2. réduire les inégalités sociales et territoriales pour tenir la promesse républicaine de la réussite pour tous ;
3. réduire le nombre de sorties sans qualifications.

B. Les grands axes et les mesures clés

Mettre en place une nouvelle formation initiale et continue aux métiers du professorat et de l'éducation et faire évoluer les pratiques pédagogiques	Création des **écoles supérieures du professorat et de l'éducation** (ESPE) assurant la formation initiale et contribuant à la formation continue. Le versant « professionnalisant » est renforcé. Revaloriser la formation initiale des enseignants.

Donner la priorité à l'école primaire pour assurer l'apprentissage des fondamentaux et réduire les inégalités	Rééquilibrage des moyens en faveur du primaire en y affectant les deux tiers des nouveaux postes d'enseignants titulaires. Dispositif « plus de maîtres que de classes ». Redynamisation de l'accueil en maternelle des enfants de moins de trois ans dans des conditions particulières et adaptées à leur très jeune âge. Modification des rythmes scolaires (semaine de 4,5 jours).
Faire entrer l'École dans l'ère du numérique	Plan de développement des usages du numérique. Mission de l'École : éduquer au et par le numérique (« apprendre et enseigner autrement »). Création du Service public du numérique éducatif : des outils au service de la communauté éducative.
Faire évoluer le contenu des enseignements	Engagement à donner à tous ses enfants, au cours de leur scolarité obligatoire, le plus haut niveau de qualification et de culture possible. Rénovation du socle commun de connaissances, de compétences et de culture et des programmes. Création d'un Conseil supérieur des programmes Instauration d'un enseignement moral et civique, d'un parcours d'éducation artistique et culturelle et d'une éducation au numérique, enseignement obligatoire d'une langue vivante dès le cours préparatoire.
Assurer la progressivité des apprentissages de la maternelle au collège	Refonte des cycles d'enseignement, avec regroupement de toutes les classes de maternelle en un cycle, un cycle CM2-6e et avec une progression des programmes nationaux pas nécessairement annuelle mais régulière. Mise en place d'un **conseil école-collège**, et promotion des échanges collège et écoles de secteur pour faciliter la transition entre le primaire et le collège. Révision des dispositifs d'aide à destination des élèves en difficulté pour mieux prendre en compte la diversité des situations et des besoins de chacun.
Permettre à chacun de réussir dans le second degré et de s'insérer dans la vie professionnelle dans les meilleures conditions	Ambition de diplômer les jeunes au moins à niveau CAP et BEP et, pour les jeunes sortant du système sans diplôme, principe d'un droit à une formation qualifiante différée. Rénovation du processus d'orientation considérée comme trop subie et précoce. Abrogation de l'apprentissage dès 14 ans. Un principe : les dispositifs préparant à une formation professionnelle ne sont proposés qu'à partir de la classe de 3e.

Mieux associer les partenaires de l'École	Réforme des rythmes scolaires. Création des projets éducatifs territoriaux (PEDT) associent à une collectivité territoriale les partenaires éducatifs (administrations de l'État concernées, associations, institutions culturelles et sportives, parents d'élèves, etc.) pour proposer de façon coordonnée des activités périscolaires diversifiées et visent à assurer la cohérence des actions conduites sur l'ensemble des temps de vie des enfants avant, pendant et après l'école.
Mieux évaluer le système éducatif	Création d'un Conseil national d'évaluation du système scolaire.

2 Le Code de l'éducation

Le Code de l'éducation est un outil précieux qui regroupe l'ensemble des lois en vigueur dans le domaine de l'éducation. Il est accessible en version électronique mise à jour régulièrement sur le site www.legifrance.gouv.fr à la rubrique « Les codes en vigueur ». Il comporte une partie législative qui regroupe l'ensemble des lois en vigueur dans le domaine de l'éducation, a force de loi et sert de référence à toute révision législative. Neuf livres composent la partie législative : les grands principes de l'éducation, l'administration de l'éducation, l'organisation des enseignements scolaires, les établissements d'enseignement scolaire, la vie scolaire, l'organisation des enseignements supérieurs, les établissements d'enseignement supérieur, la vie universitaire, les personnels de l'éducation. Depuis 2004, la partie législative se complète, petit à petit, d'une partie réglementaire. N'hésitez pas à le consulter.

3 Le socle commun de connaissances, de compétences et de culture

Ne se substituant pas aux programmes de l'école primaire et du collège, le socle en fonde les objectifs pour définir ce que nul n'est censé ignorer en fin de scolarité obligatoire. Il fournit un principe d'organisation des enseignements. Il renforce la cohérence entre les différentes disciplines, entre l'enseignement dispensé à l'école et au collège, entre les programmes et l'évaluation terminale du diplôme national du brevet des collèges.	
Il s'organise en cinq grands domaines :	Domaine 1 : les langages pour penser et communiquer
	Domaine 2 : les méthodes et outils pour apprendre
	Domaine 3 : la formation de la personne et du citoyen
	Domaine 4 : les systèmes naturels et les systèmes techniques
	Domaine 5 : les représentations du monde et l'activité humaine

Chacun des domaines englobe plusieurs disciplines et décline une combinaison de connaissances fondamentales, de capacités à les mettre en œuvre dans des situations variées et aussi d'attitudes indispensables tout au long de la vie. Le socle commun lie l'acquisition de savoirs à la construction de la personnalité, à la vie en société et à la formation tout au long de la vie. Ce texte présente l'ensemble des valeurs, des savoirs, des langages et des pratiques dont la maîtrise permet à chacun d'accomplir avec succès sa scolarité, poursuivre sa formation, construire son avenir personnel et professionnel, ainsi que contribuer à réussir sa vie en société.	
Les trois paliers d'évaluation	Fin de CE2 : correspond notamment à l'acquisition de la lecture courante et de l'écriture.
	Fin de 6e : mesure en particulier l'acquisition des règles fondamentales de la grammaire, du calcul élémentaire et des quatre opérations.
	Enfin, le brevet des collèges atteste de la maîtrise des sept compétences du socle. La maîtrise des 5 domaines est nécessaire pour obtenir le diplôme national du brevet.
Le **livret scolaire unique numérique** (LSUN) comporte une fiche de fin de cycle qui permet à de suivre l'acquisition progressive des compétences du socle (maîtrise insuffisante, fragile, satisfaisante ou très bonne). Renseigné dès l'école élémentaire et transmis au collège, il suit l'élève jusqu'à la fin de la scolarité obligatoire. Des documents d'accompagnement pour l'évaluation sont proposés pour cibler ce qui est attendu d'un élève pour chaque palier. NB. Pour plus de précisions, on se reportera à l'ouvrage ***Le système éducatif en fiches mémos***, fiche 23 « Le socle commun de connaissances, de compétences et de culture ».	

NB. Tout candidat doit connaître ce socle. Retrouvez-le sur : www.education.gouv.fr/cid2770/le-socle-commun-de-connaissances-et-de-competences.html

4 Les programmes

Il est du devoir d'un enseignant d'appliquer les programmes dans leur intégralité. Ils ont valeur prescriptive et non de conseil. Il ne peut en aucun cas faire valoir sa liberté pédagogique pour justifier d'une non-application de parties du programme. Cette **liberté pédagogique** concerne la manière d'aborder le programme (supports et méthodes employées, répartition des contenus dans les différents niveaux d'un cycle…) et ceci dans le cadre d'une concertation avec l'équipe pédagogique. Les programmes d'enseignement s'inscrivent dans des grilles horaires qui fixent le cadre de travail hebdomadaire et annuel par discipline que l'enseignant doit respecter et que vous devez maîtriser.

Les programmes en vigueur pour l'école élémentaire sont ceux de 2015.

NB. Tout candidat doit avoir travaillé les programmes des cycles 1, 2 et 3, en connaître les grandes lignes (spécificité du cycle, contribution au socle, compétences travaillées, attendus de fin de cycle et repères de progressivité).

5 Le référentiel des compétences professionnelles des métiers du professorat et de l'éducation

Un arrêté datant du 1-07-2013 a été publié au BO N° 1 du 25 juillet 2013. L'annexe de cet arrêté définit un **référentiel des compétences professionnelles des métiers du professorat et de l'éducation**.

Compétences communes à tous les professeurs et les personnels d'éducation, acteurs du service public d'éducation	Faire partager les valeurs de la République Inscrire son action dans le cadre des principes fondamentaux du système éducatif et dans le cadre réglementaire de l'école
Compétences communes à tous les professeurs et les personnels d'éducation, pédagogues et éducateurs au service de la réussite de tous les élèves	Connaître les élèves et les processus d'apprentissage Prendre en compte la diversité des élèves Accompagner les élèves dans leur parcours de formation Agir en éducateur responsable et selon des principes éthiques Maîtriser la langue française à des fins de communication Utiliser une langue vivante étrangère dans les situations exigées par son métier Intégrer les éléments de la culture numérique nécessaires à l'exercice de son métier
Compétences communes à tous les professeurs et les personnels d'éducation, acteurs de la communauté éducative	Coopérer au sein d'une équipe Contribuer à l'action de la communauté éducative Coopérer avec les parents d'élèves Coopérer avec les partenaires de l'école S'engager dans une démarche individuelle et collective de développement professionnel
Compétences communes à tous les professeurs, professionnels porteurs de savoirs et d'une culture commune	Maîtriser les savoirs disciplinaires et leur didactique Maîtriser la langue française dans le cadre de son enseignement

Compétences communes à tous les professeurs, praticiens experts des apprentissages	Construire, mettre en œuvre et animer des situations d'enseignement et d'apprentissage prenant en compte la diversité des élèves Organiser et assurer un mode de fonctionnement du groupe favorisant l'apprentissage et la socialisation des élèves Évaluer les progrès et les acquisitions des élèves

NB. Une lecture attentive de cet arrêté est recommandée. Il est disponible sur : www.education.gouv.fr/pid25535/bulletin_officiel.html?cid_bo=73066 La construction des parties de cet ouvrage et des fiches proposées tente de respecter, dans ses grandes lignes, ce référentiel. Tout candidat doit connaître ce référentiel.

Connaître le statut, les droits et les devoirs du professeur des écoles

Le professeur des écoles est un fonctionnaire membre d'une institution qui lui demande de respecter dans sa pratique quotidienne les règles de déontologie liées à l'exercice de son métier dans le cadre du service public d'éducation nationale. L'appréciation du sens du service public d'un fonctionnaire est liée à la connaissance et au respect de ses obligations et de ses droits. Clarifions certains termes avant de détailler les droits et devoirs de l'enseignant.

1 Un fonctionnaire d'État

Les **fonctionnaires** sont employés dans les administrations ou dans les établissements publics et sont chargés d'assurer les services publics non délégués, comme par exemple l'enseignement (éducation), mais aussi dans l'administration chargée de la gestion des ministères et collectivités territoriales. Les fonctionnaires n'ont pas de contrat de travail, mais leur emploi est directement géré par des dispositions de la loi et du règlement (décrets, arrêtés). Ils ne sont donc pas soumis au Code du travail ni à des conventions collectives mais sont dans une situation statutaire et réglementaire.

Il existe en France trois grandes **fonctions publiques** : d'État, territoriale et hospitalière. Les enseignants titulaires sont des fonctionnaires d'État.

Remarque Les agents non titulaires de l'État n'ont pas statut de fonctionnaire : ils sont contractuels et régis par des contrats de travail.

2 Les droits du professeur des écoles

L'État doit lui garantir :
- le droit à une rémunération, à une couverture sociale, à des congés payés, à la formation ;
- la liberté d'opinion politique, syndicale, philosophique ou religieuse
- la liberté de penser, la non-discrimination sexiste, raciale ;
- le droit de se syndiquer, de manifester, de faire grève ;
- le droit de participation aux instances paritaires du service public ;
- le droit d'accéder à son dossier personnel ;
- le droit à une protection contre les menaces dans l'exercice de ses fonctions ;
- la protection des condamnations civiles.

3 Les obligations du professeur des écoles

A. Des obligations liées au statut de fonctionnaire

Trois obligations fondamentales sont à respecter scrupuleusement :
- l'**obligation de neutralité** : l'appartenance à un service public, l'absolue nécessité de transmettre les valeurs de la République, son idéal laïque impose au professeur de s'interdire tout prosélytisme et de respecter la liberté de conscience de l'élève (voir fiche 3) ;

- l'**obligation de réserve** découle de l'obligation de neutralité et impose à tout fonctionnaire, et donc au professeur des écoles, d'éviter les prises de position publiques mettant en cause un autre membre de la communauté éducative, la hiérarchie ou le fonctionnement de l'administration ;

Remarque L'obligation de réserve n'empêche pas le fonctionnaire de participer à la vie de la société. Découlant de ses droits, il peut être membre actif d'un syndicat, d'un parti politique, d'une église. Dans ce cadre, il peut afficher ses idées, ses positions. En application du principe de laïcité, l'institution à laquelle il appartient ne peut en aucun cas porter atteinte à ce qu'il est ou à ce qu'il pense dans la mesure où, dans l'exercice de ses fonctions, il se prévaut d'une absolue neutralité et évite tout prosélytisme.

- l'**obligation de signalement** : tout fonctionnaire qui dans l'exercice de ses fonctions, acquiert la connaissance d'un crime ou d'un délit doit en aviser sans délai le Procureur de la République (Art 40 du code de procédure pénale). Le professeur des écoles est particulièrement concerné.

De ces trois grandes obligations en découlent d'autres :

- obligation d'**obéissance hiérarchique** : le fonctionnaire « *doit se conformer aux instructions de son supérieur hiérarchique, sauf dans le cas où l'ordre donné est manifestement illégal et de nature à compromettre gravement un intérêt public* » (Art. 28 Loi n° 83.634 du 13/07/83) ;
- obligation du **secret professionnel**, dans le cadre des règles instituées dans le code pénal. Cela signifie que le fonctionnaire qui dispose d'informations et de renseignements concernant des particuliers (élève, parent, collègue) dont il a eu connaissance dans l'exercice ou à l'occasion de l'exercice de ses fonctions, n'a pas à les dévoiler sauf cas précis ;

Remarque *Les dérogations au secret professionnel*
La révélation des secrets acquis est permise, pour prouver son innocence, lorsque la personne intéressée a donné son autorisation. Elle est obligatoire pour dénonciation de crimes ou délits dont un fonctionnaire a connaissance dans l'exercice de ses fonctions (voir *obligation de signalement*), communication de renseignements, pièces et documents aux autorités de justice agissant en matière criminelle ou correctionnelle, témoignage en justice en matière criminelle ou correctionnelle (Art 109 du code de procédure pénale), communication au juge administratif saisi d'un recours contre un acte administratif ou au juge judiciaire saisi d'un litige des pièces et documents nécessaires au jugement de l'affaire.

- **obligation professionnelle d'information au public** pour tous les faits, informations ou documents dont ils ont connaissance dans l'exercice ou à l'occasion de l'exercice de leurs fonctions.

B. Des obligations professionnelles plus spécifiques

Le professeur des écoles a :

- **obligation d'assurer son service** : obligation de rejoindre son poste, d'assurer la totalité des charges qui relèvent de sa mission, d'accomplir de façon satisfaisante les missions confiées conformément aux instructions données par le supérieur hiérarchique ; obligation de ponctualité, d'assiduité, de participer aux conseils des maîtres, de cycle, d'école ainsi qu'aux jurys des examens et concours,

- obligation de consacrer l'intégralité de son activité professionnelle aux tâches qui lui sont confiées et interdiction de **cumul de rémunérations** ou d'emplois. « *Le fonctionnaire ne peut exercer à titre professionnel une activité privée lucrative de quelque nature que ce soit* » sauf s'il a adressé une demande d'autorisation de cumul de rémunération, *via* son supérieur hiérarchique à l'Inspecteur d'Académie-DASEN, et qu'elle a été acceptée.
- **obligation de surveillance, de prudence et de vigilance** pendant le temps scolaire, pendant les sorties et voyages collectifs d'élèves, lors de la pratique des activités physiques scolaires.

Le service dû par les personnels enseignants du premier degré

L'horaire de **service hebdomadaire** est de 27 heures, réparties de la manière suivante :

24 heures hebdomadaires d'enseignement à tous les élèves			
108 heures/an effectuées sous la responsabilité de l'IEN de la circonscription			
60 heures/an dédiée aux APC : 36 heures devant groupes restreints d'élèves et 24 heures pour l'identification des besoins des élèves et pour l'organisation des APC	24 heures/an : travail en équipes pédagogiques, continuité entre cycles et liaison école-collège, relation avec les parents, projets personnalisés de scolarisation (PPS)	18 heures/an : animation pédagogique, formation continue (9 h minimum)	6 heures/an : participation aux conseils d'école obligatoires

8 Connaître le fonctionnement de l'école et y participer

L'organisation d'une école, les statuts des différents personnels sont détaillés dans l'ouvrage *Le système éducatif en fiches mémos*. L'objectif de cette fiche est de caractériser la position de l'enseignant, son intégration et sa participation à la vie de l'école.

1 Le pilotage de l'école

A. La communauté éducative

« *Dans chaque école, la communauté éducative rassemble les élèves et tous ceux qui, dans l'établissement scolaire ou en relation avec lui, participent à la formation des élèves. Les parents d'élèves sont membres de la communauté éducative. [...] Les membres de la communauté éducative sont associés à l'élaboration du projet d'école.* » (Code de l'éducation, art. L. 111-3 et L. 411-2).

B. La gouvernance et la gestion de l'école

Une gestion bicéphale

L'**école** n'est pas un établissement scolaire, à la différence des lycées et des collèges. N'étant pas un établissement public aux sens réglementaire, juridique et financier, elle ne dispose pas de la personnalité morale ni de l'autonomie financière. De ce fait, il n'y a ni chef d'établissement ni conseil d'administration. Les dépenses de fonctionnement sont prises en charge par le budget communal. Les **directeurs d'école** n'ont pas qualité pour gérer des fonds publics. La gestion d'une école est en fait bicéphale : mairie pour ce qui concerne le mobilier, l'immobilier et le personnel non enseignant, direction des services départementaux de l'Éducation nationale (*via* les inspections de circonscription) pour le personnel enseignant.

Le directeur d'école

« *Un directeur veille à la bonne marche de chaque école maternelle ou élémentaire ; il assure la coordination nécessaire entre les maîtres. » (Code de l'éducation, art. L.411-1).*

Le directeur d'école veille à la bonne marche de l'école et au respect de la réglementation qui lui est applicable. Il procède à l'admission des élèves. Il répartit les moyens d'enseignement et, après avis du conseil des maîtres : il répartit les élèves dans les classes et les groupes, il arrête le service des maîtres, notamment l'accueil et la surveillance des élèves, il fixe les modalités d'utilisation des locaux. Il organise aussi le travail des personnels communaux. Ces derniers, pendant leur service dans les locaux scolaires et durant les horaires de classe, sont sous son autorité. Il réunit et préside les conseils des maîtres et conseils d'école. Il organise les élections des délégués des parents au conseil d'école. Il prend toute disposition pour que l'école assure sa fonction de service public : accueil, surveillance des élèves, dialogue avec les familles. Il assure la coordination entre les maîtres et anime l'équipe pédagogique. Il réunit l'équipe éducative, veille à la diffusion des instructions et programmes. Il prend part aux actions destinées à assurer la continuité maternelle-élémentaire et école élémentaire-collège. Il peut participer à la formation des futurs directeurs. Il représente l'institution scolaire auprès de la commune et des autres partenaires du système éducatif : collectivités territoriales, monde économique, associations culturelles et sportives. Le directeur est garant de la sécurité dans l'école. Il autorise les sorties régulières ou occasionnelles sans nuitée.

NB. L'instituteur ou le professeur des écoles chargé de la direction d'école n'est ni chef d'établissement, ni fonctionnaire d'autorité, il assume une fonction. Ainsi, le supérieur hiérarchique des instituteurs et professeurs des écoles adjoints n'est pas le directeur mais l'inspecteur de l'Éducation nationale de la circonscription (IEN). Le courrier par voie hiérarchique n'est pas visé par le directeur mais par l'IEN.

Récolter et utiliser de l'argent à l'école : des règles très strictes

La plus grande prudence est recommandée dans les opérations de gestion financière de l'école.

▸ La nécessité de passer par des associations ou des coopératives

Les fonctionnaires, n'ayant pas la qualité de comptable public, ne peuvent pas être titulaires d'un compte-courant postal ou bancaire. Si un compte est ouvert, il doit l'être au nom :

- d'une association Loi 1901 (ou de 1905 pour l'Alsace et la Moselle) : nécessité de tenir régulièrement les comptes (cahiers de comptabilité), pièces comptables (factures, relevés d'opérations...). L'association peut être affiliée à l'USEP qui apporte alors toute aide pour la mise en place de l'association (statuts types, lettre type d'inscription en préfecture, etc.) ;
- ou d'une **coopérative scolaire**, c'est-à-dire un regroupement d'adultes et/ou d'élèves qui décident de créer un projet éducatif en s'inspirant de la pratique de la vie associative et coopérative. La coopérative scolaire est constituée par classe ou par école. Elle finance des projets d'activités. Si elle est affiliée à la section départementale de l'OCCE (Office central de la coopération à l'école), elle bénéficie de ses services pour la gestion et l'impulsion de projets. Le directeur doit, en particulier lors d'une inspection, présenter le cahier de comptabilité de la coopérative de l'école.

Chaque classe qui a une coopérative tient un registre des délibérations des réunions de coopérative et sa propre comptabilité le cas échéant.

Les coopératives ne sont pas habilitées à gérer des fonds publics et leurs ressources proviennent de dons (par exemple, sous forme de tombolas), de subventions, de cotisations et du produit des fêtes. Les versements doivent toujours rester volontaires et libres. La coopérative scolaire peut vendre certains matériels scolaires sous certaines conditions (circulaire n° 83-254 du 1er juillet

1983). En respect du principe de laïcité, le don doit être désintéressé, ce qui exclut le « sponsoring », la publicité...

▸ La régie d'avances et la régie de recette

La municipalité peut décider de recourir à une **régie d'avance**, c'est-à-dire confier par le comptable au directeur ou à tout autre enseignant acceptant cette fonction une partie des crédits municipaux destinés au fonctionnement de l'école. Le régisseur peut utiliser ces sommes, pour le compte du comptable, pour payer de petites dépenses de matériel et de fonctionnement, par exemple pour l'achat de craies ou de papier à photocopie, au fur et à mesure des besoins. C'est le comptable qui reste responsable de la gestion des fonds. De la même façon, une **régie de recettes** peut être mise en place. Un régisseur de recettes peut être désigné pour recueillir des sommes provenant des familles. Cette disposition peut trouver son utilité dans le cadre de l'organisation d'une sortie scolaire facultative, par exemple. Le régisseur rend compte des recettes au comptable. Dans les deux cas, c'est le comptable qui reste responsable de la gestion des fonds.

En dehors de la constitution d'une régie de recettes ou du cadre de la coopérative scolaire, un enseignant ne peut percevoir aucune somme de la part des familles au titre de l'école.

▸ Les fêtes et les spectacles scolaires

Ils ne peuvent être organisés hors temps scolaire que dans le cadre d'une association ou d'une coopérative, et sous réserve d'avoir obtenu l'autorisation d'utilisation des locaux en dehors du temps scolaire par le maire de la commune.

Il convient de prévoir d'assurer l'association ou la coopérative pour les actions qu'elles peuvent organiser. Les frais encourus et l'argent récolté sont indiqués dans le cahier de comptabilité.

L'organisation de spectacles ayant recours à des œuvres littéraires et/ou artistiques impliquent le paiement éventuel d'une redevance auprès de la SACEM, après déclaration.

▸ La participation des élèves à des collectes

Il convient de différencier la participation aux **collectes** et les initiatives prises dans le cadre de la coopérative scolaire. Les élèves ne participent qu'aux collectes de type humanitaire : campagne du souffle, Jeunesse au Plein Air, Quinzaine de l'École publique. Pour les autres actions, elles doivent être autorisées par l'Éducation nationale qui notifie alors sa décision. L'argent est alors remis à l'organisme humanitaire.

C. Les instances de concertation et de décision

	Composition	Rôle
Conseil d'école	- Le directeur (président) et tous les maîtres de l'école (y compris les remplaçants en fonction dans l'école au moment du conseil) plus un des maîtres du réseau d'aides spécialisées choisi par le conseil des maîtres. - Les représentants élus par les parents d'élèves en nombre égal à celui des classes de l'école. - Le maire (ou son représentant) et le conseiller municipal chargé des affaires scolaires. - Le délégué départemental de l'Éducation nationale (DDEN). - L'inspecteur de la circonscription (IEN) : membre de droit, il peut assister aux réunions. Peuvent assister, sans voix délibératives pour les affaires les concernant : - un des maîtres du réseau d'aides spécialisées, - des agents spécialisés des écoles maternelles (ATSEM), - le médecin scolaire, - les infirmiers scolaires, - les assistants sociaux,	Le conseil d'école se réunit au moins une fois par trimestre et obligatoirement dans les 15 jours qui suivent les élections au comité de parents. Six heures du service des enseignants (voir fiche 7) y sont consacrées. Il peut être réuni à la demande du directeur, du maire ou de la moitié de ses membres. Dans tous les cas, le directeur convoque et propose l'ordre du jour. Sur proposition du directeur d'école, le conseil : - vote le règlement intérieur de l'école, - adopte le projet d'école, - établit le projet d'organisation de la semaine scolaire soumis à l'inspecteur d'académie, - donne son avis et fait des suggestions sur la vie et le fonctionnement de l'école. Il est expressément consulté sur : - les activités pédagogiques, culturelles, sportives... en relation avec les programmes nationaux, - l'utilisation des moyens alloués à l'école, - la restauration scolaire, - l'hygiène scolaire, - la protection et la sécurité des enfants, - les conditions d'intégration des enfants handicapés, - les activités périscolaires. Le conseil d'école est consulté par le maire pour l'utilisation des locaux scolaires en dehors des heures d'ouverture de l'école. Il donne son accord pour l'organisation d'activités complémentaires éducatives, sportives et culturelles. Certains points relevant de la compétence du conseil des maîtres ne donnent lieu qu'à une information au sein du conseil d'école, il s'agit de : - la composition des classes, les prévisions d'effectifs,

	Composition	Rôle
Conseil d'école	– les autres personnels intervenant dans l'école (intervenants extérieurs, personnes chargées de l'enseignement des langues, représentants des activités périscolaires pour leurs actions en relation avec la vie de l'école, aides-éducateurs, assistants d'éducation). Le conseil est constitué pour un an et siège valablement jusqu'au renouvellement de ses membres.	– l'organisation des aides spécialisées, – les principes de choix des manuels scolaires ou de matériels pédagogiques divers, – les conditions dans lesquelles les maîtres organisent les rencontres avec les parents de leurs élèves.
Conseil des maîtres	– Le directeur. – L'ensemble des maîtres affectés à l'école (y compris les remplaçants exerçant dans l'école au moment des réunions). – Les membres du réseau d'aides spécialisées.	Il se réunit, au moins une fois par trimestre, en dehors de l'horaire d'enseignement dû aux élèves, sous la présidence du directeur. Ce conseil peut être convoqué chaque fois que le président le juge utile ou que la moitié de ses membres en fait la demande. Il élabore le projet d'école et il délibère sur toutes les questions touchant à la vie, à l'organisation, au fonctionnement de l'école, d'un point de vue pédagogique et matériel. Il émet un avis sur la répartition des élèves, l'attribution des classes, l'établissement des services, l'occupation des salles. Il se prononce sur la poursuite de la scolarité des élèves et en informe les parents. Un relevé des conclusions du conseil des maîtres de l'école est établi par son président, signé par celui-ci et consigné dans un registre spécial conservé à l'école. Une copie en est adressée à l'inspecteur de l'Éducation nationale.

	Composition	Rôle
Conseil de cycle	Le conseil des maîtres de cycle est constitué des membres de l'équipe pédagogique exerçant dans un cycle. Lorsqu'une école élémentaire compte trois ou quatre classes, le conseil des maîtres de cycle rassemble tous les maîtres de l'école. Les équipes pédagogiques ainsi constituées peuvent consulter les personnes qualifiées et agréées intervenant durant le temps scolaire.	Chaque conseil de cycle est présidé par un membre choisi en son sein. Il peut être convoqué dans le cadre de la « 27e heure », 18 heures étant affectées aux travaux des équipes pédagogiques pour, notamment, la gestion des cycles pluriannuels. Chaque conseil arrête les modalités de la concertation et fixe les dispositions pédagogiques servant de cadre à son action dans les conditions générales déterminées par les Instructions officielles. Le conseil de cycle élabore notamment le projet pédagogique de cycle, veille à sa mise en œuvre et assure son évaluation, en cohérence avec le projet d'école. La partie pédagogique du projet d'école propre à chaque cycle tient compte du programme d'actions élaboré par le conseil école-collège. Il fait le point sur la progression, les acquis, les besoins des élèves à partir des travaux de l'équipe pédagogique de cycle et formule des propositions concernant le passage de cycle à cycle, ainsi que la durée passée par les élèves dans le cycle.

D. Le projet d'école : document contractuel définissant la politique de l'école

Le **projet d'école**, document écrit élaboré par les enseignants de l'école et les partenaires impliqués dans la co-éducation des enfants, notamment les parents, après une étude des besoins, et voté par le conseil d'école, est l'outil d'amélioration des résultats des élèves centré sur des objectifs prioritaires adaptés au contexte local de l'école.

Il consiste en un ensemble d'objectifs concrets et réalistes proposés par l'équipe, avec un plan précis d'actions cohérentes articulées entre elles, conçues pour les enfants et, si possible, avec eux. Il définit les modalités particulières de mise en œuvre des programmes nationaux et précise les activités scolaires et périscolaires qui y concourent L'ensemble suit un calendrier rigoureux, avec une programmation et des échéances précises pour chaque phase. Il comporte les modalités d'évaluation des résultats atteints.

Le projet d'école est donc le document contractuel qui définit la politique éducative d'une école pour les trois (à cinq) ans à venir et qui engage la responsabilité de l'équipe.

Les étapes de la mise en œuvre d'un projet d'école

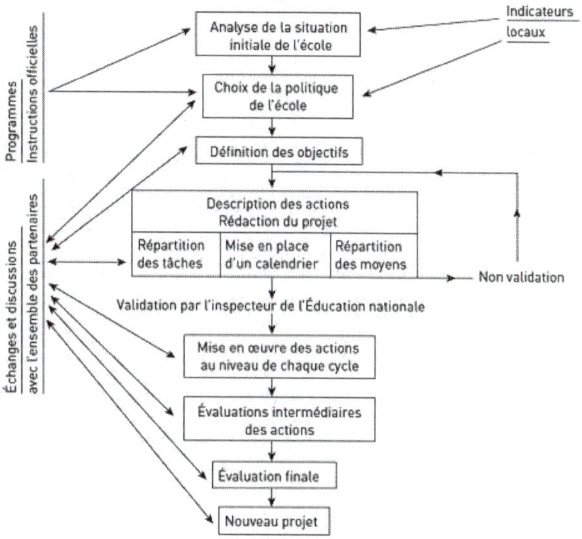

NB. Pour plus de précisions, on se reportera à l'ouvrage ***Le système éducatif en fiches mémos***, fiche 32 : Les projets dans l'école.

E. Le règlement intérieur

La circulaire C. 91-220 du 30/07/1991 C. 91-124 du 06/06/1991 fixe les directives et propose un règlement type. À la lumière de ces éléments, chaque département établit son propre règlement départemental qui est voté par le Conseil départemental de l'Éducation nationale. C'est sur ce règlement départemental que s'appuient les écoles pour rédiger leur propre **règlement intérieur**, qui est voté en conseil d'école.

Le règlement départemental sert de règlement intérieur à l'école en l'absence d'un règlement intérieur voté par le conseil d'école.

Le règlement intérieur comporte les informations suivantes :

- **organisation et fonctionnement de l'école** : heures d'entrée et de sortie ; usage des locaux et conditions d'accès notamment en dehors des heures scolaires ; usage des matériels mis à disposition ; modalités de circulation, de déplacement, de surveillance des élèves ; récréations ; régime des sorties pour les demi-pensionnaires et les externes ; régime de la demi-pension ; conditions de remise des enfants de maternelle aux familles.
- **dispositif d'hygiène et de sécurité** : tenues lors de certains enseignements, sécurité des personnes, règles d'hygiène…

- **organisation des soins et des urgences.**
- **organisation de la vie scolaire** : gestion des retards et des absences ; évaluation et livrets scolaires ; organisation des études ; usage de certains biens personnels (téléphone portable, baladeur...).
- **modalités d'exercice des droits et des obligations des élèves** : rôle des enseignants dans le contrôle des absences et des retards ; éléments sur le respect d'autrui et du cadre de vie, le devoir de n'user d'aucune violence.
- **régime des sanctions et punitions** encourues ainsi que des mesures de prévention, d'accompagnement et de réparation mais aussi mesures positives d'encouragement.
- **modalités des relations entre l'école et les familles.**
- **situations particulières liées à la spécificité de l'école.**

2 Les documents qui doivent être affichés ou disponibles

A. Dans l'école

Tout enseignant doit savoir où trouver les informations dont il peut avoir besoin. Il ne lui est pas demandé de connaître ou de conserver tous les textes, mais de savoir où les trouver dès lors qu'il se pose une question réglementaire. Le directeur peut l'aider dans ses recherches. Les documents suivants doivent être affichés ou disponibles.

- Le **règlement intérieur de l'école**
- Le **tableau de service des personnels**

Y figurent les noms des personnes qui assurent l'accueil, la surveillance durant les récréations, l'encadrement des sorties...

- Le **tableau d'occupation des locaux**

Y sont répertoriées les salles et leurs utilisations : salle de classe, de jeux, de motricité, bibliothèque, gymnase...

- Les **documents officiels**

Les circulaires reçues par l'école, les bulletins officiels (BOEN) doivent être archivés après avoir été portés à la connaissance de tous les personnels.

- Le **registre des élèves inscrits**

C'est le registre dans lequel sont inscrits tous les élèves fréquentant ou ayant fréquenté l'école. Pour chaque élève, sont indiqués : nom et prénom, date de naissance, nom et domicile des parents, école fréquentée précédemment, date d'inscription dans l'école, date de radiation, observations éventuelles. C'est sur la base de ce registre que peuvent être établis les certificats de scolarité. Il est autorisé de tenir un fichier annuel des élèves sur informatique après déclaration à la CNIL.

- Le **registre de sécurité**

Dans ce registre, figure tout ce qui concerne la sécurité : consignes de sécurité, dates de passage et commentaires de la commission de sécurité, travaux, dates des exercices d'évacuation des bâtiments scolaires et commentaires, interventions des pompiers dans l'école, contrôles et vérifications périodiques (extincteurs, alarmes...), adresses utiles et numéros de téléphone indispensables systématiquement inscrits et mis à jour, noms des personnes ressources en cas d'évacuation, de l'équipe de sécurité, dates, natures des travaux de transformation et noms des entrepreneurs et de l'architecte, indications de tous les événements (fausses alarmes, fuites d'eau, fuites de gaz, pannes, chute d'un élève)... De plus, le plan d'évacuation des locaux doit être affiché ainsi que les consignes permanentes.

- Le **registre d'infirmerie**

Y figurent : nom de l'élève ayant bénéficié des soins, date et heure de l'intervention, mesures de soins et d'urgence prises, éventuelles décisions d'orientation de l'élève (retour dans la famille, prise en charge par les structures de soins).

- Le **registre des délibérations des conseils**

Toute réunion du conseil des maîtres fait l'objet d'un compte-rendu rédigé par un enseignant et signé par le directeur conservé dans un registre spécial. Une copie est envoyée à l'IEN. Un procès-verbal de chaque réunion du conseil d'école est rédigé par le secrétaire de séance sous la responsabilité du président du conseil d'école et conservé à l'école. Une copie est envoyée à l'IEN.

- **Autres registres**

Plusieurs registres d'inventaire doivent être tenus dans l'école : celui du mobilier (date achat, utilisation, date de la réforme dans le cas d'un objet jeté), celui du matériel d'enseignement hors consommables (manuels, fichiers, livres, matériel pédagogique, audiovisuel, informatique...), catalogue de bibliothèque (un pour chaque classe et un catalogue général pour la BCD).

B. Dans la classe

Dans chaque classe doivent figurer (affichage ou classeur) :
- la **liste des élèves** avec leur date de naissance,
- l'**emploi du temps**,
- les **progressions** et projets pédagogiques,
- un **cahier d'appel** : sa tenue au jour le jour est obligatoire.

3 Quelques repères quant au déroulement d'une année scolaire

A. La répartition des classes et des élèves

Le directeur dispose de la liste des élèves établie par la mairie. Le nombre de postes d'enseignants est décidé par l'inspecteur d'académie–DASEN. Le directeur, après avis du conseil des maîtres, attribue les classes, si possible par accord entre tous, et décide de l'affectation d'un élève dans telle ou telle classe. En cas de désaccord, c'est l'IEN qui est sollicité et qui décide.

B. Le calendrier et les rythmes scolaires

L'année comporte 36 semaines au moins : cinq périodes de travail entrecoupées de vacances (date fixées par le ministre de l'Éducation).

Principe d'organisation de la semaine : étalement des 24 heures d'enseignement hebdomadaire sur neuf demi-journées, incluant le mercredi matin ; une journée de classe de maximum 5 heures 30 et une demi-journée de 3 heures 30 maximum ; une pause méridienne de 1 heure 30 au minimum. Des activités pédagogiques complémentaires (APC) sont proposées en groupes restreints après les classes.

Remarque *Des dérogations (notamment le choix du samedi au lieu du mercredi) peuvent être accordées. Toute demande de dérogation doit suivre une procédure que nous ne détaillerons pas ici. Retenons qu'elle doit être demandée et argumentée par le conseil d'école au DASEN avec l'avis de la commune et de l'IEN. Le gouvernement annonce un assouplissement du cadre laissant les communes décisionnaires pour rester aux 4,5 jours ou revenir aux 4 jours.*

Les activités pédagogiques complémentaires (APC)

Elles visent soit à aider les élèves lorsqu'ils rencontrent des difficultés dans leurs apprentissages, soit à les accompagner dans leur travail personnel ou leur proposer toute autre activité prévue par le projet d'école notamment en articulation avec le Projet éducatif territorial (PEDT). Elles s'ajoutent aux 24 heures hebdomadaires d'enseignement sur le temps scolaire et chaque enseignant doit y consacrer 36 heures annuellement.

▸ Quels sont les élèves concernés ?

Les activités pédagogiques complémentaires peuvent s'adresser à tous les élèves selon les besoins identifiés par les enseignants. Le maître de chaque classe dresse, après avoir dialogué avec les parents et recueilli leur accord ou celui du représentant légal, la liste des élèves qui bénéficient des activités pédagogiques complémentaires. Cette liste, dont le conseil des maîtres ou le conseil de cycle a connaissance, doit évoluer au cours de l'année en fonction de l'émergence de besoins nouveaux.

▸ Qu'y fait-on ?

Les APC se déroulent par groupes restreints d'élèves, sont organisées par les enseignants et mises en œuvre sous leur responsabilité, éventuellement en articulation avec les activités périscolaires.

À l'école maternelle, l'aide peut être consacrée au renforcement de la maîtrise de la langue orale et à la découverte de l'écrit, par exemple, par l'accès à des récits riches et variés. Le travail en petits groupes permet de solliciter chaque élève et favorise les échanges avec l'enseignant. Ce temps d'aide permet aussi la mise en œuvre de jeux symboliques et de jeux à règles.

À l'école élémentaire, l'aide peut être consacrée à l'amélioration des compétences en français ou en mathématiques. Elle permet des temps supplémentaires de manipulation, d'entraînement, de systématisation ou des approches différentes des savoirs. Elle favorise la prise de parole des élèves, les échanges entre pairs et avec l'enseignant, les essais, les reformulations ainsi que l'explicitation des démarches employées.

En complément du travail effectué en classe, l'aide au travail personnel a pour objectif de permettre à chaque élève d'acquérir une méthodologie de travail et de devenir de plus en plus autonome pour réaliser des tâches à sa portée. Il dispose pour cela des outils nécessaires qu'il apprend à maîtriser (dictionnaires, ressources numériques, etc.).

▸ Les modalités administratives

Le conseil des maîtres propose l'organisation générale de ces activités pédagogiques complémentaires, qui est arrêtée annuellement par l'IEN. Le projet présenté précise l'organisation hebdomadaire des activités, leur répartition annuelle, le contenu des activités mises en œuvre. Les dispositions relatives à cette organisation sont présentées chaque année au conseil d'école pour être intégrées dans le projet d'école. Les communes ou les EPCI (établissements publics de coopération intercommunale) dans le territoire desquels les écoles sont situées sont tenus informés de la répartition horaire des activités pédagogiques complémentaires et des effectifs pris en charge dans chaque école.

C. Les échanges de services et le décloisonnement

Le professeur des écoles reste polyvalent, l'institution promouvant cette qualité et y veillant, car c'est une garantie de cohérence des enseignements, et donc des apprentissages pour l'élève.

▸ Les échanges de services

Certains « défauts » de polyvalence sont acceptés, notamment pour les domaines liés aux arts, aux sciences, aux langues et aux nouvelles technologies. Les **échanges de services** constituent un palliatif de ces défauts de polyvalence. C'est une solution acceptée mais qui n'est pas considérée comme idéale. Un enseignant assure l'enseignement d'une discipline dans plusieurs classes d'un cycle ou d'une école, et un de ses collègues prend sa classe pour enseigner une autre discipline. Les échanges de services ne modifient pas l'organisation de la classe et l'enseignant passe de classe en classe, en fonction des disciplines enseignées.

▸ Le décloisonnement

Le **décloisonnement**, lui, est une modalité pédagogique de prise en compte de l'hétérogénéité des élèves, qui rejoint la pédagogie différenciée. Le décloisonnement est un outil de travail nécessitant une logistique, une planification et une coordination particulières, dans le cadre d'un projet dont les objectifs sont communs et en conformité avec le projet d'école.

Le regroupement des élèves se fait en fonction des activités et l'organisation par classe n'est pas conservée. Des élèves de différentes classes se regroupent et se répartissent suivant les activités retenues (ateliers) ou en fonction des disciplines ou compétences travaillées (groupes de besoins en pédagogie différenciée).

ex : *Réalisation d'une production commune, comme l'écriture d'un livre par des CP et l'illustration par des GS ; utilisation d'élèves de CM comme tuteurs d'élèves de CP ; travail d'une compétence commune par des élèves de différents niveaux d'un même cycle.*

D. Les liaisons interdegrés (GS-CP ; CM2-6e)

Assurer une continuité éducative et atténuer les ruptures

Les changements d'écoles entraînent des ruptures de lieux, d'organisation de la scolarité, de statut de l'élève, d'objectifs et de programmation. Ces ruptures peuvent être vécues très durement par les élèves, il faut les accompagner au mieux en veillant à la continuité des objets d'apprentissage, des méthodes et/ou à la cohérence des terminologies employées. Il s'agit aussi de faire découvrir à l'élève l'organisation et les spécificités de l'école qu'il va gagner.

La liaison grande section – cours préparatoire

Les enseignants du CP doivent tenir compte des aquis et du cursus de l'élève en maternelle et s'appuyer sur eux pour éviter les effets de rupture trop violents. Les enseignants des deux écoles doivent se rencontrer pour harmoniser les progressions, se transmettre des informations, faciliter l'intégration des élèves, partager des ressources (BCD, matériel informatique) pour donner une cohérence aux activités des élèves, organiser des activités communes (actions sur la citoyenneté, projets de correspondance, de spectacle, décloisonnement communs) afin que les élèves connaissent les lieux et personnels, anticipent leurs futures activités, démystifient l'école élémentaire.

La liaison cours moyen 2 – sixième

Les élèves entrant en sixième doivent principalement s'adapter à plusieurs professeurs, à un emploi du temps déterminé et immuable, à un travail personnel important dans une structure plus impersonnelle. Il convient de préparer l'entrée en sixième au CM2, en développant les échanges de services et le décloisonnement aux CM pour habituer les élèves à différents enseignants, en veillant à mettre en place un emploi du temps que l'on s'astreint à respecter, en faisant réaliser des travaux personnels... Il est utile, aussi, de faire connaître concrètement le collège aux CM2 (visite du collège, immersion durant une journée dans la vie du collège, rencontre entre élèves de 6e et de CM2, utilisation des ressources du CDI du collège par les élèves du primaire, travaux interdegrés...). L'ambition du ministère, en refondant les cycles et en créant un cycle CM2-6e et un Conseil école-collège, est de faciliter le passage de l'école au collège (voir fiche 6).

Accueillir des intervenants, organiser des sorties

Depuis quelques décennies, l'école s'ouvre en permettant à des personnes extérieures d'intervenir et en sortant les élèves de ses murs. Mais ceci ne peut s'opérer que si un préalable absolu est vérifié : l'intervention extérieure ou la sortie doivent pouvoir être justifiées pédagogiquement. Il faut démontrer la plus-value apportée en termes d'apprentissage. De ce fait, la sollicitation d'intervenant ou l'organisation de sortie devraient s'intégrer dans le projet pédagogique de la classe, de l'école, et figurer dans le projet d'école.

1 Le recours aux intervenants extérieurs

Le type d'intervention	
Les intervenants bénévoles Les parents d'élèves, d'autres adultes, notamment membres d'associations, peuvent intervenir à titre bénévole.	**Les intervenants non bénévoles** Les intervenants non bénévoles sont rémunérés par les associations, les autres personnes morales ou de droit privé par les collectivités publiques (collectivités territoriales ou administration de l'État). Lorsqu'ils interviennent régulièrement, une convention précisant notamment leur rôle et les conditions de sécurité doit être passée entre l'employeur (association ou collectivité publique) et l'inspecteur de l'Éducation nationale de la circonscription (IEN) ou le DASEN, selon le champ d'application de la convention.
La fréquence de l'intervention	
Les interventions occasionnelles Les interventions occasionnelles font l'objet d'une simple autorisation écrite du directeur d'école.	**Les interventions régulières** Dans un domaine autre que l'éducation physique et sportive (EPS) et les enseignements artistiques, l'enseignant sollicite le directeur d'école qui rédige une autorisation écrite de participation aux enseignements valable une année scolaire. Le conseil des maîtres sollicité donne son avis et le directeur envoie la demande à l'IEN qui donne son agrément ou refuse l'intervention. Pour l'EPS, l'enseignant doit vérifier, avant de mettre en œuvre les étapes indiquées ci-dessus, que la personne sollicitée a obtenu l'agrément des services académiques de l'Éducation nationale. Cette dernière doit, pour accorder cet agrément, vérifier le statut pour les personnels territoriaux des APS, les diplômes pour les professionnels privés, la participation à une formation spécifique par la commission départementale pour l'EPS dans le premier degré pour les bénévoles. Pour les enseignements artistiques, les intervenants réguliers doivent justifier d'une compétence professionnelle vérifiée et attestée par la Direction régionale des Affaires culturelles ou de diplômes préparant à l'intervention en milieu scolaire dans les disciplines artistiques. Le directeur les propose avec les pièces justificatives au DASEN qui délivre l'agrément. Celui-ci est réputé acquis en cas de non réponse dans les 15 jours.
NB. Pour plus de précisions, on se reportera à l'ouvrage ***Le système éducatif en fiches mémos***, fiche 14 : Les intervenants extérieurs.	

2 L'organisation des sorties

Type de sorties	Descriptif	Autorisation
Régulières	Enseignements réguliers, inscrits à l'emploi du temps et nécessitant un déplacement hors de l'école.	Autorisées par le directeur d'école.
Occasionnelles sans nuitée	Activités d'enseignement sous des formes différentes et dans des lieux offrant des ressources naturelles et culturelles, même organisées sur plusieurs journées consécutives mais sans hébergement.	
Occasionnelles avec nuitée(s)	Séjours scolaires courts : durée inférieure à 5 jours, soit de 1 à 3 nuitées, permettant une rencontre avec des environnements, des événements, des cultures et représentant des temps forts des apprentissages.	Autorisées par le directeur académique des services de l'Éducation nationale (DASEN).
	Classes de découverte : durée égale ou supérieure à 5 jours, soit 4 nuitées et plus, permettant de sortir de façon significative du contexte et de l'espace habituel de la classe, pour constituer un réel dépaysement et un moment privilégié de découverte de la vie collective.	

NB1. Seules sorties organisées pendant les horaires de classe et ne comprenant pas la pause du déjeuner sont obligatoires qu'elles soient régulières ou occasionnelles. Elles sont gratuites, Les autres sont facultatives et à ce titre, une participation raisonnable des familles peut être demandée.

NB2. Les échanges internationaux, même d'une journée, relèvent de la 3e catégorie, sauf s'il s'agit d'un échange d'une journée dans un pays étranger frontalier, qui relève alors de la 2e catégorie. Pour les sorties à l'étranger, il faut respecter les formalités pour sortir du territoire français avec des mineurs, que nous ne détaillons pas ici.

Les conditions d'encadrement	
École maternelle	**École élémentaire**
2 adultes au moins dont le maître de la classe, quel que soit l'effectif de la classe.	
Au-delà de 16 élèves, un adulte supplémentaire pour 8 (sorties avec et sans nuitées).	Au-delà de 30 élèves (sans nuitée) 20 élèves (avec), un adulte supplémentaire pour 15 (sans nuitée), 10 (avec).
NB. Pour se rendre à pied ou en car, pendant le temps scolaire, sur un lieu situé à proximité de l'école pour une durée globale qui ne dépasse pas la demi-journée de classe :	
l'enseignant doit être accompagné d'un adulte.	l'enseignant peut sortir seul avec sa classe.

Les démarches et procédures de contrôle	
De façon générale, les sorties doivent s'inscrire dans le cadre d'activités conformes aux programmes. Des démarches spécifiques à chaque type de sorties doivent être opérées en remplissant des formulaires et des demandes d'autorisations précisant les conditions de la sortie.	
Sortie régulières	Selon la durée du projet, l'autorisation est délivrée, par écrit, en début d'année scolaire ou de trimestre par le directeur qui est responsable de l'organisation matérielle et financière. Le dossier comprend les pièces administratives. Les personnes qui participent à l'encadrement de la vie collective en dehors des périodes d'enseignement doivent y être autorisées par le directeur d'école.
Sorties occasionnelles sans nuitée	L'enseignant prend l'initiative de la sortie, en informe le directeur qui délivre l'autorisation écrite trois jours au moins à l'avance (pas de condition de délai pour les sorties de proximité). Pour les sorties dans un pays étranger frontalier, la demande doit être déposée quinze jours avant. Le plus tôt possible, le directeur prévoit l'organisation matérielle et financière. Les personnes qui participent à l'encadrement de la vie collective en dehors des périodes d'enseignement doivent y être autorisées par le directeur d'école.
Sorties occasionnelles avec nuitée(s)	L'initiative de ces sorties appartient à l'enseignant mais le projet doit figurer au projet d'école ou d'établissement et l'administration ou la collectivité locale qui prend en charge la gestion y est associée dès son élaboration. Un dossier constitué des pièces administratives ainsi que les informations sur les personnes qui participent à l'encadrement de la vie collective en dehors des périodes d'enseignement est adressé par le directeur à l'Inspecteur de l'Éducation nationale (5 semaines avant le départ pour un séjour dans le département, 8 semaines dans un autre département, 10 à l'étranger) qui émet un avis et le transmet au DASEN du département d'origine qui autorise par écrit la sortie ou non.
Dans tous les cas, des conditions à respecter	
Les autorisations de sorties sont délivrées après avoir vérifié que les conditions de sécurité sont respectées. Le responsable de la délivrance de l'autorisation doit veiller : – aux conditions d'encadrement (voir tableau précédant) ; – aux conditions de transport (transports publics réguliers : aucune procédure, transport par collectivité locale ou centre d'accueil : la collectivité ou le centre délivre une attestation de prise en charge qui sera jointe à la demande d'autorisation de sortie, société de transport choisie par l'école, elle doit être inscrite au registre préfectoral pour des services de transport occasionnels ; établissement d'une liste des élèves avec les numéros de téléphone des personnes à contacter ; appel à chaque montée dans le véhicule ; un accompagnateur doit se tenir à proximité d'une ou des issues) ;	

Dans tous les cas, des conditions à respecter
– aux conditions d'accueil (structures dont le DASEN du département d'implantation a apprécié la conformité et a publié le répertoire qui doit être consulté par le directeur et l'enseignant) ; – à la nature et aux conditions des activités pratiquées (hygiène, sécurité, accessibilité du site…).
NB1. Lorsque des regroupements de classes ou des échanges de services, dans le cadre des sorties scolaires, sont organisés, le maître de la classe peut être remplacé par un autre enseignant. **NB2.** Concernant l'encadrement dans le cadre d'un transport en car, l'ensemble des élèves, qu'ils soient d'une ou de plusieurs classes, est considéré comme constituant une seule classe. Le chauffeur n'est en aucun cas pris en compte dans le nombre d'encadrants. **NB3.** La participation des ATSEM est soumise à l'autorisation du maire. **NB4.** Quand l'accueil est assuré sous forme individuelle dans les familles, en particulier à l'étranger, les titulaires de l'autorité parentale doivent donner leur accord à cette forme d'hébergement certifiant qu'ils ont pris connaissance des modalités du séjour, et en particulier de l'existence des périodes durant lesquelles les enfants seront confiés aux familles d'accueil. Pour les familles qui ne souhaitent pas ce type d'hébergement, la solution d'une structure collective d'accueil sera recherchée.

Quelques précisions

Bien informer les parents

Pour les sorties obligatoires, les informations utiles (lieu, jour et horaire) sont transmises aux familles. Pour les sorties facultatives, c'est-à-dire les sorties occasionnelles comprenant la pause du déjeuner ou dépassant les horaires de la classe et les sorties avec nuitée(s), l'enseignant adresse une note d'information aux parents (modalités d'organisation, horaires de départ et de retour) comportant une partie détachable pour que les parents puissent donner, par retour, leur accord daté et signé. Une réunion des parents peut être préalablement organisée par le maître, elle est obligatoire pour les sorties avec nuitée(s). Il faut veiller à transmettre les informations les plus précises aux familles.

Financement

Toutes les sorties obligatoires sont gratuites. Pour les sorties occasionnelles ou avec nuitée(s), une contribution peut être demandée aux familles. Cependant, aucun enfant ne doit être privé d'une sortie pour des raisons financières. Il conviendra de rechercher des modes de financement auprès des collectivités territoriales et d'autres partenaires (associations complémentaires de l'école, coopérative scolaire…) dans le respect du principe de neutralité de l'école publique (pas de sponsoring, pas de ventes sauvages…). L'éventuelle participation financière de partenaires devra faire l'objet d'une information auprès des familles.

▸ Assurance

L'enseignant doit vérifier avant le départ que, pour tout enfant participant à une sortie facultative (occasionnelle ou avec nuitée), une **assurance** a été souscrite. L'enfant non assuré ne pourra pas participer à la sortie. L'assurance n'est pas exigée pour les sorties obligatoires, régulières ou occasionnelles, dans le temps scolaire.

▸ Dispositions médicales

Les certificats de vaccinations obligatoires ou un certificat de contre-indication doivent être fournis. Si la famille juge utile de fournir des renseignements complémentaires, ceux-ci sont consignés sur une fiche sanitaire qui est remise au responsable de la classe.

Il est recommandé de demander aux parents une autorisation écrite permettant d'apporter aux enfants les soins que pourrait nécessiter leur état de santé. En cas d'urgence, les dispositions appropriées (hospitalisation, intervention chirurgicale) seront prises en tout état de cause.

3 L'organisation des activités et la responsabilité de l'enseignant

Il appartient au professeur de la classe de déterminer les conditions d'organisation des activités mises en œuvre par des intervenants ou dans le cadre des sorties scolaires. Trois cas de figure sont envisageables :

- la classe fonctionne en un seul groupe : le maître assure l'organisation et contrôle le déroulement ;
- la classe est divisée en groupes dispersés : chaque groupe est encadré par au moins un intervenant. Le maître assure l'organisation, procède au contrôle successif des différents groupes et coordonne l'ensemble ;
- la classe est divisée en groupes dispersés et le maître a un groupe en charge : les autres groupes sont encadrés par au moins un intervenant. Le maître n'a pas à assurer le contrôle du déroulement. Il définit avant la séance l'organisation de l'activité avec la répartition des tâches. Il procède *a posteriori* à une évaluation.

Dans les trois cas, le maître s'assure des conditions d'organisation et notamment de sécurité. En cas de problèmes relatifs à la qualité de la séance ou à la sécurité, il interrompt immédiatement l'intervention.

Le maître peut être déchargé momentanément de la surveillance alors confiée à des intervenants sous réserve :

- qu'il réside sur le lieu d'hébergement pour les sorties avec nuitée(s) ;
- qu'il sache où sont ses élèves et qu'il puisse les rejoindre très rapidement ;
- que les intervenants soient agréés ou autorisés et placés sous son autorité.

Coopérer avec les parents dans une logique de coéducation

Les sociologues aboutissent tous au constat que l'intérêt porté par les parents aux études de leurs enfants est un gage de réussite. L'école s'est ouverte aux parents, les considérant désormais comme de véritables partenaires, des coéducateurs. Veiller à des relations fructueuses avec les parents assure une plus grande efficacité de l'acte éducatif.

1 Faciliter la participation institutionnelle des parents et conforter le rôle et la place des associations de parents d'élèves dans les écoles

« Les parents d'élèves sont membres de la communauté éducative. Leur participation à la vie scolaire et le dialogue avec les enseignants et les autres personnels sont assurés dans chaque école et dans chaque établissement. Les parents participent, par leurs représentants aux conseils d'école. » (Code de l'éducation, art. L. 111-3 et L. 411-2).

Les parents jouissent d'un droit de participation par leurs représentants, membres ou non d'une association, élus ou désignés pour siéger dans les instances des écoles et des établissements scolaires.

Le principe de la participation des parents aux différentes instances consultatives repose sur le dépôt de listes de parents, suivies d'élection. Ces listes peuvent être présentées par des **associations de parents d'élèves** affiliées à une fédération ou à une union nationale de parents d'élèves, par des associations locales de parents d'élèves déclarées en préfecture, par des parents d'élèves qui ne se sont pas constitués en association.

Pour plus de précisions, se reporter à l'ouvrage ***Le système éducatif en fiches mémos***, fiche 19 : Les parents, partenaires reconnus et importants.

Une information doit être donnée aux parents, dès la rentrée, sur les instances où ils peuvent siéger et sur les modalités des élections des délégués des parents. Tous les ans, avant la fin de la septième semaine de l'année scolaire, le directeur organise le scrutin durant lequel les parents d'élèves élisent leurs représentants aux instances de gestion et de décision des écoles, collèges et lycées.

« Chaque parent est électeur et éligible sous réserve, pour les parents d'enfants mineurs, de ne s'être pas vu retirer l'autorité parentale. » (Décret du 17 juin 2004, BO n° 24 du 22 juillet 2004).

Chaque famille ne dispose que d'une voix, quel que soit le nombre de ses enfants inscrits dans l'école. Dans le cas de parents séparés, la mère dispose d'une voix et le père d'une autre voix. Lorsque l'exercice de l'autorité parentale a été confié à un tiers qui accomplit tous les actes usuels relatifs à la surveillance et à l'éducation de l'enfant, ce tiers exerce à la place des parents le droit de voter et de se porter candidat. Ce droit de suffrage est non cumulatif avec celui dont il disposerait déjà au titre de parent d'un ou de plusieurs élèves inscrits dans l'établissement.

Il est très fortement recommandé que la participation des parents dépasse la présence formelle aux instances participatives et il faut insister sur le fait que l'avis des familles *via* leurs élus, notamment dans la conception et la mise en œuvre du projet d'école, doit être réellement pris en compte.

2 Mettre en œuvre une politique d'information des parents

Les parents jouissent du **droit d'information** sur le suivi de la scolarité et sur le comportement scolaire de leurs enfants.

A. Distribuer les documents des associations aux parents d'élèves

Le directeur est garant de la distribution équitable des documents émanant des différentes associations selon des modalités définies en concertation entre lui et les associations. En début d'année, les documents émanant des diverses associations doivent être distribués simultanément (à condition qu'ils soient à la disposition du directeur dans les trois jours suivant la rentrée). À cette occasion, seules les propositions d'assurance présentées par les associations de parents peuvent être diffusées. Par la suite, seules les informations ayant trait aux activités de l'association sont distribuées. Les documents remis relèvent de la responsabilité des associations et doivent respecter les principes mentionnés fiches 1 et 2 : laïcité, respect de la vie privée, pas d'injures, de diffamation, de propagande en faveur d'un parti politique ou d'une entreprise commerciale.

Tout représentant des parents d'élèves, qu'il soit ou non membre d'une association, doit pouvoir rendre compte des travaux des instances dans lesquelles il siège (conseils d'école). Ces comptes rendus doivent être rédigés dans le strict respect des règles de confidentialité et doivent comporter l'identité de l'auteur. Le travail préalable à la distribution revient aux associations concernées.

B. Transmettre les documents institutionnels

▸ Faire connaître le règlement intérieur

Le **règlement intérieur** constitue un support essentiel pour instaurer un véritable dialogue, ainsi que des rapports de coopération avec les familles, notamment par les informations qu'il apporte sur le fonctionnement de l'établissement, l'organisation de contacts avec l'équipe enseignante et éducative et le calendrier des rencontres entre parents et enseignants. C'est pourquoi, en début d'année, il doit être porté à la connaissance des parents, favorisant ainsi leur intégration à la communauté éducative et leur permettant un meilleur suivi de la scolarité de leurs enfants.

▸ Transmettre des bilans

Outil de liaison entre les enseignants et également entre l'enseignant et la famille, un **livret scolaire unique** mis en place depuis la rentrée 2016 permet de communiquer le bilan scolaire de l'élève.

Globalement, faciliter les échanges d'informations sur la vie de l'école

Mieux un parent cerne ce qui se passe à l'école, meilleure sera la relation. Pour cela, il convient de mettre en place un **régime d'informations efficace des parents**.

Il ne faut pas hésiter à faire signer des cahiers, à faire connaître le travail réalisé en classe, à informer les parents par des mots (sorties, venue d'un intervenant, résultats aux évaluations nationales, mise en place d'un projet...).

Le carnet de liaison : outil de communication

L'objet de ce carnet de liaison est d'assurer une liaison permanente entre l'école et la famille et de faciliter les relations entre les partenaires sans toutefois remplacer les échanges, indispensables, de vive voix.

Peuvent y figurer : le calendrier scolaire, le rappel de l'obligation scolaire, le règlement intérieur, les dates des réunions et des « moments » importants, les précisions sur la demi-pension, les études, les personnes autorisées à récupérer l'enfant, les informations importantes (PAI...), un volet concernant les absences (parents : motifs d'absence, motifs de retard, demandes d'autorisations de sortie pendant les heures de classe, demandes de dispenses d'EPS – motifs médicaux uniquement ; enseignant : information d'absence non excusée), la liaison parents-enseignant-enfant (mots du professeur, réponses des parents ou vice-versa).

L'élève est toujours porteur de ce carnet et il doit le tenir avec soin et inscrire (ou coller) toutes les informations utiles destinées à sa famille et faire viser celles-ci le jour-même par ses parents.

Les parents sont invités à contrôler régulièrement le carnet de liaison. Ils le signent chaque fois que cela est nécessaire, l'utilisent pour correspondre avec les professeurs, pour viser les punitions et doivent remplir, le cas échéant, les bulletins d'absence.

L'enfant a pour rôle de transmettre ce carnet aux parents et de le ramener à l'enseignant. Il faut absolument veiller à ne pas le transformer en médiateur entre parents et enseignant. S'il y a des incompréhensions et des problèmes entre ces adultes, c'est à eux de les régler. On évitera ainsi les remarques : « Tu rappelleras à tes parents que... », « Dis à tes parents... ».

3 Mettre en œuvre une politique d'accueil des parents

Les parents jouissent d'un **droit de réunion** s'exerçant dans le cadre de réunions collectives avec les parents ou de rencontres individuelles avec les parents.

Coopérer avec les parents

10

A. Les réunions collectives

Le directeur doit organiser une réunion de rentrée pour les parents nouvellement inscrits en début d'année scolaire.

Deux rencontres parents-enseignants doivent être organisées obligatoirement chaque année, en prenant en compte les contraintes horaires et matérielles des parents. Elles sont organisées soit pour l'ensemble des parents d'une école soit pour un groupe de parents (niveau, classe...). L'information doit intervenir suffisamment tôt pour assurer la participation du plus grand nombre.

Les réunions organisées en début d'année peuvent servir à informer les parents des conditions de vie scolaire sous l'angle pratique mais aussi pédagogique. Elles peuvent être l'occasion de prévoir des activités où l'aide des parents peut être utile et de recueillir des suggestions, de les informer sur les projets importants (par exemple classe de découverte...), de présenter le RASED, la médecine scolaire, les associations de parents... Elles sont l'occasion d'une information sur le conseil d'école et les modalités d'élection.

B. Le dialogue avec les parents, les rencontres individuelles

Toutes les mesures adaptées doivent être prises pour que les parents puissent effectivement suivre la scolarité de leur enfant et prendre connaissance des résultats scolaires. Le premier conseil d'école doit examiner les conditions d'organisation du dialogue avec les parents.

Bien sûr, une simple discussion à la sortie des classes peut suffire pour maints petits problèmes ou pour véhiculer certaines informations, mais dès que les choses sont plus complexes, il faut en passer par les rendez-vous, notamment en utilisant le carnet de liaison.

L'enseignant doit faire preuve de disponibilité mais il n'a pas à devoir rencontrer des parents si un rendez-vous n'a pas été fixé, de façon spontanée. *A contrario*, un enseignant ne convoque pas les parents, il les invite à le rencontrer.

En cas de problèmes de comportement ou de difficultés scolaires, il est souvent utile d'en parler avec les parents. On peut envisager, si nécessaire, une réunion de l'équipe éducative constituée de l'enseignant (ou des enseignants) de l'enfant, du médecin, de l'enseignant référent, du personnel du RASED, des parents. Une proposition de suivi par le réseau peut être proposée par l'équipe. L'entretien avec le (la) psychologue scolaire doit s'effectuer avec l'autorisation préalable de la famille.

C. Les autres situations

Il est important de réfléchir, notamment en maternelle, aux moments d'accueil le matin afin de faire en sorte que la rupture entre l'enfant et ses parents soit la plus sereine possible.

4 Impliquer les parents dans la vie de l'école

Cela passe par la participation des parents à l'accueil, à la surveillance et à des activités scolaires. Dans le cas où les parents participent à l'accueil, à la surveillance ou à l'accompagnement des élèves, selon des modalités décidées en conseil d'école, leur responsabilité est couverte comme celle de tout enseignant. Ils sont alors considérés comme des intervenants extérieurs (voir fiche 10). Les projets incluant la participation de parents doivent comporter la liste nominative des intervenants extérieurs. Ils seront visés par le directeur de l'école et transmis pour information à l'IEN. Dans tous les cas, la responsabilité et les obligations de l'enseignant restent entières : être présent 10 minutes avant le début de la classe, assister aux départs, assurer une surveillance permanente.

En sus, toute initiative qui permet de faire venir les parents à l'école, notamment ceux qui n'osent jamais et participer à son fonctionnement est à encourager.

ex : *Travailler avec les associations de quartiers à des rencontres avec les familles étrangères ou appartenant à la communauté du voyage ; proposer un site web pour l'école (infos, forum...) ; soirée à thème avec une conférence ou un film, un reportage centré sur l'éducation puis un débat ; création d'une association « les amis de l'école » ; animations diverses à destination des élèves et/ou des parents comme les kermesses, un banquet avec les « plats du monde » apportés par toutes les familles dans le cadre de la semaine du goût...*

Influences familiales sur la réussite scolaire

Revenons à la famille pour comprendre en quoi elle peut favoriser la réussite scolaire.

▸ Les valeurs familiales

Un discours positif à l'égard de l'école et la valorisation des études par les parents que ce soit de manière directe ou indirecte sont un gage d'une meilleure socialisation scolaire. Les enfants qui proviennent de familles accordant une place importante à l'éducation, qui mettent en avant le sens de l'effort, valorisent la réussite, font ressentir que l'École est importante, ont des meilleures performances scolaires.

Ces valeurs sont plutôt inscrites dans la perspective de l'autonomie pour les familles aisées qui valorisent l'expression de l'enfant, ses singularités, sa créativité en étant dans le registre de la négociation. Les familles plus modestes favorisent le registre de l'imposition, l'adaptation aux contraintes et règle en fonction de ce que l'enfant a le droit ou non de faire la créativité et l'invention étant peu encouragées.

▸ Les styles d'autorité

Toutes les études pointent deux facteurs prépondérants : l'attachement (affection, chaleur, attention) et le contrôle (supervision, règle, exigences, limites). Trois styles entraînent des effets négatifs sur l'adaptation scolaire et les performances :

- parents négligents : n'assurent ni attachement ni contrôle ⇒ déficits d'attention, problèmes d'apprentissage et de conduite.
- parents permissifs : très affectueux, exercent peu la fonction de contrôle ⇒ même effets que précédemment mais atténués.
- parents autoritaires : exercent un contrôle très strict et laissent peu de part à l'affection ⇒ anxiété, passivité, résistances.

Il a été démontré qu'un style permettait la meilleure réussite des enfants :

- parents qui assurent les deux fonctions (attachement et contrôle) : imposent des règles et des exigences tout en assurant l'affection et la présence chaleureuse ⇒ bonne adaptation à l'école.

▸ Les stratégies déployées pour la réussite de l'enfant

Les familles développent des stratégies pour aider à la réussite. La socialisation scolaire est vécue par les familles comme une compétition dont elles essayent de sortir le mieux placé. À ce titre, toutes les données sociologiques démontrent que les parents ne sont pas démissionnaires mais consacrent temps, énergie et argent pour faire réussir leur enfant mieux que les autres. Et force est de constater que les parents de catégories socio-culturelles élevées sont mieux armés dans cette compétition. Elles s'en sortent mieux car elles maîtrisent mieux le fonctionnement du système éducatif, elles investissent dans l'aide scolaire au sens large (logiciel éducatifs, cours particuliers, activités périscolaires, voyages linguistiques…) et elles gèrent mieux l'orientation en s'autocensurant moins que les familles plus modestes et en contestant plus les décisions qui ne leur conviennent pas.

▸ Habitus familial et habitus scolaire : les apports des théories de la reproduction

Enfin, les sociologues pointent que la culture véhiculée par l'école, les codes scolaires, les normes en vigueur sont plus proches de ce qui se passe dans les familles de milieux favorisés que dans les autres. Ainsi, l'habitus des enfants de classes favorisées leur rend l'école immédiatement et implicitement « lisible », ce qui n'est pas le cas des enfants de classes défavorisées. Ainsi, par exemple, ne seront à l'aise dans les apprentissages de l'écrit que les enfants dont les parents ont la même représentation du statut de l'écrit et les mêmes référents culturels que l'institution. Certains sociologues envisagent l'école comme un lieu de reproduction des inégalités sociales. Les enfants (et leur parents !) issus des familles qui ont les codes et le capital culturel les plus proches de ceux de l'école sont plus à l'aise vis-à-vis de cette institution. Or c'est sur cette culture et ces codes que sont sélectionnés les élèves. Il n'est pas étonnant que l'intégration scolaire leur demande nettement moins d'effort et qu'en général elle se passe bien. Si tous les enseignants avaient conscience que les codes scolaires n'apparaissent pas à tous comme une évidence et s'engageaient à ne pas mépriser l'habitus de l'enfant (et de ses parents) et à lui expliquer celui exigé par l'école, un grand progrès serait accompli.

▸ Bilan : des relations de cause à effet

Nous l'avons indiqué précédemment, les parents aident leurs enfants. C'est à travers ces interactions parents-enfants liés aux réalités scolaires que les valeurs familiales et des styles d'autorité vont agir sur les résultats. Au final, on obtient un modèle opérant les liens suivants :

Variables sociodémographiques ⇒ valeurs parentales/style d'autorité ⇒ modes d'interactions familiales autour des réalités scolaires ⇒ adaptation scolaire et performances scolaires.

On arrive ainsi à entrevoir l'impact discriminant du milieu familial sur la réussite scolaire.

5 Apprendre à travailler ensemble

L'école qui a, de longs siècles durant, exclu les parents, leur assure, depuis quelques décennies, une place institutionnalisée. Les parents sont désormais considérés comme membres à part entière de la communauté éducative. Cependant, des tensions demeurent car il n'est pas facile à chacun des deux partenaires de cibler ses prérogatives pédagogiques et éducatives précises et la tentation de rejeter systématiquement la responsabilité sur l'autre en cas de problème de parcours d'un enfant est forte. La coopération souhaitée par les institutions n'est pas encore devenue pratique aisée et les relations ne sont pas encore apaisées et restent encore conflictuelles, parfois teintées de défiance et d'incompréhension mutuelle : les enseignants trouvent les parents soit procéduriers et interventionnistes soit démissionnaires, n'assumant pas leur rôle éducatif ; les parents les trouvent trop enfermés dans leur tour d'ivoire, décalés par rapport à la société...

La coéducation : pourquoi ? Comment ?

▸ Extrait de la fiche ressources « Relations parents – enseignants » de l'académie d'Amiens

« La coéducation est un processus qui s'inscrit au cœur de la relation École - Famille. L'École et la Famille sont complémentaires et se doivent de s'engager dans une forme de collaboration qui privilégie l'expérience collective.

Le principe d'une coéducation s'impose à l'École dans la mesure où 100 % des enfants de plus de trois ans sont scolarisés.

Cette complémentarité entre les différents acteurs de l'éducation des jeunes doit bénéficier aux enfants.

La coéducation nécessite la présence des parents et de l'équipe enseignante et suppose d'emblée une clarification des rôles respectifs des acteurs, afin d'éviter tout malentendu.

Elle implique un respect mutuel des acteurs. Cette confiance réciproque rassure l'enfant et l'autorise à s'impliquer dans les apprentissages scolaires.

La coéducation associe également d'autres types d'acteurs, notamment les élus. Ils mettent à disposition les conditions matérielles d'accueil et de travail propice aux apprentissages et participent ainsi à la réussite scolaire visée pour chacun des élèves.

Il n'existe pas de coéducation si, a priori, la famille est déniée dans ses fonctions et réduite à ses incapacités. La coéducation passe par la restauration du sentiment de responsabilité éducative partagée.

La relation parents-enseignants est centrée sur l'enfant-élève.

Les attentes, les convictions, les valeurs, les craintes, les questions des parents sont écoutées. Sans ce travail d'écoute, aucune médiation n'est possible. »

Précisons que dialoguer, discuter être à l'écoute des parents ne signifie pas tout accepter. Il est logique que les parents exercent un contrôle démocratique de ce qui se passe à l'école (respect des textes en vigueur, du règlement, des programmes…) mais ils ne peuvent imposer telle ou telle pratique pédagogique, telle méthode tel manuel (ils peuvent par contre demander à ce qu'on leur en explique les choix).

Les réflexions philosophiques sur l'inné et l'acquis, la nature et la culture, les approches psychologiques et sociologiques sur le développement ont grandement contribué à enrichir les conceptions sur l'apprentissage et leur corollaire, les méthodes pédagogiques.

1 L'acte d'apprendre

A. Définir l'apprentissage

L'**apprentissage** est l'acquisition par l'individu de nouveaux savoirs ou savoir-faire, de nouvelles conduites, de nouveaux comportements ou d'autres manières d'être. Ceci correspond à la mise en relation entre un événement provoqué par l'extérieur (stimulus) et une réaction adéquate du sujet avec mémorisation de façon à ce que, si ce stimulus se présente à nouveau, le sujet fournisse la même réponse. De plus, les comportements acquis doivent être transférables et adaptables à une situation différente de la situation d'apprentissage.

Apprendre est un processus personnel et dynamique dont l'acteur est l'apprenant. Il n'y a pas d'apprentissage sans activité de l'apprenant. N'apprend que le sujet qui y consent : l'existence ou l'absence d'apprentissage est de sa responsabilité. Or il apparaît évident que, pour s'investir dans l'apprentissage, l'individu doit trouver motivation, sens, voire plaisir dans la situation d'apprentissage vécue. Il n'est pas envisageable d'apprendre sans travailler. Apprendre nécessite un effort et l'individu n'y est pas toujours disposé.

B. Quelques modèles de référence éclairant l'acte d'apprendre

Le modèle constructiviste se fonde sur les travaux à la suite du psychologue généticien J. Piaget	Piaget pense que le développement ne résulte ni de l'action exclusive du milieu ni de facteurs uniquement innés mais d'autorégulations successives dans lesquelles l'individu remodèle ses connaissances antérieures (accommodation) en intégrant des données nouvelles (assimilation). Il utilise les informations du milieu mais aussi ses propres expériences, représentations et anciennes connaissances pour les modifier ou en construire de nouvelles. Apprendre n'est pas ajouter, archiver, mais transformer. Les connaissances ne se transmettent pas, ne s'accumulent pas mais elles se construisent par ceux qui apprennent à travers des activités de résolution de problèmes. Les théories constructivistes concèdent donc un rôle actif de l'apprenant dans la genèse de ses savoirs.

Les théories du conflit cognitif reprennent cette idée	Un individu entre en conflit quand il dispose d'une information incompatible avec ses connaissances préalables, quand il prend conscience d'une lacune ou de contradictions. Il entre alors en une tension interne de nature cognitive et va donc devoir rechercher un nouvel équilibre qui le conduira à l'élaboration d'une nouvelle connaissance, compatible avec l'information perturbante. Il passe ainsi par une succession de déséquilibrations et de rééquilibrations. L'erreur n'est plus un dysfonctionnement, elle est « normale », intelligible, a sa logique : elle reflète un état de savoir, « une manière de connaître ». En rencontrant des résistances dont il prend conscience l'élève est obligé de modifier sa structure cognitive. La déstabilisation est une étape indispensable pour passer à un autre niveau de conceptualisation. L'enseignant a donc pour rôle de proposer des « situations didactiques de déstabilisation » en suscitant des conflits cognitifs (ou socio-cognitifs) qui seront des moteurs d'action de l'élève. Ces situations obligeant l'élève à résoudre un problème, à entrer en action, l'enseignant doit ensuite être l'accompagnateur et l'entraîneur des activités de résolution du problème. Il doit aider l'élève à surmonter les obstacles et à reconstruire des connaissances : c'est son rôle d'étayage.
Le modèle socio-constructiviste introduit une dimension supplémentaire	Les travaux de Piaget négligent l'importance de l'autre (adulte ou autre enfant), du langage et des interactions verbales dans les apprentissages. Un courant de psychologues inspiré de Leg Vygotsky, psychologue russe, dont font partie Wallon et Bruner, a pointé l'importance des échanges sociaux dans la genèse des savoirs et développé une théorie fondée sur la construction sociale des fonctions cognitives : on apprend au travers des interactions sociales (entre élèves, entre enseignant et élèves), des échanges, du travail de verbalisation, de construction. Dans ce cadre, les conditions de mise en activité des apprenants sont essentielles : les travaux de groupes favorisent les interactions et la co-élaboration de connaissances
Les théories du conflit socio-cognitif s'inspirent de ce modèle	Un courant de recherche psychologique des années 1970 pointe que l'effet structurant du conflit cognitif est accru lorsqu'il s'inscrit dans une relation sociale. On parle alors de conflit socio-cognitif. Le socio-constructivisme est un concept accordant un effet facilitateur au caractère conflictuel de l'interaction sociale dans la construction des savoirs. La tension cognitive et la mise en recherche de solution sont renforcées quand l'enfant se rend compte que ses pairs ne sont pas d'accord avec lui. Le conflit socio-cognitif amène les élèves à résoudre un problème qui se pose, en l'occurrence un désaccord, non pas sur le plan relationnel mais cognitif (devoir et vouloir aller chercher la réponse).

La zone proximale de développement et l'étayage de l'adulte	Vygotsky affirme aussi que l'enfant dispose d'un espace potentiel de progrès lui permettant de dépasser ses compétences à certaines conditions, dont l'intervention de l'adulte. L'aide apportée par un expert (l'adulte) à un novice (l'enfant) pour lui permettre de résoudre un problème, de réussir une tâche qui sans cette aide, aurait été au-delà de ses possibilités, est à l'origine de la notion de « zone proximale de développement », à savoir ce qu'est capable de faire l'enfant à l'aide de l'adulte mais pas encore tout seul. Ainsi, l'adulte encadre, guide l'enfant pour le faire progresser. C'est seulement ensuite que ce dernier parviendra à déclencher et contrôler par lui-même l'activité. Ce qu'un enfant parvient à faire à un moment donné avec l'aide d'autrui, il arrivera à le faire tout seul plus tard. L'ensemble des interventions du maître pour accompagner l'élève à dépasser ses possibilités correspond à l'étayage, tel que défini par Bruner (voir l'ouvrage Foucher sur les écrits de français et de mathématiques).

2 Ce qui motive l'apprentissage

Il apparaît évident que pour s'investir dans l'apprentissage, l'individu doit trouver motivation, sens, voire plaisir dans la situation d'apprentissage vécue. L'ensemble des facteurs, conscients ou non, amenant l'individu à l'acte d'apprendre correspond à la **motivation**. Nous pouvons considérer la motivation comme le processus psychologique qui pousse un individu à déclencher, à poursuivre ou arrêter un comportement, comme les conditions qui l'amènent à agir.

Une des missions de l'école est de créer les situations capables de susciter cette motivation, d'être le moteur pour donner du sens aux savoirs qui permettront à l'élève d'éclairer le rapport qu'il peut vivre avec lui-même, avec les autres et le monde.

Deux grandes catégories de motivation	
Motivation extrinsèque Le sujet agit dans le but d'obtenir une conséquence qui se trouve en dehors de l'activité même. Ses mobiles sont externes au savoir mis en jeu. L'élève fait l'activité pour avoir une bonne note, être félicité, ne pas être grondé, ne pas se sentir coupable (réflexions d'élèves en classe :	**Motivation intrinsèque** Le sujet agit uniquement porté par l'intérêt du plaisir qu'il trouve dans l'activité, le sentiment d'épanouissement personnel, sans attendre de récompense extrinsèque. Les exemples de motivations intrinsèques sont plus rares dans le monde scolaire. Et pourtant ce sont celles que l'on vise.

Deux grandes catégories de motivation	
« C'est noté ? Vous êtes content de mon travail ? C'est ma mère qui va être contente ! »). Ce type de motivation, lié au renforcement externe, est extrêmement répandu à l'école.	La motivation intrinsèque semble totalement autodéterminée alors que la motivation extrinsèque est très souvent vécue comme une contrainte dénuée d'intérêt. À l'inverse, une activité pratiquée sous la contrainte perd automatiquement de son intérêt y compris lorsque l'enfant la pratiquait au préalable pour son plaisir. L'autodétermination semble être une des clés de la motivation intrinsèque

Les pistes d'action de l'enseignant		
L'enseignant doit comprendre que la motivation est un processus complexe et agir sur plusieurs leviers d'action, élaborer des stratégies d'intervention :		
Tenter d'agir sur le « contexte » de l'élève C'est certainement la tâche la plus difficile. Il faut essayer d'influer favorablement sur l'environnement de l'élève : sa place dans la société, sa vie affective, son projet de vie, les objets de l'apprentissage, son rapport à l'école, aux savoirs et le sens qu'il attribue au travail scolaire, tout en sachant qu'une bonne partie de ce contexte dépend de facteurs sur lesquels l'enseignant n'a pas de prise. L'enseignant peut travailler avec l'élève sur le sens d'aller à l'école, d'y apprendre quelque chose, sur ses représentations et son rapport à l'école et au savoir et sur la valorisation de sa personnalité.	**Agir sur les déterminants de la motivation (manière dont l'élève perçoit les activités d'apprentissage qu'il doit accomplir).** Il s'agit d'améliorer les perceptions de l'élève d'eux-mêmes et de l'activité. **Perception de l'activité** : réfléchir et faire réfléchir à l'intérêt propre d'une situation proposée, donner de la lisibilité à l'activité, son sens (pédagogie de projet), faire bien percevoir à l'élève qu'il est capable de la réussir et adapter l'activité à ses possibilités (importance des activités différenciées), favoriser la prise d'initiative, de responsabilité, le contrôle du déroulement de l'activité (méthodes actives). Plus un élève perçoit qu'il a des chances de réussir et que l'activité a un intérêt plus il se mobilise. La pédagogie de contrat peut, elle aussi, permettre d'améliorer la perception de l'activité. **Perception de soi** : faire percevoir à l'élève qu'il gagne en compétence, lui faire reprendre confiance en ses capacités d'apprentissages, revoir le rapport à l'évaluation en focalisant plus sur les progrès accomplis que sur la note, tenir un discours positif vis-à-vis de l'élève... L'enseignant doit tout mette en jeu pour exprimer aux élèves sa confiance en leurs capacités de réussir.	**Prendre en compte les indicateurs de motivation (permettent de mesurer le degré de motivation des élèves).** Se servir des indicateurs de motivations pour évaluer la façon dont est perçue l'activité et au besoin la modifier ou agir sur certains déterminants pour relancer la motivation.

Le sens des apprentissages, de l'école

Des sociologues dont B. Charlot, E. Bautier et Y. Rochex ont cherché à comprendre comment les enfants à partir d'un certain âge (CM et collégien) se positionnent face à l'école et au savoir et en quoi cela avait des répercussions sur la réussite. Le but de ces études est de comprendre les fondements et les ressorts de la mobilisation scolaire, des rapports à l'école et au savoir. Ils catégorisent :

Trois processus de mobilisation

- Non mobilisation : enfants qui n'aiment pas l'école, les professeurs (qu'ils jugent responsables de mal enseigner), qui n'y vont que pour les relations avec leurs camarades.
- Objectif : tenir bon pour passer dans la classe supérieure. Les jeunes vivent le travail comme un mal nécessaire pour aller le plus loin possible. Ils doivent résister « aux copains », la rivalité avec les camarades et la bonne note jouent un rôle majeur. La médiation de l'enseignant est très importante notamment affectivement (Suite d'effets inducteurs : aimer le prof → aimer la matière → travailler...)
- Objectif d'apprentissage et d'enrichissement culturel. Les jeunes travaillent certes pour passer au niveau supérieur et avoir de bonnes notes mais aussi pour savoir, comprendre. La savoir en tant que tel joue un rôle plus important, la personnalité du professeur moins.

Quatre types de rapport à l'école

- Ceux pour qui l'école n'a pas de sens soit parce qu'ils ont des problèmes personnels graves, ne se sentent pas encore concerné (ils ont encore le temps), où n'y trouvent qu'un sens étranger aux apprentissages (s'amuser, se faire des copains). Ces derniers ne vivent pas mal l'école mais y vont pour autre chose que pour apprendre.
- Pour une majorité de jeunes, aller à l'école et y réussir ses études fait d'avantage sens que le savoir lui-même. Ils raisonnent ainsi « je dois aller à l'école et plus j'irai loin (plus longtemps j'y survivrai) plus on me devra un bon métier ». L'école est un passage obligé, la valeur des apprentissages est occultée.
- D'autres commencent à cerner l'importance des compétences acquises. Ils raisonnent ainsi : « je vais à l'école pour y apprendre des choses, et, grâce à ce que j'ai appris je trouverai un bon métier ». Le rapport à l'école devient aussi un rapport au savoir mais uniquement dans une logique utilitaire et pragmatique.
- Enfin, très rares sont ceux invoquant l'importance de la nécessité d'apprendre, d'acquérir des connaissances pour la valeur de ces connaissances, pour le savoir lui-même. Apprendre est important pour l'avenir et pas uniquement en termes de métier mais aussi pour la vie personnelle. L'apprentissage est une finalité en soi et est légitimé par l'enfant.

Et finalement deux grand types de rapport au savoir

- Pour les premières catégories, savoir c'est répondre, faire les exercices, travailler, obéir à la consigne. Savoir c'est « faire » une activité. Apprendre n'a pas de sens et est un processus extériorisé. S'ils « savent » les élèves font, sinon ils ne font pas. Pas question pour eux de chercher ou d'apprendre à faire. Il est difficile à ces élèves d'objectiver les savoir c'est-à-dire d'en parler en tant que tels, de conférer une existence propre aux champs disciplinaires. Il est difficile de réinvestir des savoirs dans des situations et des contextes nouveaux. Les savoirs sont réduits aux champs institutionnels et interprétés aux travers des actions qu'ils impliquent. Le rapport à l'autre reste prépondérant. Savoir c'est se positionner face aux pairs, à l'enseignant ou aux parents. Le savoir cela positionne : en premier ou en dernier. Les enfants s'identifient et se distinguent constamment des autres dans un processus de régulation-distanciation. Ces enfants vont être tributaires de l'affect et de la médiation adulte
- Pour les dernière catégories, le savoir est quelque chose d'indépendant de soi, d'objectivé et d'intériorisé. Le savoir fait sens en lui-même. Il peut être important sans être obligatoirement utile. Les disciplines ont une existence autonome indépendante de ce que l'on fait ou ressent. Le goût pour tel domaine, l'intérêt pour tels savoirs permettent d'orienter de façon réfléchie les études et les choix professionnels.

Lien avec la réussite scolaire

Il est à noter qu'on constate une évolution du rapport au savoir et à l'École avec l'âge des élèves. Le rapport qui lie le jeune à l'École et aux apprentissages se construit au cours de la scolarité. Les rapports de type « culturel et enrichissement personnel » ne peuvent émerger que chez quelques élèves en fin de primaire et généralement plutôt en cours d'études secondaires. Les élèves qui ne parviendront pas à aller vers ce type de rapport au savoir et resteront cantonnés à un rapport purement utilitaire (ou pire à l'absence de mobilisation) auront plus de risques d'éprouver des difficultés au cours de leur scolarité.

3 Les phases de l'apprentissage

En s'inspirant et simplifiant les travaux de Malcuit, Pomerleau et Maurice (1995), on peut distinguer les étapes suivantes.	
L'acquisition	Cette phase consiste à induire chez un individu l'apprentissage d'un comportement ou d'une habileté qui n'est pas dans son répertoire comportemental. Ce comportement peut être nouveau ou encore présenté sous une nouvelle forme. Il s'agit d'un nouvel apprentissage. Dans une approche constructiviste des apprentissages l'acquisition passe par une étape d'action (une situation problème, une investigation des élèves…), une étape de formulation, une étape de validation (collective), une étape d'institutionnalisation.
L'aisance	Cette phase d'entraînement et de réinvestissement vise à l'émission du comportement acquis avec facilité et rapidité. C'est le principe des exercices d'application, d'entraînement.
La rétention, la résistance /endurance	Cette phase se traduit par le maintien du comportement lors d'épisodes subséquents en présence de la tâche ou de l'occasion comportementale. Cette phase vérifie si la performance comportementale n'est pas affectée après une absence de stimulation ou de l'espacement des périodes de pratique. On estime en quelque sorte « la résistance à l'extinction ». C'est le principe des exercices après un laps de temps.
Le transfert, l'application	L'étape ultime de l'apprentissage implique l'émission d'un comportement dans un nouvel opérant différent de celui apparu dans la situation d'apprentissage de départ. Cette phase implique une décontextualisation et une recontextualisation de l'apprentissage d'un comportement ou d'une habileté. Elle est vérifiée par la généralisation dans le temps et dans l'espace du comportement acquis. Ceci est rarement évalué. Il s'agit de convier la nouvelle habileté dans un contexte différent et à bon escient. C'est à ce moment que l'on peut parler de compétence acquise et transférable.

4 Trois grands modèles pédagogiques pour faire apprendre

Modèle transmissif ou traditionnel ou de l'empreinte
Fonctionnement : on imprime de nouveaux savoirs (Cours magistral ; Variante : méthode dialoguée) puis, entraînement, exercices. Les activités sont de type frontal. ⇒ On mise sur le transfert de l'expert (enseignant) vers l'apprenant. ⇒ La règle, l'information, le savoir sont apportés par le manuel ou l'enseignant en cours d'apprentissage.
Attitude de l'élève : il est attentif, écoute, note puis il applique ce qu'il vient de découvrir. ⇒ Plutôt passif. Apprenant non impliqué dans la construction de ses savoirs.
Attitude de l'enseignant : vulgarisateur de la présentation des savoirs. 1) Il présente clairement les connaissances. 2) Il propose des exercices de réinvestissement.
Statut de l'erreur : considérée comme faute donc pénalisante et à éviter autant que puisse se faire.
Type d'évaluation : sommative.
Intérêts : rapide, fonctionne avec un grand groupe d'élèves, efficace pour l'apprentissage de concepts simples ou de notions à mémoriser, efficace avec des élèves motivés, possédant des structures intellectuelles proches de celle de l'enseignant.
Critiques : rapidité à court terme, grand décalage entre ce qui est transmis et ce qui est réellement acquis, peu opérationnelle pour la mise en place de procédures par les élèves, pas de prise en compte des particularités de l'apprenant, de ce qu'il sait déjà, pas de différenciation possible.
Quelques démarches : méthode frontale, méthode dite dialoguée.
Exemples : cours magistraux, conférences, exposés, leçon suivie d'exercices d'application (ex1 : on lit un conte, le maître explique les particularités, aide à la compréhension, puis il lance une phase d'écriture ; ex2 : leçon de chose sur « la digestion » puis exercices).
Théorie de l'apprentissage sous-jacente : théorie de la communication ou de l'empreinte. L'apprentissage est envisagé comme le fruit d'un acte de communication. Implicitement l'apprentissage est envisagé comme une accumulation linéaire de savoirs avec répétition et restitution.

Modèle béhavioriste ou applicationniste
Fonctionnement : enseignement individualisé par mise en place d'exercices programmés et conçus pour que l'élève les réussisse. Décomposition de l'ensemble des savoirs à faire acquérir en un ensemble d'objectifs élémentaires (ou opérationnels) à surmonter un à un dans un ordre établi avec rigueur (du simple au complexe). Savoirs à acquérir définis en termes de comportements observables attendus à la fin de l'apprentissage. ⇒ On mise sur l'acquisition par conditionnement (stimulus/réponse). ⇒ La règle, l'information, le savoir sont apportés par le manuel ou l'enseignant au début de l'apprentissage.
Attitude de l'élève : il applique et doit maîtriser la règle. ⇒ Actif mais extrêmement guidé dans son travail. Apprenant non impliqué dans la construction de ses savoirs.
Attitude de l'enseignant : organisateur, planificateur. Très fort guidage. 1) Il définit avec précision une suite programmée d'objectifs. 2) Il met en place des situations permettant à l'élève d'atteindre au fur et à mesure les objectifs. 3) Il propose des entraînements systématisés.
Statut de l'erreur : erreur = preuve de la non-acquisition de l'objectif. considérée comme accident de programmation des exercices. À éviter absolument.
Type d'évaluation : sommative.
Intérêts : acquisition d'automatismes ; élève en action à toutes les phases ; centré sur l'élève avec prise en compte de ses acquis et individualisation possible ; élève en situation de réussite et donc valorisé ; volonté de rationaliser les apprentissages avec une progression stricte et possibilité d'évaluation des acquisitions.
Critiques : pas d'appréhension globale des savoirs ; difficulté des élèves d'en comprendre le sens, d'assurer les liens, de transférer les connaissances acquises ; pas d'autonomie des élèves, peu d'initiatives ; multiplication des objectifs ; découpage des programmes en objectifs opérationnels très fastidieux pour l'enseignant ; illusion de penser que tout peut être « saucissonné » en compétences élémentaires ; ne tient pas compte de ce qui n'est pas rigoureusement mesurable, contrôlable (fatigue, désintérêt, représentations...).
Quelques démarches : pédagogie par objectifs.
Exemples : assistants didacticiels des logiciels informatiques ; certains logiciels éducatifs où il faut suivre dans l'ordre les étapes proposées ; fiches de découverte ou d'exercice utilisées en classe (Ex : fiche directive indiquant des étapes de rédaction d'un comte à suivre).
Théorie de l'apprentissage sous-jacente : théories psychologiques expérimentales. La répétition « stimulation (externe) – réponse (interne) » avec récompense (verbale ou autre) des bonnes réponses installe de nouveaux comportements et donc, un apprentissage par conditionnement. C'est une approche mécaniste de l'apprentissage.

Modèle constructiviste ou appropriatif
Fonctionnement : mise en situation de résolution de problèmes ; investigation par l'élève, structuration, institutionnalisation et métacognition ; réinvestissement (Variante : socio-constructivisme). ⇒ On mise sur l'appropriation active des savoirs. ⇒ La règle, l'information, le savoir sont découvert en cours d'apprentissage et la démarche s'inscrit dans une logique d'aide procédurale. L'enseignant aide à la structuration des savoirs.
Attitude de l'élève : il participe à toutes les étapes. ⇒ Actif et plus autonome dans son travail. Apprenant impliqué dans la construction de ses savoirs.
Attitude de l'enseignant : médiateur des apprentissages, concepteur de situations problème. Rôle d'étayage. 1) il imagine des mises en situation. 2) il propose aux élèves des phases d'investigations, de recherche active. 3) il structure les savoirs et les évalue.
Statut de l'erreur : erreur participe à la construction du savoir. Elle permet de mieux comprendre ce qui fonctionne ou non.
Type d'évaluation : diagnostique puis formative et enfin, sommative.
Intérêts : élève actif à toutes les phases y compris l'évaluation car on lui donne les moyens de valider ou non ses productions. Centré sur l'élève avec prise en compte de ses acquis, de ses conceptions et individualisation possible. Autonomie de l'élève dans ses apprentissages Élève peut donner du sens au savoir acquis et le réinvestir dans d'autres situations
Critiques : mieux adaptée dans les disciplines ou le critère de validité est clair ; artificialité des situations problème ; déstabilisation de certains élèves notamment ceux en difficulté (complexité des tâches, autonomie) ; inconfort pour l'enseignant : gestion du temps, de la classe...
Quelques démarches : pédagogie du projet ; méthodes actives ; pédagogie libératrice ; démarche d'investigation...
Exemples : projet d'écriture (Ex : pour un conte, les élèves découvrent et recherchent, ils mettent en commun et en déduisent les particularités puis réinvestissent en écrivant et en s'auto évaluant) ; investigation scientifique (Ex : comprendre le devenir des aliments par la dissection, l'expérimentation).
Théorie de l'apprentissage sous-jacente : théories constructivistes et socio-constructivistes. Les connaissances ne sont pas transmissibles telles quelles mais doivent être construites par l'apprenant. L'enfant doit passer par la déstabilisation (il n'y arrive pas), l'action et la reconstruction (mise en œuvre de procédures pour comprendre) pour pouvoir accéder à une structure cognitive supérieure.

Quel modèle appliquer ?

▸ Ces différents modèles se sont succédé par le passé

Au fur et à mesure des avancées des sciences cognitives et de l'éducation, ces différents grands courants ont prévalu successivement. Très longtemps seul appliqué, le courant traditionnel mise sur la transmission frontale des savoirs. Très en vogue dans les années 1980, le courant béhavioriste tente de rationaliser à l'extrême les apprentissages et procède par conditionnement. Issu des travaux des précurseurs des méthodes dites actives (Freinet, Dewey), imprégné des approches psychologiques constructivistes et socio-constructivistes, le modèle appropriatif est celui qui est préconisé dans les années 1990-2000.

▸ Les méthodes modernes effectuent la synthèse

Chaque modèle a ses vertus en fonction de tel ou tel objectif d'apprentissage. L'idée actuelle est de voir en ces modèles autant de pistes d'actions qui, au final, permettent à l'enseignant de varier sa pédagogie. Aucune science ne peut décider à sa place de ce qu'il doit faire mais simplement le guider dans ses décisions. Le courant des méthodes modernes revisite et intègre tous les concepts développés au cours de l'histoire des sciences de l'éducation. Il fait converger les courants qui précèdent (mises en œuvres alternées de type frontal, de travaux applicationnistes, de méthodes actives...) et intègre à la fois des concepts issus de diverses théories de l'apprentissage (tutorat, étayage, constructivisme, socio-constructivisme, zone proximale de développement, métacognition...) et des recherches en sciences de l'éducation (évaluations, didactique des disciplines, sociologie de l'éducation, philosophie de l'éducation...).

Prendre en compte la diversité des élèves et les accompagner

Tout élève est une personne à part entière avec son histoire, son vécu affectif. L'école met en place une pédagogie qui réfute le mythe du « pareil pour tous et au même moment » et qui met en évidence la complexité de l'acte d'apprentissage et la diversité des individus face aux processus d'apprentissage.

1 Un constat de départ : l'hétérogénéité des élèves

Des acquis différents	Les enfants d'une même classe ne maîtrisent pas de la même façon les savoirs et savoir-faire. Ils ont, pour chaque compétence, des niveaux différents. Tout praticien le constate et il doit y apporter une réponse adéquate.
Des procédures d'apprentissage différentes	Tous les enfants n'apprennent pas au même rythme ou de la même façon. Les travaux de la psychologie cognitive le démontrent.
Des rapports à l'école différents	Tous les enfants n'ont pas la même volonté de réussite et le même rapport au savoir et à l'école, les études sociologiques le démontrent avec force. Leurs habitus familiaux ne leur donnent pas les mêmes armes pour comprendre ce qu'est l'école et comment elle fonctionne et ce qu'elle attend d'eux.
Et, finalement, des besoins différents	Au final, les élèves ont des besoins différents. Ignorer cet état de fait, c'est renoncer à modifier les choses. On ne peut concevoir une pédagogie standardisée pour l'ensemble des élèves tout simplement parce que chacun est un être singulier.

2 Une volonté : que chaque élève puisse progresser à partir de ses propres rythmes d'apprentissage et besoins

Un principe de base : atteindre les mêmes objectifs pédagogiques	Le terme « différenciation » ne veut en aucun cas signifier qu'il s'agit de différencier les objectifs. Au contraire, différencier c'est permettre à tous les élèves d'atteindre les mêmes objectifs par des itinéraires d'apprentissage différents.
Une nécessité : reconnaître les différences, les respecter et s'y adapter	Différencier, c'est aborder la notion d'hétérogénéité en terme de réponses pédagogiques à développer pour que chacun puisse progresser en fonction de ses acquis réels (et non présupposés), à sa vitesse et selon ses procédures mentales, bref selon ses besoins. Il faut donc, au préalable, identifier les difficultés et les différences (d'où l'importance de l'évaluation) et les prendre en considération.

Un travail de fond : donner sens aux apprentissages et favoriser l'autonomie	De nombreux élèves ne comprennent pas le sens du travail scolaire. Différencier c'est vouloir redynamiser le désir d'apprendre. En objectivant et explicitant les intentions, en personnalisant les tâches, on agit sur les leviers des rapports à l'école et au savoir pour, finalement, contribuer à l'autonomie de l'apprenant.

3 Les modalités de mise en application de la différenciation pédagogique

La **différenciation pédagogique** qui a pour souci de faire réussir tous les enfants, part de l'hypothèse que la cause principale de l'échec scolaire est d'ignorer la diversité des élèves. Elle promeut une prise en compte des particularités de chacun et la mise en place d'activités individualisées. L'idée force est qu'il n'y a pas de traitement global des obstacles à la réussite scolaire : chaque cas est particulier et relève d'une analyse, d'un traitement spécifique sur la longue durée. ce qui convient aux uns ne convient pas toujours aux autres : l'enseignant doit disposer d'un panel d'activités variées et adaptées à chacun, des moyens pédagogiques différents permettant d'atteindre un même objectif pédagogique.

Diversifier les modalités d'apprentissage : la différenciation successive	Personnaliser les tâches : la différenciation simultanée
Diversifier les approches et les outils : la parole, l'écrit, le geste, l'image, supports audiovisuels (enregistrements, images, diapositives, transparent, vidéo), informatique, observations, manipulations, afin de permettre une sollicitation visuelle, auditive voire kinesthésique pour tenir compte des styles cognitifs des élèves. Diversifier les dispositifs d'utilisation de ces outils dans la classe : alterner travaux individuels, de groupes et collectifs ; Organiser des moments de confrontations, d'échange de parole. Diversifier les méthodes pédagogiques : l'enseignant dispose d'une variété de mesures pédagogiques et de méthodes pour répondre aux besoins liés aux différences des apprenants. Il s'agit donc pour le professeur de se mettre à jour sur l'éventail des démarches simultanément possibles, d'y réfléchir pour diversifier sa pédagogie. La régulation se fait par observation des réactions de la classe, ou par de brèves épreuves d'évaluation formative (phrase à compléter, schéma à reproduire...).	À un même moment, le groupe classe n'effectue pas les mêmes activités. Il s'agit de proposer à chaque élève : – des objectifs réalisables, – un temps adapté à son rythme de travail, – une stratégie d'apprentissage adaptée à ses besoins. Plusieurs possibilités s'offrent à l'enseignant : – travail de groupes : groupes de niveau (risque : la ségrégation et le maintien ou le renforcement des écarts) ; groupes d'intérêts dans le cadre d'un projet par exemple (risque : que l'enfant ne travaille que sur des compétences qu'il maîtrise déjà bien) ; groupes de besoin avec des entrées différentes selon le profil des élèves (solution préconisée). – travail individualisé : l'élève travaille de façon autonome, guidé vers l'objectif à atteindre, par exemple au moyen d'une fiche de travail personnel ou par des exercices adaptés à son niveau ou d'un didacticiel sur un ordinateur.

Des procédés plus ou moins complexes de différenciation
Divers moyens peuvent s'envisager pour différencier comme par exemple, du plus simple au plus élaboré : - reprendre avec des élèves n'ayant pas compris une notion, une explication en changeant de méthode, accompagner un enfant dans la réalisation d'une tâche, reformuler une consigne, assurer des corrections individualisées ; - agir sur le temps de réalisation ou sur la longueur d'une activité ; - varier les contenus et la nature de la tâche ; - définir des plages horaires hors progression pour permettre aux élèves de travailler les matières posant problème, sous forme d'atelier par exemple ou lors des APC (voir fiche 8 § 3.B) ; - décloisonner, dans le cadre des cycles : partager les élèves de plusieurs classes d'un cycle en groupes travaillant sur des supports différents ; - faire intervenir un membre du RASED lorsque les problèmes de certains élèves sont aigus.

NB. Pour varier les approches et les adapter, encore faut-il déterminer les profils des élèves et les méthodes qui conviennent mieux que d'autres ce qui confère une place fondamentale dévolue à l'évaluation. Aucune différenciation ne peut s'envisager sans être couplée à des évaluations diagnostiques et formatives.

Associer l'élève au processus et le responsabiliser

Il est important qu'il comprenne que l'enseignant le considère comme un individu différent des autres et lui propose des activités dont les objectifs sont personnalisés. Il doit devenir le sujet de ses apprentissages.

ex : *Le maître peut favoriser ceci en s'emparant de ses préoccupations (même si celles-ci nécessitent une autre approche que ce à quoi il pensait), en valorisant ses productions (recherches, enquêtes, journal...), en l'associant à l'évaluation (auto-évaluation, carnet).*

Le maître essaye de favoriser l'acquisition de l'autonomie en lui laissant le choix entre plusieurs documents ou textes, plusieurs activités parmi lesquelles il devra sélectionner celle qui lui convient, en lui laissant une marge de manœuvre dans la gestion de son temps de travail (avoir fini une fiche à une date donnée sans obligatoirement imposer un moment ciblé), le maître amène l'apprenant à prendre des initiatives pour arriver à son but et à se sentir responsable.

Ce partage des responsabilités et la concertation en découlant peuvent très bien s'envisager sous forme de contrat qui permet de sceller de façon claire les engagements réciproques du maître et de l'élève.

4 Les étapes de mise en application de la différenciation

<table>
<tr><td colspan="3">Détection des besoins individuels
Évaluation précise et personnelle des acquis, des difficultés, des besoins tant cognitifs que méthodologiques (contrôles hebdomadaires, évaluations diagnostiques)</td></tr>
<tr><td colspan="3">↓</td></tr>
<tr><td>Organisation du travail différencié
Itinéraires individualisés d'apprentissage.
Différenciation des supports, des types d'activités, des méthodes pédagogiques des emplois du temps = différenciation successive.
Différenciation des niveaux et des besoins (groupes), des contenus d'activités = différenciation simultanée.
Moyen : matériel collectif (fiches, fichiers, jeux, boîtiers, ordinateurs), matériel individuel (cahier de travail individualisé, carte de contrat, auto-évaluations)</td><td>⇔</td><td>Contrôle et évolution
Évaluation des résultats et des progrès (observation, exercice, contrôles, suivi sur un cahier de travail individualisé du maître et un cahier de compétences acquises).
Régulation : changement de groupe, révision des objectifs, modification d'activités
Exemple : contrat de travail individuel (mardi) et bilan des travaux sur les temps collectifs (samedi matin)</td></tr>
<tr><td colspan="3">↓</td></tr>
<tr><td colspan="3">Évaluation du dispositif
Rappels des objectifs : faire acquérir à tous les objectifs réalisables, permettre une progression suivie individuelle (à tout niveau)
Estimation de l'efficacité du dispositif : tous les élèves sont en situation active de travail, ils apprennent progressivement l'autonomie ; le système est agréable ; les objectifs de niveau sont atteints pour un maximum d'élèves ; le système permet un bilan individuel précis...</td></tr>
</table>

Évaluer les progrès et les acquisitions des élèves

L'évaluation est constitutive de l'acte d'enseigner. Davantage encore, l'importance qu'on lui accorde, les formes qu'on lui donne et les fonctions qu'on lui attribue sont révélatrices de la philosophie de celui qui évalue. L'importance accordée par l'institution depuis vingt ans témoigne d'une profonde évolution de son statut. Ainsi désormais, dans le référentiel de compétences de l'enseignant, il ne s'agit plus de sanctionner l'élève mais d'évaluer ses progrès et ses acquis.

1 L'évaluation : une pratique polysémique qui évolue

A. Définir l'évaluation

Évaluer consiste à recueillir des informations pour porter un jugement sur un objet (comportement, attitude, résultat d'une action, tâche réalisée...) en vue de prendre une décision. Émettre un jugement consiste à examiner le degré d'adéquation des données recueillies à un modèle ou référent, une norme, bref avec « *un ensemble de critères adéquats aux objectifs fixés au départ ou ajustés en cours de route* » (De Kettele et Rogiers). Selon la nature de la décision prise la fonction de l'évaluation diffère. Cette prise de décision peut en effet consister à établir un positionnement (notation, classement, orientation...) ou à proposer des stratégies pédagogiques adéquates.

B. Une évolution des pratiques d'évaluation

La plus ancienne fonction : positionner l'élève	Il s'agit de l'évaluation dont le but est de vérifier que les compétences des élèves répondent aux exigences du système, soit à l'entrée (test d'entrée), soit à la sortie d'un cycle (devoir de fin de séquence, examen, concours). Ces formes d'évaluation sont pratiquées depuis fort longtemps. Elles permettent de positionner les élèves sur une échelle, par rapport à des normes, de les comparer les uns aux autres. Elles ont surtout une fonction sociale et donnent des premières indications d'une future orientation en vue d'insérer socialement les individus. Elles garantissent un niveau atteint et servent historiquement à promouvoir ou sanctionner socialement l'individu
Une fonction plus récente : aider l'élève à progresser	Un second modèle, apparu dans les années 70 est plus attentif aux progrès de l'élève, à ses stratégies d'apprentissage : l'évaluation formative. L'évaluation ainsi conçue accède à une fonction pédagogique. Il s'agit d'utiliser l'évaluation pour aider à l'apprentissage. L'évaluation permet d'apprécier les difficultés des élèves, d'estimer si les objectifs sont atteints et si non pourquoi en vue comprendre ce qui se passe lors des apprentissages et de réorienter l'action pédagogique. Évaluer consiste alors à ne pas s'attacher aux seuls résultats (produits), mais observer également comment l'élève apprend.

2 Les modes d'évaluation pratiqués actuellement à l'école

A. Les trois grands types d'évaluation

	Évaluation diagnostique	Évaluation formative	Évaluation sommative
Place dans une séquence	Au début de la séquence : avant un nouvel apprentissage.	En cours de séquence, pendant ou suite à une activité : tout au long de la période d'apprentissage, tant que l'élève fait des erreurs.	Au terme de la séquence d'apprentissage (ou d'une période plus longue : trimestre, semestre, année…).
Ce qu'elle permet à l'élève	Se rendre compte de ses faiblesses, lacunes et points forts.	Prendre conscience des erreurs qu'il a faites et y remédier Estimer les progrès réalisés Analyser ses actions et être acteur de ses apprentissages.	Se situer par rapport à la maîtrise des compétences exigées. Se positionner par rapport aux autres.
Ce qu'elle permet à l'enseignant ou à l'institution	Faire l'état « des lieux » (notamment avec l'enfant) Mesurer les acquis des élèves et voir s'ils sont en adéquation avec les prérequis nécessaires au nouvel apprentissage. Positionner l'élève en fonction de ses connaissances préalables, de ses représentations, de ses capacités, et d'identifier ses styles cognitifs.	Cerner le niveau d'acquisition d'une compétence, déceler des problèmes et les imperfections en cours de construction. Mesurer les effets d'un enseignement. Analyser les effets de sa progression pédagogique afin d'en modifier éventuellement le cours. **NB.** C'est la manière dont l'enseignant l'utilise qui rend l'évaluation réellement formative. Il doit s'en servir dans la situation pédagogique pour « aider l'élève à apprendre » et lui faire comprendre cela.	Vérifier et certifier le niveau d'acquisition atteint par l'élève dans les compétences visées (note, examen). Dans tous les cas, il s'agit d'établir un bilan d'ordre quantitatif qui peut permettre de : – classer, positionner l'individu (classement sur un bulletin) afin – éventuellement de le sélectionner (concours) ou l'orienter (conseil d'orientation) éventuellement, mettre en place des stratégies de remédiation à proposer aux élèves en difficulté.

	Évaluation diagnostique	Évaluation formative	Évaluation sommative
Comment l'enseignant peut s'en servir	Faire des choix répondant au besoin des élèves et cibler les activités à venir sur ce que les élèves ne maîtrisent pas. Orienter la séquence en fonction des acquis et des manques des élèves. Différencier les activités proposées. Mettre en place avec l'élève des stratégies d'apprentissage.	Optimiser la phase d'interaction avec les élèves et « réguler son action ». Remédier au problème en réajustant les activités. Modifier éventuellement le cours de la progression (et en ce sens a une dimension pronostique) *via* par exemple la mise en place d'une pédagogie différenciée.	Prendre en compte les notes dans l'évaluation continue. Décider ou non de passer à une autre leçon. Rendre compte aux parents du niveau d'acquisition des savoirs et savoirs faire de leur enfant.
Forme	Écrite (texte, dessin libre, questionnaire) orale ou comportementale.	Toute saisie d'information sur l'élève par l'enseignant est en soi une évaluation formative : – simple observation des élèves pendant qu'ils travaillent ; – dispositif plus élaboré et prémédité (fiches d'exercices, questionnaires, réponses écrites ou orales à des questions...)	Écrite, orale ou comportementale, mais en tous cas individuelle. **Remarques** : les critères d'évaluation doivent être connus des élèves, le contenu de l'évaluation doit refléter le travail effectivement accompli en classe (exercices d'application ou de synthèse). Exemple : examen, travail individuel sur table limité dans le temps, oral.

Vers une « pédagogie de l'erreur »

Dans une logique formative, l'erreur n'est pas une faute mais un indicateur que le maître doit questionner sans connotation de culpabilité. L'élève est partie prenante dans ce dispositif. Il participe à la remédiation. On peut donc dégager quelques grandes étapes dans une « pédagogie de l'erreur », outil de gestion différenciée de la classe :

1. la faire surgir : en mettant en place des situations adéquates ;

2. l'analyser (et éventuellement la classer en se servant de certaines typologies pour en cerner la cause ;

3. en faire prendre conscience, la faire objectiver en questionnant l'élève, en discutant mais en dédramatisant. Pour cela il faut créer une ambiance de confiance mutuelle ;

4. proposer des moyens de remédiation adéquats par la pratique d'une pédagogie différenciée. En fonction des erreurs repérées, l'enseignant adapte son action pédagogique en modifiant ses objectifs pour la séance à venir, en adaptant les contenus, en mettant en place des groupes de besoin, en assurant un suivi individualisé des élèves ;

5. pratiquer la métacognition : faire réfléchir aux procédures mises en œuvre et comprendre collectivement ce qu'il faut faire pour dépasser l'erreur.

MÉMO 14 Intégrer les éléments de la culture numérique nécessaires à l'exercice de son métier

L'enseignant du XXIe siècle se doit d'assurer une « véritable éducation aux médias, adaptée aux supports et outils de communication contemporains » qui permette de transmettre aux élèves *« les connaissances et les compétences nécessaires à une maîtrise de l'information devenue aujourd'hui la condition d'accès aux autres savoirs. Elle devra notamment leur apprendre à porter un regard critique sur les contenus des différents médias, en particulier numériques, mais aussi à utiliser ces technologies de manière raisonnée pour créer, co-construire des savoirs, partager leurs productions et communiquer. »* (www.education.gouv.fr/cid66449/faire-entrer-l-ecole-dans-l-ere-du-numerique.html)

1 Éduquer par et au numérique

L'ensemble des technologies liées au numérique est à envisager comme :
- objet d'apprentissage (apprendre à les utiliser à bon escient) ;
- et outil d'apprentissage (les utiliser pour apprendre).

A. Éduquer aux usages du numérique

Les élèves, et notamment ceux n'y ayant pas accès chez eux, doivent apprendre le maniement et le fonctionnement de l'outil mais surtout une utilisation rationnelle, sécurisée et citoyenne. Ainsi, en plus des aspects techniques, l'objectif est de former des élèves conscients de l'incidence sociale de l'usage du numérique, des devoirs liées à son utilisation, de son impact sur la façon d'apprendre, de mémoriser, d'accéder et de trier l'information, à développer une réflexion critique sur la validité de ces informations ; à ce titre, il convient de développer la métacognition, la réflexion sur l'usage de... Cela commence dès la maternelle et se poursuit aux cycles 2 et 3.

Le ministère de l'Éducation nationale met en exergue une éducation renouvelée aux médias, à l'information et à l'usage responsable d'Internet et des réseaux sociaux et ceci dès le plus jeune âge.

Internet, web et mails à l'école

▸ Créer un site web

Pour créer un site web d'école (ou de classe), préalablement à la mise en ligne du site, le directeur avise le conseil d'école et adresse au DASEN, sous couvert de son IEN, une lettre d'information de mise en ligne de ce site. L'avis du conseil d'école permet d'expliquer le projet aux parents (évitant ainsi certains refus de publication) et de recueillir l'avis de la mairie. Celle-ci est souvent, de fait, l'abonnée du fournisseur d'accès, également hébergeur des pages.

La publication sur le web (site d'école) nécessite de prendre un certain nombre de précautions :

- faire apparaître les informations obligatoires (nom et adresse de l'école, nom du directeur de publication, nom et adresse du fournisseur d'hébergement),
- ne pas porter atteinte à l'honneur et à la réputation d'une personne,
- ne pas porter atteinte à la vie privée : ainsi toute mise en ligne d'une photographie nécessite une autorisation spécifique,
- ne pas porter atteinte aux droits d'auteur (voir partie 2.B)

L'usage des mails

Un accord national entre le ministère de l'Éducation nationale et La Poste autorise les enseignants à ouvrir des boîtes aux lettres électroniques personnelles aux élèves sous la forme prenom.nom.suffixe@laposte.net. Si un enseignant compte ouvrir une boîte mail pour chacun de ses élèves, dans le respect de la vie privée de l'élève et de sa famille, il doit demander une autorisation parentale pour chaque élève, et ne doit pas consulter la boîte aux lettres personnelle de l'élève. Seuls l'élève et ses parents ont le droit de la consulter. Par contre, en classe, l'enseignant peut contrôler ce que l'élève fait sur son écran et éventuellement en imprimer le contenu dans une perspective pédagogique.

Une autre possibilité consiste à demander à l'élève d'envoyer le contenu de son activité dans sa propre boîte aux lettres. Encore plus pratique pour éviter ce genre de problèmes, il y a intérêt à privilégier des boîtes de classes (classe CE2.suffixe@laposte.net) ou des boîtes individuelles non identifiées (eleve1.suffixe@laposte.net) qui offrent deux avantages : l'enseignant est autorisé à vérifier leur contenu et l'identité des élèves est protégée.

L'enseignant veille à ce que les élèves ne transmettent pas leur nom, prénom, adresse...

Il est recommandé aux écoles de mettre en places des règles explicites d'utilisation notamment par le biais de **chartes** de bonne conduite signées par les parents et les élèves indiquant ce que l'école met en œuvre pour sécuriser l'accès et spécifiant les droit et devoirs des élèves.

B. Se servir du numérique pour faire apprendre

De nombreuse études pointent que les enseignants utilisent fréquemment le numérique pour préparer leurs enseignements. Ils sont beaucoup moins nombreux à l'utiliser en présence des élèves, et encore moins à les faire utiliser par les élèves. D'autre part, les TIC sont utilisées pour améliorer les pratiques existantes (pédagogiques et administratives) mais sans vraiment transformer l'enseignement et les modalités de faire apprendre. Or l'ambition affichée par la refondation de l'école est de changer ceci en rappelant que le numérique « *permet d'améliorer l'efficacité des apprentissages en développant des pratiques pédagogiques plus adaptées aux rythmes et aux besoins de l'enfant, plus interactives et attractives, en encourageant la collaboration entre les élèves et le travail en autonomie ou encore en offrant des possibilités nouvelles pour les élèves en situation de handicap* ».

Cette loi enjoint aux enseignants de se saisir des opportunités d'innovation pédagogique et de changement dans la manière d'enseigner que permettent les usages du numérique. Il s'agit ainsi d'**enseigner autrement pour faire apprendre autrement**.

Pointons que le recours au numérique ne suffit pas à rénover à lui seul les pratiques pédagogiques. Tout dépend de l'utilisation des outils par l'enseignant et de ses choix pédagogiques. Il est important de rappeler que si, désormais, l'enseignant n'est plus le seul vecteur des savoirs, il demeure le maître d'œuvre des apprentissages. Pour rénover les pratiques enseignantes avec l'aide des outils numériques, il convient de les faire évoluer quant à leurs conceptions de l'apprentissage, il faut changer de paradigmes et remettre en jeu la manière de « faire classe ». Cela passe par une évolution de notre système éducatif, par la formation initiale et continue des enseignants.

Les outils numériques d'apprentissage

- Les dispositifs de projection ou d'enregistrement : tableau blanc interactif (TBI) ou tableau numérique interactif (TNI), classes virtuelles, visioconférence, vidéoprojection, appareil photographique numérique...
- Les usages de différents logiciels : cartes, tableurs, expérimentation assistée par ordinateur, logiciel de modélisation de phénomènes, tutoriels animés, traitement de texte, correcteurs orthographiques, synonymes, traducteurs...
- Les usages d'Internet et des services en ligne : environnement numérique de travail (ENT), Internet, forum, blog, dictionnaire électronique, moteur de recherche...
- Les usages d'outils nomades : podcast/baladeur, tablettes numériques, clé USB, PDA, GPS...

2 Des outils à destination des enseignants

A. Le Service public du numérique éducatif

Un **Service public du numérique éducatif** est à disposition des enseignant. Il a pour mission d'organiser une offre de contenus et de services pédagogiques numériques (à finalité éducative, culturelle ou scientifique) à destination de l'ensemble de la communauté éducative. De fait, il propose un portails de services de ressources à destination des enseignants mais aussi des élèves et des familles en complément de ce qui est proposé à l'école notamment à destination des élèves à besoins éducatifs particuliers.

B. Un outil de travail et de communication : l'ENT

L'**espace numérique de travail (ENT)** est un ensemble de services en ligne, personnalisés et sécurisés, accessibles aux élèves et aux professeurs mais aussi aux autres membres de la communauté éducative, en particulier les parents. L'ENT offre un panel de services (de gestion, de communication et de collaboration, de mise à disposition et de gestion de ressources numériques, d'administration de l'ENT) dont certains ne sont accessibles qu'à telle ou telle catégorie.

NB. Pour plus de détails sur les services numériques proposés à la communauté éducative par l'ENT et le Service public du numérique éducatif, consulter l'ouvrage ***Le système éducatif en fiches mémos***, fiche 57.

Quelques précisions utiles à l'enseignant

▸ Le droit d'auteur

Les textes sont rassemblés dans le Code de la Propriété Intellectuelle (CPI). L'auteur d'une œuvre de l'esprit (livre, cinéma, musique, photo, logiciel, œuvre artistique, mais aussi conférence, carte géographique, manuel d'utilisation de logiciels, émission télé et radio) jouit d'un droit de propriété. Par conséquent, toute représentation ou reproduction intégrale ou partielle faite sans le consentement de l'auteur ou de ses ayants droit ou ayants cause est illicite. La violation des règles relatives à la protection des œuvres est assimilée à un délit de contrefaçon et peut entraîner des poursuites pénales. Ce droit est valable pendant 70 ans. Ensuite, le droit d'auteur de l'œuvre tombe dans le domaine public.

▸ Usage des photocopies à destination des enseignants

Les contenus des ouvrages photocopiés sont soumis aux règles des droits d'auteurs. Cependant, des photocopies à usage pédagogique sont acceptées à certaines conditions fixées par un accord en le ministère et le CFC (Centre français d'exploitation du droit de copie). Seuls des extraits de publications peuvent être copiés. Des quotas sont fixés (10 % d'un livre maximum, 30 % d'un périodique). Le nombre de pages de copies de publications distribuées à un élève au cours d'une année ne peut excéder 180 pages (format A4). Il est essentiel d'indiquer les références des œuvres photocopiées : c'est une question de rigueur intellectuelle et de respect du droit moral des auteurs.

▸ Les photographies et les enregistrements scolaires

Photographier, enregistrer ou filmer des élèves dans le cadre d'une diffusion est soumis à des règles strictes liées au droit à l'image et toute famille peut s'opposer à la reproduction de l'image ou à la voix de son enfant. L'utilisation d'images pour un journal ou pour un site Internet doit impérativement être précédée d'une autorisation du titulaire de l'autorité parentale. Il est nécessaire d'obtenir une autorisation :

- pour publier une photo sur laquelle un enfant est reconnaissable ;
- pour diffuser la voix enregistrée d'un enfant ;
- pour publier une production originale d'un enfant (texte, photo, dessin, etc.).

Les autorisations de diffusion doivent être très précises : utilisations permises, les éventuelles limites et toujours la durée de validité du contrat.

Enfin, la diffusion électronique de « trombinoscopes » est à proscrire.

MÉMO 15 Agir en éducateur responsable et selon des principes éthiques

Le professeur des écoles se voit confier les enfants de la Nation. Sa responsabilité est engagée dès que l'élève franchit le portail de l'école et ce jusqu'au moment où il quitte l'enceinte scolaire. L'élève est un mineur. Il convient donc que l'enseignant respecte les droits liés à ce statut. L'institution attend de lui un positionnement et des attitudes respectueux d'une éthique personnelle et des règles déontologiques.

1 Une délégation de responsabilité pour l'enseignant

A. La responsabilité d'accueillir, d'éduquer et d'instruire

Le professeur est fonctionnaire d'une institution de l'État, dans un service public auquel la nation a confié une fonction sociale (voir fiches 3, 4 et 8). À ce titre, l'institution lui délègue la **responsabilité** :

- d'accueillir les enfants en leur garantissant les sécurités physique, morale, affective ;
- de transmettre des connaissances et d'éduquer les enfants en respectant les valeurs de la république.

Cette responsabilité est à la fois morale et juridique. Si la première est liée au libre arbitre des individus, la seconde est institutionnalisée et socialisée et bornée par les textes.

B. Responsabilité civile et pénale : les clarifications utiles

Responsabilité civile
Son but est d'indemniser un dommage et de protéger les victimes. En droit civil, il y a obligation de réparer les dommages causés. L'article 1384 du Code civil, 1er alinéa, précise que chacun est responsable, non seulement du dommage qu'il cause par son propre fait, mais encore de celui qui est causé par le fait des personnes dont il doit répondre ou des choses qu'il sous sa garde. Or, *« les enseignants sont responsables de l'ensemble des activités scolaires des élèves. »* (Article L.912-1 du Code de l'éducation). De ce fait la responsabilité de l'enseignant est engagée soit à la suite ou à l'occasion d'un fait dommageable qu'il commet sur un élève soit commis par les élèves qui lui sont confiés. Pour cela, il faut que le préjudice soit clairement identifié, que le lien de causalité avec son auteur soit prouvé. C'est la personne victime qui saisit une juridiction civile (tribunal administratif par exemple).
La responsabilité pénale
Elle repose sur l'existence d'une infraction prévue par la loi (contraventions, délits, crimes) et renvoie à la punition ou l'amendement du coupable et à la condamnation du prévenu à une peine (amende, emprisonnement) qui se distingue de l'indemnité pour dommages et intérêts de la responsabilité civile.

En cas de mise en cause d'un enseignant

Tout d'abord, les fautes, imprudences ou négligences invoquées contre l'enseignant, dans l'exercice de ses fonctions et responsable du fait dommageable, doivent être prouvées par le plaignant. Comme le précise l'article 911-4 du Code de l'éducation, le fonctionnaire est cependant couvert par l'État lorsqu'il est attaqué au civil. L'État se substitue au fonctionnaire vis-à-vis de la justice mais il peut ensuite se retourner contre lui en adoptant par exemple des sanctions disciplinaires. L'État peut aussi se retourner au civil contre l'enseignant s'il y a eu faute. Par contre, le fonctionnaire n'est pas couvert au pénal, c'est-à-dire s'il enfreint la loi. Le fonctionnaire est responsable devant la loi comme tout citoyen. Dans ce cas, il est cité devant les tribunaux répressifs sur poursuite du ministère public. Pour qu'il y ait délit, il faut selon le Code pénal qu'on démontre « l'intention de le commettre ».

De ce fait, dans les cas de délits pour fautes involontaires l'État ne peut se substituer à un fonctionnaire. Pour être plus précis, un fonctionnaire ne peut être condamné que s'il est établi qu'il n'a pas accompli les « diligences normales » (surveillance, respect des consignes de sécurité) qui découlent de sa fonction, de ses compétences, du pouvoir et des moyens dont il dispose. De plus, il faut prouver qu'il a violé de façon manifestement délibérée une obligation de prudence ou de sécurité prévue par la loi ou le règlement, ou qu'il a commis une faute caractérisée qui exposait autrui à un risque d'une particulière gravité qu'il ne pouvait ignorer.

ex : *Un élève se blesse en classe, sans qu'un défaut de surveillance n'ait été prouvé. Ses parents demandent un dédommagement : c'est du ressort de la juridiction civile. La responsabilité de l'État se substitue à celle de l'enseignant pour l'indemnisation des parents soit par voie transactionnelle, soit par voie contentieuse (devant le tribunal civil ou seul l'État sera cité). L'enseignant est couvert.*

Un élève se blesse en classe. Il a été démontré que l'enseignant avait quitté un court moment sa classe pour aller chercher un document chez le directeur. La responsabilité de l'État est engagée et une procédure de sanction disciplinaire a été intentée à l'encontre de l'enseignant pour défaut de surveillance.

Un enseignant frappe un enfant (ou commet des attouchements sexuels, ou profère des injures racistes) : il pourra être attaqué au civil et au pénal. Il pourra être condamné (amende, prison...) et avoir à verser des dommages et intérêts.

2 Un professeur en charge de mineurs et respectueux de leurs droits

A. Le statut de l'enfant

Un mineur protégé

Ce statut de minorité implique une protection spécifique. À ce titre, il est placé sous la tutelle de parents. Il leur doit « *honneur et respect* » (Article 371 du Code civil).

Il a le droit de bénéficier de l'entretien et de l'éducation. Ce droit est fonction des ressources des parents et des besoins des enfants (Article 371-2 du Code civil).

L'État peut suppléer à l'autorité des parents dans le cas où la « *santé, la sécurité, la moralité d'un mineur non émancipé est en danger.* » (Article 375 du Code civil). L'assistance éducative peut même se transformer en délégation de l'autorité éducative.

Un mineur soumis à l'autorité parentale

L'**autorité parentale** est un ensemble de droits et de devoirs ayant pour finalité l'intérêt de l'enfant. Cette autorité appartient au père et à la mère ou du responsable légal jusqu'à la majorité ou l'émancipation de l'enfant (par mariage par exemple) pour assurer son éducation et permettre son développement, dans le respect dû à sa personne.

Cette responsabilité éducative des parents implique :
- que les parents sont les principaux responsables de l'éducation de leur enfant, qu'ils ne peuvent faire comme si ils l'avaient délégué et qu'ils peuvent être sanctionnés par défaut d'éducation. Ils doivent utiliser leur pouvoir disciplinaire, qui tolère un droit de type coutumier et qui autorise le droit à la correction.
- que les parents sont responsables des choix éducatifs faits au nom de leur enfant : inscription dans un établissement sous contrat, orientation scolaire, décision de lui faire suivre une éducation religieuse...

B. Les droits de l'enfant reconnus internationalement

La **convention des droits de l'enfant** est adoptée par l'Assemblée générale de l'ONU le 20 novembre 1989. Ce texte, ratifié par la France en 1990, définit ce qu'est un enfant : un enfant s'entend de **tout être humain âgé de moins de dix-huit ans**, sauf si la majorité est atteinte plus tôt en vertu de la législation qui lui est applicable (Art. 1). Il pointe le refus de toute discrimination.

Il stipule que « *dans toutes les décisions qui concernent les enfants, qu'elles soient le fait des institutions publiques ou privées de protection sociale, des tribunaux, des autorités administratives ou des organes législatifs,* ***l'intérêt supérieur de l'enfant doit être une considération primordiale****. Les États parties s'engagent à assurer à l'enfant la protection et les soins nécessaires à son bien-être* » (Art. 3). La convention reconnait que « ***la responsabilité d'élever l'enfant et d'assurer son développement incombe au premier chef aux parents*** *ou, le cas* *échéant, à ses représentants légaux. Ceux-ci doivent être guidés avant tout par l'intérêt supérieur de l'enfant* » (Art. 18).

Elle reconnaît des **droits fondamentaux** aux enfants : le droit à la **vie**, au **nom** et à la **nationalité**, à l'**identité**, de **vivre avec ses parents**, à la réunification familiale, de s'exprimer, à la **liberté d'expression**, à la liberté **de pensée**, de **conscience** et de r**eligion**, à la liberté d'**association** et de **réunion**, au respect de la vie privée, à l'**information**, à la **santé**, à la surveillance des placements, à la **Sécurité sociale**, à un niveau de vie suffisant, à l'**éducation**, au **repos** et aux **loisirs**, à la réinsertion, à un traitement judiciaire/pénal adapté ; le **droit des enfants handicapés** de mener une vie pleine et décente, dans des conditions qui garantissent leur dignité, favorisent leur autonomie ; le droit à la **protection** contre l'exploitation économique, contre l'usage illicite de stupéfiants, contre l'exploitation sexuelle, contre la traite et la vente, contre toute exploitation, contre la torture et l'emprisonnement ; la protection contre toute forme de violence, la protection des enfants privés de leur milieu familial, l'intérêt supérieur de l'enfant dans la procédure d'adoption, le statut de réfugié.

Elle impose de voir en l'enfant un être capable de donner son consentement, en fonction de son âge. Ce texte hésite pourtant sur la définition de l'enfant. S'agit-il d'un sujet à part entière ou d'un individu à protéger ?

3 Les droits de l'élève et les obligations scolaires

Les droits des élèves
Notons que des droits sont consentis aux élèves leur permettant de s'initier à la vie citoyenne : liberté d'expression individuelle, collective et donc droit d'expression, de réunion, d'association, de publication, de participation aux instances consultatives (le tout étant bien évidemment encadré). De fait, ces dispositifs s'appliquent plus aux lycéens, dans une moindre mesure aux collégiens et peu aux écoliers du fait de leur très jeune âge : l'Institution accorde aux élèves leurs droits de façon graduelle. **NB.** Pour plus de précisions, on se reportera à l'ouvrage ***Le système éducatif en fiches mémos***, fiche 52 : Les droits et devoirs des élèves.
Les devoirs des élèves
Ils découlent du statut d'élève. « *Les obligations des élèves consistent dans l'accomplissement des tâches inhérentes à leurs études ; elles incluent l'assiduité et le respect des règles de fonctionnement et de la vie collective des établissements.* » (Article L511-1 du Code de l'éducation).

Les devoirs des élèves

Obligation d'assiduité et **obligation d'accomplissement des tâches scolaires** : on se reportera à la fiche 17. L'obligation d'assiduité a pour objectif d'obliger les élèves à étudier. « *L'obligation d'assiduité [...] consiste, pour les élèves, à se soumettre aux horaires d'enseignement définis par l'emploi du temps de l'établissement ; elle s'impose pour les enseignements obligatoires et pour les enseignements facultatifs dès lors que les élèves se sont inscrits à ces derniers.*
Les élèves doivent accomplir les travaux écrits et oraux qui leur sont demandés par les enseignants, respecter le contenu des programmes et se soumettre aux modalités de contrôle des connaissances qui leur sont imposées. Les élèves ne peuvent se soustraire aux contrôles et examens de santé organisés à leur intention. » (Article 3-5 modifié du décret du 30 aout 1985).
Obligation liée à la vie scolaire : l'obligation de respect des personnes et des biens (respect d'autrui et des locaux, interdiction d'user de violences verbales, physique ou morale).

En bilan, clarifier les notions de morale, éthique, déontologie

La **morale** est une science du bien et du mal qui soumet la conduite de l'homme à des règles considérées comme valables de façon absolue en vue du bien. Elle s'énonce en normes, obligations, impératifs catégoriques. Elle dit ce qu'il faut faire. La morale n'intègre pas les contraintes de la situation.

Employé souvent en synonymie, avec cependant une connotation actuelle, moins péjorative, le mot **éthique** se rapporte en fait à un art de diriger sa conduite, à une « science de la morale » qui réfléchit sur les finalités, les valeurs, la notion de « bien » et cherche à trouver les comportements moralement acceptables, la « bonne solution » dans une situation donnée. L'éthique ne cache pas sa volonté d'adapter ses règles à l'évolution de la science ou des domaines concernés (dans notre cas l'éducation) et à l'évolution des mœurs dans une société et à une époque donnée. Elle questionne la réalité à la recherche de la solution la meilleure en situation d'action. Elle dit ce qu'il est possible de faire. Selon le philosophe Ricœur, elle est la « visée de la vie bonne avec et pour les autres dans des institutions justes ». La morale ignore la nuance, elle est binaire. L'éthique admet la discussion, l'argumentation, les paradoxes.

« *Lorsque cette réflexion devient collective et fait l'objet d'une formalisation, la démarche devient déontologique, dans un sens large. Si ces règles ont une valeur pour l'ensemble d'une profession et font l'objet d'une reconnaissance officielle, il s'agit d'une déontologie au sens restreint.* » (Jean-Jacques Nillès, parus dans un article du *Journal du Net*, mars 2003).

Ainsi, la **déontologie** renvoie à l'application de l'éthique sous forme d'obligations auxquelles doivent se soumettre les membres du groupe. C'est l'ensemble des règles ou devoirs régissant la conduite à tenir pour les membres d'une profession ou pour les individus chargés d'une fonction dans la société. La déontologie est de l'ordre du droit. L'État, par la loi, les décrets et l'examen du Conseil d'État, suscite, organise, contrôle et garantit son existence et son autonomie. L'appréciation du sens du service public, de la déontologie d'un fonctionnaire est effectuée par rapport à la connaissance et au respect de ses obligations et de ses droits.

« *Au-delà des droits et obligations définis par la loi, un fonctionnaire doit se déterminer quotidiennement dans ses activités faites parfois d'imprévisibles et souvent d'imprévus. Pour se situer au quotidien, pour assumer au jour le jour ses responsabilités et ses missions, il doit pouvoir s'appuyer sur un corpus de valeurs, de principes et de règles qui vont guider son action.* » (Antony Taillefait, *Déontologie des fonctionnaires et principes du service public de l'Éducation nationale*, ESEN, mars 2010)

Pour conclure, la déontologie du fonctionnaire est organisée autour de la défense de l'intérêt général ; morale, éthique et déontologie guident le fonctionnaire dans ses actes et ses décisions.

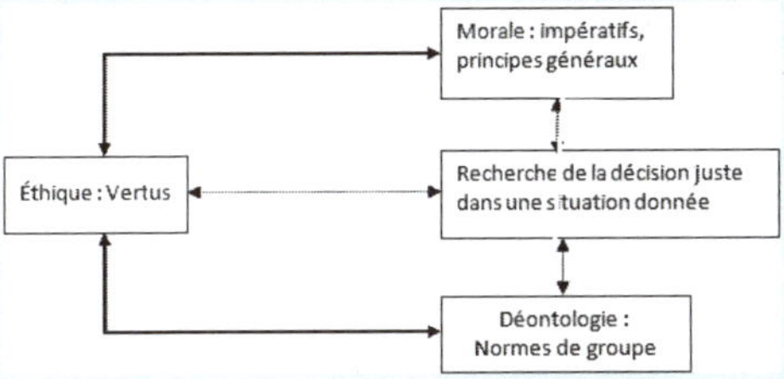

MÉMO 16 Assurer la sécurité et la surveillance des élèves

De l'accueil à la remise des élèves aux parents, leur sécurité est constamment assurée, soit par les enseignants, soit par d'autres adultes selon des règles strictes. Le nombre de personnes chargées de la surveillance doit tenir compte de l'importance des effectifs et de la configuration des lieux. Le conseil d'école a compétence pour émettre des avis et présenter des suggestions en matière de protection et de sécurité des enfants dans le cadre scolaire et périscolaire.

1 La surveillance des élèves

A. Une obligation de surveillance

« [...] *pendant la scolarité ou en dehors de la scolarité, dans un but d'enseignement ou d'éducation physique, non interdit par les règlements, les élèves et les étudiants confiés ainsi aux membres de l'enseignement public se trouvent sous la surveillance de ces derniers.* » (Code de l'éducation, art. L.911-4).

« *Les enseignants sont responsables de l'ensemble des activités scolaires des élèves* [...] » (Code de l'éducation, art. L.912-1).

L'obligation de **surveillance** vaut donc pour l'ensemble des activités prises en charge par l'école. Chaque demi-journée, les professeurs des écoles exercent sans interruption la surveillance des élèves depuis l'accueil – dix minutes avant le début de la classe – jusqu'à la sortie de tous les élèves. La surveillance est continue, quelle que soit l'activité effectuée et le lieu où elle s'exerce. La surveillance doit être réalisée de manière effective et vigilante.

B. Pendant les cours

L'obligation de surveillance doit être exercée pendant la totalité du temps scolaire, c'est-à-dire pendant toute la durée au cours de laquelle l'élève est confié à l'institution scolaire et partout où les élèves ont accès.

Gérer les déplacements des élèves

▸ Sorties en groupe

Pour se rendre en un lieu destiné à des enseignements particuliers, à des visites, à des représentations ou encore à des visites médicales collectives, les élèves sont accompagnés et surveillés de façon constante à l'aller, au retour et pendant les séances.

▸ Sortie d'un élève

Administrativement, les enseignants sont responsables s'il arrive quelque chose à un enfant, notamment pendant le trajet pour se rendre aux toilettes. Et pourtant, ce besoin vital ne peut être dénié. En maternelle, ceci peut se faire sous surveillance de l'ATSEM. À l'école élémentaire, on demande parfois aux élèves de se rendre aux toilettes accompagné d'un camarade. L'équipe éducative, en fonction du contexte et de l'âge des élèves, doit accomplir les « diligences normales ».

C. Pendant les récréations

Tous les enseignants doivent assurer la surveillance pendant la **récréation**. On tolère que dans les écoles à plusieurs classes, un service par roulement soit organisé et mis au point en conseil des maîtres.

Il convient que le nombre de maîtres présents sur les lieux de récréation soit suffisant, tant au regard de l'effectif et de l'âge des élèves qu'en considération de la caractéristique de l'aire des jeux, pour permettre une intervention immédiate, pas seulement en cas d'accident, mais aussi lors de querelles, de brimades ou de jeux dangereux. Une surveillance plus attentive est évidemment indispensable dans le cas d'écoles à aires ouvertes. Dans certaines écoles, des enseignants se postent près des toilettes pour être sûrs de « couvrir des yeux » ce lieu.

Attention Sont considérées comme fautes professionnelles notoires et donc à éviter :
- un enseignant absent du lieu de la surveillance ;
- un enseignant présent mais exerçant une surveillance insuffisante ;
- un enseignant qui met l'élève dans une situation telle que la surveillance n'est plus possible. De ce fait, il est exclu de « mettre un élève à la porte », de lui infliger une retenue dans la classe, ou tout autre endroit hors de la présence du maître. Il est aussi exclu que l'enseignant s'absente de la salle de classe même quelques minutes ;
- un enseignant qui n'a pas respecté les horaires ;
- un nombre insuffisant de maîtres de surveillance en fonction de la configuration de l'école.

Il est conseillé d'éviter les situations où un seul enseignant se trouve seul avec un seul enfant.

2 L'accueil et la sortie des élèves

Les conditions d'accueil et de remise aux familles doivent être précisées dans un document d'information donné aux parents.

A. L'accueil des élèves

L'**accueil des élèves** a lieu dix minutes avant le début de la classe. Avant que les élèves soient pris en charge par les enseignants dans l'école, ils sont sous la seule responsabilité des parents. Il faut recommander à ces derniers de ne pas envoyer leurs enfants trop tôt à l'école.

B. La sortie des élèves

La **sortie des élèves** s'effectue sous la surveillance de leur enseignant. Elle s'exerce dans la limite de l'enceinte des locaux scolaires et jusqu'à la fin des cours. Une fois sortis, les élèves sont alors soit pris en charge par les parents, par un service de cantine, de garderie, d'études surveillées ou d'activités périscolaires.

À l'école maternelle, l'enseignant doit remettre les enfants directement aux parents (ou aux responsables légaux) ou aux personnes nommément désignées par eux par écrit, et présentées au directeur ou à l'enseignant. Aucune condition d'âge et de qualité des personnes auxquelles peuvent être confiés les enfants de l'école maternelle à la sortie de la classe n'est exigée. Néanmoins, si le directeur estime cette personne trop jeune ou pas fiable, il en avertit les parents. Ceci fait, il doit s'en remettre au choix qu'ils ont exprimé sous leur seule responsabilité.

Étude de quelques cas particuliers

▸ Des sorties individuelles d'élèves pendant le temps scolaire

Elles sont autorisées par le directeur, dans des cas particuliers (soins médicaux spécialisés, enseignements adaptés...). La présence d'un accompagnateur (parent ou personne présentée par la famille) est obligatoire. L'élève lui est remis par l'enseignant et au retour, l'accompagnateur le raccompagne dans sa classe.

▸ Les familles qui ne respectent pas les horaires

Le directeur doit rappeler aux familles que l'exclusion temporaire de l'élève est prévue en cas de négligence répétée ou de mauvaise volonté des parents pour venir reprendre leur enfant à l'heure de sortie fixée par le règlement intérieur. Il est conseillé d'insérer dans ce règlement les dispositions précises à prendre lorsque, en cas de récidive, l'enfant n'aura pas été repris à l'heure dans les conditions prévues.

▸ Les cas où l'institution scolaire n'a pas d'obligation de surveillance

- Services et activités organisés par les municipalités : cantine scolaire et/ou garderie, études surveillées. Les enseignants n'ont de responsabilité de surveillance uniquement s'ils ont accepté cette mission que la commune leur aura proposée.
- Transports scolaires : l'institution scolaire n'a aucune compétence en matière de surveillance dans les transports scolaires (responsabilité du conseil général). Les maîtres n'assurent pas la surveillance de la montée et de la descente des cars.

3 La sécurisation des locaux et des lieux fréquentés par les élèves

A. La vigilance des enseignants et du directeur

Bien que les gestions immobilière et mobilière soient du ressort des mairies, un enseignant qui constate un problème, décèle un risque, dans sa classe ou en d'autres lieux, en informe le directeur de l'école qui adresse un courrier au maire ainsi qu'une copie à l'IEN. En cas d'urgence, l'enseignant prend immédiatement les dispositions qui s'imposent, puis engage la procédure écrite précitée.

Il convient de :

- signaler au maire l'état défectueux de matériels ou d'installations (détérioration, défaut, mauvais état des fixations d'appareils au sol, par exemple) ;

- prendre les dispositions nécessaires dans l'attente des travaux (par exemple en interdisant l'accès à certaines parties de l'aire de jeux ou à certains appareils) ;
- veiller à ce que les objets dangereux ne soient pas laissés dans des lieux accessibles aux élèves.

La municipalité est responsable de la sécurité sur la voie publique et en particulier de l'aménagement des aires de stationnement des cars scolaires. Toutefois, le directeur d'école qui constate des facteurs de risques, notamment au niveau des aires de stationnement, en informe les services municipaux afin de rechercher les moyens d'une sécurité optimale pour les élèves.

B. L'affichage des consignes

Elles doivent être précises, mises à jour, affichées sur un support fixe et inaltérable.

Elles doivent préciser que toute personne apercevant un début d'incendie, doit donner l'alerte en actionnant le signal d'alarme.

Les consignes indiquent :
- le nom et le numéro d'appel des personnes à prévenir en cas d'incendie ;
- les personnes de l'établissement chargées d'appeler les sapeurs-pompiers ;
- les itinéraires à suivre pour gagner les sorties ;
- les mesures de premiers secours à prendre en attendant l'arrivée des sapeurs-pompiers.

Enfin, elles doivent être portées à la connaissance de toute personne autorisée à participer à des activités extra-scolaires (utilisation des locaux par des associations).

En profiter pour faire œuvre d'éducation civique !

Les enseignants veilleront à sensibiliser les élèves aux risques encourus lors de certaines activité, au moment de la sortie de l'école, sur le chemin de l'école (et ceci en lien avec l'éducation à la sécurité routière).

Ils s'empareront de chaque situation pour éduquer à la sécurité (lors des exercices d'évacuation, par exemple).

MÉMO 17 Relever les absences et y réagir

Plusieurs décrets et arrêtés stipulent que les enseignants sont responsables de leurs élèves et que le contrôle des présences est obligatoire. La présente fiche décrit les procédures à suivre et clarifie, parmi les motifs d'absence, ceux qui sont acceptés ou non. Elle précise, enfin, comment réagir face aux absences injustifiées.

1 Tenue du registre d'appel

La **vérification des absences** doit se faire **à chaque reprise de classe**, y compris de retour de récréation. Un élève peut manquer à un retour de récréation. Il n'est pas imposé aux enseignants de faire l'appel. Mais l'enseignant doit repérer toute absence. L'inscription des absences est faite sur un **registre d'appel** prévu pour cela. Y indiquer les motifs des absences ou l'absence de réponse. Ce registre peut être consulté par l'IEN.

2 Signalement aux parents d'une absence

Toute absence doit être **signalée**, sans délai, **au responsable de l'enfant** et celui-ci doit en donner les motifs sous 48 heures.

Un modèle de bulletin d'absence

Bulletin d'absence

M

Je tiens à vous informer que votre fils/fille

a manqué la classe le

Je vous serais reconnaissant(e) de me faire connaître les raisons de cette absence.

Je vous en remercie d'avance.

À le

L'enseignant(e)

Cachet de l'école

Réponse :

Attention Les situations suivantes sont considérées comme fautes professionnelles notoires, et donc à éviter :
- un enseignant qui n'a pas vérifié les présences deux fois par jour ;
- un enseignant qui n'a pas avisé la famille de l'absence de l'enfant – cette dernière n'ayant pas envoyé de bulletin d'absence.

3 La justification des absences

Les absences pour raisons médicales ou familiales graves et justifiées sont acceptées. « ***Lorsqu'un enfant manque momentanément la classe, les personnes responsables doivent, sans délai, faire connaître au directeur ou à la directrice de l'établissement d'enseignement les motifs de cette absence.***

Les seuls motifs réputés légitimes sont les suivants : ***maladie de l'enfant, maladie transmissible ou contagieuse d'un membre de la famille, réunion solennelle de famille, empêchement résultant de la difficulté accidentelle des communications, absence temporaire des personnes responsables lorsque les enfants les suivent. »*** (Code de l'éducation, art. L.131-8 modifié par LOI n° 2010-1127 du 28 septembre 2010 - art. 1).

Si le motif est recevable, l'enseignant le note sur son registre d'appel.

« *Les autres motifs sont appréciés par l'autorité de l'État compétente en matière d'éducation. Celle-ci peut consulter les assistantes sociales agréées par elle, et les charger de conduire une enquête, en ce qui concerne les enfants en cause.* » (Code de l'éducation, art. L.131-8).

Si la famille n'a pas signalé l'absence, l'école la prévient de l'absence de l'élève par tout moyen et le plus rapidement possible en lui demandant de fournir le motif de l'absence.

Études de cas

- Aucun élève ne peut quitter seul l'école durant les heures de classe. Ces sorties ne peuvent être autorisées par le directeur d'école que sous réserve de la présence d'un accompagnateur (parent ou personne présentée par la famille).
- La participation des élèves à l'ensemble des activités scolaires prévues par voie réglementaire est obligatoire (y compris les activités sportives, comme la natation).
- Bien que l'assiduité quotidienne soit posée en principe, des autorisations d'absence ponctuelles individuelles nécessaires à l'exercice d'un culte ou à la célébration d'une fête religieuse peuvent être accordées par le directeur de l'école. C'est le cas notamment des fêtes religieuses importantes qui ne coïncident pas avec un jour de congé et dont les dates sont rappelées chaque année par une instruction publiée au Bulletin officiel de l'Éducation nationale. De même, l'administration doit éviter d'organiser des évaluations ces jours-là. Ces absences doivent rester compatibles avec l'accomplissement des tâches inhérentes à leurs études. Les autorisations d'absence trop fréquentes ou systématiques sont donc prohibées.
- Extrait de la circulaire du 18 mai 2004 relative à la mise en œuvre de la loi n° 2004-228 du 15 mars 2004 :

« *Les convictions religieuses ne sauraient non plus être opposées à l'obligation d'assiduité ni aux modalités d'un examen. Les élèves doivent assister à l'ensemble des cours inscrits à leur emploi du temps sans pouvoir refuser les matières qui leur paraîtraient contraires à leurs convictions. C'est une obligation légale. Les convictions religieuses ne peuvent justifier un absentéisme sélectif, par exemple en éducation physique et sportive ou en sciences de la vie et de la Terre. Les consignes d'hygiène et de sécurité ne sauraient non plus être aménagées pour ce motif...* » (3e alinéa, partie 2.4).

« *Les demandes d'absence systématique ou prolongée doivent être refusées dès lors qu'elles sont incompatibles avec l'organisation de la scolarité.* » (4e alinéa, partie 2.4).

4 En cas d'absences non justifiées et répétées

Avant toute démarche, c'est à l'équipe pédagogique de mener une réflexion sur les difficultés de l'élève pouvant être à l'origine de l'évitement scolaire. De fréquentes **absences non justifiées** sont souvent le signe de difficultés familiales ou de mal-être de l'enfant. L'enseignant doit réfléchir aux solutions les plus aptes pour aider l'enfant (entretien avec l'enfant, les parents, contact téléphonique, courrier...).

Ceci dit, les procédures suivantes s'appliquent en cas d'absentéisme.

1. En absence de justification d'une absence, contacter la famille et lui demander de fournir le motif de l'absence.

2. Quand quatre demi-journées d'absence dans le mois sans justificatif sont constatées (absentéisme), l'enseignant et le directeur prennent contact avec la famille pour entamer un dialogue avec elle permettant de remédier à la situation. Contacts peuvent être pris avec l'assistant de service social, le médecin et/ou l'infirmière scolaire, les membres du RASED et autres personnels éducatifs, et le travailleur social du conseil départemental concerné. Un document récapitulant les mesures prises est signé par les parents et l'équipe éducative, un dossier individuel d'absence (relevé des absences, mesures prises, résultats) est ouvert pour chaque élève et un signalement est fait au DASEN.

3. Si l'absentéisme continue (notons qu'au-delà de 10 jours d'absence, l'élève est considéré en « décrochage scolaire »), les mesures d'accompagnement sont renforcées, de nouvelles mesures peuvent être proposées, un nouveau signalement est transmis au DASEN qui peut convoquer les parents, transmettre aux services sociaux...

4. En dernier recours, le DASEN saisit le Procureur de la République qui peut engager des poursuites.

Réagir en cas de maladie ou d'accident d'un élève

L'école doit veiller à la sécurité physique, psychologique et affective des élèves. Elle accueille des élèves atteints de pathologie et doit éviter toute stigmatisation. Il s'agit aussi de faire face aux imprévus et accidents avec professionnalisme, tout en ayant bien conscience qu'un enseignant n'a pas à soigner mais uniquement à secourir et avertir les professionnels de la santé.

1 Les conduites à adopter concernant les maladies

A. La santé à l'école

Tous les élèves doivent bénéficier obligatoirement d'une **visite médicale** au cours de leur 6e année. Les parents reçoivent une convocation administrative et ne peuvent refuser. À l'occasion de cette visite, un dépistage des troubles du langage, de la vue et de l'audition est organisé. Un dépistage bucco-dentaire peut être organisé par des chirurgiens-dentistes. Tout est noté sur le carnet de santé des élèves de manière confidentielle.

Chaque école dispose d'un projet santé présenté au conseil d'école et intégré au projet d'école.

NB. Pour plus de précisions sur la santé à l'école, on se réfèrera à l'ouvrage ***Le système éducatif en fiches mémos***, fiche 49 : Le suivi de la santé des élèves.

B. Un enseignant aux premières loges

Notons en préambule qu'**un enseignant peut détecter des signes, des indices** mais qu'**en aucun cas, il ne diagnostique une maladie**, un problème de santé. Il n'est pas médecin. Ses rôles sont :
- d'**observer ses élèves** et d'être attentif à l'état de santé général de l'élève et particulièrement en ce qui concerne la vue et l'ouïe ;
- d'**informer les familles**, les mettre en contact le cas échéant avec les services compétents ;
- de **signaler** aux services de santé scolaire les problèmes détectés ;
- de **veiller au respect des réglementations**, en particulier les visites obligatoires de la médecine et prévention scolaire ;
- d'**être attentif** aux signes qui peuvent révéler des problèmes sociaux, de saisir les autorités administratives et judiciaires si besoin est (voir fiche 21).

À ceci s'ajoute son rôle éducatif dans le cadre des programmes et des instructions (éducation à la santé, lutte contre l'obésité, contre le tabagisme…).

C. La scolarisation des enfants malades

Il convient de tout mettre en œuvre pour éviter l'exclusion et l'isolement dans lesquels la **maladie** peut placer l'enfant ou l'adolescent, et de développer des comportements solidaires au sein de la collectivité. Tout **rejet d'un enfant**

- hormis dans le cas des maladies contagieuses qui imposent une quarantaine - est **contraire à l'éthique professionnelle**.

Quelques règles sont à prévoir :
- en l'absence de médecin et d'infirmière, sans ordonnance ou sans **projet d'accueil individualisé (PAI)**, ne jamais administrer un médicament à un enfant ;
- dans le cas de maladies de courte durée, s'il est absolument impossible de faire prendre les médicaments en dehors des heures scolaires, l'enseignant peut être sollicité pour faire prendre des médicaments prescrits par le médecin traitant à des heures où l'enfant est en classe, au vu de l'ordonnance et d'une autorisation parentale. Le traitement doit être conservé hors de la portée des élèves dans l'armoire à pharmacie de l'école fermée à clé.

Les élèves atteints de troubles de la santé évoluant sur une longue période (asthme sévère, allergies alimentaires, épilepsie, diabète...) bénéficient d'un projet d'accueil individualisé (PAI) mis au point, à la demande de la famille, par le directeur d'école et le médecin scolaire, en fonction de la prescription du médecin traitant. Ils sont signalés en début d'année au médecin de l'Éducation nationale. L'administration d'un traitement médical, notamment d'un traitement d'urgence par un adulte volontaire (par exemple : l'enseignant), peut être prévue dans ce projet.

2 Le matériel dont l'école doit disposer

Le Bulletin officiel de l'Éducation nationale (hors série n° 1 du 6 janvier 2000) préconise de disposer des matériels suivants, si possible près d'un point d'eau :
- une armoire à **pharmacie** contenant : gants à usage unique, hexomédine solution à 1 % (flacon ou pulvérisateur), compresses individuelles stériles, divers pansements, bandes de gaze, pinces, ciseaux, thermomètre frontal, couverture isotherme, tisanes ;
- un distributeur de savon liquide ;
- des essuie-mains jetables ;
- une poubelle à pansements munie d'un sac plastique avec un lien de fermeture devant faire l'objet d'une élimination spécifique ;
- un réfrigérateur contenant coussin réfrigérant ou compresses watergel ;
- une plaque électrique ou bouilloire électrique ;
- une chaise, si possible un fauteuil relax, un lit ou un matelas.

L'école doit en plus disposer de trousses à pharmacie emportées lors de tous les déplacements à l'extérieur. Elles contiennent : une fiche de conduite à tenir en cas d'urgence, des gants jetables, des compresses, des pansements, des bandes, une écharpe, des ciseaux, une couverture isotherme, le ou les médicaments inscrit(s) dans le(s) protocole(s) d'urgence des PAI.

Il faut vérifier régulièrement les produits et les remplacer si nécessaire.

3 Conduite à tenir en cas d'accident ou de malaise

A. Agir

Il est utile que l'enseignant dispose d'une attestation AFPS (Attestation d'une formation aux premiers secours).

Dans tous les cas :
- rassurer l'élève et l'isoler du groupe ;
- évaluer la gravité de la situation sans minimiser ;
- appeler le 15 au moindre doute ;
- prévenir un responsable de l'enfant.

B. Garder trace de l'incident

- **Prévenir le directeur** de tout accident même bénin.
- **Remplir le fichier** prévu à cet effet : il contient les adresses des familles, le poste téléphonique où les joindre (à domicile ou au travail), les coordonnées du médecin traitant, éventuellement le Projet d'accueil individualisé (PAI).
- Tous les cas présentant un caractère d'urgence doivent être signalés au médecin scolaire.
- En cas d'**incident sérieux** : **avertir l'Inspection de l'Éducation nationale**. Le directeur d'école établit la déclaration d'accident et l'adresse à l'inspecteur d'académie par la voie hiérarchique.

Remarque Aucun acte médical ni aucun traitement ne peut être pratiqué sans le consentement libre et éclairé de la personne. Dans le cas de mineurs, ce sont les parents qui ont autorité sur ce point. Il faut se limiter à la mise en relation rapide des parents de l'élève avec les professionnels de santé, rien de plus.

Réagir face aux situations d'incivilité et de violence à l'école

Histoire permanente des institutions scolaires, les incivilités et la violence sont en France, depuis les années 1980, une problématique qui focalise l'opinion et les médias. Il convient de préciser tant la nature des actes que leur ampleur et de comprendre comment l'enseignant peut y faire face.

1 De quoi relèvent la violence et les incivilités ?

A. Définir et établir une typologie de la violence

Force brutale exercée contre quelqu'un, contrainte illégitime, physique ou morale, la violence renvoie donc à « l'illégimité » d'un acte.

Une typologie des violences
Violence physique contre les biens : vandalisme (bris ou vol de matériel), dégradations, incendies, tags, etc. Violence physique contre les personnes : racket, intimidations, vols, coups, blessures, tentatives de viol, etc. Violence verbale : menaces, insultes, incivilités, propos obscènes, injures racistes, sexistes, manque de respect.

Schématiquement, sont de la compétence :	
des responsables de la structure scolaire (sauf circonstance exceptionnelle nécessitant signalement à l'autorité judiciaire) : → non-respect du règlement intérieur, agressivité verbale, manque d'assiduité.	**des services enquêteurs et du parquet :** → atteintes aux personnes et à la dignité, vols et dégradation, détention d'armes, racket, détention/usage/trafic de stupéfiants...
= ce qui relève des **incivilités** C'est-à-dire les actes illégitimes vis-à-vis du règlement de l'école ou de l'établissement ou certains actes illégitimes vis-à-vis de la loi mais sans gravité (ce qui rend cette notion ambiguë).	= ce qui relève des **délits** C'est-à-dire les actes illégitimes vis-à-vis de la loi.

Le site www.vie-publique.fr/decouverte-institutions/citoyen/enjeux/crise-citoyennete/incivilites-violence-citoyennete.html apporte des précisions concernant les **incivilités** : « *Si la définition traditionnelle de « civilité » correspond à « l'observation des convenances, des bonnes manières en usage dans un groupe social », la définition du terme « incivilité » lui-même n'est pas aisée.* » *Sebastian Roché les définit comme un « ensemble de nuisances sociales extraordinairement variées qui ne blessent pas physiquement les personnes, mais bousculent les règles élémentaires de la vie sociale qui permettent la confiance.* »

Ex. Crachats, graffiti sur les murs des villes, dégradation de biens publics, attroupements d'individus potentiellement menaçants, bruit dans les immeubles d'habitation, insultes dans la vie quotidienne, manque de respect envers les personnes âgées…

« La difficulté principale est que cette notion sociologique englobe à la fois des comportements gênants, mais qui ne sont pas pénalement sanctionnés, et d'autres qui constituent de vraies infractions. »

2 Dans une logique de prévention, créer les conditions pour générer un climat scolaire serein et apaisé

La circulaire publiée au BO N° 31 du 31 août 2006 sur la « Prévention et la lutte contre la violence en milieu scolaire » réaffirme la **primauté de l'acte éducatif**. L'acte pédagogique et le cadre éducatif sont les premiers socles de la prévention. Il s'agit : de proposer une ambiance de travail sereine et respectueuse de tous ; de faire ressentir à l'élève qu'on s'y intéresse, qu'on veut le faire progresser ; de faciliter l'expression des sentiments de l'agressivité latente, afin d'éviter le passage à l'acte (appropriation du langage oral et écrit, mise en mots, prise de parole, débats, théâtre, expression artistique, EPS permettent d'exprimer ses tensions, son énergie, d'exprimer symboliquement sa violence sans passer à l'acte) ; de veiller au sens du travail scolaire et à la motivation ; de responsabiliser les élèves…

3 User avec discernement et gradualité de mesures coercitives

A. En préambule : la différence entre punition et sanction disciplinaire

Les punitions scolaires concernent essentiellement certains manquements mineurs aux obligations des élèves, et les perturbations dans la vie de la classe ou de l'établissement. Fixées par le règlement intérieur, elles correspondent à des réponses immédiates aux faits d'indiscipline et sont prononcées directement par le professeur ou le personnel compétent.

Les sanctions disciplinaires concernent les atteintes aux personnes et aux biens et les manquements graves aux obligations des élèves, le non-respect des lois. Elles sont fixées par décret et sont de plusieurs types, selon la gravité de l'acte proféré : avertissement, blâme (réprimande verbale solennelle), exclusion temporaire (un mois au maximum) et exclusion définitive (avec ou sans sursis). Elles sont infligées par le conseil de discipline et concernent donc le secondaire. À l'école primaire, les sanctions disciplinaires restent marginales. En dernier recours, le conseil des maîtres se réunit et peut prononcer le retrait de la classe ou le changement d'école. Cette décision doit être approuvée par l'IEN.

Remarque Très souvent, y compris dans les textes officiels, le terme « sanction » s'il est employé sans être suivi de « disciplinaire », l'est de façon générique en englobant la notion de punition.

Les textes de référence

1. Extrait de la circulaire n° 91-124 du 6 juin 1991, modifiée par les circulaires n° 92-216 du 20 juillet 1992 et n° 94-190 du 29 juin 1994

Cette circulaire intitulée « Directives générales pour l'établissement du règlement type départemental des écoles maternelles et élémentaires » est le texte de référence pour les écoles maternelles et élémentaires.

En préambule, le texte précise : « *Le maître s'interdit tout comportement, geste ou parole qui traduirait indifférence ou mépris à l'égard de l'élève ou de sa famille, ou qui serait susceptible de blesser la sensibilité des enfants.*

De même les élèves, comme leur famille, doivent s'interdire tout comportement, geste ou parole qui porterait atteinte à la fonction ou à la personne du maître et au respect dû à leurs camarades ou aux familles de ceux-ci. »

Reprenons des extraits de cette circulaire.

▸ École maternelle

« *L'école joue un rôle primordial dans la scolarisation de l'enfant : tout doit être mis en œuvre pour que son épanouissement y soit favorisé. C'est pourquoi aucune sanction ne peut être infligée. Un enfant momentanément difficile pourra, cependant,* ***être isolé*** *pendant le temps, très court, nécessaire à lui faire retrouver un comportement compatible avec la vie du groupe. Il ne devra à aucun moment être laissé sans surveillance.*

Toutefois, quand le comportement d'un enfant perturbe gravement et de façon durable le fonctionnement de la classe et traduit une évidente inadaptation au milieu scolaire, la situation de cet enfant doit être soumise à l'examen de l'équipe éducative, prévue à l'article 21 du décret n° 90-788 du 6 septembre 1990, à laquelle participeront le médecin chargé du contrôle médical scolaire et/ou un membre du réseau d'aides spécialisées.

Une décision de ***retrait provisoire de l'école*** *peut être prise par le directeur, après un entretien avec les parents et en accord avec l'inspecteur de l'Éducation nationale.* »

▸ École élémentaire

Le maître ou l'équipe pédagogique de cycle doit obtenir de chaque élève un travail à la mesure de ses capacités. En cas de travail insuffisant, après s'être interrogé sur ses causes, le maître ou l'équipe pédagogique de cycle décidera des mesures appropriées.

Tout châtiment corporel est strictement interdit.

Un élève ne peut être privé de la totalité de la récréation à titre de punition.

Les manquements au règlement intérieur de l'école, et en particulier toute atteinte à l'intégrité physique ou morale des autres élèves ou des maîtres, peuvent donner lieu à des réprimandes qui sont, le cas échéant, portées à la connaissance des familles. Il est permis d'isoler de ses camarades, momentanément et sous surveillance, un enfant difficile ou dont le comportement peut être dangereux pour lui-même ou pour les autres.

Dans le cas de difficultés particulièrement graves affectant le comportement de l'élève dans son milieu scolaire, sa situation doit être soumise à l'examen de l'équipe éducative, prévue à l'article 21 du décret n° 90-788 du 6 septembre 1990. Le médecin chargé du contrôle médical scolaire et/ou un membre du réseau d'aides spécialisées devront obligatoirement participer à cette réunion. S'il apparaît, après une période probatoire d'un mois, qu'aucune amélioration n'a pu être apportée au comportement de l'enfant, une décision de changement d'école pourra être prise par l'inspecteur de l'Éducation nationale, sur proposition du directeur et après avis du conseil d'école. La famille doit être consultée sur le choix de la nouvelle école. Elle peut faire appel de la décision de transfert devant l'inspecteur d'académie, directeur des services départementaux de l'Éducation nationale.

Ce texte reste souvent assez flou. Les textes relatifs au secondaire sont beaucoup plus précis et éclairants.

2. Des documents destinés uniquement au secondaire mais éclairants pour le primaire

Il s'agit surtout de la circulaire du 2000-105 du 11/07/2000. Les précisions apportées sur le site EDUSCOL, bien que destinées au secondaire, sont intéressantes. Les punitions ou les sanctions doivent obéir à certains principes :

- principe de la **légalité des sanctions** et des procédures disciplinaires : conformité avec le règlement intérieur et la loi, pas d'effet rétroactif. Les sanctions disciplinaires peuvent faire l'objet d'un recours ;
- principe du **contradictoire** lors des procédures disciplinaires : permettre à chacun d'exprimer son point de vue, de s'expliquer et de se défendre, nécessité de se fonder sur des éléments de preuve qui peuvent faire l'objet d'une discussion entre les parties. Toute punition ou sanction doivent être motivées ;
- principe de la **proportionnalité de la sanction et de la punition** : elle est graduée en fonction de la gravité du manquement à la règle et du fait d'indiscipline, pas de distorsions graves dans le traitement d'affaires similaires ;
- principe de l'**individualisation des sanctions et des punitions** : « toute sanction, toute punition, s'adresse à une personne ; elle est individuelle et ne peut être, en aucun cas, collective ».

B. Vers une pratique efficace et pédagogique de la sanction/punition

Le postulat est qu'aujourd'hui le travail sur la discipline n'est plus une entreprise de dressage mais de responsabilisation. Il s'agit alors autant que faire se peut de donner une dimension éducative à la sanction.

19

Les rôles de la sanction/punition

La sanction éducative a pour ambition de :
- marquer la désapprobation de l'adulte qui signifie à l'élève sanctionné que son comportement est perturbateur ou interdit, et aux autres élèves qu'un tel comportement n'est pas toléré ;
- attribuer à l'élève la responsabilité de ses actes ;
- mettre en sécurité l'enfant qui transgresse la règle ;
- avoir valeur de réparation symbolique ou réelle ;
- susciter réflexion, permettre de s'interroger sur sa conduite en prenant conscience de ses conséquences.

Petit catalogue d'un usage réfléchi de la sanction/punition

- Il faut avoir constamment en tête les principes énoncés précédemment : légalité, motivation, gradualité et proportionnalité entre l'infraction commise et la punition prononcée, individualisation.
- Dès lors qu'une infraction a été commise à la vue d'un adulte, elle est donc incontestable : il faut prononcer une punition le plus rapidement possible.
- Les infractions qui se produisent dans la classe doivent être traitées par l'enseignant de la classe, sauf si leur gravité nécessite d'autres mesures.
- Les lieux de l'école autres que la classe (couloirs, cour de récréation, sortie...) ne doivent pas être perçus comme des lieux de non-droit : l'ensemble de l'équipe éducative doit être vigilante à agir et à véhiculer un message cohérent (d'où l'importance d'un règlement intérieur clair).
- Si une infraction a été commise sans témoin adulte, on privilégiera la médiation, la discussion, avant d'envisager une punition qui en aucun cas ne pourra être collective. On évitera les chantages et l'appel à la délation.
- Le système de sanction/punition mis en place en classe et à l'école doit être clairement énoncé (par écrit dans le règlement intérieur, après discussion en conseil des maîtres et approuvé par le conseil d'école), explicite (toujours éviter l'implicite qui risque de générer sentiment d'injustice et d'arbitraire), prévisible, équitable, cohérent et adapté à l'âge des enfants. Il est important de faire connaître le règlement intérieur et de s'assurer de sa compréhension par tous (y compris les parents), de l'expliquer aux élèves et de faire en sorte que les règles de vie de classe s'y intègrent parfaitement. Les pratiques divergent : affichage d'un tableau des infractions et sanctions encourues, conseil de classe, ceintures...

Une tension entre équité et individualisation

L'équité consiste à appliquer le « même tarif » à chaque type d'infraction. Or, « *individualiser une sanction, c'est tenir compte du degré de responsabilité de l'élève, de son âge et de son implication dans les manquements reprochés ainsi que de ses antécédents en matière de discipline. On ne sanctionne pas uniquement en fonction de l'acte commis, mais également et surtout s'agissant de mineurs, en considération de la personnalité de l'élève et du contexte de chaque affaire. Mais la réponse apportée en fonction de la gravité des faits reprochés ne doit pas aboutir à une « tarification » des sanctions, car il serait alors porté atteinte au principe de l'individualisation des sanctions.* » (Extrait de la circulaire de 2000).

Il faut faire de toute punition un acte d'apprentissage de la citoyenneté en l'accompagnant pédagogiquement (faire comprendre le sens, la gravité de tel ou tel acte, développer le civisme). La punition s'accompagne de l'explication et donc de la mise en mots. Il est, à ce titre, complètement vain de demander à un élève : « Pourquoi as-tu fait cela ? » mais très instructif de discuter autour de : « Pourquoi doit-on punir cet acte ? », « Quelles sont les conséquences de cet acte ? ».

Quelques punitions envisageables à l'école primaire

Les réprimandes

L'enseignant les met en œuvre de façon graduelle dans sa classe :
- avertir oralement un élève qu'il encourt une punition plus ferme s'il recommence (éventuellement noter au tableau avec un système de croix). Il lui faut absolument mettre à exécution ce qu'il avait annoncé s'il veut rester crédible ;
- hausser le ton et prendre à partie un élève (bien entendu, sans posture humiliante) ;
- réprimander par écrit, et faire signer les parents.

La gradation peut s'envisager au niveau de l'école : 1) l'enseignant réprimande, 2) puis le directeur, 3) enfin, éventuellement une commission composée d'enseignants et d'élèves effectuent avec solennité une réprimande.

Isolement, mise à l'écart, exclusion

Une gradation dans le lieu d'isolement :
- dans la classe même (mettre l'élève à une table à côté du bureau et l'exclure d'une activité attractive, d'un moment de parole...) ;
- dans une autre classe ou dans un autre lieu de l'école (par exemple : bureau du directeur si ceci a été convenu préalablement dans le fonctionnement de l'école).

Une gradation dans le temps d'isolement : selon l'âge (ce temps ne peut qu'être très bref en maternelle et ensuite être rallongé), avec dans les cas extrêmes, exclusion temporaire de l'école (voir extrait de la circulaire).

Durant ce moment d'isolement, une tâche spécifique peut être exigée de l'élève.

Les privations de droits

Ici aussi, on agira de façon graduelle dans la classe comme dans l'école. On peut retirer pendant un moment un droit prévu dans la classe ou l'école (interdiction de prise de parole, de déplacement et circulation libres ; obligation de donner la main à l'enseignant pendant les déplacements et la récréation ; privation d'une partie de la récréation – mais pas de la totalité ; privation d'une responsabilité : nourrir les animaux d'un élevage, distribuer les cahiers...).

Une courte retenue après les heures de classe n'est pas explicitement prévue par les textes, mais n'est pas interdite. Il faudra veiller à la différer dans le temps car elle nécessite que les parents soient préalablement prévenus.

Les réparations

- Symbolique (paroles ou mot d'excuse non culpabilisants, poignée de mains, paiement d'amendes dans les classes pratiquant la monnaie intérieure en pédagogie institutionnelle...).
- Réelle lorsque la préparation du préjudice subi est possible, notamment sous forme d'un travail d'intérêt général (rangement, nettoyage, réparation d'un dégât...).

Étude de cas

Peut-on envisager une punition pour un « mauvais » travail » ? Oui, pour un travail compris mais non fait ou bâclé (c'est une carence dans le métier d'élève qui est punie). Non, pour un travail non fait parce qu'il n'a pas été compris ou parce qu'il est trop difficile. Non, pour un travail avec des erreurs (on ne punit pas un apprentissage mal opéré ou des notions mal comprises).

4 Si nécessaire : signaler

Tout incident ou acte délictueux doit être signalé à l'aide d'un formulaire de signalement. Des fiches de **signalement d'incidents graves, violence et délits en milieu scolaire** sont proposées par les inspections académiques. Ces fiches-guides permettent un traitement plus efficace des situations. Elles doivent permettre une prise en charge plus concertée et plus en amont des situations par une mobilisation rapide de tous les acteurs des équipes éducatives sous l'impulsion des chefs d'établissements et permettre d'éviter un encombrement des services de justice.

Il convient d'être vigilant et de repérer les indices d'une insécurité ou d'une détresse psychologique (voir fiche 21) qui peut être à l'origine d'un comportement déviant. L'enseignant peut demander à l'élève s'il souhaite discuter avec lui en « tête-à-tête » mais aussi mettre à contribution toute l'équipe éducative ».

Remarque Il est du devoir professionnel de l'enseignant de procéder à un signalement lorsqu'il estime que l'élève est en danger.

Repérer un élève en difficulté et l'aider

L'école propose des dispositifs variés à destination des élèves en difficulté. Ces dispositifs sont détaillés dans l'ouvrage *Le système éducatif en fiches mémos.* L'objectif de cette fiche est de cibler les postures professionnelles attendues de l'enseignant. Si un enseignant rencontre des problèmes avec un élève, il doit apporter une réponse adaptée à la situation. Trois niveaux de difficultés peuvent être envisagés avec trois niveaux de réponse et, à chaque fois, nécessité absolue de dialoguer avec les parents et d'obtenir leur adhésion.

1 Niveau 1 : difficultés constatées

A. Étape 1 : elle concerne l'enseignant et sa pédagogie

Observation, entretiens, évaluations, puis tentatives de remédiation différenciée doivent constituer les démarches de l'enseignant. Si les problèmes subsistent, passer à la deuxième étape.

B. Étape 2 : elle concerne l'équipe pédagogique de l'école

Si les difficultés persistent, il faut envisager une rencontre avec les parents, la recherche de solutions en équipe au sein du conseil de cycle et mettre en œuvre des activités individualisées, notamment dans le cadre des activités pédagogiques complémentaires.

Le PPRE

Le **programme personnalisé de réussite éducative** consiste en un plan coordonné d'actions conçues pour répondre aux difficultés d'un élève. Ce plan est formalisé dans un document qui en précise les objectifs, les modalités, les échéances et les modes d'évaluation. Il est élaboré par l'équipe pédagogique et proposé aux parents ou au responsable légal par le directeur (la présence de l'enseignant est souhaitable) et discuté avec eux. Il est également présenté à l'élève qui doit en comprendre la finalité pour s'engager avec confiance dans le travail qui lui est demandé. La vocation de ce dispositif est tout autant de prévenir la difficulté que de la pallier. Il est constitué d'une action spécifique d'aide qui doit être, pour en garantir l'efficacité, modulable, intensive et de courte durée.

C. Étape 3 : elle concerne l'équipe pédagogique et les personnes ressources

Il peut être fait appel à des personnes ressources :

- les membres du **RASED** (Réseau d'aide spécialisée aux élèves en difficulté), à savoir un psychologue de l'Éducation nationale et des enseignants spécialisés (aides à dominante pédagogique et à dominante rééducative) peuvent faire passer des tests, des entretiens, et proposer des actions pédagogiques. Ils

peuvent aussi intervenir ponctuellement dans une école en prenant en charge un élève ou un groupe d'élèves.
- l'équipe médicale, l'assistante sociale…

Si la mise en place d'une stratégie pédagogique individualisée, et notamment les aides mentionnées, ne portent pas leurs fruits, il faut envisager l'étape du niveau suivant.

2 Niveau 2 : difficultés importantes dont les enseignants ne trouvent pas la solution directe par une différenciation pédagogique et les aides proposées (élève en grande difficulté)

On peut recourir à une orientation dans des classes particulières : les **CLAD** classes d'adaptation. Ces classes sont prévues pour les élèves sortant de GS, de CP et parfois de CE1. Les élèves y demeurent un an ou deux, l'objectif étant de les réinsérer dans une classe ordinaire de CE1 ou de CE2. Les CLAD font partie du RASED.

Une autre modalité d'intervention, le **regroupement d'adaptation**, fait lui aussi partie du RASED. Il rassemble temporairement des élèves en difficulté qui continuent à fréquenter la classe ordinaire. Son fonctionnement est différent de la CLAD. Il est sous la responsabilité d'un maître spécialisé qui peut se déplacer dans plusieurs écoles.

3 Niveau 3 : troubles des apprentissages ou handicap supposé

Il faut contacter l'équipe pluridisciplinaire. Le dossier sera confié à la CDA habilitée à reconnaître les handicaps et proposer un plan personnel de scolarisation (PPS). Notons une nouvelle disposition : le **plan d'accompagnement personnalisé** (PAP) qui concerne des élèves qui manifestent des troubles durables des apprentissages nécessitant une adaptation à plus long terme qu'un PPRE sans pour autant justifier un PPS (exemple : troubles « dys ») et prévoit des aménagements et adaptations de nature pédagogique.

Repérer un élève en situation supposée de maltraitance et réagir

Tout citoyen, et particulièrement tout agent public, est dans l'obligation légale de signaler, dès qu'il en a connaissance, la situation d'un enfant en danger ou en risque de le devenir (Article 40 du Code pénal). Le signalement n'est pas de la délation, c'est une protection de l'enfant. Le signalement n'entraîne pas nécessairement une sanction à l'égard des familles, mais il peut, au contraire, permettre de révéler des situations de souffrance familiale et aboutir à une aide en direction de la famille. Une famille ne peut se retourner contre un signalant que si elle peut prouver la volonté de diffamation de sa part.

1 Repérer des indices de maltraitance ou de danger

Les différentes formes de maltraitance
Les signes de souffrance chez l'enfant

Types de sévices	Signes d'appel	Comportements Possibles
Sévices physiques	« Bleus » Traces de coups inexpliquées Brûlures Griffures Morsures Arrachement des cheveux Fractures inexpliquées Lacérations Extrême maigreur …	Méfiance vis à vis des adultes Passivité, inhibition ou Agressivité, instabilité Crainte de rentrer chez soi Angoisses Tristesse permanente Explications suspectes Absentéisme inexpliqué …
Négligences lourdes *Absences de soins*	Troubles du comportement vis à vis de la nourriture Faim continuelle Hygiène défectueuse Vêtements inadéquats Soins médicaux non effectués Retard du développement Carences éducatives Absence de surveillance (enfants laissés seuls) …	Somnolence Difficultés à soutenir son attention Vol de nourriture Fatigue permanente Tristesse permanente Chute des résultats scolaires …
Sévices sexuels	Paroles, dessins, comportements révélant ou faisant suspecter -un viol -des atteintes sexuelles -une agression sexuelle -une corruption de mineurs -l'accès à des documents pornographiques -une exploitation pornographique ou pédophile Difficulté de la marche ou de la station assise Douleur ou démangeaisons ou plaies des régions génitales	Discours à connotation sexuelle Inhibition Conduite anormalement infantile Relations médiocres avec ses camarades Mutisme Difficultés d'attention …
Cruauté mentale *Sévices moraux*	Carences affectives Indifférence Dévalorisations Humiliations Exigences excessives Manque de respect de la personne Retard de croissance Retard de développement Retard du langage …	Tics Troubles du comportement Troubles du sommeil Inhibition ou agressivité Obsessions Phobies Chute des résultats scolaires Terreur …

La définition donnée par l'Observatoire décentralisé de l'action sociale (O.D.A.S) distingue :

- l'**enfant maltraité** : « *L'enfant maltraité est celui qui est victime de violences physiques, d'abus sexuels, de cruauté mentale, de négligences lourdes ayant des conséquences graves sur son développement physique et psychologique* ».
- l'**enfant en risque de danger** : « *L'enfant en risque de danger est celui qui connaît des conditions d'existence qui risquent de mettre en danger sa sécurité, sa moralité, son éducation ou son entretien, mais qui n'est pas pour autant maltraité* ».

2 Analyser la situation et réagir de façon graduelle selon la gravité des faits

Dès lors qu'un ou plusieurs des signes mentionnés dans le tableau précédent sont constatés, l'enseignant doit être vigilant. S'il estime les faits suffisamment préoccupants ou graves, il passe directement au signalement (partie 3).

Sinon, il commence par discuter des faits avec l'équipe pédagogique. En effet, face à une alerte, il est important que l'enseignant en parle avec ses collègues quand cela est possible et qu'il n'y a pas urgence, mais aussi qu'il s'adresse aux ATSEM (maternelle) ou à d'autres personnes s'occupant de l'enfant. Celles-ci perçoivent souvent des signes complémentaires qui peuvent confirmer la suspicion de danger. Le repérage est un travail de suivi tout au long de l'année menée par les enseignants, les personnels de santé, sociaux. Le décodage de signes et symptômes peut être complexe : absentéisme, fréquentation assidue de l'infirmerie, négligence parentale (alimentation, habillement, équipement...), désintérêt pour le scolaire, recherche constante de l'adulte, troubles du comportement...

À la suite d'une d'analyse de données croisées ou lors d'un moment de « crise » (automutilations, tentatives de suicide, révélation directe ou indirecte de l'enfant, alerte donnée par un camarade ou toute autre personne adulte), dès qu'une situation ou une suspicion d'enfant en danger est identifiée, il faut signaler.

En conclusion :

- lorsqu'il n'y a pas d'urgence ou des faits de moindre gravité, une concertation des membres de l'équipe et éventuellement avec les parents peut avoir lieu.
- En cas de suspicion de maltraitance ou de danger, il faut, sous 24 heures, recouper les informations avec partenaires de l'école et signaler ;
- en cas d'urgence, il faut signaler immédiatement.

3 Signaler en respectant les procédures

A. Qu'est-ce qu'un signalement ?

Le signalement est un acte écrit objectif destiné à porter à la connaissance d'une autorité administrative ou judiciaire une situation réelle ou présumée de danger ou de mauvais traitements d'une personne de moins de 18 ans.

Les éléments devant figurer sur la fiche de signalement

Un **signalement « enfance en danger »** peut être rédigé sur papier libre ou utiliser le modèle type proposé par l'académie de l'école ou de l'établissement. Les données suivantes doivent figurer.

Le signalant

Nom, Prénom ; Qualité ; Coordonnées professionnelles (adresse, n° de tél...)

L'élève

Nom, Prénom ; Date de naissance ; École/Établissement et classe fréquentés ; Adresse.

Famille

- Père : Nom, Prénom ; adresse
- Mère : Nom, Prénom ; adresse
- Représentant légal (si différent) : Nom, Prénom ; adresse
- La fratrie (si ces renseignements sont connus).

Exposé des faits

- Lieu du risque (famille de l'enfant, institution ayant en charge l'enfant, autres)
- Nature des faits (violences physiques, sexuelles, défaut de soin ou d'alimentation)
- Éventuellement personne mise en cause
- Description précise des faits, des déclarations tels qu'ils ont été reportés
- Observations, éléments jugés utiles.

La famille est-elle informée de ce signalement ?

(Rappel : ne jamais l'informer en cas de suspicion d'abus sexuels)

Si non, pourquoi ?

Remarque Toute personne témoin ou soupçonnant des maltraitances doit en informer directement le service de l'Action Sociale à l'Enfance (ASE) du département. Le procureur peut être prévenu directement par la personne témoin en cas d'urgence.

Il faut se limiter au seul signalement des faits remarqués. Le signalement ne doit pas faire ou rechercher la preuve des faits signalés, il doit transmettre ce qui a été vu ou entendu.

Lorsqu'un enseignant est amené à recueillir les confidences d'un enfant, il veille particulièrement à ne pas poser de questions suggestives (privilégier les questions ouvertes) et à retranscrire mot à mot les paroles du mineur ainsi que les questions éventuelles auxquelles elles font suite. Il retranscrit fidèlement ce qui lui a été dit (utiliser les guillemets) et note avec précision le contexte et les circonstances dans lesquelles l'enfant a fait ses révélations.

Il convient absolument d'éviter :
- la censure ;
- les jugements et commentaires personnels ;
- de vouloir vérifier, les faits ou les propos tenus (afin de ne pas gêner l'enquête pénale) ;
- de promettre à un enfant de garder le secret, de le « sauver »... il faut, par contre lui garantir la non divulgation aux autres élèves et enseignants.

B. Quelles sont les procédures à l'école ?

On distingue deux procédures selon le niveau d'urgence :

Deux types de signalement « enfance en danger »*		
Type	**Signalement non urgent mais préoccupant**	**Signalement urgent**
Situation	Information préoccupante : - situation de risque, - carences éducatives, - suspicion de maltraitance physique et/ou psychologique. = Tous les éléments, y compris médicaux, susceptibles de laisser craindre qu'un mineur se trouve en situation de risque de danger ou de suspicion de maltraitance (sans forcément que les faits soient avérés) et puisse avoir besoin d'aide, qu'il s'agisse de faits observés, de propos entendus, d'inquiétude sur des comportements de mineurs ou d'adultes à l'égard d'un mineur. = Situation pour laquelle on pense utile un traitement des données par les services du conseil général.	Information grave ou urgente : - situation de danger, nécessitant une protection immédiate, - maltraitance avérée - violence sexuelle ou suspicion. = Informations préoccupantes à caractère sexuel (notamment révélation ou suspicion d'attouchement, d'abus). + Situations de danger pouvant avoir un caractère pénal, pour lesquelles une évaluation semble contraire à l'intérêt de l'enfant (ex : coups et blessures).
Destinataire	Président du conseil départemental	Procureur de la République

Deux types de signalement « enfance en danger »*		
Procédure	Transmission de la fiche de signalement au Service adéquat du conseil départemental (cellule « Enfance en danger », CDAS : Centre départemental d'action sociale...). Une copie du signalement doit systématiquement être transmise (sous couvert de l'IEN) au DASEN.	Transmission de la fiche de signalement au Procureur de la République avec copie au DASEN *via* l'IEN. En cas d'urgence (situations d'urgence avérées nécessitant une protection immédiate du Mineur) : le signalement est transmis par fax accompagné d'un appel téléphonique. **NB.** Dans les cas de présomption de violence physique, le médecin scolaire, le médecin responsable départemental, doivent être avertis en urgence pour un éventuel constat médical.
Information de la famille	Dans la mesure du possible et sauf intérêt contraire de l'enfant (risque de représailles, de pression...), il est important que la famille soit informée de la transmission d'information(s) préoccupante(s). Toutefois, si un membre de la famille paraît violent, il est possible de ne pas l'informer. Cette précision devra figurer expressément dans le signalement.	L'information donnée aux familles revient au Parquet. Cela a pour objet principal d'éviter que l'enfant ne fasse l'objet de pressions familiales ou extra familiales, de ne pas entraver les investigations nécessaires à une poursuite pénale des auteurs qui pourrait être entreprise par le Parquet. S'il s'avérait que dans ce cas précis, la famille soit informée du signalement par une autre personne, cet élément est à communiquer au Procureur. **NB.** De ce fait, dans les cas de suspicion de sévices sexuels, il ne faut rien dire à la famille. Cela est vrai dans tous les cas, y compris lorsqu'il y a conviction que l'auteur des faits n'est pas un membre de la famille. Cette consigne est absolue.
Conseils	Éviter de rester seul face à une telle situation, contacter les personnes-ressources au sein de l'Éducation nationale pour leurs conseils techniques : assistantes sociales scolaires, médecins scolaires, service médico-social des services académiques, Il est également possible de joindre la Cellule Enfance en danger au n° vert : 0 800 81 00 81.	

* Inspiré du guide du signalement « enfance en danger » du département du Tarn, des fiches d'information du conseil général du Rhône et http://194.250.166.231/reccpm/IMG/pdf/signalement_enfant_en_danger.pdf

Les suites

▸ Du signalement d'une information préoccupante

Une fois l'information préoccupante réceptionnée, le service concerné du conseil départemental adresse un accusé de réception au directeur d'école dont provient l'information préoccupante, missionne des professionnels médico-sociaux afin de finaliser l'évaluation de la situation, décide des suites à donner :

- pas de suites données ou suivi médico-social de secteur en lien avec le scolaire ;
- une ou plusieurs mesures administratives (avec la collaboration des parents) : soutien éducatif, aide au budget, accompagnement à la santé et aux soins, accueil provisoire de l'enfant... ;
- en cas d'urgence, pour une protection immédiate du mineur, en cas de refus de l'intervention par la famille, en cas d'échec de la protection administrative : transmission au Parquet des mineurs en vue d'une mesure judiciaire ou d'une information à caractère pénal.

▸ D'un signalement urgent ou d'une transmission par le conseil départemental

Destinataire du signalement, le Procureur de la République veille à l'application de la loi : il évalue les éléments caractérisant le danger et décide s'il y a lieu ou non de saisir le Juge des Enfants.

Dans les situations d'urgence, en l'absence du Juge des Enfants, il peut être amené à prendre des mesures de protection, notamment retirer l'enfant à ses parents et le confier à une personne ou une institution. S'il use de ce pouvoir de réquisition aux fins de placement, il doit saisir le Juge des Enfants dans un délai de 8 jours. Celui-ci confirmera ou infirmera cette décision.

Le Procureur de la République peut également faire procéder à des mesures d'investigations (enquête de Police, ouverture d'une information judiciaire, saisine du tribunal correctionnel) ou mandater les services de la PJJ aux fins de recueil de renseignements socio-éducatifs.

Favoriser l'inclusion d'un élève en situation de handicap

La loi pour l'égalité des droits et des chances, la participation et la citoyenneté des personnes handicapées précise la définition du handicap : « *Constitue un handicap, au sens de la présente loi, toute limitation d'activité ou restriction de participation à la vie en société subie dans son environnement par une personne en raison d'une altération substantielle, durable ou définitive, d'une ou plusieurs fonctions physiques, sensorielles, mentales, cognitives ou psychiques, d'un polyhandicap ou d'un trouble de santé invalidant* » (Art. L. 114). Elle affirme le droit des élèves handicapés à l'éducation et engage la responsabilité du système éducatif.

1 Les textes réglementaires

A. La loi du 11 février 2005

Elle fait ainsi obligation :
- d'assurer à l'élève, le plus souvent possible, une scolarisation en milieu ordinaire au plus près de son domicile ;
- d'associer étroitement les parents à la décision d'orientation de leur enfant et à toutes les étapes de la définition de son projet personnalisé de scolarisation ;
- de garantir la continuité d'un parcours scolaire, adapté aux compétences et aux besoins de l'élève ;
- de garantir l'égalité des chances entre les candidats handicapés et les autres candidats en donnant une base légale à l'aménagement des conditions d'examen.

B. Le Code de l'éducation

Reprenons des extraits du Code de l'éducation.

Chapitre II : Dispositions particulières aux enfants et adolescents handicapés.

Depuis l'adoption de la loi d'orientation 2013, figure désormais, dès le premier article du Code de l'éducation (L. III.I), le principe de l'**inclusion scolaire** de tous les enfants, sans aucune distinction.

▸ **Article L. 112-1**

« *Pour satisfaire aux obligations qui lui incombent [...], le service public de l'éducation assure une formation scolaire, professionnelle ou supérieure aux enfants, aux adolescents et aux adultes présentant un handicap ou un trouble de la santé invalidant. Dans ses domaines de compétence, l'État met en place les moyens financiers et humains nécessaires à la* ***scolarisation en milieu ordinaire*** *des enfants, adolescents ou adultes handicapés.*

Tout enfant, tout adolescent présentant un handicap ou un trouble invalidant de la santé est ***inscrit dans l'école*** ou dans l'un des établissements mentionnés à l'article L. 351-1, le ***plus proche de son domicile***, qui constitue son ***établissement de référence***.

Dans le cadre de son ***projet personnalisé***, si ses besoins nécessitent qu'il *reçoive sa formation au sein de dispositifs adaptés, il peut être inscrit dans une autre école ou un autre établissement [...] par l'autorité administrative compétente, sur proposition de son établissement de référence et avec l'accord de ses parents ou de son représentant légal. Cette inscription n'exclut pas son retour à l'établissement de référence.* [...]

Si nécessaire, des modalités aménagées d'enseignement à distance leur sont proposées par un établissement relevant de la tutelle du ministère de l'Éducation nationale.

Cette formation est entreprise avant l'âge de la scolarité obligatoire, si la famille en fait la demande.

Elle est complétée, en tant que de besoin, par des actions pédagogiques, psychologiques, éducatives, sociales, médicales et paramédicales coordonnées dans le cadre d'un projet personnalisé [...]. »

▸ Article L. 112-2

« Afin que lui soit assuré un parcours de formation adapté, chaque enfant, adolescent ou adulte handicapé a droit à une évaluation de ses compétences, de ses besoins et des mesures mises en œuvre dans le cadre de ce parcours, selon une périodicité adaptée à sa situation. Cette évaluation est réalisée par l'équipe pluridisciplinaire. [...] Les parents ou le représentant légal de l'enfant sont obligatoirement invités à s'exprimer à cette occasion.

En fonction des résultats de l'évaluation, il est proposé à chaque enfant, adolescent ou adulte handicapé, ainsi qu'à sa famille, un parcours de formation qui fait l'objet d'un projet personnalisé de scolarisation assorti des ajustements nécessaires ***en favorisant, chaque fois que possible, la formation en milieu scolaire ordinaire****. Le projet personnalisé de scolarisation constitue un élément du plan de compensation [...]. Il propose des modalités de déroulement de la scolarité coordonnées avec les mesures permettant l'accompagnement de celle-ci figurant dans le plan de compensation. »*

Les articles suivants définissent le dispositif mis en place.

2 Les modalités de scolarisation

Avec le principe d'école inclusive, on tend vers l'idéal que tout enfant, quel que soit son handicap, soit accueilli dans une classe ordinaire, ce qui est un pas vers l'intégration sociale.

A. La chaîne de prise de décisions et de suivi

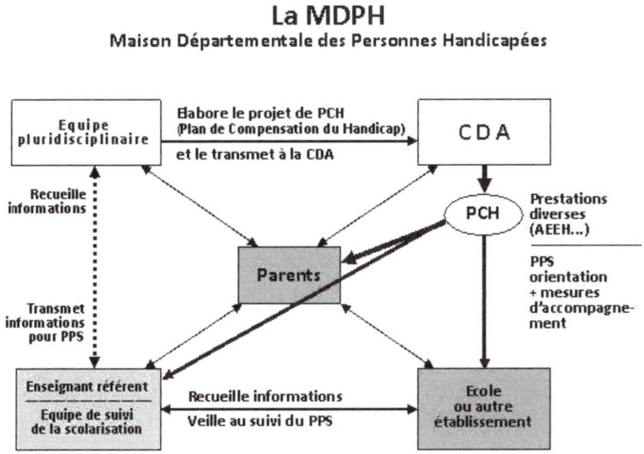

- **La Maison départementale des personnes handicapées (MDPH)** : placée sous la responsabilité du président du conseil général, « offre un guichet unique pour améliorer l'accueil, l'information et l'aide apportée aux élèves handicapés et à leur famille ». Ses membres sont des élus du département et de personnels de l'Éducation nationale.
- L'**équipe pluridisciplinaire** d'évaluation évalue les besoins de compensation de la personne handicapée et son incapacité permanente sur la base de son projet de vie et de références définies par voie réglementaire.

Elle rédige ensuite un projet de **plan de compensation.**

- Ce projet est soumis à la **commission des droits et de l'autonomie des personnes handicapées (CDA ou CDAPH)** qui, sur la base de l'évaluation réalisée par l'équipe pluridisciplinaire, des souhaits exprimés par la personne handicapée ou son représentant légal dans son projet de vie et du projet de plan de compensation proposé, décide.

La CDA propose à la personne handicapée ou à sa famille le Plan de compensation du handicap qui comprend deux séries de mesures :

- l'attribution de l'Allocation d'éducation de l'enfant handicapé (AEEH), de ses compléments et des autres prestations auxquelles l'enfant handicapé peut avoir droit (carte d'invalidité, etc) ;
- la mise en place d'un **projet personnalisé de scolarisation (PPS)**, qui définit les modalités de déroulement de la scolarité (orientation) coordonnées avec les mesures permettant l'aménagement et l'accompagnement de celle-ci (Loi du 11 fév. 2005 – art. 19-III).

- Le projet d'école doit alors intégrer les dispositions adoptées. L'équipe éducative de l'école dans lequel un élève handicapé effectue sa scolarité réalise et conduit le projet personnalisé de scolarisation de celui-ci.
- Une **équipe de suivi de la scolarisation** (enseignant référent, autres enseignants, personnels médicaux et sociaux, parents d'élèves) est réunie par l'enseignant référent en tant que besoin mais au moins une fois par an pour évaluer le parcours, faciliter la mise en œuvre, assurer le suivi du projet et, le cas échéant, proposer des adaptations à la Commission des droits et de l'autonomie (CDA). Elle exerce une fonction de veille sur le déroulement du parcours scolaire de l'élève handicapé. Elle comprend l'ensemble des personnes qui concourent à la mise en œuvre du Projet personnalisé de scolarisation (PPS) : les parents ou représentants légaux de l'élève ou l'élève handicapé majeur ; le ou les enseignants qui ont en charge l'enfant ou l'adolescent, y compris les enseignants spécialisés exerçant dans des établissements spécialisés (médico-social ou sanitaire) ; les professionnels de la santé (y compris ceux du libéral) ou des services sociaux qui concourent directement à la mise en œuvre du PPS tel qu'il a été décidé par la CDA.

Ce sont les parents qui ont l'initiative du PPS et qui en adressent la demande à la MDPH. Ils peuvent prendre contact avec l'enseignant référent pour être informés avec précision sur la démarche à suivre. L'équipe pluridisciplinaire élabore le PPS à la demande (des parents) de l'élève handicapé.

Remarque En l'absence de PPS, il faut accueillir l'enfant et inciter la famille à demander un PPS si l'équipe pédagogique l'estime nécessaire *via* le directeur qui après avoir éventuellement pris conseil auprès de l'enseignant référent et après réunion de l'équipe éducative, demander aux parents de saisir la MDPH en vue de l'élaboration d'un PPS. Si, passé ce délai de 4 mois, ils n'ont pas donné suite, le DASEN en informe la MDPH à qui il appartient alors de prendre toutes mesures utiles pour engager un dialogue avec eux.

B. Le parcours scolaire de l'élève en situation de handicap

L'**élève en situation de handicap** est inscrit prioritairement dans l'école ou l'établissement scolaire le plus proche de son domicile, qui devient alors son établissement de référence.

C'est seulement avec l'accord de ses parents ou de son représentant légal qu'il peut être inscrit dans une école ou un établissement scolaire autre que cet établissement de référence.

Le parcours scolaire de l'élève s'effectue prioritairement en milieu ordinaire, dans l'école de référence, le cas échéant dans une autre école, ou en partie ou à temps partiel dans des unités localisées pour l'inclusion scolaire (ULIS - école), ou dans un établissement spécialisé (de type médico-éducatif ou sanitaire), ou encore en temps partagé entre l'école ou l'établissement et l'établissement spécialisé (médico-éducatif ou sanitaire). Même si l'élève est contraint de suivre des cours à domicile, par correspondance, ou de fréquenter un autre établissement, il conserve son école de référence. L'inscription dans son école de référence est alors dite « inactive ».

Il peut être décidé l'encadrement de l'enfant par un **accompagnant des élèves en situation handicap** (AESH) (Les AESH ont remplacé les **auxiliaire de vie scolaire pour l'intégration individualisée des élèves handicapés** (AVS)). Ils n'interfèrent pas avec l'enseignant dans la mise en place d'une pédagogie adaptée.

L'organisation de l'emploi du temps de l'élève tient compte de sa situation
- respect du volume horaire décidé par la CDA s'il ne s'agit pas d'un temps plein ;
- prise en compte des particularités de transport, des prises en charge extérieures (soins, par exemple) ;
- prise en compte des difficultés en cas d'alternance ULIS/classe ordinaire ou établissement spécialisé/classe ordinaire ;
- transmission de tous les éléments nécessaires aux familles en cas d'enseignement dispensé en totalité ou en partie à domicile...

Dans tous les cas, l'équipe de suivi de scolarisation doit suivre l'élève.

L'**enseignant référent** est un enseignant titulaire du Certificat d'aptitude professionnelle aux pratiques de l'éducation inclusive, les enseignements adaptés et la scolarisation des élèves en situation de handicap, qui assure le suivi du parcours de formation des élèves scolarisés dans son secteur d'intervention (école, établissement du secondaire, établissements spécialisés : médico-éducatif, sanitaire). Il assure des missions d'information et de coordination entre la MDPH et l'équipe éducative.

NB. Les différentes possibilités de scolarisation, le réseau de personnels spécialisés sont détaillées dans l'ouvrage ***Le système éducatif en fiches mémos***, fiche 57 : La scolarisation des élèves en situation de handicap.

Une scolarisation des enfants en situation de handicap qui ne devrait poser aucun problème

Aujourd'hui, même si la scolarisation des élèves en situation de handicap s'est améliorée, trop d'inégalités et de ruptures marquent encore leur parcours, entretenant pour leurs parents et pour eux-mêmes une source permanente d'inquiétudes. Le système manque encore de souplesse, de moyens, et reste fragile. D'autre part, se manifestent régulièrement des réticences à l'intégration, notamment de la part de parents.

Or, la prise en charge d'un élève en difficulté dans une classe ne devrait pas poser problème et ceci pour plusieurs raisons :
- c'est un devoir vis-à-vis de l'enfant handicapé : la scolarisation est un « droit fondamental » de l'enfant, que cet enfant soit handicapé ou non ;
- c'est un devoir pour faire changer l'attitude et le regard des non handicapés : on se place clairement dans une visée éducative pour les enfants non handicapés afin d'en faire des adultes plus tolérants et solidaires. En effet, quoi de mieux que d'agir en amont de la vie d'adulte pour faire changer les mentalités ? L'inclusion des enfants handicapés à l'école est logique si l'on se réfère

aux missions de celle-ci et aux valeurs défendues. L'école est un creuset de la mixité. De ce fait, l'école, lieu de socialisation, prépare le citoyen de demain. Socialiser, au sens premier du terme, c'est apprendre à faire vivre ensemble. L'enfant forme sa personnalité en partie à l'école. On gage qu'en côtoyant dès le plus jeune âge des enfants handicapés, on développera en lui des valeurs et des comportements sociaux collectifs et individuels adéquats ;

- c'est un acte civique bénéfique pour tous les élèves. À un moment où l'éducation à la citoyenneté devient une discipline transversale, l'intégration d'un enfant handicapé dans une classe constitue un moyen efficace de développer l'acceptation de la différence, la tolérance, le respect de l'autre et, bien sûr, la solidarité. Les études montrent que l'intégration d'un élève handicapé entraîne des progrès pour l'enseignement et l'éducation de tous les autres élèves ;
- le dernier argument est de nature pédagogique. L'enseignant peut développer une pédagogie adaptée. En effet, la différenciation doit permettre une prise en compte des difficultés de tous et de chacun sans dommage pour l'ensemble du groupe. Par conséquent, un élève ayant des difficultés avérées dues à son handicap doit pouvoir y être accueilli sans que cela n'amoindrisse les progrès des autres élèves.

Comprendre le sujet et extraire les données

Il s'agit avant tout d'exploiter les données qui vous sont proposées. Trois phases s'enchaînent : la première vise l'appropriation du sujet, la seconde consiste à analyser les textes, la troisième sert à compléter les données.

1 Étape 1 : s'approprier le sujet

Avant de commencer à traiter le sujet, parcourez-le dans son ensemble : cela vous permettra d'en identifier la facture. Il s'agit de déterminer les caractéristiques du sujet afin de le circonscrire, de cibler le thème et de parfaitement y adapter votre stratégie de travail. Vous pourrez également évaluer la longueur et les difficultés respectives des textes afin d'adapter les temps à y consacrer.

→ Analysez le titre du sujet s'il y en a un mais soyez vigilant. Parfois les titres sont très généraux, même approximatifs ou « faux-amis ». Il ne faut pas trop vous sentir contraint par le titre d'un dossier.

Le sujet comporte des questions précises incluses dans le libellé du dossier. Ces questions vous permettront de construire votre problématique et de cibler ce qui est attendu dans votre exposé. Essayez de bien faire transparaître en quoi ces questions se complètent les unes les autres.

→ Analysez rigoureusement la formulation des questions et des consignes. Pensez toujours à bien identifier et analyser les mots clés mentionnés dans le libellé. Utilisez un système de surlignage. Distinguez les questions de restitution de connaissance de celle nécessitant d'argumenter une posture.

Le sujet comporte plusieurs textes : il faudra alors comparer et confronter les textes pour construire vos réponses.

→ Parcourez le dossier et opérez une lecture très rapide en diagonale pour repérer rapidement les contenus informatifs.

→ Exploitez à bon escient le paratexte (noms des auteurs, titres et sous-titres des textes, date de publication) pour déterminer les caractéristiques des textes et le système d'énonciation.

→ Déterminez avec précision le **statut des textes** (prescriptif : texte de loi, instruction officielle, programmes ; argumentatifs ; à orientation pratique…). Ceci est très important pour ne pas commettre d'erreur d'interprétation. Inspirez-vous des questions du tableau suivant :

Caractéristiques du texte	Quel médium est utilisé ? Publication officielle (B.O., J.O.), site officiel (education.gouv, educnet,…), articles de presse, ouvrages didactiques, guides pédagogiques, essais, rapport… Quel est le champ de référence ? Philosophie, sociologie, psychologie, pédagogie, didactique, texte officiel… De quand date-t-il ? Il est important de faire attention aux dates de publication pour bien situer un texte par rapport à l'actualité notamment en ce qui concerne les idées pédagogiques, didactiques.
Qui s'exprime ?	Est-ce l'Institution ? Un de ces membres ? Lequel ? Quel est son statut ? Connaissez-vous l'un ou l'autre des auteurs (utile pour anticiper sur ses prises de position) ? S'exprime-t-il directement ou par un intermédiaire ?
Pour qui ?	À qui s'adresse ce texte ? Aux membres de la communauté éducative, à un public averti de spécialistes, à des politiques, à l'ensemble de la population…
En vue de ?	En vue de produire quels effets ? Appliquer des dispositions (texte officiel), proposer des pistes de travail, tribune libre, prise de position, interpeller…

2 Étape 2 : saisir les informations utiles à partir des textes et compléter au fur et à mesure par vos connaissances personnelles.

Dans un deuxième temps, procédez à l'analyse linéaire des textes et documents complété par vos apports personnels : ceci vous procure la matière à partir de laquelle vous construirez votre exposé.

→ Lisez attentivement chaque texte. N'oubliez pas que la rapidité d'exécution est primordiale dans cette épreuve. Concrètement, vous ne pourrez vous offrir le luxe de lire attentivement plusieurs fois un texte. Il faut donc être opérationnel dès la première lecture.

▸ Pour chaque texte successivement

→ Au fur et à mesure de votre lecture, notez les idées principales, les informations que vous extrayez des textes. Repérez les notions clés, les enjeux, les préconisations, les arguments des auteurs et la nature de l'idée (constat, cause, conséquence, solution, argument, injonction, exemple…).

→ Repérez les mots et phrases clés auxquels vous voudrez faire explicitement référence lors de votre exposé. Vous pouvez par exemple surligner les passages que vous voudriez citer et les référencer par exemple par une lettre.

Remarque Dans certaines académies, on interdit au candidat d'écrire sur les pages du sujet : dans ce cas il faudra recopier les passages que vous voulez citer.

→ Autant que faire se peut, reformulez ces idées/notions avec vos propres mots.

Tentez de faire apparaître la cohérence du propos et les liens logiques.

→ A chaque fois qu'une idée personnelle vous vient en rapport avec un élément du texte, notez la en vis-à-vis mais d'une couleur différente (vous devez, lorsque vous construirez votre exposé, pouvoir distinguer ce qui est extrait des textes de vos apports personnels !). Posez-vous continuellement la question suivante : quels apports personnels pour illustrer, pour clarifier une notion extraite d'un texte ?

Nous conseillons ce compléter par vos idées personnelles tout au long de votre lecture/prise de note plutôt que d'attendre la fin de lecture du texte et ceci pour plusieurs raisons : cela évite d'oublier une idée qui surgirait en lien avec un propos d'un texte en cours de lecture, cela permet une meilleure articulation entre ce qui provient des textes et vos idées personnelles, et donc cela va dans le sens d'une dialectique « textes/apports personnels » plus opérationnelle.

→ Enfin, à la fin de chaque texte, vis-à-vis de chaque point de votre prise de note, indiquez à quelle(s) question(s) il renvoie.

▸ Une fois la lecture des textes achevée

→ Faites le point sur la diversité des textes proposés pour bien situer comment vous pourrez les faire « dialoguer ».

Quelques précautions pour bien cerner un texte

Prendre garde au médium

▸ Identifier le médium pour savoir quelle posture adopter pour l'analyse

Type de médium	Précaution à prendre
Magazine grand public. Magazine touchant un public plus restreint.	Savoir que ces médias sont souvent fidèles à une tendance (journaux dits de centre, de gauche, de droite…). Ils reflètent l'état de l'opinion. Il vous faudra prendre de la hauteur et vous positionnez en professionnel qui a réfléchi.
Revues professionnelles à dominante pratique	Elles sont riches d'informations pratiques mais souvent il faut prendre de la hauteur et les situer dans un environnement plus conceptuel.
Extrait d'ouvrages didactiques ou scientifiques	Les concepts présentés sont en général plus directement utilisables. Deux cas de figure : - le texte est construit par le rédacteur (un expert dans ce type de texte) qui l'a ordonnée selon sa logique ; - le texte est sollicité (interview) : la forme de ce qui est dit n'est pas toujours le fait de l'énonciateur.
Texte institutionnel	Il ne s'agit pas d'un texte argumentatif mais d'un texte prescriptif. Il ne faut pas le considérer comme une prise de position parmi d'autres mais comme la position officielle de l'Institution ! On ne discutera donc pas sur la nécessité ou non de l'appliquer, mais le cas échéant des conditions d'application, des difficultés de mise en œuvre.

▸ Penser à situer les discours dans leur contexte de production

Dans tous les cas, il est attendu du candidat qu'il fasse preuve de son professionnalisme et de sa réflexivité :

- Ne pas s'aligner sur l'opinion mais chercher à argumenter, à replacer dans le contexte. Veiller à éviter deux écueils : la paraphrase ou la critique non appropriée ou systématique.
- Ne pas accorder d'égale valeur à différents types de discours. Un témoignage n'a pas même valeur que les résultats des travaux d'un chercheur ; un texte officiel n'a pas le même statut qu'une tribune libre.
- Se méfier des présentations accrocheuses, des faux-semblants.
- Ne pas hésiter à se démarquer de certaines prises de positions hâtives ou de bien les replacer dans le cadre du médium considéré en argumentant sur des bases scientifiques solides ou à partir des programmes ou règlements.
- Ne pas trahir le contenu du texte
- Éviter de faire jouer les préjugés de lecture : connaissance de l'auteur (apprécié ou non), rapport affectif ou idéologique au sujet.
- Tenter de rester le plus objectif possible et éviter de faire dire au texte ce que vous auriez voulu lui faire dire.
- Ne jamais se prévaloir d'un texte pour développer un point de vue personnel.

3 Étape 3 : chercher, lister et trier les idées personnelles supplémentaires sur le sujet

→ Effectuez un « brainstorming » des concepts, notions et connaissances pouvant être exploitées et que vous n'avez pas encore pointés en étape 2. Dans cette partie, vous-vous posez les questions : ai-je des apports personnels supplémentaires à effectuer ? Que dois-je ajouter comme idées ne figurant pas dans les textes ?

Remarque Servez-vous des éléments de cet ouvrage. Assimilez les fiches de la partie « Connaître le système éducatif, l'école primaire et se situer comme futur professeur des écoles, membre de la communauté éducative et agent du service public ». Il s'agit d'être bien au clair avec ces fiches et de pouvoir y puiser des éléments qui vous semblent adaptés au sujet proposé.

→ Vu le peu de temps dont vous disposez, contentez-vous de la technique des « mots jetés » sur le papier. Ne notez que vos mots clés ! Éventuellement, vous pourrez recopier une phrase apprise ou rédiger une idée à développer ou pour laquelle il vous faut définir avec clarté les concepts, les valeurs, les principes afin d'éviter de vous embrouiller lors de l'exposé.

NB. Au final (étapes 2 et 3), vos connaissances servent donc :

- à **illustrer** une notion issue d'un texte (si possible d'exemples concrets) ;
- à **compléter** une notion issue d'un texte, à l'**expliciter** à l'**étayer** de références scientifiques ;

- à **ajouter** des notions, idées absentes des textes mais nécessaires au traitement du sujet (dans ce cas, pensez aussi à illustrer d'exemples concrets).

Pour faire le tour du sujet, essayez de balayer différents champs conceptuels et essayez d'aborder le « triple point de vue » : éducatif/pédagogique, règlementaire, éthique/déontologique (voir l'encart qui suit).

ex : *Puis-je apporter des données historiques, sociologiques, philosophiques, pédagogiques, institutionnelles (programmes, textes officiels...), des exemples vécus ?*

Si on vous soumet une situation concrète à analyser

Certains sujets peuvent vous proposer un cas concret à analyser, une situation de vie d'école ou de classe. Ceci peut aussi être demandé lors de l'entretien.

▸ **Lisez (ou écoutez) la présentation de la situation de façon attentive et commencez par surligner, si vous le pouvez, ou sinon prenez en note de façon exhaustive les éléments d'information apportés et qui vous serviront pour caractériser votre position.**

▸ **Puis explicitez avec vos mots ce que vous avez retenu de la situation :**
- déterminez le **contexte** : « qui est concerné ? » (parents, élèves, enseignants, directeur, IEN, mairie...) ; « sur quoi porte la situation ? » (décision à prendre, réaction à avoir, réclamation, lettre envoyée...) ; « quels sont les antécédents ? » ; « quels sont les rapports entre les protagonistes ? ».
- ensuite, résumez les **faits** en pensant à tenir compte de tous les indicateurs : « que s'est-il passé ? Qui a fait quoi ? ».
- finissez en pointant les **concepts**, **notions**, **principes** autour desquels gravite la situation (valeurs, principes, notion éducative ou pédagogique).

▸ **Posez-vous les bonnes questions, ouvrez-les à toutes les composantes et dimensions possibles. Ces composantes étant nombreuses, nous suggérons en pratique de chercher à en structurer la démarche par les questions suivantes.**

Quelles sont les finalités présentes dans la situation (instruction, éducation, formation professionnelle...) ?

Quels sont les aspects éducatifs, d'apprentissage liés à cette situation ? Quelle est la pertinence éducative ou pédagogique des choix opérés ? **= questionnement éducatif/pédagogique**.

Quelle est la loi, quelles sont les règles (loi, décret, circulaire) qui régissent cette situation ? **= aspect réglementaire**.

Quelles sont les valeurs sous jacentes (liberté, égalité, solidarité, laïcité, justice, dignité, tolérance, obéissance, respect de l'autre, exigence de vérité...) ? Quelles sont les contradictions, les tensions qui apparaissent entre les protagonistes, entre les protagonistes et les finalités et valeurs dans cette recherche de solutions ? Quelles sont les solutions possibles pour chacun des protagonistes dans cette situation donnée ? = **questionnement éthique**. Ces solutions sont-elles conformes aux règles, textes et lois ? = **questionnement déontologique**. Au final, quels me semblent être les choix, les solutions acceptables ? **Votre positionnement**, réponse, décision prenant en compte les différentes dimensions. Vous pouvez, par exemple, suivre le triple point de vue qui structurera votre argumentaire : du point de vue éducatif/pédagogique, du point de vue réglementaire, du point de vue éthique et déontologique pour conclure « au bilan, au final... ».

Construire l'exposé et préparer sa présentation

Les phases précédentes ont permis de récolter de la « matière ». Vous disposez d'idées qui ne sont ni triées ni hiérarchisées. La quatrième étape consiste à faire de l'ordre et à construire du sens. Ce passage du « vrac » à l'organisé est délicat d'autant plus que vous ne disposez pas de suffisamment de temps pour prendre du recul. Le jour de l'oral, vous devez disposer d'une méthode fiable, éprouvée et déjà pratiquée lors d'entraînements.

1 Étape 4 : structurer les axes de réponse

▸ Pensez à problématiser

→ Quelle que soit la nature du questionnement, nous suggérons de « **problématiser** » le libellé. Ce sera un plus vis-à-vis des membres du jury et démontrera votre capacité à prendre de la hauteur.

Dégager une problématique, c'est formuler le sujet en explicitant le problème qu'il contient (de manière simple et claire) et en envisageant un nombre restreint de lignes directrices qui seront susceptibles de faire émerger successivement les éléments de réponse et qui chacune correspondra à une partie de l'exposé. Ainsi, classiquement une problématique peut être formulée en une **question globale** (le problème) à l'intérieur de laquelle se posent deux ou trois « **sous-questions** » qui correspondent aux grandes lignes des points à traiter et donc au fil conducteur de l'exposé, aux lignes directrices du plan.

La problématique se nourrit à la fois des informations contenues dans le dossier mais aussi de vos connaissances personnelles.

▸ Servez-vous des questions du libellé

→ Vous disposez en quelque sorte des « sous-questions » de la problématique. Tentez alors de les englober sous une problématique générale. Pour cela, essayez d'en comprendre la logique et l'articulation afin de cerner à quelle « problématique générale » elles cherchent à vous mener. Repérez ainsi la nature des questions posées.

ex : *Question de type «* **quoi** *» : définir une notion, un concept, une pratique...*
Question de type « **qui** *» : déterminer dans une situation donnée les protagonistes concernés par un aspect du thème et leur rôle...*
Question de type « **pourquoi** *» : déterminer les enjeux...*
Question de type « **comment** *» : déterminer comment mettre en œuvre...*
Question de type « **conséquence** *» : déceler les effets d'une pratique, d'une préconisation...*
Question de type « **remédiation** *» : proposer comment éviter certaines situations, des effets indésirables...*
Question de type « **comparaison** *» : comparer des démarches, des actes éducatifs...*

Il est en général plus cohérent de commencer par le « pourquoi », puis le « quoi/qui » et de finir par le « comment », les remédiations.

→ Si le sujet propose deux, trois ou quatre questions sous-tendant la problématique, le traitement de chaque question peut correspondre à une partie mais ce n'est pas une obligation.

Remarque Vous n'êtes pas obligé de structurer votre exposé en suivant les questions posées.
1. Vous pouvez ainsi répondre aux questions posées dans un ordre différent que celui où elles sont posées si cela ne vous semble plus logique.
2. Vous pouvez aussi opter pour une structuration totalement autre du développement. Si une structuration de plan autre que le traitement des questions posées vous semble cohérente, faites-le. Par contre, dans votre exposé, vous devez respecter le périmètre des questions posées et être vigilant à ne faire ni hors sujet ni oublier un pan de ce qui est demandé. De plus, si vous optez pour ce choix, attention à ne pas perdre trop de temps à la conceptualisation du plan (cela peut être très chronophage) et à ne pas vous embrouiller ! Vu le peu de temps de préparation cela peut même être risqué. Il est à noter que les candidats qui suivent les questions posées avec un souci de problématisation peuvent obtenir de très bonnes notes.
Dans les deux cas, annoncez clairement vos choix en introduction et précisez bien pourquoi vous prenez cette initiative.

‣ Organisez vos axes de réponse pour chaque partie

→ Réfléchissez à la façon dont vous allez structurer la réponse à chaque question (ou de chaque partie) en grand axes qui chacun permettra de développer un point particulier. Servez-vous des notes prises sur les textes et de vos apports personnels pour construire l'organisation de la réponse à chaque question.

ex : *Si vous avez suivi les conseils formulés dans la fiche Méthode 1, vous disposez des notes prises sur les textes avec, pour chaque notion, le renvoi à la question à laquelle il convient de la rattacher. Si vous avez procédé de même pour vos apports personnels, vous « n'avez plus qu'à » envisager dans quel ordre aborder les différents éléments.*

Comment se positionner réglementairement ?

Sauf si le dossier propose des textes réglementaires, il est évident que l'on ne peut demander d'un candidat de connaître les textes. Aucun directeur ne le pourrait lui-même ! Si vous ne pouvez vous appuyer sur aucune source, faites valoir votre bon sens. Expliquez la posture, la solution qui vous semblerait la plus pertinente tout en précisant au jury que vous ne connaissez pas avec précision les textes réglementaires et que votre démarche d'enseignant consisterait à vérifier en faisant vos recherches personnelles (moteur de recherche du B.O., Code de l'éducation en ligne, sollicitation du directeur), que ce que vous mettez en avant est conforme aux règles. La démarche consiste ainsi à se positionner sur des critères éthiques, éducatifs, pédagogiques en précisant qu'il vous incombe de bien vérifier que votre position est conforme réglementairement.

Il est néanmoins utile qu'au cours de votre année de préparation, vous étudiiez le Code de l'éducation et reteniez quelques grands principes sans rentrer dans le détail des articles. Les extraits des articles notamment du Code de l'éducation proposés dans les fiches 2 à 23 contribuent à vous forger une « culture réglementaire » de base.

2 Étape 5 : rédiger la trame de l'exposé

A. Construire un plan détaillé du développement

Il vous reste à organiser votre propos selon un plan structuré qui respectera les axes de présentation que vous avez déterminés précédemment. Il ne peut être question de rédiger tout votre exposé. Premièrement, parce que vous n'en avez pas le temps, ensuite pour éviter la tentation de la lecture durant la présentation.

Nos conseils sont les suivants :

→ Rédigez clairement les titres des parties.

→ Ne rédigez que les idées essentielles et sous forme de mots clés à employer.

→ Il peut être utile de noter les transitions et les points d'articulation du raisonnement.

→ Utilisez une couleur pour les idées émanant des textes et notez de quels textes elles proviennent.

→ Veillez à reprendre les informations des textes en tentant de ne pas les paraphraser. Si, pour certains points cela vous semble difficile de reformuler autrement, indiquez clairement que vous allez citer un passage. Sinon, reformulez avec vos propres phrases en essayant de montrer que vous avez bien perçu la logique. Pour éviter la paraphrase du texte, il s'agit non pas de simplement le citer mais d'en faire une réelle analyse, c'est-à-dire de bien démontrer que vous avez compris ce qu'il révèle. Et pour cela, il faut convier vos connaissances personnelles comme cadre d'analyse et d'interprétation.

→ Pensez à mentionner sur votre brouillon les compléments issus de vos connaissances personnelles. Cela évite, lors de l'exposé, d'oublier d'y faire référence. Ayez bien en tête qu'il peut s'agir d'éclairages théoriques ou pratiques. Utilisez une autre couleur pour vos ajouts personnels. Cela permettra lors de l'exposé de bien faire le distinguo entre les données du dossier et vos apports personnels et de bien le mentionner aux membres du jury.

Doser les références issues des textes et les références personnelles

En ce qui concerne le dosage entre les éléments issus des textes et vos données personnelles, voici nos conseils.

Il n'est pas demandé d'exploiter de façon exhaustive chaque texte. Vous n'êtes pas obligé de « recaser » dans votre exposé toutes les idées contenues dans le dossier. Ceci risquerait d'en faire un objet lourd et sans ligne directrice. Tenez compte des questions posées et sachez distinguer le fondamental de l'anecdotique. Le travail de hiérarchisation est important.

Par contre, évitez la tentation de l'évitement des textes. Il faut quand même y faire référence et s'en servir de façon notable. Trop souvent, les candidats partent des textes pour s'en échapper complètement ou digresser. Il faut savoir y revenir assez régulièrement.

Globalement, il est plus cohérent de d'abord prendre appui sur les textes puis ensuite d'inclure ou d'ajouter quelques données personnelles précises pour revenir sur les textes et ainsi de suite.

Compléter un propos consiste à l'enrichir de vos connaissances théoriques et mais aussi pratiques. Pensez à vous référer à ce que vous avez appris, lu. N'oubliez pas de faire référence à vos expériences en école ou en classe à condition que cela apporte une réelle plus-value. Ne vous cantonnez pas à de l'anecdotique mais démontrez que vos stages ont permis de nourrir une réflexion personnelle, ont contribué à enrichir vos représentations.

Essayez, si possible, d'alterner entre éléments prélevés dans les documents et apports personnels : vous démontrerez ainsi votre capacité à étayer ou enrichir propos par vos propres connaissances. Pratiquez un va et vient entre éléments prélevés dans les textes et éléments personnels pour les faire dialoguer.

Enfin, dosez en fonction de la richesse des textes proposés. S'ils sont denses et complets, vous n'aurez qu'à les ponctuer et les illustrer. S'ils sont pauvres en information, il faudra ajouter plus d'éléments personnels. À ce titre, il n'est pas exclu que l'une des questions ne fasse appel qu'à des éléments personnels et ne s'appuie sur aucune des données des documents.

B. Rédiger l'introduction et la conclusion

Essayez de finaliser et de soigner l'introduction et la conclusion.

L'introduction correspond à votre premier contact avec le jury. Il est important de la mener à bien car cela va permettre d'instituer un « *a priori* favorable ». Nous vous conseillons de rédiger les grandes lignes de l'introduction. Cela assoira sa qualité et vous permettra de rentrer plus sereinement dans l'épreuve alors que vous serez très stressé(e).

2

À éviter L'absence d'introduction. Une introduction trop longue qui ne va pas à l'essentiel. Une introduction qui ne délimite ni ne définisse le sujet. Une introduction qui ne se termine pas par l'annonce du plan. Une introduction qui résume ce qui va suivre. L'introduction sert à amener un questionnement et surtout pas à y répondre par anticipation.

→ Trouvez un moyen d'amener le thème du dossier, d'entrer en matière : proposez une accroche rapide, une mise en situation.

ex : *Replacer le dossier dans un contexte social ou historique. Exploiter des faits d'actualité, faire référence à votre culture de l'école, utiliser les éléments de la fiche 7 notamment la loi d'orientation.*

→ Énoncez clairement votre ligne directrice. Reprendre les questions posées mais en essayant de les englober dans votre problématisation, de bien faire ressortir la logique de votre exposé plutôt que de les lire les unes après les autres, ou le choix de plan que vous avez opéré (si vous avez opté pour un plan qui ne suit pas les questions).

→ Intégrez rapidement les références aux textes du dossier.

ex : *« Les textes et les questions qu'ils soulèvent nous amènent à nous intéresser à [problématique]. Avant d'envisager, en m'appuyant sur le texte 1 qui est un texte institutionnel et le texte 3 issus de la recherche en [...], comment procéder en classe, ce qui m'est demandé dans la première question, il me semble utile de d'abord clarifier la notion de [...]. Aussi ai-je choisi de commencer par la seconde question. J'utiliserai principalement le texte 2. Enfin, je terminerai par [...]... »*
N'explicitez pas les idées contenues dans ces différentes parties, c'est la fonction du développement !

La conclusion est tout aussi importante car c'est la dernière impression laissée au jury qui va décider quelques minutes après de la note.

Tout comme l'introduction, nous conseillons de la rédiger.

→ Clore le sujet : synthétisez, reformulez le raisonnement global en résumant les réponses aux questions qui ont été posées en introduction. Reprenez la thèse que vous avez fait valoir au cours de votre exposé.

→ Si possible, ouvrir le sujet. Ce dépassement de la problématique correspond à un élargissement destiné à faire glisser le propos sur un terrain plus vaste. Vous pouvez appuyer une ou deux idées qui vous semblent fondamentales ou très porteuses en termes d'enjeu professionnel ou d'enjeu sociétal.

À éviter

- Les considérations trop générales qui sont trop éloignées du sujet.
- Les grandes considérations moralisatrices et vides de sens qui ne sont pas dignes d'un futur praticien réflexif. Évitez l'exposition de grands sentiments, de vœux pieux, de vérités de La Palisse.
- Les jugements moraux ou sociaux qui ne reposent pas sur un ancrage scientifique sérieux.

→ Une autre alternative est de vous « interroger ». La fin d'une conclusion peut ainsi éventuellement prendre la forme d'une interrogation. Cela peut être assez élégant. Posez une question générale en vous plaçant dans une posture de futur praticien. Essayez de faire ressortir en quoi le traitement de ce sujet vous a interpellé en tant que futur enseignant.

À éviter Ici aussi, évitez les questions de registre puéril, moralisateur, et privilégiez les interrogations sur les enjeux, finalités, missions...

NB. Communiquer lors de l'exposé et de l'entretien : voir fiche correspondante de la partie EPS (fiche Méthode 4). Cette fiche concerne les deux parties de l'épreuve.

Ce premier sujet est extrait des sujets proposés par le ministère de l'Éducation nationale, comme sujet « modèle ». Nous avons choisi de développer la méthodologie, notamment en émaillant la proposition d'exposé de nombreux points de méthode pour que vous cerniez bien ce qui est attendu d'un candidat.

1 Sujet

1. À partir des documents fournis, pouvez-vous préciser la place que l'école primaire fait aux parents d'élèves ?
2. Comment peuvent se manifester les difficultés entre les parents d'élèves et l'École ?
3. À propos de quoi et comment parents et enseignants peuvent-ils collaborer pour construire une « coéducation » pour l'enfant ?

Texte 1. Extraits de la circulaire N° 2006-137 du 25 août 2006. Le rôle et la place des parents à l'école

Conformément à l'article L 111-4 du Code de l'éducation, « *les parents d'élèves sont membres de la communauté éducative. Leur participation à la vie scolaire et le dialogue avec les enseignants et les autres personnels sont assurés dans chaque école et dans chaque établissement. Les parents d'élèves participent par leurs représentants aux conseils d'école, aux conseils d'administration des établissements scolaires et aux conseils de classe* ».

Ces dispositions méritaient d'être précisées et ancrées dans un texte réglementaire notamment en prenant appui sur les bonnes pratiques déjà mises en œuvre dans les écoles et les établissements scolaires. En effet, la régularité et la qualité des relations construites avec les parents constituent un élément déterminant dans l'accomplissement de la mission confiée au service public de l'éducation. L'obligation faite à l'État de garantir l'action éducative des familles requiert de soutenir et renforcer le partenariat nécessaire entre l'institution scolaire et les parents d'élèves, légalement responsables de l'éducation de leurs enfants. L'École doit en conséquence assurer l'effectivité des droits d'information et d'expression reconnus aux parents d'élèves et à leurs représentants ainsi que, selon les procédures prévues à cette fin, leur participation aux instances collégiales de l'établissement. Elle doit également reconnaître les droits des associations de parents d'élèves. (...)

C'est au niveau local de l'école ou de l'établissement scolaire que doit se mettre en place un dialogue confiant et efficace avec chacun des parents d'élèves. L'ensemble des personnels des écoles et des établissements scolaires sont impliqués dans ces démarches.

Ainsi, lors de sa première réunion, le conseil d'école ou le conseil d'administration examine les conditions d'organisation du dialogue avec les parents. Celui-ci doit en effet être renforcé, ce qui suppose de définir précisément les modalités d'information des parents d'élèves, les conditions d'organisation des rencontres avec les parents et de garantir aux associations de parents d'élèves et aux représentants des parents les moyens d'exercer pleinement leurs missions.

▸ I - Droit d'information et d'expression

Ce droit s'analyse principalement pour les parents d'élèves comme le droit d'avoir accès aux informations nécessaires au suivi de la scolarité de leurs enfants et à celles relatives à l'organisation de la vie scolaire.

Les membres des associations de parents d'élèves auront en outre le droit et les moyens de communiquer des informations sur leurs actions.

I.1 L'information des parents par l'école ou l'établissement scolaire

Le suivi de la scolarité par les parents implique que ceux-ci soient bien informés des résultats et du comportement scolaires de leurs enfants. (...)

Le déroulement des enseignements, ainsi que les évolutions du système éducatif et les dispositifs nouveaux seront portés à la connaissance des parents. Ils seront notamment informés des actions de soutien qui peuvent être mises en œuvre à l'école et au collège (programme personnalisé de réussite éducative...) et de la possibilité de parcours différenciés au collège (...).

I.1.1 Les résultats et le comportement scolaires

Les directeurs d'école et les chefs d'établissement doivent prendre toute mesure adaptée afin que les parents puissent effectivement prendre connaissance des résultats scolaires de leur enfant. Dans le cadre des mesures que le conseil d'école ou le conseil d'administration adopte sur la conduite du dialogue avec les parents ou dans le cadre du projet d'école ou du projet d'établissement, il appartient à chaque école et à chaque établissement de définir, compte tenu de ses spécificités (type d'établissement, population scolaire, nombre d'élèves...), les mesures les mieux à même de porter ces résultats à la connaissance des parents.

Le livret scolaire dans le premier degré, le bulletin scolaire dans le second degré pourront, par exemple, être remis en mains propres dans le cadre de rencontres individuelles ou collectives. Pour les élèves relevant de l'éducation prioritaire, cette démarche est particulièrement importante.

En outre, aussi souvent que l'intérêt de l'élève le nécessite, le point sera effectué régulièrement sur ses résultats et son comportement scolaires par le biais d'échanges d'informations, notamment au moyen du carnet de correspondance. Les parents doivent être prévenus rapidement de toute difficulté rencontrée par l'élève, qu'elle soit scolaire ou comportementale. La question de l'assiduité scolaire, élément fondamental de la réussite scolaire, fait l'objet d'une attention particulière.

Les nouvelles technologies, en fonction de l'équipement des établissements et des familles, pourront être un support pour mieux communiquer. Ainsi, l'utilisation des SMS et des autres moyens accessibles par Internet (messagerie et portail électroniques...) doivent permettre, chaque fois que possible, des échanges plus rapides avec les parents (absences, réunions...).

I.1.2 Les demandes d'information et d'entrevues présentées par les parents

Les directeurs d'école ou les chefs d'établissement, les enseignants et l'ensemble des personnels de l'établissement veilleront à être à l'écoute des attentes des parents. Les demandes individuelles d'information ou d'entrevue devront recevoir une réponse. Les demandes de rendez-vous seront orientées vers le bon interlocuteur, selon la nature de la demande. Une réponse négative devra toujours être motivée. Les parents seront également invités à répondre aux demandes de l'équipe éducative dans l'intérêt de l'enfant.

(...)

II - Droit de réunion

II.1 Réunions avec les parents

Lors de sa première réunion, le conseil d'école ou le conseil d'administration examine notamment les conditions d'accueil des parents. Celles-ci pourront être développées, au-delà des dispositions prévues par le décret, selon les particularités, ou les pratiques déjà satisfaisantes, de l'école ou de l'établissement. Les parents sont informés par écrit des rencontres prévues (réunions d'information, rencontres parents-professeurs, remises des bulletins...). Il leur est ainsi précisé le nombre, la date et l'objet de ces rencontres rythmant l'année scolaire.

Les parents des élèves nouvellement inscrits doivent désormais être réunis par le directeur d'école ou le chef d'établissement en début d'année scolaire. Les modalités d'organisation sont laissées à l'appréciation du directeur d'école ou du chef d'établissement en fonction des contraintes propres à l'établissement mais ces rencontres devront nécessairement se tenir au tout début de l'année scolaire et au plus tard avant la fin de la troisième semaine suivant la rentrée. Cette exigence nouvelle n'interdit naturellement pas aux établissements qui ont la possibilité ou la tradition de réunir l'ensemble des parents de le faire.

Le conseil des maîtres présidé par le directeur d'école dans le premier degré, le chef d'établissement dans le second degré sont également désormais tenus d'organiser au moins deux fois par an et par classe une rencontre entre les parents et les professeurs. Ces rencontres, dans le premier comme dans le second degré, n'ont pas toujours le même objet et donc ne revêtent pas nécessairement la même forme : rencontres individuelles de chaque parent avec chaque enseignant, ou rencontres collectives... Au moins une fois par an, dans les collèges et lycées, une information sur l'orientation est assurée dans ce cadre, en tenant compte de l'autonomie et de l'âge de l'élève.

II.1.1 Les réunions collectives

Elles doivent être organisées à des horaires compatibles avec les contraintes horaires et matérielles des parents. La prise en compte des obligations des parents permettra l'instauration de conditions favorables aux échanges. L'organisation des rencontres devra être soigneusement préparée et la communication assurée afin de faciliter la venue du plus grand nombre.

Les rencontres collectives seront organisées soit pour l'ensemble des parents (informations de rentrée, parents d'élèves nouvellement inscrits...) soit pour un groupe de parents d'élèves : par classe, ou même, selon la question abordée, en sous-groupes.

II.1.2 Les rencontres individuelles avec les enseignants ou les autres personnels de la communauté scolaire se dérouleront dans le cadre le mieux adapté à la demande, dans le respect de la confidentialité des propos échangés. Il conviendra de veiller à faciliter les échanges avec les parents qui n'ont pas l'habitude de ces rencontres ou qui ne maîtrisent pas bien la langue française.

Le dialogue avec les parents d'élèves est fondé sur une reconnaissance mutuelle des compétences et des missions des uns et des autres (le professionnalisme des enseignants dans le cadre de leurs fonctions, les responsabilités éducatives des parents) ainsi que sur le souci commun du respect de la personnalité de l'élève.

(...)

Texte 2. Guide pratique des parents - année 2012-2013 (document du MEN, p 12)

Participer à la vie de l'école

▸ Voter aux élections des représentants de parents d'élèves

Les représentants des parents d'élèves au conseil d'école, un par classe, sont élus chaque année à la mi-octobre.

Vous pouvez voter au bureau de vote ouvert à l'école ou par correspondance.

Vous pouvez poser votre candidature et devenir représentant de parents d'élèves.

Pour toute information, vous pouvez vous adresser au service départemental de l'Éducation nationale dont vous relevez.

▸ Être représentant de parents d'élèves

Les parents élus participent au bon fonctionnement de l'école et font valoir le point de vue des familles. Le directeur d'école les réunit périodiquement.

Aussi leur élection est-elle un acte important pour chaque parent.

Le parent élu assure un lien entre l'équipe éducative (directeur, enseignants et médecin scolaire) et les autres parents. Il assiste au conseil d'école.

Adhérer à une association de parents

Le rôle des associations de parents d'élèves est reconnu n'est pas obligatoire mais ces associations contribuent à la vie de l'école.

Le rôle des associations de parents d'élèves est reconnu par le Code de l'Éducation (articles D.111-6 à D.111-9).

À quoi sert le conseil d'école ?

Le conseil d'école vote le règlement intérieur ; adopte le projet d'école ; donne des avis sur le fonctionnement et les questions liées à la vie de l'école (intégration des enfants handicapés, activités périscolaires, restauration scolaire, hygiène, sécurité des enfants) ; peut proposer de réorganiser le temps scolaire ; est informé des résultats globaux de l'école.

Texte 3. Extrait de La lettre d'information N° 22, novembre 2006, de la Cellule Veille scientifique et technologique de l'INRP. Les parents et l'école

(...)

Du parent usager au parent partenaire de l'école

Dans ses relations avec l'école, le parent peut être considéré de différentes façons selon qu'il est vu comme la personne responsable d'un élève précis, comme un membre d'une communauté de familles, comme un bénéficiaire du service éducatif dispensé par l'établissement ou même comme le représentant d'un groupe social.

Des difficultés à trouver un langage commun

Selon L. Symeou, les résultats de recherches internationales montrent que, dans la plupart des cas, l'échange d'informations entre l'école et les familles procède de la première vers ces dernières. En outre, les écoles rappellent souvent leurs responsabilités aux parents quant à l'environnement scolaire (surveillance des devoirs, hygiène de vie des enfants, fournitures et livres à apporter...), mais sont réticentes à partager les informations sur les autres aspects fondamentaux de la scolarisation tels que les programmes, les pratiques de travail ou le curriculum (Symeou, 2003). La recherche présentée ici analyse l'information échangée durant la semaine institutionnelle de rencontres entre parents et enseignants dans six écoles primaires. L'analyse de contenu montre que les échanges se concentrent largement sur les questions **de résultats scolaires et de comportement de l'enfant dans l'école, avec de nombreux décalages entre les perceptions des parents et celles des enseignants**. Ainsi, quand l'enfant est en difficulté, alors que les enseignants essayent manifestement de souligner les soutiens possibles, les parents ressentent les entretiens tout entiers dominés par le diagnostic de l'échec et l'esprit négatif qui en découle, les autres aspects de l'échange étant alors rejetés dans l'oubli. De nombreux parents soulignent également l'angoisse et la nervosité de leurs enfants concernant l'école, alors que les enseignants déclarent n'avoir pas ressenti ce stress des élèves. À la suite des entretiens, les parents se décrivent en majorité comme essayant de mettre en œuvre les suggestions des enseignants. Ils partagent l'idée que l'on peut améliorer les choses pour leurs enfants et qu'ils ont leur part de responsabilité pour les aider à dépasser leurs difficultés ou leurs problèmes de comportement. Un examen plus approfondi des entretiens fait toutefois apparaître quatre types de familles :

1- Les indifférents, qui jugent que les affaires scolaires de leurs enfants relèvent de la responsabilité de l'école et qu'ils n'ont pas à s'y impliquer ou ne le peuvent pas (n'en ont ni les compétences ni le loisir) ;

2- Les familles de bonne volonté mais impuissantes (« *good-will but no action* »), qui se contentent de répéter superficiellement les conseils de l'enseignant auprès des enfants sans aller vraiment au-delà, le monde scolaire leur restant le plus souvent trop étranger (catégorie souvent constituée de parents d'origine rurale ou ayant fait peu d'études) ;

3- Les familles qui « ne savent pas comment faire ». Elles essayent plusieurs fois de mettre en application les conseils des enseignants et répètent leurs efforts, mais reconnaissent manquer de guides et d'étapes pratiques pour traduire l'invite générale ;

4- Les parents « familiers de l'éducation », souvent de niveau socioculturel élevé, qui ajustent les conseils en actions pratiques adaptées à leur situation, mais n'hésitent pas non plus à « trier » dans les suggestions voire à se révéler assez critiques quant aux diagnostics ou aux injonctions prononcés par les enseignants.

Les parents des groupes 2 et 3 rencontrent d'extrêmes difficultés à comprendre les suggestions des enseignants et considèrent que **les conseils que les enseignants leur adressent sont abstraits et généraux, les laissant avec trop de choses à devoir trouver et décrypter par eux-mêmes**. Les consignes des enseignants sont rarement assez précises et ne contiennent pas de décomposition logique en étapes qui les rendrait plus simples à mettre en œuvre. Les enseignants ne semblent ni conscients de cet enjeu, ni avoir les compétences nécessaires pour communiquer avec des parents qui ne parlent pas spontanément le « langage de l'école ». Cela pourrait aussi signifier que, pour les enseignants, les rencontres avec les parents sont essentiellement l'occasion d'exposer leur vision des élèves et d'indiquer aux parents quelles sont leurs responsabilités.

(...)

Enfin, les pratiques de communication de l'école sont largement influencées par le capital culturel des parents et reproduisent les relations de pouvoir de l'espace social, les parents des classes supérieures étant par conséquent plus aptes à contourner ou dépasser la mise à distance sociale incorporée dans les codes de conduite des relations entre l'école et les parents. Pour Pierre Périer, cette distance est l'expression d'un véritable différend entre école et familles populaires. **Le partenariat est un concept adapté aux classes moyennes, distribuant des rôles convenus et assignant aux familles ayant un capital scolaire moindre un contexte normatif inadapté**. Les familles ne partagent pas le même langage normé de relations et gardent une distance incomprise par les enseignants. Cette distanciation s'explique par diverses attitudes allant d'une totale confiance en l'école à une attitude de retrait défensif ou de repli identitaire en passant par une attitude critique (Périer, 2005).

(...)

2 Corrigé de l'exposé

Travail préalable

▸ Analyser le sujet

- Thème : les parents d'élèves et la coéducation
- Trois questions sont posées. La première consiste à dresser un état des lieux à partir des informations extraites des textes. La seconde revient faire état des problèmes dans la relation. Ces deux questions sont très factuelles et descriptives. La troisième revient à expliciter un concept (la coéducation) et à illustrer comment le faire fonctionner.
- Trois textes : un texte officiel (extrait d'une circulaire) assez complet, une publication du MEN à destination des parents et un extrait d'une revue à destination des pédagogues et des membres de la communauté éducative publiée par l'INRP.

Le dossier est assez long (5 pages) mais il n'y a aucune difficulté de compréhension concernant ces documents.

▸ Analyser le dossier en lien avec les questions posées et compléter par les connaissances personnelles (en couleur)

Texte 1

Introduction

Rappel des principes (mots clés à réutiliser : parents membre de la communauté éducative, partenariat, importance d'une relation de qualité pour la réussite des élèves) → **à utiliser pour l'introduction et la question 3**

Ébauche de deux axes : participation à la vie de l'école (mention du conseil d'école), dialogue famille-école (condition fixées par le conseil d'école), reconnaissance de certains droits des parents → **à utiliser pour la question 1**

Puis zoom sur les droits

1er point : droit d'information et d'expression. Surligner les éléments importants du texte **+ Précisions sur le carnet de liaison (voir fiche 10) ; évolution du livret scolaire avec la mise en place du livret scolaire unique (LSU) ; ENT (encore peu développé au primaire) → à utiliser pour la question 1**

2e point : dialogue école-familles. Surligner les éléments important du texte

+ Les différentes réunions parents-enseignants (des exemples concrets...). Les différents moments de rencontre : sortie des classes, rendez-vous avec les parents, comment procéder pour prendre rendez-vous... → à utiliser pour la question 1

Texte 2 → **à utiliser pour la question 1**

Centré sur la participation à la vie institutionnelle de l'école à peine ébauchée dans le texte 1 (donc le texte 2 complète le texte 1).

Rappel des modalités des élections : mi-octobre, vote possible par correspondance, conditions d'éligibilité, prérogatives (représentent les parents, lien entre l'équipe éducative et les autres parents), rôle central du directeur dans l'organisation. **+ Association des parents (des noms : FCPE, PEEP), leur organisation, leurs prérogatives (participation au conseil d'école, conseil d'administration – secondaire –, conseil de discipline, conseil départemental de l'éducation nationale, conseil académique de l'éducation nationale, conseil supérieur de l'éducation...)**

Encouragement à adhérer à une association sans pour autant faire de prosélytisme.

Précision sur le conseil d'école : projet d'école, avis sur la politique de l'école.

+ Précisions sur le conseil d'école, sa composition, ses prérogatives (fiche 8, si vous avez assisté à un conseil d'école : ce que vous avez observé, constaté) ; projet d'école (fiche 8, appuyez-vous sur des exemples concrets).

Texte 3 → **à utiliser pour la question 3**

Une tension entre le statut de parent d'un enfant en particulier et de membre d'une communauté éducative : tensions entre usager et partenaire.

Une relation à sens unique (école vers famille) teintée d'incompréhension et de difficultés de communication.

L'école focalise sur le côté « éducation » et échange peu sur le volet « instruction » et pédagogie.

La recherche réalisée fait apparaître de « *nombreux décalages entre les perceptions des parents et celles des enseignants* » (exemple des élèves en difficulté : les enseignants envisagent les solutions possibles, les parents ressentent la situation comme une stigmatisation de l'enfant, parents et enfants vivent difficilement ce qu'ils ressentent comme un échec).

Une typologie des familles : 1) « indifférents » (ne s'intéressent pas à ce qui se passe à l'école) ; 2) « bonne volonté mais impuissant » (veulent bien faire mais n'ont pas les clés du monde scolaire) ; 3) « ne savent pas comment faire » (essayent de mettre en application les conseils sans succès) ; 4) « les familiers de l'éducation » (qui, comprenant comment ça se passe à l'école, savent aider l'enfant efficacement).

+ Études sociologiques sur les rapports des enfants à l'école (fiche 11) et au savoir et les styles parentaux, famille et réussite scolaire (fiche 10)

Une critique des conseils prodigués aux parents par les enseignants : trop « *abstraits et généraux* », pas assez explicites. Conséquences : seules les familles de « type 4 » les comprennent. Les familles « 2 et 3 » ne sont pas plus avancées dans ce qu'il leur faudrait faire.

+ Une référence explicite de ce document aux théories de la reproduction de Bourdieu (fiche 10). L'école telle qu'elle fonctionne favorise les enfants issus des familles de niveau socioculturel élevé. Le texte indique que les familles « *qui ne parlent pas la même langue que l'école* » (c'est-à-dire qui ont des références linguistiques, culturelles, et même de fonctionnement différents **= habitus différents Bourdieu**) ne comprennent pas ce que veulent leur dire les enseignants et « *gardent une distance incomprise par les enseignants* ». On est en quelque sorte dans un dialogue de sourd : les parents ne comprennent pas les enseignants qui ne se rendent pas compte de cela et les enseignants s'étonnent de la « *distanciation* » de ces parents.

▸ Remobiliser ses connaissances pour compléter le propos

« Brainstorming » des concepts, notions et connaissances pouvant être ajoutés. **Fiche de référence : fiche 10.**

Vos références sur l'histoire de la relation école-famille (Ancien Régime : éducation réservée aux élites, Le Peletier de Saint-Fargeau qui envisageait de retirer aux parents les enfants de 5 à 11 ans et de les placer dans des maisons d'éducation communes entretenues par l'État ; l'école de Jules Ferry se construit aussi contre les parents : soustraire l'enfant au travail, au dialecte familial, à la religion de la famille ; ouverture de l'école dans les années 1980...) → **à utiliser en introduction et/ou pour la question 3**

Implication et participation non institutionnelles des parents : accompagnement de sorties, intervenants en classe (conditions d'intervention : fiche 10), événements plus conviviaux (*exemples concrets puisés dans vos stages...*). → **à utiliser pour la question 1**

Éducation et instruction (fiche 3). → **à utiliser pour la question 3**

Notion de coéducation (fiche 10) → **à utiliser pour la question 3**

L'école et ses finalités, pourquoi l'école et la famille sont intimement liées dans la socialisation (fiche 3) → **à utiliser pour la question 3**

Références sociologiques (à réinvestir selon vos propres connaissances : théories de la reproduction, famille et réussite scolaire, fiche 11) → **à utiliser pour la question 3**

Compléments au texte 3 sur les styles de familles (fiche 11) → **à utiliser pour la question 3**

...

▸ Structurer les axes de réponse

Le texte 1 est très structuré, complet et constitue le texte cible pour répondre à la première question. Il suffit de le reprendre, d'y adjoindre les éléments du 2e texte et enfin de compléter par vos connaissances et vos expériences. Le 3e texte sert de point de départ à la réflexion suscitée par la question 2. Il diffère des deux précédents en ce sens qu'il ne s'agit pas d'un texte institutionnel mais issu des travaux de la recherche avec des références explicites à la sociologie, notamment aux théories de la reproduction.

Au bilan, il sera difficile de faire preuve de grande originalité dans la structuration de votre réponse à la première question. Aussi, la différence se fera sur la manière d'y intégrer vos connaissances personnelles, la richesse et la solidité de ces connaissances. La seconde question peut permettre d'introduire des données théoriques issues de l'histoire et de la sociologie et de vous référer aux expériences en écoles. Seule la troisième question vous permettra de construire une réponse plus personnelle et originale et de prendre un peu de hauteur.

Question 1

Le document 1 complété du document 2 proposent les axes de réponse à cette question :

Participation au fonctionnement de l'école	Dimension institutionnelle (à partir du texte 2)
	Dimension individuelle (apports personnels) = participation des parents à la vie « quotidienne » de l'école
Droit d'information	Dimension institutionnelle (à partir du texte 1) : affichages
	Dimension individuelle
Dialogue école-familles	Dimensions institutionnelle (groupe parents) = réunions
	Dimension individuelle = rencontres, carnet de liaison, LSU...

On peut respecter cette logique qui d'ailleurs est similaire à celle figurant dans la fiche 11. On pourrait aussi commencer par les relations « institutionnelles » entre l'école et le groupe parents (avec comme sous partie : informations, rencontres, participation) puis envisager les relations individuelles entre avec les mêmes sous-parties.

Question 2

Une solution économique et acceptable est de partir du texte 3 en l'analysant quasi-linéairement et le complétant au fur et à mesure. Une réponse structurée et suffisamment riche sans pour autant vouloir être exhaustive est suffisante.

Question 3

Il s'agit de concevoir une réponse construite et étayée. Il s'agit de donner votre conception du terme coéducation puisque cette notion n'est détaillée dans aucun des trois textes. Il vous revient donc de construire votre réponse uniquement à partir de vos connaissances.

Il semble cohérent de d'abord définir la notion d'éducation, puis d'expliquer en quoi parents et école sont liée en terme d'éducation par une logique qui doit dépasser celle d'un simple partenariat pour ensuite comme y invite la question cerner autour de quoi se construit la coéducation (« à propos de quoi ») et donner quelques piste de modalités de fonctionnement pour mettre en pratique cette notion (« comment »).

▸ Exposé du candidat

Remarque L'exposé qui suit est très détaillé et complet. Il est évident que vous ne pourrez en faire autant le jour du concours. Il faudrait que figurent les idées principales et que vous parveniez à bien faire « dialoguer » les éléments issus des textes et vos apports personnels.

[Introduction] [Commencez par une « accroche ». Ici nous convions des éléments d'histoire de l'école. Mais on pourrait aussi partir de ce que le Code de l'éducation précise ou de la loi d'orientation 2013.]

Durant des siècles l'école était un sanctuaire excluant les parents voire s'en défiant, cherchant à corriger les influences néfastes des familles en termes d'éducation. Les rapports entre famille et école étaient caractérisés par l'exclusion et la soumission des parents, du moins ceux des couches sociales défavorisées. Depuis les trente dernières années, les différents textes officiels, les discours des responsables politiques marquent l'ouverture de l'école aux parents, le renforcement de leur présence et de leur droit et promeuvent une logique de partenariat et de coéducation.

[Une démarche élégante consiste à « problématiser » les questions posées c'est-à-dire à tenter d'en faire apparaître la logique et la progressivité puis d'annoncer la logique de votre exposé en faisant référence aux questions posées.]

Comment se caractérise cette ouverture aux parents ? Comment sont-ils intégrés dans l'école actuelle et peuvent-ils tenir leur rôle de partenaires ?

Il convient dans un premier temps de dresser un état des lieux en envisageant la place que l'école primaire fait aux parents d'élèves. J'utiliserai principalement les deux premiers textes, textes institutionnels (l'un extrait d'un circulaire l'autre d'un site) qui permettent de dresser un panorama assez complet et de répondre à cette première question. J'y apporterai quelques éléments personnels complémentaires.

On ne peut gommer facilement des siècles de défiances mutuelles. Aussi des difficultés perdurent. Une seconde question amène à se pencher sur les problèmes et à cerner comment peuvent se manifester les difficultés entre les parents d'élèves et l'école. Le troisième texte servira de base pour brosser un panorama non exhaustif des tensions entre l'école et les familles. Ce texte étant très structuré, j'ai décidé d'en reprendre linéairement les idées essentielles commentées par mes soins puis complétées.

Enfin, il s'agira d'envisager des remédiations en développant la notion de coéducation et en pointant à propos de quoi et comment parents et enseignants peuvent collaborer pour construire une telle « coéducation » pour l'enfant. Je ferai appel à mes connaissances pour tenter de conceptualiser la coéducation, puis j'essayerai de proposer quelques principes illustrés pour comprendre sur quoi elle peut porter et comment elle peut prendre corps.

[Réponse à la première question : la place que l'école primaire fait aux parents d'élèves]

Je vais aborder la première question : la place que l'école primaire fait aux parents d'élèves. En lien avec l'approche historique opérée en introduction, je vais aller dans l'ordre chronologique des droits acquis par les parents.

En premier lieu, les parents jouissent d'un droit d'information et d'expression.

[Un complément personnel qui ne figure pas dans les documents. Tant qu'à faire, démontrez que vous êtes au fait de l'actualité et des mesures récentes (ex : charte laïcité)]

Cela passe par la distribution des documents émanant des associations aux parents d'élèves, la transmission des documents institutionnels (je pense par exemple à la diffusion du règlement intérieur, au fait de porter à la connaissance des parents la nouvelle charte de la laïcité...). Les modalités sont l'affichage et la distribution des documents. L'équipe éducative et surtout le directeur doivent répondre aux questions des parents et leur apporter tous les éclairages utiles.

[Revenir au document 1 en reprenant les informations tout en veillant à ne pas le paraphraser mais en les reformulant avec vos propres phrases. Vous pouvez néanmoins faire usage de citations mais pensez à personnaliser d'exemples vécus pour montrer que vous êtes capable de resituer les « injonctions » d'une circulaire dans le quotidien de l'école.]

Le premier texte pointe surtout l'accès des parents « aux informations nécessaires au suivi de la scolarité de leurs enfants » tant en ce qui concerne les résultats que le comportement. Il pointe le rôle central du directeur. Il fait référence « *au livret scolaire dans le premier degré* ». J'ai pu me rendre compte dans différentes écoles de l'importance de cet outil de liaison entre l'enseignant et la famille mais je dirai aussi entre les enseignants eux-mêmes.

[N'hésitez pas à faire part de votre connaissance de l'actualité de l'éducation et des évolutions par rapport à la date de publication d'un texte.]

Je tiens à rappeler que depuis la rédaction de cette circulaire, les livrets scolaires ont évolué. Alors qu'ils pouvaient différer dans leurs formats d'une école à l'autre, depuis la rentrée doivent être utilisés des modèles uniques et ceci dans toutes les écoles et collèges de France d'où le terme de livret scolaire unique (LSU). Ces livrets sont mise en ligne et compléter par les enseignants. Ils intègrent l'évaluation du socle commun. Cette volonté d'harmoniser les livrets marque le souci d'une plus grande lisibilité et de la continuité école-collège.

[Passez ensuite à l'outil de communication qu'est le carnet de correspondance. Même démarche : vous partez du texte et vous agrémentez de vos connaissances et expériences personnelles.]

Un second outil d'information est mis en exergue : le carnet de correspondance ou carnet de liaison.

C'est un outil d'information mutuelle. Peuvent ainsi y figurer le calendrier scolaire, le rappel de l'obligation scolaire, le règlement intérieur, les dates des réunions et des moments importants, les précisions sur la demi-pension, les études, les personnes autorisées à récupérer l'enfant, les informations importante (PAI...), un volet concernant les absences.

[La transition pour amener le second axe]

Le carnet de liaison est certes un outil d'information mais il permet aussi une communication, des échanges entre les parents et la communauté enseignante. C'est un outil d'échanges indirect. J'en viens logiquement à mon second axe : le dialogue entre les parents et l'école.

L'objet de ce carnet de liaison est bien d'assurer une liaison permanente entre l'école et la famille et de faciliter les relations entre les partenaires.

La circulaire fait aussi référence aux outils numériques de communication et mentionne l'usage des SMS, d'Internet.

[Quelques apports personnels pour compléter]

L'ENT n'est pas mentionné mais cela me semble un outil intéressant pour informer les parents. Cet outil est d'ailleurs couramment utilisé dans le secondaire mais ne l'est pas encore trop dans le primaire.

[Puis un retour sur les informations émanant des textes complétées par vos connaissances]

Quelle que soit l'utilité de ces outils, ils ne remplaceront jamais le contact direct et la nécessité de communiquer directement de vive voix. L'école doit mettre en œuvre une politique d'accueil des parents qui passe, d'après la circulaire, par des réunions collectives mais aussi des entrevues individualisées. Il est précisé que « *les demandes individuelles d'information ou d'entrevue devront recevoir une réponse* » et que « *les parents seront également invités à répondre aux demandes de l'équipe éducative* ». Bref, la réciprocité doit fonctionner. J'ajoute qu'un enseignant ne convoque pas des parents mais les invite à le rencontrer : il n'est pas leur supérieur hiérarchique et n'a pas fonction d'autorité sur eux, j'y reviendrai dans la troisième partie de mon exposé. Quant aux réunions collectives, elles doivent être planifiées, avoir un ordre du jour et les parents doivent en être informés à temps. J'ai pu me rendre compte de l'importance de la réunion de rentrée, des fortes attentes mais aussi des enjeux de cette première rencontre avec l'enseignant qui peut cristalliser des tensions ou au contraire les apaiser. Mettre en place des modalités de rencontre qui puissent allier information et convivialité peut permettre de dédramatiser. Ainsi, dans une des écoles où je suis allé, j'ai découvert un « espace parents » dans l'école, comportant table, chaise, une petite bibliothèque avec des livres, des revues, des fichiers pratiques. Des ateliers préparatoires aux réunions institutionnelles étaient régulièrement organisés par des parents d'élèves et des enseignants volontaires. Ils fonctionnaient de manière très détendue plus comme des « foires aux questions » et des lieux de discussions sans que le statut des participants ne fasse obstacle.

[Une transition pour amener le troisième axe]

Ces ateliers permettaient à tout parent de trouver une place à l'école et y être intégrés. Car, et c'est le troisième point, en sus d'être informés et de dialoguer avec les enseignant les parents sont amené à participer à la vie de l'école.

En préambule, je souhaite rappeler que les parents sont membres à part entière de la communauté éducative. À ce titre, les deux premiers documents insistent sur leur pleine et entière participation institutionnelle à la vie de l'école. Le second texte précise le principe de représentation indirecte, c'est-à-dire *via* des élus au fonctionnement scolaire.

[Reprenez des éléments de la fiche 11 et essayez de formuler avec vos mots ce qui figure dans les deux textes, notamment le second. Panachez entre éléments prélevés dans les documents et précisions personnelles démontrant que vous pouvez étayer vos propos par vos propres connaissances.]

Les parents jouissent d'un droit de participation par leurs représentants, membres ou non d'une association, élus ou désignés pour siéger dans les instances des écoles. Le second texte qui s'adresse directement à chaque parent, rappelle que le principe de la participation des parents aux différentes instances consultatives repose sur le dépôt de listes de parents, suivies d'élections. Ces listes peuvent être présentées par des associations de parents d'élèves affiliées à une fédération comme la FCPE ou la PEP ou à une union nationale de parents d'élèves, par des associations locales de parents d'élèves déclarées en préfecture, par des parents d'élèves qui ne se sont pas constitués en association. Le texte précise le rôle des élus parents : ils sont les représentants des parents, ils « *participent au bon fonctionnement de l'école et font valoir le point de vue des familles* », ils assurent « *un lien entre l'équipe éducative* ». Les deux textes insistent sur l'importance du conseil d'école dans la mise en œuvre de la politique éducative de l'école notamment dans l'adoption du projet d'école. J'ajoute que la participation des parents doit dépasser une simple présence formelle et qu'il est important que l'avis des familles *via* leurs élus, notamment dans la conception et la mise en œuvre de ce projet d'école, soit réellement pris en compte.

[Et enfin, développer une forme de participation moins institutionnelle à laquelle les textes ne font pas référence.]

Les textes ne mentionnent pas du tout une autre dimension qu'institutionnelle que peut prendre la participation des parents : la participation à la vie que je qualifierai de quotidienne, d'ordinaire de l'école. Les parents peuvent accompagner des sorties ou des déplacements, aider lors de la fête scolaire par exemple. Ces formes d'implication me semble relever plus de l'utilisation de forces vives que d'une réelle intégration des parents à la vie scolaire. Tel n'est plus le cas lorsqu'ils sont sollicités comme intervenants en classe à condition toutefois de respecter les règles liées aux intervenants. Une maman scientifique pourra prendre en charge tout ou partie d'une séquence d'investigation en sciences, un papa artiste pourra contribuer à des projets artistiques. Je pense aussi à des plus conviviaux comme la mise en place d'une soirée buffet du Monde avec des plats et des chants traditionnels, des ateliers de calligraphie où des parents initient à la calligraphie arabe, chinoise.

[Une rapide transition pour amener la deuxième partie]

Même si de nombreux exemples témoignent de ces relations fructueuses entre parents et enseignants, il ne faut pas occulter le fait qu'elles peuvent rester difficiles et tendues.

[Réponse à la deuxième question]

Dans la seconde question, il m'est demandé d'expliciter comment peuvent se manifester les difficultés entre les parents d'élèves et l'école. Il m'est bien évidemment impossible de livrer une réponse exhaustive. J'ai plutôt opté pour reprendre la thèse proposée par le texte 3 que je compléterai par des éléments issus de mes lectures et de mes observations en classe avant d'aborder quelques notions supplémentaires.

[Pour éviter une paraphrase du texte, il s'agit non pas de simplement le citer mais d'en faire une réelle analyse, c'est-à-dire de bien démontrer que vous avez compris ce qu'il révèle. Il faut pour cela convier vos connaissances personnelles.]

Le texte fait apparaître une tension entre le statut d'usager et celui de partenaire. Être usager, c'est être parent d'un enfant en particulier qu'il s'agit de faire réussir avant tout (et je pourrais dire contre tous) sans trop se préoccuper des autres. C'est le versant consumériste de l'école qui peut s'opposer à celui de communauté éducative. Il n'est pas facile pour un parent de trouver son équilibre entre ces deux pôles, l'individuel et le collectif. On constate que, bien sûr, les parents adhèrent aux valeurs d'égalité des chances, de traitement équitable, de lutte contre les inégalités sociales mais que dès qu'on aborde le cas de leur propre enfant ils voudraient quand même qu'on s'occupe un peu plus de lui et qu'on le fasse sortir du lot. Et ils peuvent faire grief à l'enseignant de s'occuper trop des autres au détriment de leur enfant.

[Reprenez des éléments qui vous permettent de prendre un peu de hauteur (fiche 11).]

La massification de la scolarisation et l'importance du diplôme font que l'école pèse de plus en plus dans le destin des jeunes et leur vie d'adulte. Un changement radical s'est opéré : désormais l'insertion sociale et professionnelle du jeune dépend en grande partie de son niveau scolaire. L'avenir de la lignée se joue à l'école et n'est plus quasi-automatique comme par le passé. Ceci a accru l'interdépendance famille-école. Les parents développent des stratégies pour aider à la réussite et vivent la scolarité comme une compétition dont ils essayent de sortir les mieux placés. Cela a accru les tensions et les exigences des familles vis-à-vis de l'école. Elles sont tiraillées entre les valeurs communes à défendre et leurs exigences personnelles et parfois ne saisissent pas que les enseignants dans tel ou tel acte essayent simplement de mettre tous les enfants à pied d'égalité. J'ai ainsi pu constater, lors d'un conseil d'école auquel j'ai assisté, qu'un parent veillait systématiquement à ne pas aborder le cas particulier de ses enfants alors qu'un autre passait tout au crible de sa situation personnelle et avait du mal à se décentrer.

[Cet éclairage démontrant votre capacité à compléter les propos du texte et par là même votre culture du monde scolaire, revenez au texte. Encore et toujours la même logique : vous partez du texte et vous complétez en vous positionnant et en utilisant autant que faire se peut des exemples concrets.]

Qui plus est, les auteurs de l'article déplorent que la relation école-famille soit trop à sens unique, de l'école vers la famille, teintée d'incompréhension et de difficultés de communication. L'école focalise sur le versant « éducation » et échange peu sur le volet « instruction » et pédagogie. Les auteurs expliquent ainsi que les écoles étudiées sont « *réticentes à partager les informations sur les autres aspects fondamentaux de la scolarisation tels que les programmes, les pratiques de travail ou le curriculum* ». Or, à mon sens, il est important pour un enseignant d'expliquer ses choix pédagogiques, ne serait-ce que pour éviter qu'à la maison, les parents mettent en œuvre des actions qui brouillent les activités scolaires. Je peux prendre pour exemple ce qu'une enseignante de CP me relatait. Alors qu'elle avait pensé une progression d'apprentissage de la lecture notamment d'indentification des phonèmes, certains parents faisaient travailler à la maison les enfants dans une toute autre logique et progression, ce qui les perturbait plus que cela ne les aidait. Peut-être que si la communication avait été plus efficace en termes de pratiques pédagogiques, cette situation auraient pu être évitée.

La recherche réalisée fait aussi apparaitre de « *nombreux décalages entre les perceptions des parents et celles des enseignants* ». L'exemple des élèves en difficulté est abordé. Alors que les enseignants envisagent les solutions possibles, les parents ressentent la situation comme une stigmatisation de l'enfant. Parents et enfants vivent difficilement ce qu'ils ressentent comme un échec.

J'ai jusqu'à présent envisagé certaines difficultés entre l'école et les parents comme s'il existait un modèle type de parents. Or ceux-ci sont différents. Le texte 3 tente de dresser une typologie des familles : les indifférents ne s'intéressent pas à ce qui se passe à l'école, celles de « *bonne volonté mais impuissantes* » veulent bien faire mais n'ont pas les clés du monde scolaire, celles qui « *ne savent pas comment faire* » essayent de mettre en application les conseils sans succès, enfin « *les familiers de l'éducation* » qui comprenant comment ça se passe à l'école savent aider l'enfant efficacement. Les auteurs critiquent ensuite les conseils prodigués aux parents par les enseignant jugés trop « *abstraits et généraux* », pas assez explicites. Conséquences : seules les familles familières les comprennent. Les familles de « *bonne volonté mais impuissantes* » ou qui « *ne savent pas comment faire* » ne sont pas plus avancées dans ce qu'il leur faudrait faire.

[Il faut que vous démontriez que savez convier des références théoriques sans pour autant vouloir trop les développer et les hypertrophier. Ici, il s'agit de montrer dans quel champ sociologique de référence s'inscrivent les auteurs.]

À la lecture des propos de ces auteurs, j'ai vu une référence explicite aux théories de la reproduction de Bourdieu. L'école telle qu'elle fonctionne favoriserait les enfants issus des familles de niveau socioculturel élevé et permettrait en quelque sorte une reproduction des élites. Le texte indique que les familles « *qui ne parlent pas la même langue que l'école* », c'est-à-dire qui ont des références linguistiques, culturelles, et même de fonctionnement différentes, bref un habitus trop éloigné de celui de l'école ne comprennent pas ce que veulent leur dire les enseignants et « *gardent une distance incomprise par les enseignants* ». On est en quelque sorte dans un dialogue de sourd : certains parents restent étrangers à l'école, ne comprenant pas les messages des enseignants et ceux-ci les croient démissionnaires.

[Enfin, pour clore cette partie, quelques ajouts personnels qui pourraient être « sautés » en cas d'exposé déjà trop long.]

D'après les lectures que j'ai opérées, les études menées auprès des familles font apparaître que les enseignants jouissent globalement d'une bonne image de marque. Les opinions sur l'Institution elle-même sont un peu moins favorables tout en restant tout à fait honorables. Les familles reconnaissent souvent le travail des enseignants. Mais elles les jugent aussi privilégiés, détachés des réalités du monde et inaccessibles. Elles n'acceptent pas que les incompétents soient irrévocables. Elles leurs reprochent de ne pas assez préparer leurs enfants à la vie active. Enfin, dans la logique de ce que j'ai dit précédemment, les familles des classes aisées ou moyennes trouvent qu'ils ne leurs rendent pas assez de comptes et revendiquent leur compétence éducative, alors que celles des classes modestes s'estiment oubliées.

J'ajoute que si cette étude pointe différents profils de parents, il serait utile de cerner les différents profils d'enseignants. Entre ceux qui sont indifférents aux différences et ceux qui s'engagent résolument dans la différenciation pédagogique, il doit me semble-t-il y avoir des différences de rapport aux parents.

[Bilan et transition]

Au final, il apparaît que l'école et les parents, du moins certains parents, ont encore du mal à trouver un mode de communication efficace, à tendre vers un objectif commun, à se faire confiance mutuellement. Les enseignants ont encore souvent du mal à sortir du groupe « classe » et accepter le regard de l'adulte sur leurs pratiques et le contrôle démocratique des parents. Ils doivent davantage tenir compte de l'hétérogénéité des familles. Les parents de leur côté ont du mal à se décentrer et admettre que le maître ne considère pas seulement les intérêts particuliers de leur propre enfant. Ils doivent aussi comprendre que l'enseignant interfère sur les valeurs éducatives.

J'en arrive logiquement à la troisième partie de l'exposé.

[Réponse à la troisième question]

[Au préalable, définir les termes : commencer par définir « éduquer » puis « coéduquer »]

Coéduquer veut dire littéralement éduquer ensemble. Il me semble qu'il faille envisager le terme éduquer dans son sens le plus large à savoir l'action exercée par les générations adultes sur celles qui ne sont pas encore mûres pour la vie sociale en vue de développer des connaissances, capacités et attitudes nécessaire à l'intégration dans la société. Éduquer, c'est permettre à l'enfant d'apprendre à devenir homme et d'accéder progressivement à la culture. Dans cette logique, parents et enseignants sont aussi des co-instructeurs. Plusieurs institutions concourent à la socialisation, les deux principales étant la famille et l'école. L'idée est que chaque structure éducative (famille, école) a ses caractères propres, qu'aucune n'est suffisante à elle seule pour un individu et surtout qu'elle n'entre pas en concurrence avec l'autre.

[À propos de quoi ?]

Dans cette logique, coéduquer c'est travailler ensemble à propos de tout ce qui touche à l'éducation. C'est développer un co-projet d'éducation. C'est travailler ensemble à définir une politique de l'école, c'est chacun selon ses prérogatives et ses compétences concourir à inculquer des valeurs communes à développer des apprentissages. C'est décider ensemble de stratégies à la suite de l'évaluation d'un élève, c'est prendre ensemble des décisions qui engagent l'avenir de l'enfant.

[Faire le lien avec la question précédente, contextualiser et prendre de la hauteur.]

J'ai pointé dans la question précédente que l'école a pris de plus en plus d'importance dans le destin d'un jeune et son insertion sociale et professionnelle, le diplôme étant devenu le sésame pour entrer dans la vie active. Cela ne fait pas si longtemps que les mondes de la famille et de l'école sont si intimement liés. Il faut donc parvenir à construire une relation fondée sur la confiance et le respect mutuel. On sait par ailleurs que les discours tenus par les familles sur l'école, leur rapport à l'école et au savoir, sont fondamentaux.

[Comment ? Quelques pistes, quelques principes. Cette partie pourrait être écourtée si vous vous rendez compte que vous avez presque épuisé le temps de l'exposé.]

L'école et la famille sont donc complémentaires et se doivent de s'engager dans une forme de collaboration qui privilégie l'expérience collective. Les deux partenaires doivent chacun faire des efforts pour dépasser ressentiments et tensions en étant animés par un but commun : la réussite de l'enfant. La relation parents-enseignants doit être centrée sur l'enfant-élève. En insistant sur le fait que les parents sont membres à part entière de la communauté éducative, des partenaires reconnus et écoutés, la circulaire pointe l'importance d'une relation de qualité pour la réussite des élèves.

Une coéducation réussie doit viser la complémentarité entre les différents acteurs de l'éducation au bénéfice des enfants. Et complémentarité ne veut pas dire devoir avoir obligatoirement les mêmes fonctionnements et faire faire à l'enfant les mêmes choses dans la sphère scolaire et la sphère familiale. C'est plutôt envisager sereinement une répartition des tâches. En cela, il me semble important que l'apprentissage à la maison, car un enfant apprend aussi chez lui, ne soit pas une répétition du travail scolaire.

L'école n'a pas à juger ce qui se passe à la maison mais à rendre ses missions et son fonctionnement lisibles et explicites notamment aux parents qui en maîtrisent mal les normes, les codes. Les attentes, les convictions, les valeurs, les craintes, les questions des parents doivent être écoutées. Il n'existe pas de coéducation si, *a priori*, la famille est déniée dans ses fonctions et réduite à ses incapacités comme les auteurs du troisième texte le déplorent.

Les parents doivent de leur côté accepter que l'expertise pédagogique soit assurée par l'enseignant qui est formé à cela, ce qui ne le dédouane pas d'expliquer ses pratiques.

La coéducation nécessite donc une présence des parents et de l'équipe enseignante, un dialogue, et suppose d'emblée une clarification des rôles respectifs des acteurs, afin d'éviter tout malentendu. La coéducation passe par la restauration du sentiment de responsabilité éducative partagée. Sans ce travail d'écoute exempt de déni réciproque des rôles, aucune médiation n'est possible.

Pour moi, coéduquer ne veut pas dire gommer toutes les tensions et passer sous silence les problèmes. Il y en aura toujours. Mais il faut tout faire, si explications il doit y avoir, pour qu'elle se fasse directement entre les partenaires sans prendre l'enfant en otage. L'enfant ne doit pas être, comme je l'ai parfois constaté, le médiateur du malentendu entre parents et école. Si les deux partenaires ont des choses à se dire, qu'ils le fassent directement en échangeant par écrit ou en se rencontrant dans la franchise. Ce n'est pas du tout la même chose de demander à un enfant de remettre un courrier à un enseignant (ou vice versa) que de lui dire « tu diras à ton enseignant que » ou « tu diras à tes parents qu'ils ne doivent plus ». Cela suppose, comme je l'ai déjà dit, des liens de confiance.

[Conclusion]

[Commencer par le résumé des idées principales développées dans l'exposé.]

L'école qui a, de longs siècles durant, exclu les parents, leur assure, depuis quelques décennies, une place institutionnalisée. Les parents sont désormais considérés comme membres à part entière de la communauté éducative. Une logique de partenariat tend à se mettre en place. Cependant, des tensions demeurent. On présente souvent les rapports entre parents et école comme encore difficiles. La nature des difficultés est la rivalité entre parents et école au sujet de l'enfant, les enjeux de pouvoir sur l'enfant. L'objet des difficultés est le contrôle par les parents qui veulent vérifier ce qui se passe à l'école, et un relatif refus de la part des enseignants de ce contrôle et du jugement porté. Les conséquences sont de la méfiance, des tensions, des conflits... Car il n'est pas facile à chacun des deux partenaires de cibler ses prérogatives pédagogiques et éducatives, et la tentation de rejeter systématiquement la responsabilité sur l'autre en cas de problème de parcours d'un enfant est forte. La coopération souhaitée par les institutions n'est pas encore devenue pratique aisée et les relations ne sont pas encore apaisées et restent encore teintées de défiance. Et pourtant, seule une coéducation effective et apaisée est garante de la sérénité des apprentissages et d'une socialisation facilitée. La relation parents-enseignants doit être centrée sur l'enfant-élève.

[Puis opérer une ouverture (même brève).]

J'ajoute que la coéducation dépasse le cadre parents-école et associe également d'autres types d'acteurs, notamment les élus. C'est d'ailleurs ce qui est mis en avant dans un nouveau dispositif de la loi d'orientation 2013, avec la mise en place des projets éducatifs territoriaux (PEDT).

[N'en dites pas plus. Il faut savoir ne pas tout expliquer ou définir dans un exposé pour « tendre des perches » au jury qui s'en emparera... ou non !]

3 Entretien

Nous vous proposons un entretien fictif possible entre les membres du jury et le(la) candidat(e). Il est bien entendu que dans le cadre du concours, d'autres directions pourraient être choisies. Le contenu de l'exposé et des réponses lors de l'entretien détermine largement l'enchaînement des questions.

Questions susceptibles d'être posées par le jury et éléments de réponse

▸ Je reviens à l'école qui selon vous s'est ouverte. Peut-on dire que l'école s'est démocratisée ?

Si par démocratiser, on entend permettre à un plus grand nombre de fréquenter l'école, il y a eu indéniablement démocratisation. Mais beaucoup de sociologues préfèrent le terme de massification de la scolarisation. Si on envisage l'égalisation des chances, le bilan est beaucoup plus mitigé. Toutes les études sociologiques démontrent les maintiens des inégalités. Les enfants de milieux socio-économiques défavorisés continuent à moins bien réussir à l'école.

▸ Comment expliquer l'impact si important des facteurs sociaux ?

On peut pointer ce qu'on désigne par le « handicap » socioculturel dont pâtiraient les enfants issus de milieux défavorisés. Il y aurait en quelque sorte des déficiences, des manques du milieu familial. L'échec est imputable à des carences éducatives, des manques culturels ou linguistiques de son milieu de vie. Cette approche rejette en quelque sorte l'explication sur ce qui manque dans la famille. D'autres s'inspirent des théories de la reproduction de Bourdieu et pointent que l'école a une part de responsabilité de par sa nature sélective et reproductive. Elle fabrique de la réussite et de l'échec. En mon sens, ces deux approches, loin de s'opposer, se complètent et quoi qu'il en soit, cela revient à pointer l'inefficacité de l'école pour compenser ces inégalités.

▸ Vous avez fait référence à la théorie de la reproduction. Pouvez-vous nous la résumer en quelques mots et nous dire ce que vous en pensez ?

Je vais essayer de faire court pour un concept complexe. Selon Bourdieu, notre habitus, c'est-à-dire nos manières d'être, de faire, de penser, est fortement dépendant de la position sociale. L'idée est que l'école promeut la culture, les valeurs et l'habitus des classes sociales aisées. Dès lors, la culture et les codes scolaires ne sont pas neutres puisqu'ils s'intègrent plus facilement à l'habitus des enfants de milieux favorisés. Logiquement, ces derniers, pour qui l'école est implicitement facile à comprendre, ne s'y sentent pas dépaysés, s'y adaptent facilement et y réussissent mieux. Au contraire, les autres enfants issus des familles qui n'ont pas les codes et le capital culturel proches de ceux de l'école y sont moins à l'aise et y réussissent moins.

Je pense que cette théorie est très éclairante, toujours d'actualité, et fait réfléchir. L'enjeu pour un enseignant est en quelque sorte de la faire mentir et de tout mettre en œuvre pour faire réussir tous les élèves. Par contre je pense qu'elle ne tient pas assez compte des variables éducatives et de ce qui se passe dans l'école.

▸ Pouvez-vous indiquer quelques-unes de ces variables éducatives ?

Les choix de l'école en termes de politique éducative peuvent jouer. Ainsi une école qui constate des difficultés d'accès aux livres de certaines familles peut construire un projet d'école axé sur ce problème. Je pense aussi à la qualité des aides à destination des élèves en difficulté et à l'implication de l'équipe éducative. Il s'agit aussi de créer un contexte pour stimuler les enfants de milieux défavorisés. Et là intervient l'effet maître ou Pygmalion, c'est-à-dire l'impact d'un maître sur les progrès d'un élève indépendamment de son niveau initial et social. Il a été prouvé que l'action du maître peut être aussi déterminante dans la réussite scolaire que l'origine sociale. Les représentations du maître sur l'élève et ses capacités, les attentes et les espoirs portés en lui par le maître jouent sur sa réussite et cela surtout chez les élèves moyens. Les études montrent que les enseignants, sans s'en rendre compte, restent prisonniers de stéréotypes. Les filles sont moins douées en mathématiques, plus scolaires, moins inventives que les garçons. À niveaux strictement équivalents évalués par des tests, les enfants d'ouvriers jouissent d'un *a priori* plus défavorable sur leurs capacités que les enfants de cadres. Si on affirme constamment à un élève qu'il peut réussir, il prend confiance et va effectivement avoir une plus grande chance de réussir (effet de motivation). À l'inverse, un élève que l'on rabaisse constamment aura un sentiment négatif de lui-même et sera davantage voué à l'échec.

▸ Revenons-en aux parents. Vous avez indiqué dans votre exposé une initiative d'espace dédié aux parents. Auriez-vous d'autres exemples d'actions à l'école à destination des familles ?

[À construire en fonction de votre vécu, de vos observations. Vous pouvez reprendre les exemples de la fiche 11. N'hésitez pas à personnaliser votre réponse.]

▸ Vous mentionnez l'idée d'un contrôle démocratique de la part des parents. Pouvez-vous développer ceci ?

L'idée est que les parents soient informés de ce qui se joue et se fait à l'école pour qu'ils puissent le cas échéants réagir face à des dérives et demander à ce que certaines choses soient rectifiées.

▸ Ne risque-t-on pas que cela tourne au pugilat ?

Il y a des risques, effectivement, d'où l'impérieuse nécessité d'un encadrement par les parents élus qui sont plus au fait des textes et la nécessité que les parents soient plus informés. Mais il me semble légitime, si on envisage une réelle coéducation, que chacun des partenaires puisse intervenir si le contrat n'est pas respecté par l'autre.

▸ Soyez-plus clair. Indiquez-nous trois exemples de demandes légitimes de la part de parents et trois exemples où les demandes ne le sont pas.

Il est légitime que des parents d'élèves demandent pourquoi les enfants n'ont pas eu de sciences alors que les programmes le prévoient, qu'ils demandent à un enseignant de leur expliquer les attendus d'une évaluation ou même de leur expliquer le choix d'une méthode de lecture ou d'un manuel scolaire. Par contre, ils ne peuvent exiger qu'il utilise tel autre manuel, qu'il change de méthode, qu'il aborde tel chapitre avant tel autre. Bref, il est légitime qu'ils soient informés et que l'enseignant leur explique les choses, mais pas d'exiger qu'il modifie sa pédagogie.

[Si l'opportunité se présente, l'entretien peu aussi partir sur une situation pédagogique concrète, comme par exemple l'apprentissage de la lecture.]

▸ Un enseignant est-il totalement libre par rapport au choix de la méthode de lecture ?

Les programmes mettent en avant sa liberté pédagogique. Hormis les méthodes proscrites, il est libre de ses choix.

▸ Et quelles méthodes sont proscrites ?

Les méthodes idéo-visuelle et globale. À part cela, les programmes se prononcent clairement pour les méthodes fassent une part importante aux apprentissages liés à l'identification des mots et à l'apprentissage du code sans pour autant négliger les autres dimensions ; acculturation et construction du sens.

▸ Décrivez-nous très brièvement la méthode globale.

Elle consiste, au lieu de partir des sons et des lettres pour arriver aux phrases de faire l'inverse. On part du plus petit élément signifiant, la phrase pour arriver à un tout.

▸ Les manuels scolaires sont un outil pour l'entrée dans la lecture. En voyez-vous d'autres ?

Les écrits fonctionnels (recette, protocole expérimental, fiche de construction...), les albums, la littérature de jeunesse...

▸ L'enseignant est-il obligé d'utiliser un manuel pour l'apprentissage de la lecture ?

Non, alors que cela était fortement suggéré par les programmes 2008 ce n'est plus le cas avec les programmes 2015.

▸ Et vous, que pensez-vous des manuels scolaires ?

[A développer selon vos idées.

Arguments positifs : conçus par une équipe au courant des exigences des programmes avec des spécialistes qui fédèrent leurs compétences.

Arguments négatifs : uniformisation (toutes les pages sont conçues selon le même modèle), ennui, nivellement à l'élève type, difficile de différencier de travail, manque d'originalité...]

▸ Que pensez-vous de la littérature de jeunesse ? Quelle utilisation peut-on en faire en classe ?

[À développer selon vos idées. En voici quelques-unes. Diversité, richesse, originalité ; proposer des ouvrages en BCD à emprunter, utiliser les albums pour apprendre à lire, s'en servir comme support pour certains domaines (éducation civique, par exemple), débats littéraires, analyse du fonctionnement narratif dans le cadre d'un projet d'écriture...]

▸ Quelle peuvent être les formes de la médiation dans l'apprentissage de la lecture ?

La contrainte (à proscrire), la persuasion (encouragement, susciter les rencontres avec les livres, entretenir l'appétit de lire, suggérer des ouvrages, des passages)...

▸ Pourquoi les jeunes ne lisent-ils plus ?

La pression familiale pour faire lire s'exerce moins, les jeunes sont très sollicités par le monde audio-visuel et les jeux, ils développent d'autres moyens d'accéder à l'imaginaire, etc.

▸ Quelles sont les conditions pour qu'un enfant se lance dans la lecture ?

Il doit avoir vécu des « convivialités » autour du livre, être parvenu par sa propre réflexion à mettre à jour les fonctions de l'écrit.

▸ On pointe souvent le problème de l'illettrisme en France. Pouvez-vous développer les causes qui seraient externes à l'école ? Puis celles liées à l'école ?

On peut évoquer des problèmes de société et d'attitude des élèves : le refus du par cœur, de la mémorisation, de l'effort, l'impossibilité de se concentrer et un comportement de zapping, le recours à l'écran et à l'audio-visuel dans les loisirs. On sait aussi que l'exclusion sociale est un facteur d'illettrisme. Certains évoquent une démission des parents, une modification du rapport à l'écrit qui perd sa place sacralisée dans nos sociétés... Les choix de l'école ont aussi été contestés. On a beaucoup critiqué les méthodes de lecture. La méthode globale a été fortement décriée d'où sa mise à l'index. Sont aussi invoqués la limitation du temps consacré à la lecture à l'école, l'allégement des programmes...

▸ Certains trouvent que l'on travaille trop de matières à l'école et qu'il faudrait en revenir aux fondamentaux dont la lecture. Quelle est votre position ?

À mon sens, c'est un faux procès. On apprend aussi à lire et à écrire dans les autres domaines. Dire, écrire, lire sont des domaines transversaux... C'est à l'enseignant de multiplier les entrées pour faire pratiquer la lecture. Avoir plusieurs entrées est gage de motivation.

▸ A-t-on la même définition du « bon lecteur » en 2014 qu'au début du xxe siècle ?

Dans les années 1920, la lecture était envisagée comme un acte assez simple. Lire consistait à déchiffrer et après entraînement à savoir bien dire. Les enfants étaient rarement, au primaire, amenés à travailler seuls face à un texte. La partie compréhension était moins prégnante. Il y a eu en ce sens évolution et beaucoup pointent que le bon lecteur actuel doit savoir faire plus de choses.

▸ Et pour vous, qu'est-ce qu'un bon lecteur ?

Un lecteur autonome qui prend plaisir à la lecture.

[Après cette digression, le jury peut choisir de revenir à la thématique du dossier. Nous proposons encore quelques questions possibles, sans développer les réponses mais en indiquant des éléments de réponse pertinents.]

▸ Par rapport aux parents qui ont du mal à venir à l'école : quelle autres explications que celles données dans votre exposé peut-on trouver à ces réticences ?

Mauvais souvenirs de leur propre cursus d'élève, intimidés par l'école et les enseignants, ou parents qui estiment « à chacun son boulot… » et qu'ils n'ont pas à interférer avec l'école.

▸ On peut rencontrer ces parents notamment dans les REP. Que sont les REP ?

Réseaux d'Éducation Prioritaire. C'est un réseau regroupant un collège et les écoles de son secteur.

▸ Comment devient-on établissement REP ?

Utilisation d'un « indice social » qui prend en compte la prévalence des catégories sociales défavorisées, les zones urbaines sensibles (ZUS), le retard des élèves à l'entrée en 6e et le taux de boursiers. Cet indice détermine le classement en REP+.

▸ Quelles sont les particularités des écoles classées REP+ ?

Des écoles implantées dans des zones sociales défavorisées (chômage, revenus, accès limité à la culture…), des moyens supplémentaires mais aussi des actions pédagogiques renforcées ou innovantes et un travail en partenariat plus développé.

▸ Donner plus à ceux qui ont le moins. À quelle notion fait référence cette phrase ?

Discrimination positive.

▸ En quoi les REP relèvent-elles de cette notion de discrimination positive ?

Il y a plus d'enseignants, de moyens, moins d'élèves dans les classes, deux maîtres pour une classe. On développe une politique de projet et d'équipe plus soutenue.

▸ Connaissez-vous d'autres pays où la discrimination positive s'applique ?

Les États-Unis où cette politique est appliquée à grande échelle, notamment en faveur des minorités.

▸ Connaissez-vous d'autres exemples français où la discrimination positive s'applique ?

La scolarisation des moins de trois ans voulue et facilitée par les pouvoirs publics surtout dans les zones défavorisées urbaines ou rurales ; le recrutement à Sciences Po où un certain nombre de place sont réservées à des étudiants issus de banlieues et recrutés d'une autre manière que par le concours d'entrée classique.

▸ Que pensez-vous de la pratique de la discrimination positive ?

[À vous d'expliciter votre point de vue !]

▸ Vous citez à la fin de votre exposé les projets éducatifs territoriaux (PEDT). Expliquez-nous à quoi ça correspond.

Outil de collaboration locale qui peut rassembler, à l'initiative de la collectivité territoriale, l'ensemble des acteurs intervenant dans le domaine de l'éducation. Document contractualisé qui précise les prérogatives de chaque acteur et vise à développer des actions coordonnées et complémentaire entre le scolaire, le périscolaire et l'extrascolaire.

Ce sujet est de facture classique, calqué sur le modèle de la plupart des sujets proposés. Il aborde un thème d'actualité très porteur.

1 Sujet

1. À partir des documents, pouvez-vous établir les enjeux du numérique à l'école ?
2. L'accès et l'usage d'Internet à l'école. Qui informer ? Quels risques encourus ? Quelles mesures prendre pour organiser la vie scolaire et les conditions d'enseignement ?
3. En quoi le numérique est-il aussi un outil de communication entre les partenaires éducatifs ?

Document 1. Charte d'utilisation d'Internet, des réseaux et des services multimédias - École élémentaire Jean Gallia

PRÉAMBULE

L'école s'efforce d'offrir à ses élèves les meilleures conditions de travail, notamment avec l'outil informatique : matériel, logiciels, réseau interne et Internet. Son usage participe à la formation de l'élève ainsi qu'à l'action pédagogique des enseignants. Chaque élève dispose d'un droit d'utilisation de l'outil informatique qui suppose de la part de chacun le respect du matériel et de certaines règles de fonctionnement, précisées par le règlement intérieur. Pour le confort de tous, le respect de cette charte et du règlement intérieur est une obligation qui s'impose à chaque utilisateur.

IL EST TOUT D'ABORD RAPPELÉ LA NÉCESSITÉ DE RESPECTER LA LOI

Propriété intellectuelle : les droits des auteurs imposent qu'il soit interdit de copier, d'échanger et diffuser de la musique, des vidéos, des logiciels, des jeux vidéo ou toute autre œuvre depuis le réseau de l'établissement.

Droits de la personne : il est interdit d'utiliser le réseau informatique pour véhiculer des injures ou d'une manière générale porter atteinte à l'honneur et à la vie privée d'autrui (interdiction de diffuser de fausses informations concernant autrui et de divulguer des renseignements d'ordre personnel).

Crimes et délits : il est interdit de visionner ou de diffuser des documents à caractère raciste, xénophobe, religieux, pédophile, pornographique ou incitant à toute forme d'actes illégaux (consommation de drogue, apologie de crimes...).

II EST ENSUITE CONVENU CE QUI SUIT

1. Les élèves ont accès aux services informatiques suivants

- **Services informatiques**
  - Utilisation des imprimantes : selon les modalités adoptées par l'école.

- Utilisation de disquettes : pour des raisons de sécurité, l'utilisation de disquettes dont la provenance est extérieure à l'établissement est interdite.
- Utilisation du scanner : selon les modalités adoptées par l'école.
- Copie de programmes : la copie et l'installation de programme sont interdites (droits d'auteur - virus - fonctionnement du réseau). L'installation de nouveaux programmes est sous la responsabilité de l'administrateur du réseau.
- Utilisation de tous les logiciels mis à disposition par l'école.

• **Services Internet**

- Les élèves ont la possibilité d'accéder à Internet à des fins éducatives.
- Les boîtes aux lettres électroniques sont réservées aux usages pédagogiques.

2. Les engagements de l'établissement

- L'école s'engage à fournir aux utilisateurs tous les services proposés au paragraphe 1.

Toutefois, l'accès à l'outil informatique peut être momentanément interrompu, en particulier pour des raisons techniques ou de maintenance.

- L'école utilise des mécanismes techniques de protection pour empêcher l'utilisateur d'accéder à des informations illégales ou non destinées à un jeune public.
- L'école peut procéder à des contrôles réguliers ou occasionnels pour vérifier que le réseau est utilisé dans le respect des règles établies.

3. Les engagements de l'utilisateur

- L'utilisateur s'engage à utiliser l'outil informatique en respectant la loi et les règles évoquées ci-dessus.
- L'utilisateur s'engage par ailleurs à n'utiliser l'outil informatique que pour accéder aux services proposés à l'article 1 et en respectant les conditions d'utilisation de chacun d'entre eux.
- L'utilisateur s'engage à respecter le matériel mis à sa disposition et à n'effectuer aucune manœuvre ayant pour effet de porter atteinte au bon fonctionnement du service.

Le non-respect de l'une de ces règles entraînera des sanctions progressives.

LES SANCTIONS

- Avertissement de l'utilisateur concerné.
- Interdiction temporaire d'accès à l'outil informatique.
- Interdiction permanente d'accès à l'outil informatique.
- Sanctions disciplinaires (rapport, mesure d'exclusion,...).
- Poursuites civiles et pénales en cas d'infractions aux dispositions légales.

L'utilisateur reconnaît avoir pris connaissance de cette charte et s'engage à la respecter dans son intégralité.

Date :

Signature des parents — Signature de l'élève

Document 2. Circulaire d'orientation et de préparation de la rentrée 2013 (NOR : MENE1309444C Circulaire n° 2013-060 du 10-4-2013 MEN – DGESCO)

I.3. Faire entrer l'École dans l'ère du numérique

Dans une société où la production et la transmission des connaissances sont radicalement bouleversées par les technologies numériques, l'École doit prendre la mesure de ces transformations et accompagner tous les élèves dans l'acquisition et la maîtrise des compétences numériques. Elle doit aussi, grâce aux outils numériques, développer des pratiques pédagogiques attractives, innovantes et efficaces, offrant au système éducatif un véritable levier d'amélioration.

Le développement des formations au numérique constituera un moyen essentiel pour favoriser le déploiement des usages dans les classes ; il devra faire partie de la formation initiale et continue dispensée par les ESPE.

Pour favoriser ces évolutions, un service public du numérique éducatif est instauré afin de créer les conditions d'une action globale, concrète et durable en faveur du développement des usages par les élèves.

À moyen terme, il s'agira de mettre en place de nouveaux services numériques. À la rentrée 2013, ils concerneront les apprentissages fondamentaux et l'accompagnement personnalisé. Le développement des téléservices et la poursuite de la généralisation des espaces numériques de travail (ENT) dans les académies, en étroite collaboration avec les collectivités locales, assureront notamment une implication plus forte des parents dans le cadre des établissements.

Partenaires du service public du numérique éducatif, les collectivités devront être pleinement associées à la définition et à la mise en œuvre académique de la stratégie numérique. À cet effet, une instance de dialogue réunira dans chaque académie les acteurs départementaux et régionaux en charge du numérique.

La mise en œuvre de la stratégie numérique reposera sur la mobilisation des académies qui coordonneront leurs actions dans un projet numérique académique et créeront ainsi une dynamique auprès des écoles, des établissements et des personnels.

Document 3. Le numérique à l'école : ludique ou magistral ? 6 septembre 2013, par Rémi Thibert

J'écoutais hier une chronique de France Info intitulée « *Le numérique à l'école : un vœu pieux ?* » (le 17/20 numérique). Deux invités : Catherine Bizot (Inspectrice Générale et directrice de projet de la mise en œuvre de la stratégie numérique au ministère de l'Éducation nationale) et Romain Kachaner, enseignant de français.

Les chroniqueurs rappellent que l'Éducation nationale n'a pas franchi le pas du web 2.0, contrairement aux États-Unis où près de la moitié des classes sont équipées en tableaux numériques interactifs (TNI). Si par web 2.0 on entend la possibilité laissée à chacun de créer du contenu et d'échanger avec les autres, l'utilisation de TNI n'est pas synonyme d'usages de type web 2.0 (collectif, interactif, mutualisation, partage, etc.). De même, l'utilisation du terme « ludique », entendu dans cette rubrique comme ailleurs, pour prouver l'intérêt de tel ou tel outil (comme si une fois qu'on a dit que c'était « ludique », il n'y avait plus rien à prouver) me semble tout aussi abusive.

Heureusement, Catherine Bizot rappelle que ce n'est pas l'outil qui est important mais les modalités d'enseignement et que le numérique peut être un levier pour apprendre et enseigner autrement. C'est toute la thèse présentée dans le dossier d'actualité n° 79 de novembre 2012 (« *Pédagogie + Numérique = Apprentissages 2.0* »). Il peut, mais ce n'est pas systématique. En effet, Martin Lessard, dans un article du site Prisme pense que le numérique amplifie ce que l'on est mais qu'il n'est pas intrinsèquement un moteur de l'apprentissage.

Revenons-en quand même au TNI, largement mentionné dans cette chronique. C'est l'outil de prédilection des enseignants (pour beaucoup, le numérique se résume aux outils bureautiques, à la recherche sur internet et au couple vidéo projecteur/TNI). Une des raisons évoquées par certains, c'est que c'est l'outil qui bouscule le moins les pratiques d'enseignement existantes : il est possible d'utiliser le numérique pour continuer à faire de l'enseignement frontal. Qui parle d'usages 2.0 ?

Une étude (à paraitre bientôt) a été réalisée par l'Université de Montréal, dont le site ledevoir.com se fait l'écho, dresse un tableau sombre des TNI du fait de nombreux problèmes techniques et d'un manque de formation des enseignants. Cette étude a été menée par Thierry Karsenti (qui a déjà publié des articles sur les TNI) et se base sur une enquête auprès de 800 enseignants et plus de 10 000 élèves. La plupart du temps, le TNI ne sert que de tableau de projection. Les interactions possibles n'existent que dans une minorité des cas. Le potentiel des TNI n'est pas utilisé et la motivation qu'il suscite chez les élèves ne dure pas longtemps.

Bref, œuvrer pour le numérique à l'école n'est pas chose simple. Les questions de pédagogie, de modalités d'enseignement sont essentielles, bien plus que les outils utilisés, qu'ils soient considérés comme « ludiques » ou pas.

http://eduveille.hypotheses.org/5666

2 Corrigé de l'exposé

Travail préalable

1. Analyser le sujet

- Thème : les usages du numérique
- Trois questions sont posées : une question large sur les enjeux, puis deux questions plus ciblées (l'une sur l'usage d'Internet – aspects réglementaires, éducatifs et pédagogiques – et l'autre sur le numérique, outil d'échange et de communication au service de la communauté éducative). L'enchaînement des questions est assez logique : considérations générales autour du « pourquoi » l'école s'ouvre aux usages du numérique, un « zoom » sur un point autour du « comment » faire pratiquer, une ouverture.
- Trois textes : un texte utilisé dans une école (la charte), un texte officiel (extrait d'une circulaire : circulaire de rentrée 2013, donc texte datant de quelques années et à remettre en perspective) et un article d'un site web.

Le dossier est assez court et les documents se lisent aisément et rapidement.

2. Analyser le dossier en lien avec les questions posées et compléter par les connaissances personnelles (en couleur)

Texte 1

- Préambule : énumération de principes de base : offrir un environnement numérique riche et actualisé, rappel de l'intérêt pédagogique du numérique, rappel que des droits sont liés à des devoirs (diptyque droit/devoir) et insistance sur le respect du règlement intérieur + Rappel sur ce qu'est le règlement intérieur → **à utiliser pour les questions 1 et 2**
- Rappel à la loi : ce qui est interdit.

Remarque Est mis sur le même plan ce qui est interdit dans notre société par la loi et ce qui est interdit à de jeunes enfants en raison du lieu (laïc) et de leur âge → **à utiliser pour la question 2**

- Liste de ce qui est mis à disposition des élèves dont accès à Internet et aux messageries → **à utiliser pour la question 2**
- Engagement des éducateurs : fournir un environnement numérique sécurisé aux élèves : contrôle et protection → **à utiliser pour la question 2**
- Engagement des élèves : respecter la loi et les règles, les conditions d'utilisation et le matériel → **à utiliser pour la question 2**
- En cas d'infraction aux règles : un registre de sanctions graduées est listé (dommage qu'on n'ait pas plus d'indications sur la correspondance entre le type d'infraction et le type de sanctions) + Rappel des définitions sanctions/punition à l'école (voir fiche 19) → **à utiliser pour la question 2**

Texte 2

L'école doit prendre en compte le bouleversement sociétal que représente le numérique. Elle le doit pour deux raisons :

- éducation : accompagner la jeune génération à développer les compétences numériques → **à utiliser pour la question 1**
- se saisir des opportunités d'innovation pédagogique et de changement dans la manière d'enseigner → **à utiliser pour la question 1**

1er levier pour atteindre ces objectifs : la formation initiale dans les ESPE → **à utiliser pour la question 1**

2e levier : instauration du Service public du numérique éducatif **+ Ce que vous savez de ce service, des exemples de sites utilisables (fiche 13)** → **à utiliser pour les questions 1 et 3**

État des lieux de ce service :

- des outils disponibles dès 2013 : apprentissages fondamentaux, aide personnalisée → **à utiliser pour la question 1**, généralisation ENT (en vue de faire collaborer plus efficacement les partenaires dont les parents) **+ Ce que vous savez des usages de l'ENT au primaire et au secondaire (fiche 13)** → **à utiliser pour la question 3**
- une montée en puissance progressive de ce service **+ Plan numérique initié en 2016 pour opérationnaliser cette montée en puissance**

Rappel de l'importance du travail en partenariat (école/parents/collectivités locales) avec mise en place d'une instance de dialogue **+ Structures et instances permettant ce dialogue (conseils, réunions...)** → **à utiliser pour la question 3**

Texte 3

Réaction à une chronique sur France info qui vantait le côté « ludique » du numérique.

Constat : un retard français sur le « web.2.0 ». Zoom sur un exemple, le TNI : la France est sous-équipée **+ État de vos observations sur les équipements des écoles lors de vos stages** → **à utiliser pour la question 1**

Première nuance de l'auteur : ce n'est pas l'introduction du TNI qui induit *de facto* un usage de type web 2.0.

Citation d'une inspectrice à laquelle adhère l'auteur : « *ce n'est pas l'outil qui est important mais les modalités d'enseignement* ». L'auteur étaye ce propos par différentes études. L'idée est que c'est un leurre de penser que le numérique change *de facto* les pratiques pédagogiques. L'outil n'amène pas automatiquement à changer les pratiques et l'enseignant l'utilise dans le cadre de son modèle pédagogique dominant (ex : utilisation du TNI de manière frontale). Ce qui est donc primordial, c'est la manière dont l'enseignant s'en empare avec son bagage, son vécu, ses représentations → **à utiliser pour la question 1**

Deuxième critique implicite : ce qui compte n'est pas tant d'être un outil ludique qu'un moyen efficace d'apprentissage dont l'utilisation doit être pédagogiquement pensée → **à utiliser pour la question 1**

3. Remobiliser ses connaissances pour compléter le propos

« Brainstorming » des concepts, notions et connaissances pouvant être ajoutés. **Fiche de référence : fiche 14**

- Quelques repères historiques (radio, télévision, NTIC, TIC, plan numérique… Voir fiche 13) → **à utiliser en introduction et/ou pour la question 1**
- Les outils disponibles (voir fiche 13) → **à utiliser pour les questions 2 et 3**
- Des exemples concrets de situation d'utilisation du numérique observées ou vécues en classe → **à utiliser pour les questions 1 et 2**
- Remplacement du B2i par cadre de référence des compétences numériques élaboré en 2016 (5 domaines spécifiques, 16 compétences numériques développées de l'école élémentaire à l'université) → **à utiliser pour les questions 1 et 2**
- Informations glanées lors de vos lectures sur les jeunes et la toile (les 13-17 ans passent en moyenne 5 h/jour connectés, média qui a supplanté la télé chez les jeunes, accès dans la chambre sans contrôle parental de plus en plus précoce, 1/3 des 9-12 ans ont un compte Facebook) → **à utiliser en introduction et/ou pour les questions 1 et/ou 2**
- Faits divers utiles (harcèlement *via* réseau sociaux…) → **à utiliser en introduction et/ou pour les questions 1 et/ou 2.**
- Règles de l'usage du web, des mails (voir fiche 13) → **à utiliser pour la question 2**
- Droit d'auteur, droit à l'image (voir fiche 13) → **à utiliser pour la question 2**

4. Structurer les axes de réponse

Le texte 1 alimente surtout la réponse à la question 2. Le texte 2 (complété des deux autres) sert de point de départ pour répondre à la première question. Le texte 3 complète le texte 1 en développant un point de vue plus critique et permettra de nuancer et d'affiner le propos. Notons que les textes n'apportent que des réponses très partielles aux trois questions et qu'il est important d'étayer par des apports personnels.

- **Question 1**

La réponse s'articule autour des grands enjeux : enjeu 1, enjeu 2… Le texte, en préambule en pointe deux : enjeu éducatif et enjeu pédagogique. Ces deux axes structurent la réponse. On peut, à la lecture de la charte et en filigrane du texte 2, pointer un autre enjeu : la démocratisation de l'accès au numérique.

- **Question 2**

Il convient au préalable de déterminer les usages d'Internet en classe. La charte pointe la navigation sur la toile et l'usage du mail. Manque un élément : la création de sites web par une classe, une école. La question est très guidée et structurée en sous-questions. Dès lors, deux logiques de réponse :

- soit suivre les différentes sous-questions ;
- soit décliner chacune des pratiques successivement en veillant à chaque fois à intégrer les éléments de réponse attendus.

Dans les deux cas, un passage introductif sur les droits et devoirs peut apporter une plus-value.

- **Question 3**

La question étant plus ouverte, il s'agit d'apporter quelques exemples permettant d'étayer le propos sans avoir pour ambition d'être exhaustif. Selon le temps consacré aux questions précédentes, la troisième réponse peut servir de « variable d'ajustement » pour respecter la durée de l'exposé.

▸ Exposé du candidat

[Introduction]

[Premier exemple d'accroche : bref récapitulatif historique et de l'actualité.]

Depuis quelques décennies, les outils numériques ont fait massivement leur entrée dans le secondaire plus timidement à l'école, avec des disparités entre écoles. Les politiques volontaristes menées pour développer l'usage des technologies de l'information et de la communication portent petit à petit leurs fruits, les élèves intégrant leurs usages dans leurs pratiques ordinaires. Pourquoi est-il important de donner, comme vient de le faire le ministère de l'Éducation nationale, une nouvelle impulsion à l'usage du numérique ?

[Deuxième exemple d'accroche : l'usage du numérique par les jeunes hors école.]

Les études menées auprès des adolescents font apparaître que les 13-17 ans passent en moyenne 5 h/jour connectés, que la toile est le média qui a supplanté la télé chez les jeunes, qu'un tiers des 9-12 ans ont un compte Facebook. L'école ne peut rester indifférente et ignorer cette réalité sociale. Elle s'est emparée de la problématique des usages du numérique.

[Ces deux accroches permettent d'envisager la première question.]

Je tenterais dans un premier temps, comme cela m'est demandé de cerner les enjeux des usages du numérique à l'école et ceci à l'aide principalement du texte 2, texte de cadrage institutionnel faisant suite à la loi de Refondation de l'école et du texte 3 qui développe un point de vue critique sur l'utilisation du tableau numérique en classe.

[Puis introduire la seconde question.]

Les techniques de l'information et de la communication sont au service des disciplines et ne constituent pas une discipline mais un précieux outil. Les connaissances et les capacités exigibles pour le Cadre de référence des compétences numériques niveau 1 sont acquises lors d'activités relevant des différents champs disciplinaires. Parmi ces outils, se trouve l'usage d'Internet. C'est sur cet usage que je me focaliserai en deuxième partie notamment en m'appuyant sur la charte en usage dans une école. Qui informer ? Quels risques encourus ? Quelles mesures prendre pour organiser la vie scolaire et les conditions d'enseignement ?

[Et enfin la troisième.]

Enfin le numérique dépasse le cadre des enseignements et devient un outil sensé fluidifier et favoriser la communication entre les différents partenaires. Je verrai comment dans une troisième partie.

Il s'agit d'assurer la formation aux outils et ressources numériques, ainsi qu'une éducation renouvelée aux médias, à l'information et à l'usage responsable d'Internet et des réseaux sociaux et de permettre aux élèves de s'insérer dans la société en tant que citoyens et dans la vie professionnelle

[Première question : les enjeux]

[Un préambule pour contextualiser votre propos. Montrer que vous avez quelques références culturelles peut être intéressant avant de revenir aux textes.]

L'école s'est constamment adaptée, avec plus ou moins d'inertie d'ailleurs, aux évolutions de la société. Elle doit tenir compte des réalités sociales et d'un bouleversement de l'accès au savoir qu'induit le numérique comparable pour Michel Serres aux deux révolutions qu'ont été l'invention de l'écriture puis de l'imprimerie.

L'école n'est pas enfermée dans sa tour d'ivoire et doit être ouverte sur le monde car elle prépare les individus à s'y insérer. Elle se doit, comme cela est écrit dans la circulaire, de « *prendre la mesure de ces transformations et accompagner tous les élèves dans l'acquisition et la maîtrise des compétences numériques.* »

[1er enjeu]

[Même logique que pour le sujet 1 : alterner références aux documents et apports personnels en un « dialogue » qui enrichit le propos]

Un premier enjeu qui me semble important, même si ce n'est pas celui mis le plus en exergue, est de permettre à tous les enfants d'être au contact des outils numériques et de s'y formaliser. Le préambule de la charte de l'école Gallia indique bien que l'objectif est « *d'offrir un environnement numérique riche et actualisé* » aux élèves. Le document 3, qui développe l'exemple du TNI, pointe cependant un retard français sur le « web.2.0 » et affirme que la France est sous-équipée et il est vrai que lors de mes différents stages j'ai constaté que peu d'école étaient équipées.

Certes, les équipements des familles sont de plus en plus importants mais tous les enfants n'ont pas un égal accès au numérique à la maison. Et il ne s'agit pas uniquement de l'accès aux objets mais aussi aux différents logiciels et à la diversité de ce que les outils permettent. En étant un peu caricatural, je dirais qu'il existe trois grandes catégories de familles : celles qui ne sont pas ou très peu outillées, celles qui sont outillées mais avec un usage quasi exclusivement tourné vers le récréatif sans réelles visées éducatives, et celles outillées et développant des usages tournés vers les apprentissages et l'enrichissement culturel.

Or l'école vise à lutter contre les inégalités. L'enjeu est donc de permettre à tous les enfants notamment ceux des deux premières catégories d'accéder aux outils les plus récents, de les manipuler avec aisance et de veiller à la diversité et la richesse des utilisations possibles notamment les logiciels éducatifs.

[Conclusion partielle/transition]

Dans une société où l'école a charge de lutter contre les inégalités, elle doit favoriser l'accès à tous au numérique et surtout savoir utiliser intelligemment et avec discernement, d'où…

[2e enjeu]

Le second enjeu est d'éduquer aux usages du numérique.

Je cite le document 2 : « *l'École doit prendre la mesure de ces transformations et accompagner tous les élèves dans l'acquisition et la maîtrise des compétences numériques* ». Le verbe utilisé est « accompagner dans ». Il illustre parfaitement la mission des enseignants et leur rôle d'étayage. Cet accompagnement passe par une responsabilisation des élèves notamment grâce à des outils comme l'est la charte présentée dans le document 1. Son préambule insiste sur le diptyque droit/devoir et sur le respect du règlement intérieur.

[Faites valoir vos connaissances de l'actualité de l'éduction]

Plus globalement, les compétences numériques sont intégrées dans le nouveau Socle commun de connaissances, de compétences et de culture de 2015 notamment dans le second domaine où il est précisé qu'il faut développer les capacités à utiliser de manière pertinente et avec discernement les technologies numériques. Leur évaluation est intégrée aux nouveaux livrets scolaires universels mis en place depuis la rentrée 2016.

Je reviendrai sur l'éducation au numérique dans la seconde question.

[3e enjeu]

Un troisième enjeu transparaît clairement dans la circulaire de rentrée 2013 : il faut se saisir des opportunités d'innovation pédagogique et de changement dans la manière d'enseigner que permettent les usages du numérique. Il s'agit ainsi d'enseigner autrement pour faire apprendre autrement.

Personne ne conteste cette ambition mais Rémi Thibert tient à apporter quelques nuances. Il s'insurge sur le raccourci un peu facile consistant à penser qu'on apprend mieux parce que c'est plus ludique. Ce qui compte n'est pas tant d'être un outil ludique qu'un moyen efficace d'apprentissage dont l'utilisation doit être pédagogiquement pensée.

En prenant appui sur le TNI, il complète en précisant que ce n'est pas l'introduction du TNI qui induit automatiquement un usage de type web 2.0. Certains enseignants peuvent en faire un usage très frontal et ne l'utiliser que comme un tableau noir amélioré. Il cite une inspectrice qui rappelle que « *ce n'est pas l'outil qui est important mais les modalités d'enseignement* ». L'auteur étaye ce propos par différentes études. L'idée est que c'est un leurre de penser que le numérique change *de facto* les pratiques pédagogiques. L'outil n'amène pas automatiquement à changer les pratiques et l'enseignant l'utilise dans le cadre de son modèle pédagogique dominant. Ce qui est primordial, c'est la manière dont l'enseignant s'en empare avec son bagage, son vécu, ses représentations. Ce n'est donc qu'à travers une réflexion de nature pédagogique et didactique mais aussi l'acceptation des enseignants de bouleverser leur pratique que le numérique permettra de changer les modalités d'enseignement. La circulaire de rentrée pointe d'ailleurs qu'un des leviers pour atteindre ces objectifs réside en la formation initiale des enseignants dans les ESPE.

[Pour clore cette partie, intégrez des éléments de réflexion personnelle pour ne pas en rester à un énoncé factuel. Et il peut être élégant de montrer que vous avez perçu les enjeux sans pour autant vouloir donner de réponse. Formuler des questions bien pensées est une bonne approche qui peut le cas échant ouvrir le questionnement lors de l'entretien.]

Je pense que la pratique enseignante va subir de profondes mutations, ou du moins susciter de nombreuses questions. Comment passer de la relation duale de la transmission du savoir à une relation en trio : « outil numérique/élève/enseignant » ? Quelles conséquences sur les interactions entre les élèves et les enseignants, sur la mise en dynamique des groupes, sur l'acquisition d'autonomie des jeunes ? Doit-on repenser le modèle multiséculaire : une salle de classe/un enseignant/un groupe d'élèves ? L'enseignant sera en mon sens toujours nécessaire mais il lui faudra concevoir des dispositifs pédagogiques permettant d'apprendre autrement avec le numérique.

[Transition]

Ces questions se posent lorsqu'on introduit Internet dans une classe. C'est l'objet de la seconde question.

[Deuxième question]

L'utilisation du courrier électronique et d'Internet, dont l'usage favorise la correspondance privée, se développe dans de nombreuses écoles. Les principaux risques qui y sont liés sont les atteintes aux droits des personnes et plus particulièrement à leur vie privée.

[1. L'impérieuse nécessité de respecter la loi]

La charte présentée dans ce dossier opère ainsi un rappel à la loi. Elle précise que les flux dont le contenu est raciste, xénophobe, pédophile sont des crimes ou des délits.

[N'hésitez pas à faire valoir un point de vue critique sur un document. C'est une preuve de votre capacité à raisonner et à prendre de la hauteur.]

Par contre, il me gêne qu'elle mette sous la même rubrique les documents religieux et pornographiques. Je ne suis pas en train de dire qu'ils ont leur place à l'école. Je veux simplement dire qu'il y a une confusion entre ce qui est interdit par la loi à tous et ce qui est interdit à des mineurs à l'école. Il ne faudrait pas laisser entendre par exemple que l'échange de documents religieux est hors la loi dans un autre contexte, notamment dans la sphère privée, associative. L'échange de tels documents n'est pas illégal dans d'autres lieux que l'école mais il est prohibé à l'école laïque. Il en est de même pour les contenus pornographiques (bien entendu entre majeurs consentants). Il conviendrait de mieux faire le distinguo ou de changer la formulation.

La charte rappelle aussi le droit à la propriété intellectuelle et précise clairement que « *les droits des auteurs imposent qu'il soit interdit de copier, d'échanger et diffuser de la musique, des vidéos, des logiciels, des jeux vidéo ou toute autre œuvre depuis le réseau de l'établissement* ». Je précise que ces droits s'appliquent aux œuvres de l'esprit (une chanson, un livre...) mais aussi aux productions des élèves ou aux photographies des élèves. Comme l'élève est un mineur, c'est en l'occurrence à son représentant légal de donner l'autorisation ou non de diffusion.

La charte pointe aussi les droits de la personne en insistant sur le caractère délictueux de certains propos injurieux ou qui portent atteinte à l'honneur et à la vie privée d'autrui. Il est rappelé l'interdiction de diffuser, bien sûr, de fausses informations concernant autrui mais aussi de divulguer des renseignements d'ordre personnel. De nombreux faits divers concernant des adolescents et adolescentes et impliquant notamment les réseaux sociaux démontrent à quel point il est important que chacun s'approprie ces règles, d'où le rôle majeur de l'école pour former les jeunes à ces pratiques.

Dans cette logique, je voudrais revenir sur la dernière partie de la charte. En cas d'infraction aux règles, elle prévoit un régime de sanctions graduées. Il est dommage qu'on n'ait pas plus d'indications sur la correspondance entre le type d'infraction et le type de sanctions. Il est du devoir des enseignants de responsabiliser les élèves. La responsabilisation des jeunes fait partie du volet éducatif de l'école. Et dans ce volet éducatif figure la sanction. À mon sens, il est très pertinent d'avoir intégré ce volet à la charte. Cela permet aussi d'être explicite vis-à-vis des parents.

[2. Le passage en revue des différentes pratiques : navigation sur la toile, mails, site web]

Je vais envisager à présent les différentes pratiques.

Tout d'abord, la navigation et la recherche sur la toile.

Le risque principal est la possibilité pour les élèves d'accéder, volontairement ou involontairement, à des documents ou à des images choquantes compte tenu de leur âge. Il convient donc de prendre toutes les mesures nécessaires pour éviter ces problèmes. Citons les procédés de filtrage, le contrôle pendant que les élèves consultent, la capture de sites… La charte de l'école Gallia donne des garanties à ce sujet en précisant : « *l'école utilise des mécanismes techniques de protection pour empêcher l'utilisateur d'accéder à des informations illégales ou non destinées à un jeune public* ». Il convient aussi de responsabiliser les élèves. La charte précise qu'ils « *ont la possibilité d'accéder à Internet à des fins éducatives* ». Encore faut-il délimiter ce qui relève de l'éducatif. Je pense que le rôle de guidage ou de censure de l'enseignant est important, d'autant plus que les élèves sont jeunes. C'est à lui au départ de sélectionner des sites, d'en bloquer d'autres. Puis, progressivement, on pourra éduquer les élèves et les armer à apprendre à repérer les sites suspects et à utiliser de façon raisonnée et raisonnable le web.

En ce qui concerne l'usage des messageries, un enseignant ne peut ouvrir une boîte mail qu'à la condition d'avoir demandé une autorisation préalable à chaque parent. L'enseignant veillera à ce que les élèves ne transmettent pas leur nom, prénom, adresse… De plus, il n'a pas à avoir le code d'accès et à consulter les messages. Par contre, il est accepté qu'en classe, à dessein pédagogique, pendant que les élèves utilisent leur boîte mail, l'enseignant peut passer vérifier ce qu'ils écrivent. Il peut leur demander de lui envoyer un mail notamment avec des pièces jointes et y répondre.

La publication sur le web, le site d'école par exemple, nécessite de prendre un certain nombre de précautions. Il faut faire apparaître les informations obligatoires (nom et adresse de l'école, nom du directeur de publication, nom et adresse du fournisseur d'hébergement. Il faut aussi ne pas porter atteinte à l'honneur et à la réputation d'une personne, ne pas porter atteinte à la vie privée, comme cela a été précisé précédemment. Ainsi, toute mise en ligne d'une photographie nécessite une autorisation spécifique. Il convient de ne pas porter atteinte aux droits d'auteur. Les textes, images, sons sont susceptibles d'être des œuvres protégées et leur mise en ligne nécessite l'autorisation de leur auteur ; de même, si on met en ligne des créations d'élèves, il convient d'obtenir l'autorisation de publication des parents et d'indiquer l'auteur – prénom de l'élève uniquement – de façon à respecter le droit de paternité et ceci sans modification aucune (droit au respect de l'œuvre).

Au final, l'utilisation du web, des messageries contribuent à forger des compétences attendues dans le nouveau référentiel des compétences numériques qui s'est substitué au B2i. Je rappelle aussi que le socle commun indique que l'élève doit utiliser de façon réfléchie les outils de recherche, notamment sur Internet. Il doit apprendre à évaluer la pertinence des contenu, les risques, et à traiter les informations. Il doit apprendre un usage sûr, légal et éthique des outils.

Mais le numérique sert aussi à la communauté des adultes.

[Troisième question]

Le numérique offre aussi des outils au service de la communauté éducative.

[Reprendre les éléments de la fiche 14. Développer plus ou moins la réponse à la question 3 selon le temps qu'il vous reste.]

Le premier exemple qui me vient en tête est l'espace numérique de travail ou ENT. C'est un ensemble de services en ligne, personnalisés et sécurisés, accessibles aux élèves et aux professeurs mais aussi aux autres membres de la communauté éducative, en particulier les parents. L'ENT offre un panel de services (de gestion, de communication et de collaboration, de mise à disposition et de gestion de ressources numériques, d'administration de l'ENT) dont certains ne sont accessibles qu'à telle ou telle catégorie. Ainsi, il est possible de configurer l'ENT des différents usagers, chacun n'ayant pas accès aux mêmes rubriques. Je vais prendre l'exemple de ce qu'un enseignant m'avait montré où il disposait d'un espace collaboratif pour déposer des fiches de préparation, des outils, et échangeait avec ses collègues, où il accédait aussi à tout ce qui concernait sa carrière et son dossier administratif. Il se servait de cet ENT pour communiquer avec la personne qui le gérait administrativement.

Je sais aussi que les élèves ont des ENT personnalisés mais il me semble que pour l'instant ce sont plus les collégiens et lycéens qui s'en servent.

La loi pour la refondation de l'École de 2013 a instauré le Service public du numérique éducatif, qui a pour mission d'organiser une offre de contenus et de services pédagogiques numériques à destination de l'ensemble de la communauté éducative.

Avant ceci, le CNED avait déjà mis en ligne tous les cours du CP à la Terminale. De mémoire, il s'agit du site « Académie en ligne ». Cela permet aux parents, notamment ceux qui voyagent avec leurs enfants, d'accéder à des contenus respectueux des programmes.

Pour en revenir au Service public du numérique, l'objectif est de proposer à tous les membres de la communauté éducative des productions numériques gratuites. L'idée est de permettre à ceux qui ne peuvent investir dans des outils numériques payants d'accéder à une offre qui vise à renforcer le plaisir d'apprendre et d'aller à l'école. La volonté est clairement de favoriser l'implication des parents dans la scolarité de leurs enfants et de réduire les inégalités sociales et territoriales.

[Plutôt que de passer en revue tous les dispositifs, il semble plus judicieux de développer un exemple précis puis d'en citer rapidement quelques autres.]

J'ai pu étudier le dispositif en ligne « English for Schools ». Comme son nom l'indique, il vise à faciliter l'apprentissage de l'anglais. Deux univers sont proposés : l'un pour les élèves, the kids et l'autre pour les enseignants, the Teachers. L'univers Kids propose des ressources multimédia notamment provenant du web anglophone (jeux, vidéos, documents sonores, etc.) en accès libre et gratuites. Il s'agit de développer un apprentissage motivant, et j'oserais dire ludique en prenant toutes les précautions par rapport à cet aspect comme nous y invite Mme Bizot dans le texte 3. J'ajoute que concernant l'apprentissage d'une langue étrangère à l'école, il est très utile que des enfants entendent et voient des natifs parler cette langue. On sait effectivement que c'est très tôt qu'on pourra apprendre aux enfants les prononciations correctes. Cet outil est utilisable en classe sous menée pédagogique de l'enseignant mais aussi à la maison. On rentre concrètement dans une vraie articulation entre temps scolaire et temps périscolaire. Enseignants et parents pourront se servir de ce service.

L'univers Teachers met à disposition de l'enseignant des outils pour ses progressions, pour leur permettre d'échanger entre eux et mutualiser leurs pratiques. Il s'agit également d'un espace virtuel de travail pour faciliter la préparation des cours d'anglais. Les enseignants peuvent y trouver des ressources pédagogiques et des suggestions d'utilisation en classe avec leurs élèves. J'insiste, dans la logique des propos du texte 3, sur le fait qu'ils restent les maîtres d'œuvre didactiques et pédagogiques et que c'est de ce qu'ils feront de cet outil que dépendra la rénovation ou non de l'enseignement des langues à l'école primaire.

D'autres services sont offerts.

[Reprendre les éléments de la fiche 14 ou de l'ouvrage Foucher sur le système éducatif français, fiche 57. Selon le temps qui vous reste, développez plus ou moins.]

[Conclusion]

[Le bilan]

En conclusion, plus personne ne conteste les bouleversements majeurs dans l'accès aux connaissances et la communication qu'entraîne le numérique. Les outils numériques amènent à un profond changement dans le rapport au savoir et l'école ne peut y être indifférente. Autant elle semble avoir pris conscience de l'impérieuse nécessité d'intégrer des outils en son sein, d'éduquer à leur usage, autant le travail de redéfinition et de reconceptualisation des enseignements et des apprentissages semble encore assez timide.

Et pourtant, il est certain qu'avec le développement du numérique, le métier d'enseignant va nécessairement être modifié. Cela suppose de redéfinir l'acte de faire apprendre mais aussi l'organisation des structures d'accueil et la complémentarité des temps scolaires et non scolaires.

[L'ouverture]

Répétons que ce n'est pas l'outil qui engendrera automatiquement de nouvelles pratiques mais bien la manière dont les enseignants, experts des apprentissages, s'en empareront avec des visées didactiques et pédagogiques. Il faudra que leur formation initiale ou continue contribue à ce changement de paradigme et les outille à repenser leur pratique notamment en se servant des résultats de la recherche.

C'est à cette condition que le numérique ne sera pas vécu par certains enseignants comme une menace pesant sur la subsistance même de leur métier et de l'école.

3 Entretien

Nous optons pour une entrée en matière lors de l'entretien un peu différente du jeu des questions (courtes) – réponse (brèves) : un cas de figure où le jury vous demande de décrypter une situation professionnelle concrète assez complexe qu'il vous soumet et qui nécessite de votre part une analyse et une bonne construction de votre réponse.

Questions susceptibles d'être posées par le jury et éléments de réponse

▸ Je vais vous exposer assez longuement une situation concrète. Vous allez prendre des notes et ensuite vous analyserez cette situation. On vous laissera quelques minutes pour construire votre réponse.

▸ Un enseignant chevronné du CM2 développe une pédagogie qui intègre la démarche de projet en mettant en place une correspondance scolaire qui vise, outre les objectifs de la maîtrise de la langue, la mise en œuvre et l'évaluation des compétences du référentiel des compétences numériques.

▸ Convaincu qu'à l'aube du xxie siècle, une correspondance passe nécessairement par une messagerie électronique, il crée des boîtes aux lettres électroniques pour chacun de ses élèves sur la messagerie de laposte.net. Parallèlement, il anime avec sa classe un site informatique digne d'intérêt. On peut y découvrir les dessins de ses élèves numérisés, des textes, des photos d'élèves en classe, des exposés. Soucieux d'inscrire son projet de correspondance scolaire dans le cadre du projet d'école dont un des axes s'intitule « Dire des textes pour un public », il met en ligne des enregistrements de ses élèves répondant ainsi aux questions de leurs correspondants. Des parents lui demandent d'être tenus au courant des publications car l'accès et l'usage d'Internet ne semblent pas se dérouler, à leurs yeux, dans un cadre totalement maîtrisé. Le maître leur répond gentiment que c'est son travail de pédagogue et que personne ne leur interdit de se brancher sur la toile. Analysez cette situation.

Je commence par le point de vue pédagogique. Il n'est plus à démontrer l'utilité ni de la pédagogie de projet ni de l'usage des nouvelles technologies en classe, d'ailleurs souvent intégrées dans cette pédagogie. Aussi, je passerai assez rapidement sur ces aspects. Je rappelle simplement qu'au plan pédagogique :
- le maître a souci de valoriser des items du référentiel des compétences numériques, ce qui est tout à fait louable ;
- il s'inspire des démarches actives et socioconstructivistes en mettant ses élèves dans une logique de projet ;
- il a pris soin de travailler une thématique en lien avec le projet d'école ;
- il travaille des compétences fondamentales à l'école : le dire, lire, écrire.

Tous ces points, de nature pédagogique, ne souffrent d'aucune critique.

À la lumière de ce que j'ai énoncé dans mon exposé, je peux d'ores et déjà affirmer que l'enseignant est certainement un bon pédagogue mais manque manifestement de professionnalisme en ce qui concerne l'usage d'Internet à l'école. L'inquiétude des parents est fondée. Sa pratique et sa réponse sont pour le moins légères et problématiques. En effet, personne ne peut leur interdire de se brancher sur la toile, bien évidemment, mais considérer que c'est la solution pour eux de s'informer de ce que leurs enfants ont produit et de ce que le maître a mis en ligne est fantaisiste.

À ceux qui s'inquiètent des productions mises en lignes, l'enseignant rétorque en fait qu'il est le pédagogue et qu'il sait ce qu'il fait. Certes… En revanche le Code de la propriété intellectuelle lui interdit de mettre en ligne des productions d'élèves sans autorisation. On ne peut pas mettre en ligne des photographies, des dessins, des écrits, des voix d'élèves sans l'autorisation préalable de leurs parents ou responsables. Faute de précautions, son projet pédagogique, si intéressant soit-il, pourrait être la source de nombreux problèmes : parents qui portent plainte en découvrant la photographie de leur enfant en ligne, la SACEM qui réclame des droits d'auteurs sur les chansons (succès musicaux) reprises par les enfants et mis en ligne…

▸ Aurait-il dû faire quelque chose en amont de la création du site ?

Il aurait dû en parler au préalable au directeur, lequel aurait mis en œuvre les démarches de mise en ligne de ce site et lui aurait conseillé d'informer les parents sur le projet pédagogique et de leur demander l'autorisation d'utiliser les productions de leurs enfants. D'ailleurs, il aurait pu associer les élèves aux démarches à suivre en les leur expliquant, ce qui aurait renforcé leur éducation à un usage légal et sécuritaire d'Internet. L'explicitation aux élèves des démarches pour ouvrir le site, pour gérer les mails constituent en soi des objets d'apprentissage et d'éducation fort intéressants.

▸ Et peut-il ouvrir des une boite mail pour ses élèves ?

Oui cela est possible mais l'autorisation parentale doit obligatoirement être obtenue pour ouvrir ces boîtes.

▸ Pourquoi laposte.net ?

En ce qui concerne l'adresse de messagerie, il y a effectivement un accord national entre le ministère de l'Éducation nationale et La Poste. Cet accord autorise les enseignants à ouvrir des boîtes aux lettres électroniques personnelles aux élèves sous la forme prenom.nom.suffixe@laposte.net.

▸ D'autres parents lui reprochent de vérifier le contenu des messages envoyés et reçus de leurs enfants. D'autres s'émeuvent des pages publicitaires qui envahissent la boîte aux lettres électronique de leurs enfants. Que pensez-vous de ces reproches ?

Comme ces boîtes sont individuelles, elles sont considérées comme un espace privé et l'enseignant ne peut pas y accéder pour vérifier leur contenu et la teneur des messages envoyés ou reçus. Si l'enseignant voulait corriger tel ou tel écrit avant un envoi, il aurait été préférable qu'il demande à l'élève de lui adresser par mail ou de l'imprimer. Encore plus pratique pour éviter ce genre de problèmes, il y a intérêt à privilégier des boîtes de classes (classeCE2.suffixe@laposte.net) ou des boîtes individuelles non identifiées (eleve1.suffixe@laposte. net) qui offrent deux avantages : l'enseignant est autorisé à vérifier leur contenu et l'identité des élèves est protégée.

Quant aux spams reçus dans les boîtes aux lettres, c'est effectivement un risque. Mais l'école a un rôle éducatif. Le deuxième domaine du référentiel des compétences numériques se nomme : « Communication et collaboration ». Un des objectifs est que l'élève apprenne à se protéger lui-même, à trouver des indices avant d'accorder sa confiance aux informations et propositions que sa machine lui fournit. Il doit parvenir entre autres à savoir dire de qui provient un message et à qui il est adressé, à trouver le sujet d'un message, la date d'envoi d'un message. L'éducation au traitement des spams peut donc être fort utile surtout en CM2.

▸ Quel est l'intérêt pour le MEN de créer un service pour l'apprentissage de l'anglais alors qu'il y en a déjà tant ?

Les intérêts sont multiples : s'assurer d'abord de la fiabilité du contenu, s'assurer de la pertinence des options didactiques choisies. Le contenu du site est contrôlé par des éditorialistes du CNED, organisme reconnu pour son expertise ce qui est un gage de fiabilité. J'ai aussi précisé dans mon exposé que ce service était gratuit. Il permet aussi, si les parents et les enseignants s'en servent, d'assurer une continuité d'apprentissage et d'éviter les décalages entre l'école et la maison.

[Pour la suite, nous ne rédigeons pas les réponses mais proposons des éléments de réponses.]

▸ L'enseignant peut-il prendre une photographie de la classe et la vendre au profit de la coopérative ?

Non, voir fiche 14.

[Le jury peut à tout moment prendre de la distance par rapport à la thématique du sujet pour tester votre aisance dans d'autres domaines.]

▸ À un moment donné, vous indiquez trouver judicieux le volet « Sanctions » de la charte ? Comment définiriez-vous une sanction et une punition ?

Difficulté de clairement distinguer ces deux termes souvent utilisés en synonymes. Pour certains, la punition revêt un caractère plutôt arbitraire de celui qui l'inflige alors que la sanction est plus contractualisée. C'est le cas de la charte. Si on se réfère aux textes réglementaires : punitions scolaires = prononcées directement par le professeur à la suite de manquements mineurs aux obligations des élèves, et perturbations dans la vie de la classe = régies par le règlement intérieur ; sanctions = prononcées par commission disciplinaires à la suite des manquements graves et du non-respect des lois (voir fiche 19). Dans cette acceptation des termes, la charte devrait plutôt mentionner des punitions.

‣ Comment est conçu le règlement intérieur d'une école ?

Publication d'un modèle académique qui est en accord avec toutes les lois ; l'école s'en sert pour rédiger son propre règlement ; concertation avec les partenaires dont les parents et adoption par le conseil d'école, transmission aux services académiques pour validation (voir fiche 8).

‣ Il était d'usage dans le temps de distribuer des sanctions et des récompenses. Qu'en est-il dans l'école actuelle ?

Sanction et récompense concernant les acquisitions : à éviter. Elles faussent le rapport au savoir (on n'apprend pas pour être récompensé) et relèvent du béhaviorisme (conditionnement de l'individu pour effectuer des tâches, éventuellement grâce à un système de récompenses-punitions) qui n'est plus pratiqué. Les sanctions restent d'actualité lorsque les règles ne sont pas respectées. La récompense, non par une « rétribution » mais par l'encouragement, la félicitations du travail fait, bref les renforcements positifs, est à pratiquer dans une école de la bienveillance.

‣ Quelles sanctions/punitions sont bannies ?

Châtiment corporel banni, sanctions dégradantes ou stigmatisantes (voir fiche 19).

‣ Á quoi sert une sanction ?

À marquer la réprobation de l'adulte, à empêcher de recommencer, à dissuader d'autres élèves, à réparer la fautes commise (même symboliquement) (voir fiche 19).

‣ Un enfant de moyenne section lors d'une activité de peinture ne respecte pas les consignes malgré les rappels à la règle, salit les tables et jette le verre d'eau utilisé sur un camarade. Comment réagir ?

Si l'enfant ne respecte pas malgré les avertissements verbaux les consignes : isolement. Réparation : contribuer à nettoyer la table (sans pour autant stigmatiser et avilir), excuse au camarade. Puis dialogue enseignant – élève qui lui précisera que tant qu'il ne peut lui faire confiance, il ne pourra plus lui permettre de faire de la peinture. Lors d'une nouvelle activité, reprendre l'enfant et lui rappeler ses engagements.

‣ Proposez une gradation de quelques punitions pour un CM2.

Réprimande, isolement, travail à faire (préférer un travail utile d'intérêt collectif ou éducatif), retrait temporaire de la classe avec tâche à accomplir (voir fiche 19).

‣ Quelle différence faites-vous entre discipline et autorité ?

Obéissance aux règles/facultés, capacités à faire accepter les règles.

▸ Quelle différence faites-vous entre un maître qui a de l'autorité et un maître autoritaire ?

Fait accepter les règles sans avoir recours à la violence, à la menace, à la force mais par la persuasion et l'adhésion des élèves à son projet pédagogique et aux règles établies.

▸ De quoi procède l'autorité d'un maître ?

Son aura, sa culture, ses connaissances, le fait qu'il soit juste et équitable, etc.

[Retour sur le thème du dossier]

▸ Pouvez-vous nous expliquer comment fonctionne le Cadre de référence des compétences numériques ?

[Référez-vous à : http://eduscol.education.fr/cid111189/cadre-de-reference-des-competences-numeriques-pour-l-ecole-et-le-college.html**]**

▸ Pouvez-vous nous citer, dans leurs grandes lignes, les autres domaines du que ceux que vous avez mentionnés et quelques items évalués ?

[Se référer à la même adresse que pour la question précédente]

▸ Vous indiquez qu'il est du devoir de l'enseignant de former les élèves à un usage réfléchi de la boîte mail. Proposez-nous des pistes.

[Au candidat de développer ses idées (ex : détecter un titre de mail suspect, proposer des mails fictifs d'élèves qui donnent leur adresse, téléphone et faire repérer aux élèves ce qu'il faudrait éviter...)]

[Les membres du jury peuvent à tout moment infléchir le questionnement pour parvenir à un thème qu'ils souhaitent aborder quel que soit le sujet du dossier. Dans le sujet 1 sur les parents, le questionnement a, à un moment donné, dérivé sur la lecture. De même, à partir du numérique, on peut aussi y arriver !]

▸ Quels sont les intérêts du numérique par rapport à la lecture et l'écriture ?

Support plus attractif, motivation, possibilité de voir et entendre l'oralisation d'un texte, interactivité, individualisation et mise en projet...

▸ Comment pourriez-vous intégrer le numérique à un projet d'écriture ?

[Au candidat de développer ses idées *(ex : utilisation du traitement de texte pour les révisions et la rédaction du jet final, insertion d'image dans un texte, mise en voix filmée...)]*

▸ Que pensez-vous des correcteurs orthographiques ?

Les mots mal orthographiés sont soulignés en rouge. Cela permet une auto-évaluation par l'élève.

▸ À quoi cela renvoie-t-il en didactique de l'orthographe ?

Les mots soulignés amènent le doute orthographique et le besoin de le lever. Cela peut permettre de générer une situation de recherche de la part de l'élève. On pourra ensuite confronter les résultats à ce que propose le logiciel pour corriger les mots. D'autre part, en ce qui concerne la syntaxe et la grammaire, ces correcteurs obligent à la réflexion car ils ne donnent pas de réponse unique. On peut donc utiliser un correcteur orthographique dans une logique constructiviste.

▸ Quels sont les différents supports d'écrits dans une classe ?

Manuels scolaires, albums, romans, littérature jeunesse, presse spécialisée (Sciences et Vie junior, Okapi…), encyclopédies, dictionnaires, mais aussi les écrits des élèves (correspondances, comptes rendus d'expériences, albums conçus par les élèves…) et toutes ces formes en version classique ou numérique… Les nouvelles formes d'écrits (sites, mails, web…) sont entrées à l'école.

▸ L'écrit nourrit l'imaginaire. Qu'est-ce que cela évoque pour vous ?

Le livre ou l'écriture ont un véritable pouvoir de libération et permettent de laisser s'exprimer la sensibilité, la créativité, l'évasion…

▸ En quoi le livre peut-il être un espace contraignant ?

Pour y entrer, il faut développer concentration, rigueur, réflexivité. Il faut accepter d'y consacrer du temps.

▸ Comment en faire un espace de plaisir, un espace où l'enfant ait envie de s'y échapper ? Comment s'y prendre concrètement ?

Susciter l'envie de lire. Atelier de lecture, débat hebdomadaire autour des lectures des élèves, projets de lecture. Ne pas faire du livre qu'un support lié à l'apprentissage scolaire mais le mettre au centre d'activités ludiques, d'activités d'expression personnelle, ou utilisation de supports numériques…

▸ Quelle différence y a-t-il entre album et roman ?

Présence d'images (album) ou non (roman), longueur et complexité du récit.

▸ Est-il important à votre avis qu'un enseignant lise des textes ?

Oui, pour montrer à l'élève le plaisir qu'il prend lui-même à lire, pour lui faire découvrir la puissance de la lecture, pour sensibiliser à la beauté des textes, pour susciter (GS ou CP) l'envie de lire par soi-même…

▸ Qu'est-ce qu'un lecteur polyvalent ? Autonome ?

C'est l'objectif de la fin de cycle 3. Polyvalent : à l'aise par rapport à différents types d'écrits dans toutes les disciplines ; autonome : capable d'appréhender seul un texte (déchiffrage + compréhension du sens).

[Les autres questions proposées dans le sujet 1 à propos de la lecture pourraient être posées.]

3 inédit – Les sorties scolaires

Ce sujet est de facture classique quant au questionnement, mais propose une originalité : l'un des documents correspond à une situation concrète de la vie d'une école.

1 Sujet

À l'aide des documents, répondez aux questions suivantes :

1. Quels sont les intérêts des sorties scolaires ?
2. Quelles précautions doivent prendre les membres de l'équipe éducative dans l'organisation et le déroulement d'une sortie scolaire ?
3. Quelles questions déontologiques, réglementaires et pédagogiques soulève selon vous le projet présenté par le président des parents d'élèves (document 2) ?

Texte 1. Circulaire n° 99-136 du 21 septembre 1999 (modifiée). Organisation des sorties scolaires dans les écoles maternelles et élémentaires publiques

L'école est le lieu d'acquisition des savoirs. Elle est ouverte sur le monde qui l'entoure. C'est pourquoi les enseignant(e)s organisent des activités à l'extérieur de l'école. En vue de faciliter la mise en œuvre de ces sorties, la présente circulaire précise leurs objectifs pédagogiques et définit leurs conditions d'organisation afin de concilier compétences nouvelles, enrichissement de la vie d'écolier et sécurité.

Les sorties scolaires relèvent de trois catégories :

- 1re catégorie :

Les sorties scolaires régulières, correspondant aux enseignements réguliers, inscrits à l'emploi du temps et nécessitant un déplacement hors de l'école.

Ces sorties sont autorisées par le directeur d'école.

- 2e catégorie :

Les sorties scolaires occasionnelles sans nuitée, correspondant à des activités d'enseignement sous des formes différentes et dans des lieux offrant des ressources naturelles et culturelles, même organisées sur plusieurs journées consécutives sans hébergement, relèvent de cette catégorie.

Ces sorties sont autorisées par le directeur d'école.

- 3e catégorie :

Les sorties scolaires avec nuitée(s), qui permettent de dispenser les enseignements, conformément aux programmes de l'école, et de mettre en œuvre des activités dans d'autres lieux et selon d'autres conditions de vie.

Ces sorties sont autorisées par l'inspecteur d'académie, directeur des services départementaux de l'éducation nationale.

Les sorties scolaires avec nuitée(s) qui regroupent les voyages collectifs d'élèves, classes de découverte, classes d'environnement, classes culturelles, comprenant au minimum une nuitée, relèvent de la troisième catégorie, de même que les échanges internationaux, même d'une journée. Toutefois les échanges d'une journée qui ont lieu dans les pays étrangers frontaliers, comme les sorties occasionnelles sans nuitée (*cf.* IV *infra*), relèvent de la deuxième catégorie.

Les sorties organisées pendant les horaires habituels de la classe et ne comprenant pas la pause du déjeuner sont obligatoires pour les élèves. Les autres sorties sont facultatives.

I - Finalités et objectifs des sorties scolaires

I.1. Finalités et intérêt des sorties scolaires

Les sorties scolaires contribuent à donner du sens aux apprentissages en favorisant le contact direct avec l'environnement naturel ou culturel, avec des acteurs dans leur milieu de travail, avec des œuvres originales... Les supports documentaires, papier ou multimédia aussi précieux soient-ils, ne suscitent ni la même émotion, ni les mêmes découvertes. Les sorties concourent ainsi à faire évoluer les représentations des apprentissages scolaires en les confrontant avec la réalité.

Elles illustrent l'intérêt et la diversité des manières d'apprendre qui font une part prépondérante à l'activité des élèves sollicités aussi bien sur les plans social, moteur, sensible que cognitif. Elles peuvent être un moyen de découverte et de maîtrise de l'environnement. L'approche sensorielle d'un milieu nouveau ou d'un lieu de culture, la rencontre de professionnels, d'artistes ou de créateurs, l'étonnement et le dépaysement constituent des sources de questionnement et de comparaison, de stimulation de la curiosité. Le besoin de comprendre et de communiquer s'en trouve activé. La pratique d'activités physiques et sportives variées permet d'éprouver ses capacités et de conquérir une plus grande aisance corporelle et une plus grande confiance en soi.

Les sorties scolaires favorisent le décloisonnement des enseignements, non seulement en créant une unité thématique mais aussi en mobilisant des savoirs et des savoir-faire constitutifs de disciplines différentes pour comprendre une situation complexe ou agir de manière appropriée dans un contexte inconnu.

Elles tendent à compenser les inégalités sociales et culturelles en permettant la découverte, par tous les enfants, d'autres modes de vie, de cultures différentes, contribuant ainsi à l'éducation à la citoyenneté. Un moment de vie collective partagé avec l'ensemble de la classe n'est jamais banal dans l'expérience sociale d'un enfant.

Elles constituent enfin des occasions propices à l'apprentissage de la vie collective et à l'instauration de relations, entre adultes et enfants, différentes de celles de la classe. Les sorties sont des moments privilégiés pour une communication authentique avec des interlocuteurs variés. Elles favorisent la mise en œuvre d'attitudes responsables dans des milieux moins protégés que l'enceinte scolaire.

I.2. Objectifs généraux d'une sortie scolaire

Les activités pratiquées à l'occasion d'une sortie scolaire viennent nécessairement en appui des programmes.

Elles s'intègrent au projet d'école et au projet pédagogique de la classe. Chaque sortie, quelle qu'en soit la durée, nourrit un projet d'apprentissages, souvent pluridisciplinaire, au travers d'un programme minutieusement préparé dans lequel le nombre des sujets d'étude ou des activités pratiquées doit être limité. Ainsi la sortie scolaire ne constitue pas seulement un surplus de nature divertissante à la scolarité, même si les conditions du voyage et de la découverte ont souvent, pour de jeunes enfants, une dimension festive.

Dans un projet d'apprentissages, au niveau scolaire considéré, la sortie scolaire peut constituer :
- une étape initiale, fondatrice, qui représente un tremplin pour des acquisitions ;
- un temps fort dans un domaine d'activités ;
- l'aboutissement d'une série d'activités et d'apprentissages permettant de réemployer, de valider et de mettre en situation des acquisitions dans un milieu où elles sont pleinement pertinentes et significatives.

Dans tous les cas, l'accent sera mis sur les aspects transversaux des apprentissages :
- développement de l'autonomie, de l'esprit d'initiative, de la responsabilité, du respect de l'autre, de son travail, de l'environnement et du patrimoine ;
- acquisition ou perfectionnement de méthodes de travail (observation, description, analyse et synthèse, prise de notes, représentation graphique...) ;
- recours fréquent à la communication orale : le questionnement, l'expression et l'écoute seront particulièrement sollicités chez les enfants par les nombreuses situations d'échange mises en place dans les activités quotidiennes.

Texte 2. Une situation concrète dans une école

L'école de la commune compte 4 classes : une classe maternelle de 26 élèves, une classe de CP-CE1 de 23 élèves (12 CP et 11CE1), une classe de CE2-CM1 de 22 élèves (14 CE2 et 8 CM1) et une classe de CM1-CM2 de 25 élèves (6 CM1 et 19 CM2).

Le président de l'association des parents d'élèves, cadre dans une grande entreprise, élu au comité de parents de l'école, demande à la directrice de l'école d'inscrire à l'ordre du jour du prochain conseil d'école prévu au début du mois de février, l'organisation pour les élèves de cours moyen de l'école, au mois de juin, d'un séjour de 3 jours, 2 nuitées, basé sur la découverte d'activités physiques et sportives dans un centre de loisirs situé à environ 300 km de la commune.

Le trajet serait effectué en car, l'hébergement et la restauration seront assurés par le centre de loisirs ainsi que l'encadrement des activités physiques proposées : découverte de l'escalade, initiation à l'équitation, parcours en hauteur, découverte du VTT sur le circuit privé du centre.

Toutes ces activités seront encadrées par des moniteurs diplômés.

Ce projet a été présenté lors de l'assemblée générale de l'association des parents d'élèves de l'école au mois de décembre. Il a été approuvé par une large majorité des membres présents.

Du fait de ses responsabilités au sein du comité d'entreprise de son entreprise, le président des parents d'élèves peut obtenir une réduction substantielle du coût du séjour et du transport pour le groupe d'élèves de l'école. Après élaboration du budget prévisionnel, chaque famille devrait être sollicitée à hauteur de 80 € par élève pour le financement du séjour. L'association de parents d'élèves propose en outre d'aider la coopérative de l'école en organisant jusqu'à la fin de l'année scolaire une vente de viennoiserie à 0,50 € l'unité à la sortie des classes l'après-midi, chaque mardi et vendredi. Tous les bénéfices de cette vente seront versés à la coopérative scolaire pour financer ce séjour et donc atténuer davantage le coût du projet pour les familles.

La directrice prévoit d'organiser un conseil des maîtres une semaine avant la tenue du conseil d'école pour étudier les diverses questions à l'ordre du jour de ce dernier.

Retrouvez le corrigé et un exemple d'entretien sur : www.editions-foucher.fr

SUJET 4 inédit – La laïcité à l'école

Pour ce quatrième sujet, nous proposons une forme différente de consigne à savoir un sujet qui ne détaille pas plusieurs questions mais qui propose une consigne ouverte. Cas de figure extrêmement rare aux sessions précédentes, il ne faut pas pour autant le négliger totalement et donc s'y préparer.

1 Sujet

À partir des documents, proposez une réflexion personnelle sur la laïcité à l'école qui intégrera les dimensions règlementaires, déontologiques, éthiques, éducatives et pédagogiques.

Texte 1. Extrait de l'annexe de la circulaire n° 2013-144 du 6-9-2013 ; Charte de la laïcité à l'École

La Nation confie à l'École la mission de faire partager aux élèves les valeurs de la République

La République est laïque

1. La France est une République indivisible, laïque, démocratique et sociale. Elle assure l'égalité devant la loi, sur l'ensemble de son territoire, de tous les citoyens. Elle respecte toutes les croyances.

2. La République laïque organise la séparation des religions et de l'État. L'État est neutre à l'égard des convictions religieuses ou spirituelles. Il n'y a pas de religion d'État.

3. La laïcité garantit la liberté de conscience à tous. Chacun est libre de croire ou de ne pas croire. Elle permet la libre expression de ses convictions, dans le respect de celles d'autrui et dans les limites de l'ordre public.

4. La laïcité permet l'exercice de la citoyenneté, en conciliant la liberté de chacun avec l'égalité et la fraternité de tous dans le souci de l'intérêt général.

5. La République assure dans les établissements scolaires le respect de chacun de ces principes.

L'École est laïque

6. La laïcité de l'École offre aux élèves les conditions pour forger leur personnalité, exercer leur libre arbitre et faire l'apprentissage de la citoyenneté. Elle les protège de tout prosélytisme et de toute pression qui les empêcheraient de faire leurs propres choix.

7. La laïcité assure aux élèves l'accès à une culture commune et partagée.

8. La laïcité permet l'exercice de la liberté d'expression des élèves dans la limite du bon fonctionnement de l'École comme du respect des valeurs républicaines et du pluralisme des convictions.

9. La laïcité implique le rejet de toutes les violences et de toutes les discriminations, garantit l'égalité entre les filles et les garçons et repose sur une culture du respect et de la compréhension de l'autre.

10. Il appartient à tous les personnels de transmettre aux élèves le sens et la valeur de la laïcité, ainsi que des autres principes fondamentaux de la République. Ils veillent à leur application dans le cadre scolaire. Il leur revient de porter la présente charte à la connaissance des parents d'élèves.

11. Les personnels ont un devoir de stricte neutralité : ils ne doivent pas manifester leurs convictions politiques ou religieuses dans l'exercice de leurs fonctions.

12. Les enseignements sont laïques. Afin de garantir aux élèves l'ouverture la plus objective possible à la diversité des visions du monde ainsi qu'à l'étendue et à la précision des savoirs, aucun sujet n'est *a priori* exclu du questionnement scientifique et pédagogique. Aucun élève ne peut invoquer une conviction religieuse ou politique pour contester à un enseignant le droit de traiter une question au programme.

13. Nul ne peut se prévaloir de son appartenance religieuse pour refuser de se conformer aux règles applicables dans l'École de la République.

14. Dans les établissements scolaires publics, les règles de vie des différents espaces, précisées dans le règlement intérieur, sont respectueuses de la laïcité. Le port de signes ou tenues par lesquels les élèves manifestent ostensiblement une appartenance religieuse est interdit.

15. Par leurs réflexions et leurs activités, les élèves contribuent à faire vivre la laïcité au sein de leur établissement.

Texte 2. Laïcité : SVT, histoire... Ces 4 matières qui posent problème à l'école. Audrey Salor, (9 septembre 2013)

Jean-Louis Auduc, ancien membre de la Mission laïcité du Haut conseil à l'intégration, pointe les enseignements les plus sujets à controverses.

Le ministre de l'Éducation, Vincent Peillon, a dévoilé lundi 9 septembre le contenu de la charte de la laïcité, qui devra être affichée dans chaque école, collège et lycée publics. Objectif : qu'aucun élève ne puisse contester un cours ou un manuel en invoquant sa religion. Le Conseil français du culte musulman (CFCM) a immédiatement regretté que le texte comporte plusieurs « allusions » à l'islam, au risque de renforcer le sentiment de « stigmatisation » dans la communauté. Mais dans les faits, la religion musulmane est loin d'être la seule invoquée par les élèves ou leurs parents en cas de contestation. Pour s'en convaincre, suffit de regarder quels sont les points des programmes qui posent le plus de problème dans les classes. Jean-Louis Auduc, ancien membre de la Mission laïcité du Haut conseil à l'intégration et ancien directeur adjoint de l'IUFM de l'académie de Créteil (*), dresse la liste.

1. Les sciences de la vie et de la terre

« De l'avis des enseignants, c'est la discipline qui pose le plus de difficultés, toutes religions confondues. Les questionnements portent notamment sur la théorie de l'évolution : de nombreuses sectes évangéliques et néo-baptistes se mobilisent dans les banlieues et distribuent des documents pour la dénoncer. On constate par ailleurs des protestations quant à ce qui relève des questions de genre et de la sexualité : certains parents jugent anormal que ces thèmes soient abordés.

Les trois quarts des parents d'élèves n'ont pas été au lycée, et 60 % n'ont pas poursuivi au-delà de la 4e. Au-delà du primaire, il convient d'expliquer qu'un programme scolaire constitue ce que l'Etat souhaite en tant que culture commune et partagée. Les enseignants ne sont que les interprètes de la partition écrite par l'Etat. D'ailleurs, ils commencent à être mieux armés. Voici un an, l'inspection générale de cette discipline a organisé un colloque sur les enjeux de savoirs. »

2. Les arts plastiques et l'histoire de l'art

« Des enseignants ont été confrontés à des questionnements quant à la représentation de la nudité. Toutes religions confondues encore une fois. Il est donc utile que cette charte stipule que l'école publique ne s'interdit aucuns champs des savoirs ».

3. L'éducation musicale

« Jusqu'au XVIIIe siècle, la plupart des œuvres musicales étaient des messes. D'où l'importance de présenter ce qui relève du culturel et du cultuel ».

4. L'histoire

« Il s'agit de la matière dont on parle le plus, mais les professeurs sont plutôt bien préparés à son enseignement. L'année dernière, je n'ai pas eu de remontées particulières à ce sujet. Ce qui pose problème en particulier, ce sont les rapports entre histoire et mémoire. Pour la guerre d'Algérie par exemple, il existe plusieurs mémoires : celle des Algériens, celle des Harkis, celle des Français, celle des Pieds noirs. Des parents voudraient que leur mémoire propre soit enseignée. Mais ce débat existe depuis longtemps et a évolué, notamment grâce à la télévision, qui a bien joué son rôle. Il n'y a jamais eu autant d'émissions historiques, dans lesquelles histoire et mémoire sont séparées ».

Bref, la charte de Vincent Peillon, un outil efficace ?

« Elle change des documents usuels illisibles pouvant atteindre 250 pages ! Il y avait besoin d'expliquer ce à quoi correspond la laïcité - primauté de l'Etat, liberté de conscience et égalité de traitements des cultes - et de développer une pédagogie. Elle est un enjeu de liberté de conscience, de liberté personnelle et de liberté d'expression. Reste que le meilleur des textes peut se révéler contre-productif si l'ensemble des personnels (de surveillance, administratif et de service) n'est pas formé à ces questions. »

(*) Auteur de « La laïcité à l'école. Un principe, une éthique, une pédagogie ». CRDP Académie de Créteil.

http://tempsreel.nouvelobs.com/education/20130909.OBS6113/laicite-svt-histoire-ces-4-matieres-qui-posent-probleme-a-l-ecole.html

Texte 3. Contribution de l'inspection générale au débat sur la laïcité (2006)

▸ La laïcité n'est pas une option spirituelle parmi d'autres

La laïcité ne s'oppose pas aux religions parce qu'elle est le mode de fonctionnement choisi par notre République pour que les citoyens puissent vivre ensemble, quels que soient leurs choix politiques, philosophiques ou religieux. Chez nous, c'est l'Etat qui est laïque, non un groupe ou une communauté.

▸ La laïcité n'est pas non plus une valeur vide de sens.

La laïcité ne se conçoit que dans le respect des principes fondamentaux des droits de l'Homme, tout particulièrement la liberté et l'égalité de tous les citoyens et donc la démocratie. La laïcité, étymologiquement, c'est l'unité du peuple (le laos) autour de valeurs partagées. Il faut donc aider nos établissements à ne pas se laisser entraîner dans un compromis ou dans une indifférence à l'égard de ces valeurs fondamentales. Notamment quand cette tolérance aurait pour conséquence de valider toutes les dérives du « droit à la différence « comme celle qui consiste à remettre en cause la stricte égalité entre les femmes et les hommes. La laïcité, c'est la neutralité religieuse, ce n'est pas la neutralité des valeurs.

▸ La tension entre l'égalité citoyenne et l'exercice des libertés est consubstantielle à la République.

Il est essentiel d'expliquer et de faire comprendre que la tension entre l'égalité - chacun est citoyen, possède les mêmes droits et obéit aux mêmes lois - et la liberté -chacun est libre d'exprimer des opinions politiques et d'affirmer des croyances religieuses- exprime la tension entre le citoyen et la personne, entre l'espace public et l'espace privé. C'est à partir de cette tension même que les textes qui régissent la vie en commun dans chaque établissement scolaire doivent être élaborés. Et s'il y a tension c'est que l'égalité et la liberté sont égalité et liberté en droits et que ces droits ont toujours à se réaliser voire à se conquérir, tout en étant encadrés par la loi. La laïcité est un moyen d'organiser et de contenir cette tension qui sans elle serait destructrice de la République.

Dans notre République la source de la loi est la Constitution et son Préambule et ne saurait être une prescription religieuse, quelle qu'elle soit.

C'est le principe de séparation qui s'exprime là. L'article 3 de la Déclaration des Droits de l'Homme et du Citoyen le proclame : « Le principe de toute souveraineté réside essentiellement dans la Nation. Nul corps, nul individu ne peut exercer d'autorité qui n'en émane expressément. »

▸ La loi est au cœur du pacte républicain et obéir à la loi est une nécessité en démocratie.

La loi contraint, mais la loi protège aussi. Elle a également une vertu pédagogique. S'il est évidemment indispensable d'élaborer des règles de vie collective dans nos établissements qui soient respectueuses des droits fondamentaux des élèves, en tant que citoyens ou futurs citoyens (et beaucoup de « chartes de vie scolaire » sont de ce point de vue de très bons exemples de ce qu'il est possible et souhaitable de faire), il est tout aussi nécessaire de réaffirmer qu'il y a une limite à la négociation. Il ne peut exister de droit local dans nos établissements car le droit local dilue le principe de laïcité, de même qu'on ne peut accepter de République au cas par cas.

▸ Apprendre à distinguer les valeurs fondamentales, les opinions et les croyances

La pratique de l'argumentation, à l'œuvre dans la quasi totalité des disciplines, et pas seulement en éducation civique, juridique et sociale, au lycée doit aider à opérer cette distinction. Cette pratique apprend à substituer le raisonnement à l'invective, à mettre de l'ordre dans ses idées, à convaincre certes mais aussi à écouter. Ainsi les élèves apprennent-ils à distinguer les valeurs fondamentales de la République, la démocratie, les droits de l'Homme qui sont au sens premier indiscutables (pas négociables a dit le président de la République), qui doivent sous-tendre l'ensemble des enseignements et les opinions qui, en démocratie, normalement s'affrontent.

La prise en compte du fait religieux constitue le deuxième exemple de ce qui doit être fait. En lettres, en philosophie, en histoire et dans les enseignements artistiques l'approche disciplinaire, en classe, de la dimension religieuse de tel ou tel fait, de tel poème ou de tel roman, de telle ou telle œuvre d'art doit être clairement situé dans un cadre laïque. Aidons les enseignants à montrer comment il est possible d'identifier les signes du religieux, comment il faut analyser leur sens en les situant dans leur contexte. L'approche laïque ne se prononce pas sur les croyances. En ce domaine elle éclaire, elle contribue à la construction d'une culture, elle respecte les convictions des personnes. Cette approche est délicate car il ne faut pas faire du fait religieux une discipline spécifique. Il faut accompagner les enseignants dans cette démarche car seuls ils sont en mesure d'introduire cette dimension dans leur enseignement, les aider par la formation, par les outils dont il faut les doter. On comprendra aisément que la même démarche serait tout autant valide si l'on remplaçait le fait religieux par le fait politique. Les enseignants doivent apprendre aux élèves ce que sont les idéologies, quelles visions du monde elles véhiculent. À chacun ensuite de se déterminer. Ainsi s'enseigne la pratique de la démocratie.

▸ À côté des intégrismes religieux, il peut exister d'autres atteintes à la laïcité.

Préserver la laïcité, c'est aussi protéger les élèves des pressions politiques, de l'intrusion non contrôlée de l'économique et du marchand, du dérapage de certains personnels qui oublient parfois leur devoir de réserve.

Retrouvez le corrigé et un exemple d'entretien sur : www.editions-foucher.fr

SUJET 5 inédit – L'inclusion scolaire

1. Quels sont les grands principes de l'inclusion scolaire et sur quelles valeurs s'appuient-ils ?
2. La scolarisation des enfants en situation de handicap : qui décide ? Comment peut-elle s'organiser ? Qui l'évalue ?
3. Quelles attitudes professionnelles nécessite-t-elle de la part d'un professeur des écoles exerçant dans une classe ordinaire ? Que peut-on répondre à des parents qui s'opposent à l'inclusion d'un élève handicapé dans la classe de leur enfant ?

Document 1. L'inclusion scolaire, une réponse adaptée pour les enfants avec autisme, portail du gouvernement (24/09/2012)

Chaque année, de plus en plus d'enfants atteints d'un handicap font leur rentrée scolaire au sein d'écoles et d'établissements scolaires ordinaires. L'inclusion scolaire est devenue un aspect incontournable de la socialisation des enfants handicapés. Pour les enfants avec autisme, il s'agit de la meilleure réponse pour leur permettre de développer la communication sociale.

La loi du 11 février 2005 pour l'égalité des droits et des chances, la participation et la citoyenneté des personnes handicapées affirme le droit pour tout enfant avec un handicap physique ou mental à une scolarisation en milieu ordinaire et à un parcours scolaire continu et adapté. Pour l'enfant avec autisme, en raison de son déficit naturel d'acquisition des codes sociaux, l'insertion en milieu scolaire ordinaire est la réponse la plus appropriée. L'immersion dans la société est primordiale pour lui permettre d'assimiler et développer les interactions sociales tout en ayant accès aux savoirs. Grâce à l'inclusion scolaire, l'enfant avec autisme va bénéficier de la proximité et de la reconnaissance des autres enfants. L'expérience montre qu'ils sont un puissant stimulateur social pour l'acquisition des connaissances.

Inclure les enfants autistes en milieu scolaire ordinaire reste un objectif prioritaire des pouvoirs publics : « *à l'école,* des classes d'inclusion scolaire spécifiques seront créées et l'autisme sera particulièrement pris en compte dans la répartition des postes d'auxiliaires de vie scolaire », a déclaré Marie-Arlette Carlotti.

▸ Améliorer la formation des accompagnants

L'offre de scolarisation est graduée car certains enfants ont un bon niveau de développement mental et intellectuel quand d'autres connaissent des troubles plus ou moins accentués du langage et du comportement.

Les Clis (maternelle et primaire) et les Ulis (secondaire) sont des classes d'inclusion scolaire accueillant des élèves dont le handicap ne permet pas d'envisager une scolarisation individuelle continue dans une classe ordinaire mais pouvant suivre une scolarisation adaptée. Ces dispositifs permettent la mise en œuvre des Projets personnalisés de scolarisation (PPS) en étroite relation avec les parents et l'équipe éducative. Les élèves peuvent, selon leurs possibilités, intégrer ponctuellement une classe et travailler, avec le soutien d'un auxiliaire de vie scolaire (AVS), sur les mêmes programmes. Mais pour les élèves ayant un degré développemental et intellectuel suffisant, l'inclusion en classe ordinaire est la règle. Assistés d'un AVS (individuel ou collectif), ils suivent le même programme que les autres élèves de la classe.

Mille cinq cents nouveaux emplois d'AVS sont créés en 2012, précise le ministère de l'Éducation nationale, mais les besoins en personnels formés à l'apprentissage scolaire des enfants handicapés et spécifiquement avec autisme se font encore ressentir. « *Le reproche fait au système actuel... c'est l'absence de formation initiale pour accompagner un jeune handicapé. Si pour certains handicaps, l'adaptation est relativement simple, il n'en est pas de même pour plusieurs catégories (autisme, troubles du comportement, des apprentissages...).* », constate Paul Blanc dans son rapport de mai 2011. Le ministère de l'Éducation nationale y apporte une réponse : « *dès le mois de septembre, une réflexion associant tous les acteurs de la communauté éducative, du handicap et du médico-social organisée avec le ministère chargé des Personnes handicapées et de la Lutte contre l'exclusion, permettra de* repenser la fonction d'accompagnement des élèves en situation de handicap et notamment sa professionnalisation à travers l'élaboration d'un référentiel métier. »

www.gouvernement.fr/gouvernement/l-inclusion-scolaire-une-reponse-adaptee-pour-les-enfants-avec-autisme

Document 2 Extrait du Guide pour la scolarisation des enfants et adolescents handicapés, MEN et MAIF, 2015

La scolarisation des élèves handicapés constitue une priorité nationale. Dans ce domaine, des progrès considérables ont été accomplis depuis plusieurs années et notamment depuis la publication et la mise en œuvre des textes d'application de la loi du 11 février 2005 pour l'égalité des droits et des chances, la participation et la citoyenneté des personnes handicapées ; le nombre d'élèves accueillis dans les écoles et les établissements scolaires a connu une augmentation significative.

L'augmentation des moyens d'accompagnement en particulier grâce au déploiement des auxiliaires de vie scolaire a permis à un nombre croissant d'élèves d'accomplir leur parcours de formation avec les meilleures chances de réussite.

L'analyse et l'évaluation des besoins de chaque élève handicapé doit s'accompagner de la recherche de la meilleure adéquation avec l'environnement scolaire.

Par l'association étroite des parents à toutes les étapes de la définition du projet personnalisé de scolarisation de leur enfant ainsi qu'à la décision d'orientation, par un partenariat approfondi impliquant l'ensemble des acteurs, par la recherche du fonctionnement le plus efficace de l'ensemble des dispositifs au sein des maisons départementales des personnes handicapées, le devenir scolaire et à terme citoyen de chaque élève handicapé devrait être assuré.

[...]

▸ Le droit à l'école pour tous

Tout enfant handicapé est de droit un élève. Depuis la loi du 11 février 2005 relative à l'égalité des droits et des chances, la participation et la citoyenneté des personnes handicapées, le handicap est envisagé dans sa dimension sociale : vie publique et privée, intégration sociale, intégration scolaire. Deux principes en découlent : l'accessibilité (accès à tout pour tous) et la compensation (mesures individuelles rétablissant l'égalité des droits et des chances).

Accessibilité

À l'École, l'accessibilité c'est :

- **l'inscription dans l'établissement scolaire de secteur**, qu'on appelle « établissement scolaire de référence » ;
- **l'accès aux savoirs**, grâce aux adaptations pédagogiques individuelles ou collectives ;
- **l'accès à l'ensemble des locaux et des matériels** nécessaires pour leur scolarisation, dans la mesure du possible ;
- **la mise aux normes des bâtiments scolaires et des équipements** culturels et sportifs.

▸ Compensation

Le **Plan personnalisé de compensation** est élaboré par l'équipe pluridisciplinaire de la Maison départementale des personnes handicapées (MDPH) et sert de support à l'ensemble des décisions de compensation prises en faveur d'une personne en situation de handicap : par exemple l'attribution d'une carte d'invalidité ou de priorité. Le Plan personnalisé de compensation comprend un volet scolaire, le Projet personnalisé de scolarisation (PPS).

Dans les MDPH, l'équipe pluridisciplinaire évalue les besoins de chaque élève en situation de handicap et propose un Projet personnalisé de scolarisation. La Commission des droits et de l'autonomie des personnes handicapées (CDAPH) décide des mesures à mettre en place, sur la base de l'évaluation réalisée par l'équipe pluridisciplinaire.

L'éducation nationale met en œuvre les mesures décidées par la MDPH, le cas échéant en partenariat avec les établissements sanitaires ou médico-sociaux et les collectivités territoriales.

Objectifs de la scolarisation

Comme tous les élèves, les enfants en situation de handicap ont des objectifs d'apprentissage. Ces objectifs reposent sur les programmes scolaires en vigueur et le socle commun de connaissances, de compétences et de culture. Le socle définit ce que les élèves doivent avoir acquis à la fin de la scolarité obligatoire.

Document 3. Handicap à l'école : « Plus qu'un accueil, offrir une vraie scolarité à tous » Par Marc Serrand (Express Yourself), publié le 14/07/2013

Les élèves en situation de handicap sont mieux « inclus » à l'école depuis la loi de 2005. Mais il faut « dépasser le simple accueil et aller vers la scolarisation », juge notre contributeur Marc Serrand.

On parle de plus en plus d'une école « inclusive », sans qu'on sache vraiment ce que veulent dire les interlocuteurs quand ils brandissent cette notion. Très vite, on comprend que souvent il est fait référence à la loi de 2005 qui évoque l'égalité des droits et des chances ainsi que la participation et la citoyenneté des personnes handicapées.

« La loi de 2005 a sans aucun doute permis des avancées, mais... »

Cette loi a sans aucun doute permis des avancées. Mais elle a également entraîné quelques dérives dans l'approche de la notion de « différence » et dans ce qu'il s'agissait de permettre pour le public concerné.

Pour ce qui est des « verbes » et des actions à mener, on en a déduit sans doute de cette loi que l'école devait « accueillir » les élèves à besoins particuliers. Mais s'agit-il de les accueillir ou de les scolariser ? Ici ou là, on accueille certes des enfants qui demandent une très forte différenciation des pratiques éducatives, mais on manque de moyens, d'attention, de compétences ou de bienveillance pour dépasser le simple « accueil » et aller vers la scolarisation.

Quel accueil pour quels élèves ?

Pour ce qui est des « noms », s'agit-il uniquement d'accueillir des « handicapés », ou l'école (inclusive) ne devrait-elle pas de façon bien plus large et fondamentale réfléchir à tous les acteurs qu'elle devrait faire entrer dans le champ éducatif. Ou plus exactement qu'elle pourrait accompagner dans l'éducation de tous ?

« Former les enseignants au lieu de prétendre former des techniciens »

Prenons l'exemple des (rares) formations dispensées aux enseignants sur les enfants à besoins particuliers. Le cursus, (souvent réduit à 2 jours), a été structuré autour des « pathologies » : tel jour on va vous parler de l'autisme, tel jour du handicap moteur... Et le coche a été totalement raté. Il aurait mieux valu, comme dit Jean-Louis Auduc qui fait là un *mea culpa*, « *former les enseignants à changer leur posture, leur regard, à devenir attentifs et bienveillants, à comprendre que le handicap a aussi des choses à apporter à la classe… au lieu de prétendre former des techniciens.* »

À ce propos, il est tout de même incroyable que les discussions sur la mise en place des nouveaux temps scolaires (on devrait dire éducatifs) n'associent pas plus les structures et les partenaires concernés par le handicap.

www.lexpress.fr/education/handicap-a-l-ecole-plus-qu-un-accueil-offrir-une-vraie-scolarite-a-tous_1265971.html

Retrouvez le corrigé et un exemple d'entretien sur : www.editions-foucher.fr

Annale 2015 – Les devoirs à la maison

Ce sujet d'annale proposé en 2014, 2015 et 2016 de facture classique porte sur une thématique porteuse, le nouveau ministre de l'Éducation nationale défendant les devoirs mais à condition qu'ils soient faits à l'école.

1 Sujet

1. À partir des documents fournis, pouvez-vous préciser la place que les devoirs tiennent à l'école primaire et celle qu'ils devraient avoir ? Pourquoi un tel écart ?
2. Quels sont les risques que les devoirs à la maison font courir aux élèves, comment les éviter ?
3. Quels sont les dispositifs qui favorisent un accompagnement à la scolarité ?

Document 1. Les devoirs à la maison, point final, le point.fr, Louise CUNEO, Le Point.fr Publié le 18/10/2012

Le rapport sur la refondation de l'école préconise la fin du travail à la maison. Une véritable petite révolution en perspective. [...] Cela signifie la suppression effective des devoirs à la maison. Voilà qui a le mérite d'être clair. Pourtant, le travail écrit à la maison est d'ores et déjà officiellement supprimé depuis 1956. Mais la loi n'a jamais été appliquée, si bien qu'aujourd'hui cette décision prend des allures de véritable révolution.

Équité et efficacité

Sur le papier, cette réforme est censée réduire les inégalités sociales qui existent entre les élèves : tous ne bénéficient pas de petits cours particuliers ou de parents présents le soir pour accompagner les devoirs. « *C'est beaucoup d'injustice entre les enfants de France, beaucoup de fatigue et au total pas beaucoup de réussite* », a estimé le ministre de l'Éducation, Vincent Peillon, la semaine dernière sur RTL.

Pour Patrick Rayou, enseignant-chercheur en sciences de l'éducation à l'université Paris-VIII, la fin des devoirs à la maison relève en effet de l'équité entre les élèves de différentes classes sociales, mais aussi de l'efficacité relative de ce type de travail. « *Les outils dont on a besoin pour travailler ne sont pas enseignés et ne peuvent pas l'être par des cours de méthodologie générale : c'est au moment où on en a entre les élèves besoin que l'on peut apprendre les gestes intellectuels utiles* », explique Patrick Rayou. Et de donner à titre d'exemple les devoirs de vacances, cette habitude « *typiquement française* » qui creuse les écarts.

Pressions

Autre aspect fondamental pour Patrick Rayou : si les élèves n'acquièrent pas de réflexes de travail utiles en faisant leurs devoirs, les enseignants ne voient pas non plus travailler leurs élèves. Certes, les contrôles permettent en effet de constater un résultat final, mais l'élève se retrouve face à lui-même lorsqu'il effectue son travail. Un cas de figure qui ne se poserait plus si le travail se faisait au sein même de l'école. « *Si les devoirs étaient encadrés par les enseignants, ou par du personnel formé pour leur faire des retours, le résultat ne serait pas le même* », note le chercheur.

Mais si les devoirs sont à ce point inutiles, pourquoi diantre n'ont-ils alors pas été relégués aux oubliettes depuis belle lurette ? Pour Patrick Rayou, « *il y a une pression de l'ensemble des acteurs sociaux pour conserver ces devoirs* ». Les acteurs économiques d'abord, qui profitent du marché du soutien scolaire (plus de 75 millions d'euros de chiffre d'affaires en 2011-2012 selon une étude du cabinet Xerfi). Mais aussi les parents, qui voient dans le travail à domicile l'occasion de s'immiscer dans la vie scolaire de leur enfant. Selon un sondage Ifop réalisé début octobre pour Radio Alouette, 68 % des Français seraient ainsi opposés à la suppression du travail à la maison.

‣ « Vasistas ouvert sur l'école »

Sans compter les enseignants, qui passent pour des fumistes s'ils ne sont pas prescripteurs, ou pour des acharnés inconscients de la fatigue des écoliers s'ils en donnent trop. Un peu comme des médecins qui n'établiraient pas d'ordonnance à l'issue de la visite d'un patient, ou qui prescriraient « trop » de médicaments pour un simple rhume. L'orientation choisie par les professeurs ne satisfait d'ailleurs souvent pas les parents, qui se servent du travail à domicile comme d'un moyen de pression sur le corps professoral. « *Ce vasistas ouvert sur l'école permet aux parents d'avoir conscience de ce que fait leur progéniture la journée. Les devoirs sont, avec les notes, les seuls éléments qui sortent de l'espace scolaire et l'unique moyen pour eux de montrer qu'ils sont présents aux côtés de leurs bambins* », remarque Patrick Rayou. [...]

Document 2. Le travail des élèves pour l'école dehors de l'école, Avis du HCEE N° 15, mai 2005

[...]

‣ Des dispositions immédiates devraient être prises s'agissant des devoirs et leçons :

Une phase d'appropriation et d'exercice individuels des savoirs et savoir-faire est essentielle pour la réussite des apprentissages. Il est donc indispensable que les instructions pédagogiques, qui accompagnent les programmes, donnent des orientations explicites en matière de finalités et de charge de travail des leçons et des devoirs écrits, des résultats attendus de ceux-ci et des critères d'évaluation à leur appliquer, et que ces orientations soient effectivement mises en œuvre par les maîtres et qu'ils s'assurent qu'elles sont comprises par les élèves. Ces orientations doivent évidemment être différenciées selon les degrés et les cycles d'enseignement, et leur mise au point doit être l'occasion d'éclaircir la question des devoirs écrits dans le premier degré.

- Cette mise en œuvre ne peut être individuelle et il est tout aussi indispensable que les leçons et devoirs fassent l'objet d'une coordination entre disciplines dans les établissements. Leur organisation et la charge de travail qu'ils impliquent pour les élèves et, plus globalement, l'ensemble des exigences à l'égard des élèves et le temps de travail total que cela implique pour eux, devraient être une des questions envisagées, discutées et réglées collectivement et dans la transparence par les équipes pédagogiques. Les inspecteurs chargés de circonscription du premier degré, comme les chefs d'établissement devraient y veiller.
- Donner des orientations claires au sujet des devoirs et leçons permettrait par ailleurs de rendre plus explicites les finalités et les modalités des actions d'accompagnement à la scolarité – qui contribuent à l'équité du système éducatif – de mieux les articuler avec l'école et de préciser les conditions d'évaluation de leurs effets. [...]

▸ ...le Haut Conseil considère qu'il ne faut pas tolérer plus longtemps des dérives qui entretiennent, voire creusent, les inégalités.

Laisser les élèves et leurs familles seuls face aux devoirs et leçons est source d'iniquité. Le recours croissant à des aides extérieures à la scolarité, payantes mais financées pour une part par des avantages fiscaux, en témoigne. Cela ne peut laisser indifférents les responsables du système public d'éducation qui ne sont pas dépourvus de moyens d'action en la matière. La question qui se pose est en effet celle de la finalité du service public d'éducation : « faire réussir tous les élèves » ce n'est pas « faire réussir certains mieux que d'autres ».

- La réussite scolaire suppose la maîtrise d'un ensemble diversifié de savoirs disciplinaires, mais aussi une maîtrise de savoir-faire, de techniques, de méthodes pour apprendre, mémoriser, faire « vite et bien », qui sont inégalement enseignées à l'école, mais qui jouent un rôle de plus en plus important au fur et mesure qu'on avance dans la scolarité. Le succès des cours particuliers tient à l'attention qu'ils attachent à les développer chez les élèves.
- Cette dimension doit être explicitement prise en compte dans la conception et la mise en œuvre des apprentissages et des progressions scolaires par les enseignants. L'acquisition de méthodes d'apprentissage et l'aide au travail personnel font partie de leurs tâches et doivent être explicitement intégrées au temps scolaire. Elles doivent d'abord se construire dans la classe, et il faut ensuite organiser, au sein de l'école et avec des personnels compétents, un temps et un lieu pour l'exercice et l'entraînement.

Document 3. Comment aider mon enfant dans son travail personnel ? École élémentaire Accompagnement à la scolarité, Guide pratique Fiche familiale N° 5

Les enfants, après la classe, doivent s'entraîner à la lecture. Ils ont parfois des poésies et des leçons à apprendre. Ce travail de mémorisation peut comporter une phrase à écrire, une liste de mots. L'enseignant peut également demander des recherches documentaires et des collectes de documents. Chaque enfant a son rythme personnel pour réaliser ces tâches, qui diffère même de celui de ses frères et sœurs.

Cinq raisons pour lesquelles le travail personnel, demandé à l'enfant par l'école, est une source de préoccupation pour les parents :

- c'est une contrainte (tous les jours ou presque) ; c'est quelquefois long à faire ; parfois peu compatible avec la vie de la famille (sorties, fêtes de famille, départ en fin de semaine, résidences alternées...) ;
- les parents peuvent se sentir en difficulté devant ce qui est demandé à leur enfant ;
- les exercices deviennent de plus en plus ardus ;
- si l'enfant ne comprend pas ou si le parent ne se sent pas capable d'expliquer, il peut y avoir des tensions, des colères, des déceptions ;
- il est difficile de ne pas manifester son inquiétude ou son exaspération devant des échecs.

Pourquoi le travail personnel est-il important ?

- la régularité de l'entraînement permet de fixer les connaissances, de mémoriser ;
- le travail personnel demandé à l'enfant permet à ceux qui accompagnent sa scolarité de suivre ce qui est fait à l'école et d'observer où en est l'enfant : il constitue un lien entre les familles et l'école.

Pistes pour l'action – ce que les parents peuvent faire

Organiser un cadre de travail

- favoriser le travail personnel grâce à une heure régulière pour les devoirs, au même endroit, radio et télévision éteintes ; le cadre rassure l'enfant, le calme facilite sa concentration ; préparer le cartable en fonction de l'emploi du temps est important ; les cahiers, la trousse, les ciseaux ; faire tailler les crayons, reboucher les feutres, retrouver les fournitures ; vérifier régulièrement (au début de l'année au moins une fois par semaine) ;
- lors des petites vacances, laisser l'enfant se reposer, sans travail supplémentaire en dehors de ce qu'a recommandé l'enseignant ; avant l'été, dans les grandes classes (CE2, CM1, CM2), demander à l'enseignant conseil sur l'intérêt d'acheter un cahier d'activité et encourager l'enfant à le remplir dans les quinze derniers jours (pour qu'il se souvienne de l'année passée et se prépare à reprendre l'école).

Rassurer l'enfant en lui montrant la cohérence entre la famille et l'école

- demander à l'enseignant, lors de la réunion des parents d'élèves du début de l'année, de préciser le travail personnel qu'il attend des enfants et ce qu'il souhaite que les parents fassent ; si on ne peut pas être présent, s'efforcer de rencontrer le professeur à un autre moment pour bénéficier des informations ;
- participer aux réunions que l'école organise, si c'est possible, et penser à prendre les informations, par exemple auprès d'autres parents, si on ne peut s'y rendre ;
- respecter les demandes du professeur (le matériel, le crayon ou le bic, le cahier ou le classeur) : cela rassure l'enfant ;
- l'enseignant fait des demandes de fournitures précises pour faciliter l'acquisition du soin, du rangement, pour des raisons pédagogiques ; toutefois, si ces demandes paraissent difficiles à satisfaire (trop nombreuses, trop chères), prendre contact avec une association de parents d'élèves ;
- éviter de critiquer les méthodes de l'école devant l'enfant (les désaccords entre adultes le perturbent) ; penser à demander à l'enseignant, au directeur, les raisons de telle ou telle manière de faire.

Encourager, soutenir

- avoir confiance dans les capacités de son enfant ;
- comprendre que se tromper est partie intégrante de l'apprentissage : résister à l'envie de faire à la place de l'enfant ;
- accueillir positivement les questions de l'enfant : « *Tu ne sais pas ce que veut dire ce mot ? On va regarder ensemble dans le dictionnaire ; on va se renseigner* » ; manifester de l'intérêt pour ce qu'il fait, pour ce qu'il expérimente, pour ce qu'il apprend ;
- si on ne peut pas être présent au moment du travail personnel de l'enfant, en parler avec lui : « *Qu'est-ce tu avais à faire aujourd'hui ? C'était difficile ? C'était intéressant ?* » ; « **Tu peux me raconter l'histoire que tu as lue ?** » ; l'enfant se sent soutenu dans sa scolarité si le parent s'en préoccupe ;
- si l'on choisit de faire accompagner la scolarité de l'enfant par un frère ou une sœur plus âgés, par une association (activité gratuite ou très accessible) ou dans un centre social, continuer, pour le soutenir, à parler avec lui de son travail, ainsi qu'avec les responsables ;
- encourager l'enfant à exprimer sa curiosité, ses sentiments, ses envies et se donner le temps de l'écouter. [...]

▸ Des signaux d'alerte

- si l'enfant passe beaucoup de temps à faire son travail personnel, paraît fatigué, inquiet : peut-être y a-t-il trop de travail à faire ? Examiner la situation avec d'autres parents de la classe ;
- si l'enfant a beaucoup de mal à faire ce qui lui est demandé ou obtient de mauvais résultats : en parler à l'enseignant ; en parler avec d'autres parents (d'autres enfants peuvent être dans la même situation) ; se créer des

interlocuteurs de confiance parmi sa famille, ses voisins, ses amis, les parents d'élèves, les associations ; des aides et des conseils peuvent être apportés ;

- si l'école fait des propositions vis-à-vis des difficultés de l'enfant, aller aux rendez-vous ; ne pas hésiter à se faire accompagner ; poser des questions ; se faire expliquer les choses ; demander des conseils ; le réseau d'aide et de soutien aux élèves en difficulté (RASED) peut aider l'enfant.

Document 4. Le travail à la maison : question pédagogique, question sociale, question politique, Philippe Meirieu publié le 28/03/2012, sur huffingtonpost.fr

La question des devoirs à la maison est, [...] extrêmement sensible. Elle suscite plus que de l'intérêt : de véritables passions. C'est qu'elle touche, tout à la fois, à l'institution scolaire - par définition distanciée des intérêts individuels – et à la famille – bien légitimement préoccupée de l'avenir singulier de ses propres enfants. Elle articule une dimension publique – celle d'une école pour toutes et tous – et une dimension privée – celle de la construction par chaque enfant, avec ses parents, de sa trajectoire personnelle. Elle interroge le rôle respectif des enseignants – transmettre démocratiquement des savoirs - et celui des parents – accompagner particulièrement leurs enfants et veiller sur leur avenir...

Aussi, pour tenter d'avancer sur cette problématique, il convient de poser quelques jalons stabilisés, comme autant de thèses offertes au débat et pouvant servir d'objets de discussion entre parents et enseignants aussi bien dans le champ scolaire que dans le champ politique...

1- La question des « devoirs à la maison », en particulier à l'école primaire, pose, d'abord, un problème d'équilibre de vie pour l'élève. Alors que chacun s'accorde sur le fait que les journées de travail scolaire sont trop longues, que les élèves sont fatigués et manquent de sommeil, il n'est pas très raisonnable d'en rajouter... au risque d'accroître l'échec contre lequel on cherche à lutter. Il convient donc de travailler sur l'équilibre des journées et, plus globalement, de l'année scolaire afin de permettre un développement harmonieux de l'enfant.

2- Au collège et au lycée, cette question renvoie à l'hégémonie du travail scolaire dans l'emploi du temps de certains enfants. [...] Il convient donc d'être mesuré et de travailler, entre professeurs et avec les familles, sur la manière de favoriser l'investissement des élèves, de manière équilibrée, entre toutes les activités nécessaires à la construction de leur personnalité. Il n'est pas possible que « chacun tire de son côté », sans réflexion globale et au détriment de l'élève.

3- Dans tous les cas, le travail scolaire à la maison pose la question de la nature de ce qui est demandé à l'élève en dehors de la classe et du rôle de l'école et des parents dans l'acquisition des méthodes de travail. En effet, quel que soit le travail en question (devoir ou leçon), il n'est pas possible de s'en remettre à une capacité innée ou à l'aide des familles (particulièrement inégalitaire). Apprendre un poème, faire une narration ou une dissertation, rédiger un compte rendu, dessiner une carte… tout cela n'est pas inscrit dans les gênes. Donc, ou bien, du temps est pris en classe pour apprendre concrètement à réaliser cela, ou bien on renvoie à l'inégalité des accompagnements familiaux ou des structures d'aide extrascolaire. Et, en externalisant ainsi ce qui est déterminant pour la réussite scolaire, on compromet la vocation démocratique de l'école. Il convient donc, pour le moins, d'afficher un principe fondamental : tout ce qui est proposé comme travail personnel « à la maison » doit avoir fait l'objet d'un apprentissage méthodique en classe sous le contrôle de l'enseignant. Et cela, à tous les niveaux et tous les âges. L'école doit apprendre aux élèves à travailler et ne pas les assigner à une écoute plus ou moins active, avant de les envoyer « faire leur travail » ailleurs… Au risque de se comporter comme un professeur d'éducation physique qui dicterait en cours les règles du basket et donnerait le match à faire à la maison !

4- Plus globalement, l'éducation consiste, bien sûr, à aider l'enfant à accéder à l'autonomie, à la capacité de travailler tout seul. « Aide-moi à faire tout seul », disait la pédagogue Maria Montessori. Cela nécessite, tout à la fois, un travail en classe (cette autonomie doit faire l'objet d'une formation sous l'œil vigilant du maître qui « met l'élève au travail ») et un travail à l'extérieur de la classe qui permette à l'élève de réutiliser seul et à sa propre initiative ce qu'il a appris. Dans ce cadre, et dès lors que c'est strictement préparé, encadré et régulé, le « travail à la maison » (on devrait dire, en réalité, « le travail hors de la tutelle de l'enseignant ») est une composante nécessaire de l'éducation. Mais il doit pouvoir s'effectuer sans mettre à mal les équilibres de vie fondamentaux.

5- Enfin, il faut bien reconnaître que la demande de « travail à la maison » émane souvent des parents eux-mêmes. Cette demande doit être entendue. Si elle signifie, de leur part, qu'à leurs yeux, l'essentiel de la réussite scolaire se joue en dehors de la classe, les enseignants et l'Éducation nationale doivent se poser sérieusement la question du sens de leur investissement individuel et collectif. Si elle signifie qu'à travers le « travail à la maison », les parents souhaitent pouvoir regarder de près la progression de leur enfant, surtout quand ils sont jeunes, cette demande doit être comprise comme un déficit d'outils et de situations de communication… et cela doit susciter une interrogation sur la place des parents à l'école, sur la nécessaire « continuité éducative » et sur les conditions d'une véritable « co-éducation ».

Au total, la question du travail à la maison est, on le voit, loin d'être anecdotique. C'est un enjeu fondamental, social et politique. Il faut savoir gré à ceux qui l'ont soulevée à nouveau aujourd'hui de l'avoir rappelé… et espérer que cette question fera l'objet de débats constructifs à l'avenir entre des partenaires - Éducation nationale, parents, enseignants, collectivités territoriales - qui doivent construire ensemble « l'école de la réussite de tous ».

Retrouvez le corrigé et un exemple d'entretien sur : www.editions-foucher.fr

Annale 2016 – Hétérogénéité et différenciation pédagogique

Sujet d'annale proposé en 2014, 2015 et 20116 sur une problématique pédagogique centrale. Ce sujet s'appuie uniquement sur des textes issus de la recherche en éducation, plus ardus à analyser que les textes institutionnels.

1 Sujet

1. Le concept d'hétérogénéité se réduit-il à une inégalité de « niveaux » scolaires ?
2. Que cela implique-t-il pour la différenciation pédagogique à mettre en œuvre ? L'hétérogénéité est-elle un frein ou une richesse pour les apprentissages ?
3. En quoi la mise en œuvre d'un travail d'équipe est-elle importante pour une bonne gestion de l'hétérogénéité des élèves ?

Document 1 Extrait de « *La pédagogie différenciée : historique, problématique, cadre conceptuel et méthodologie de mise en œuvre* », (2009).

Bruno ROBBES, Maître de conférences en Sciences de l'éducation, Université de Cergy-Pontoise/IUFM de Versailles, Chercheur associé au laboratoire CREF - EA 1589, Université Paris Ouest Nanterre La Défense

[...]

2. Problématique de la pédagogie différenciée

2.1. Selon différentes disciplines des sciences humaines.

La pédagogie différenciée s'appuie d'abord sur un constat anthropologique indiscutable : l'hétérogénéité entre les humains est de fait et ce fait constitue la justification principale de la différenciation de la pédagogie.

Au plan de la microsociologie scolaire, Philippe Perrenoud rappelle que dans une classe, la pédagogie différenciée est une réalité quotidienne incontestable, car il n'existe pas deux élèves qui sont traités exactement de la même manière de la part d'un enseignant. Le problème n'est pas de nier ce fait mais de le contrôler. La pédagogie se doit d'être lucidement différenciée sans faire jouer massivement la complicité socio-affective entre l'enseignant et certains élèves « choisis » par lui plus ou moins consciemment.

Au plan de la psychologie des apprentissages, les postulats fondateurs de la pédagogie différenciée selon Robert Burns soulignent pour leur part qu'il n'y a pas deux apprenants qui apprennent de la même manière. La pédagogie différenciée est donc centrée sur l'élève :

« Il n'y a pas deux apprenants qui progressent à la même vitesse.

Il n'y a pas deux apprenants qui soient prêts à apprendre en même temps.

Il n'y a pas deux apprenants qui utilisent les mêmes techniques d'étude.

Il n'y a pas deux apprenants qui résolvent les problèmes exactement de la même manière.

Il n'y a pas deux apprenants qui possèdent le même profil d'intérêts.

Il n'y a pas deux apprenants qui soient motivés pour atteindre les mêmes buts ».

Au plan macrosociologique enfin, Sabine Laurent souligne que *« la pédagogie différenciée part de la nécessité d'une formation générale de base de même niveau pour l'ensemble de la nation et pose le principe de l'éducabilité de tous les élèves. Elle répond à ce défi en termes de gestion des différences entre les élèves. En conséquence, elle soulève le problème de* ***la nature des différences à prendre en compte au sein de la population scolaire pour construire des situations d'apprentissage »****.*

Selon Françoise Campanale, ces différences peuvent être considérées de deux manières. Dans le premier cas, *« les différences individuelles constatées sont conçues comme des retards de développement, des lacunes dans les apprentissages de la prime enfance, des défauts dans la formation de la personnalité, des manques »* par rapport à une norme socioscolaire standardisée. *« Cette interprétation quantitative amène un traitement compensatoire des différences, en termes de remédiations au sens de remèdes, de soutien »*. Dans la conception qualitative des différences, on considère que *« l'école définit à travers ses normes une culture parente de celle développée dans les classes dominantes de la société. (...) Les différences témoignent alors de diversités et non de manques »*, et c'est la non prise en compte de la diversité des cultures d'origine qui les créent. À cette distance culturelle s'ajoute souvent un difficile décodage des implicites pédagogiques porté par l'enseignant.

Cette conception suppose alors *« un traitement des différences (...) pluriculturel, (une) diversité des médiations et des médiateurs, (l') implication de l'élève dans l'évaluation (l'enfant doit pouvoir se saisir des normes scolaires qui ne sont pas nécessairement celles du milieu familial), (la) valorisation de l'expérience personnelle, (l') absence de jugements de valeur... »*.

« Comment traiter les différences entre élèves ? Comment ne pas transformer les différences individuelles en inégalités de réussite scolaire reproduisant des inégalités sociales ? » telles sont les questions auxquelles la pédagogie différenciée s'attache à apporter des réponses.

2.2. Deux grands courants théoriques correspondant à deux modèles de société.

C'est justement à partir de la façon de considérer les différences entre élèves et d'en déduire des intentions et mises en œuvre pédagogiques que Philippe Meirieu (1996) distingue deux grands courants théoriques de la différenciation : le diagnostic *a priori* (ou la gestion technocratique des différences) et l'inventivité régulée (ou la tension « invention/régulation »). L'auteur privilégie sans ambiguïté la seconde approche. Selon lui, le diagnostic *a priori* conduit à une impasse pédagogique : soit rationaliser la situation d'apprentissage afin de parvenir à une typologie des opérations mentales qui soit à peu près traitable, ou bien vouloir prendre en compte toutes les différences (symboliques, affectives, sociales) dans une investigation sans limites. L'impasse tient au fait qu'en aucune façon, les remédiations pédagogiques ne peuvent être déduites mécaniquement des caractéristiques des sujets, qui ne sont *« que des indicateurs de pertinence par rapport à des propositions didactiques que l'on doit toujours imaginer par ailleurs »*.

En conclusion, Meirieu estime que *« la gestion technocratique des différences participe de cette négation de la place du sujet dans sa propre éducation, elle confond formation des personnes et fabrication des objets, elle ignore que rien ne peut se faire dans l'autre que ce ne soit l'autre qui le fasse »*.

Au contraire, l'inventivité régulée s'attache à ne pas en rester à une pédagogie des causes, mais promeut une pédagogie des conditions. Celle-ci *« accepte comme une réalité « incontournable » le fait que je n'ai jamais de pouvoir direct sur la conscience de l'autre et que je ne peux en aucun cas déclencher ses apprentissages de manière mécanique »*. Ainsi, l'enseignant se redonne le pouvoir d'agir, en mettant au point des méthodes, des situations, des dispositifs, des techniques et des outils pédagogiques qui vont permettre aux élèves, différents de fait, d'apprendre. La pédagogie des conditions *« s'efforce de créer des espaces et de fournir des outils, d'enrichir l'environnement et de favoriser l'expression ; elle est attentive à faire de la classe* ***un lieu de sécurité,*** *sans une pression évaluative permanente, sans moqueries en cas de tâtonnement ou d'échec (...). Elle mesure aussi la nécessité du* ***regard positif,*** *qui n'enferme pas, ne fige pas mais encourage l'imprévisible et s'émerveille devant lui. Elle sait, enfin, l'impérieuse nécessité* ***d'inventer toujours des moyens nouveaux****, en prospectant dans sa mémoire et en faisant appel à son imagination, pour que chacun, avec sa différence, puisse trouver progressivement par lui-même ce qui lui permet de grandir et de lui échapper »*.

Au total, l'enjeu de la pédagogie différenciée semble lié au modèle de société à promouvoir.

Technocratique d'un côté, affectant chacun à une place fixe, se servant de la détection scientifique des différences entre individus pour prévoir, planifier et exclure. À l'école, cette tentation totalitaire qui pousserait à l'extrême la logique de rationalisation et de maîtrise aboutirait à *« une école où des savants connaîtraient à l'avance la « personnalité » de leurs élèves-patients et pourraient prescrire ainsi les remédiations à programmer pour qu'ils accèdent aux savoirs définis pour eux. (...)*

Un système qui, au nom du « bien commun », prétendrait déterminer, pour chacun (...), le niveau d'opérations mentales effectives, les pré-requis structurels et fonctionnels, leur type de rapport au savoir, leur orientation libidinale et pulsionnelle, leurs stratégies d'apprentissage dans les domaines cognitif, affectif et psychomoteur, leur niveau d'attention, leur rythme d'acquisition, leur degré de docilité épistémophilique et leur taux d'insertion sociale... ».

Face à ce scénario catastrophiste – mais qui n'est pas purement fictif – et auquel par chance le sujet humain réel résiste toujours, Mourad Bahloul (non daté) oppose le projet sociopolitique d'épanouissement et d'émancipation du sujet porté par la pédagogie différenciée : *« la finalité ultime de cette pédagogie est le dégagement de chacun et sa constitution comme un être libre et autonome. Son projet sociopolitique est l'avènement d'une société plurielle où soient données à chaque sujet et à chaque instant toutes les chances de son épanouissement moral et social. C'est ainsi que cette pédagogie s'appuie sur l'individu, sa singularité, sa spécificité et sa différence pour lui offrir toutes les possibilités de son émancipation ».*

Si l'on suit Jean-Pierre Astolfi (1992), un tel projet est fidèle à l'esprit des initiateurs de la différenciation pédagogique, pour lesquels l'enjeu réside dans l'objectif de démocratisation de l'enseignement. Une première idée en découle : *« s'efforcer de faire travailler, le plus longtemps possible, au sein des mêmes classes, une population d'élèves de plus en plus hétérogène ».*

Pour cela, il s'agit de proposer *« **pour tous** une diversification des activités (…) et des dispositifs institutionnels (alignement des emplois du temps, tutorat, travail en équipe des professeurs…) »* (tout en maintenant des objectifs constants, *« car dès lors que ce sont les objectifs qu'on différencie, on entre dans (…) un processus sélectif ».*

Adossée à l'objectif générique de démocratisation de la réussite scolaire, contre une normalisation comparative qui classe les élèves les uns par rapport aux autres et traduit les différences en termes d'inégalités, la pédagogie différenciée s'appuie donc :

- sur des principes de diversification et d'adaptation, contre l'utopie de l'égalitarisme par un traitement identique à tous en termes de méthode pédagogique, de situation d'apprentissage… Les élèves sont différents : la classe homogène est un rêve, un mythe. L'école ne peut qu'être « sur mesure », chacun travaillant à son niveau, à son rythme, selon ses possibilités actuelles. En conséquence, le métier d'enseignant ne consiste pas à appliquer des méthodes conçues par des experts, qui seraient valables pour tous les élèves et en toute situation. Les élèves en difficulté d'apprentissage obligent le professeur à chercher sans cesse des solutions, en prospectant dans sa mémoire et en faisant appel à son imagination ;
- sur des principes d'éducabilité et d'intelligence. Même en difficulté, tout élève peut apprendre, progresser, acquérir des savoirs. *« Rien ne garantit jamais au pédagogue qu'il a épuisé toutes les ressources méthodologiques, rien ne l'assure qu'il ne restera pas un moyen encore inexploré, qui pourrait réussir là où, jusqu'ici, tout a échoué ».* Il est donc normal qu'à l'école, l'élève fasse des erreurs puisqu'il est en situation d'apprentissage. L'erreur d'un élève est d'ailleurs très rarement aberrante, si l'enseignant prend le temps de la comprendre. Elle est même un outil pour son enseignement.

En substance pour Meirieu (1996), *« la pédagogie différenciée s'efforce de travailler au dépassement de la contradiction suivante : prendre en charge la diversité sans perdre la cohérence nécessaire, tenir compte des différences pour ne pas les transformer en inégalités sans enfermer les personnes dans ces différences ».*

Document 2. L'hétérogénéité des élèves : un éclairage par la recherche en éducation

Bruno Suchaut, Université de Bourgogne et Irédu-CNRS, Paru dans *Les Cahiers Pédagogiques*, N° 454, juin 2007, pp. 18-19

Le terme d'hétérogénéité a fait son apparition de manière progressive dans le langage courant des enseignants à la suite de l'évolution du système éducatif français. Cette évolution s'est traduite sur le terrain par des changements dans la composition du public d'élèves accueilli dans les établissements et la plus grande diversité des élèves est principalement le fait de deux mécanismes. Le premier tient au phénomène de massification du système qui a permis à l'ensemble d'une classe d'âge d'accéder à des parcours scolaires de plus en plus longs. Le second, tient à la suppression de certains paliers d'orientation, de filières (et d'une partie des structures d'enseignement spécialisé), mais aussi à une diminution sensible des redoublements. À cela, s'ajoute une évolution sociale, économique et culturelle de la société qui a provoqué des changements dans le rapport des individus à l'école, cela se traduisant par une population d'élèves moins réceptive à la norme scolaire traditionnelle. Pour toutes ces raisons, de la maternelle à l'université, le public d'élèves s'est diversifié, tout en donnant lieu à une plus grande difficulté dans l'exercice du métier d'enseignant. Cette hétérogénéité, si souvent mise en avant dans le discours des acteurs recouvre en fait plusieurs dimensions au niveau des élèves : niveau d'acquisition, capacités cognitives, comportement scolaire, milieu social... La question est alors de savoir si cette hétérogénéité du public d'élèves rend les contextes d'apprentissage moins efficace.

Pour alimenter la réflexion sur le sujet, il peut être utile de rappeler quelques résultats majeurs de la recherche en éducation sur cette question. Nous pouvons pour cela mobiliser des éléments à plusieurs niveaux d'analyse. Le premier niveau concerne de façon globale les systèmes éducatifs qui peuvent témoigner d'une plus ou moins forte hétérogénéité dans leur structure. Une recherche récente, basée sur l'exploitation des données PISA, s'est penchée sur la relation entre le degré global d'hétérogénéité des systèmes éducatifs et les performances des élèves (Duru-Bellat, Suchaut, 2005). Un indicateur de différenciation des systèmes a été construit qui prend en compte trois caractéristiques : l'importance du redoublement en primaire, la brièveté du tronc commun et l'ampleur de la ségrégation scolaire entre les établissements. Plus cet indicateur est élevé, plus les élèves sont, très tôt, placés dans un environnement pédagogique homogène (le redoublement s'efforce d'homogénéiser le niveau des classes, de même que l'existence de filières précoces et d'établissements de niveaux scolaires différents) ; à l'inverse plus l'indicateur présente une valeur faible, plus les systèmes maintiennent une organisation caractérisée par l'hétérogénéité. On peut alors distinguer les pays selon ceux qui développent une culture de l'intégration (comme c'est le cas dans les pays nordiques et les pays asiatiques) de ceux qui favorisent une culture de la différenciation (comme c'est le cas dans les pays germaniques, les pays d'Europe de l'Est et les pays les plus pauvres de l'Europe du Sud). Les pays dont les systèmes cultivent la différenciation ont des élèves moins performants que les autres, sans pour autant dégager une élite scolaire importante. Entre outre, plus les systèmes scolaires maintiennent un niveau élevé d'hétérogénéité (peu de redoublements, un tronc commun long, des établissements peu différenciés), moins les inégalités sociales de réussite entre élèves sont importantes. Autrement dit, l'hétérogénéité globale du système éducatif ne nuit pas au niveau moyen des élèves et elle permet de plus de réduire l'impact de l'origine sociale sur les acquisitions scolaires.

Un second niveau d'analyse concerne les pratiques de constitution de classes dans les établissements scolaires et notamment la constitution de classes de niveau. Cette pratique, moins courante en France que dans les pays anglo-saxons, existe dans le second degré même si cela n'est pas toujours affiché clairement par les établissements. Plusieurs manières, plus ou moins déguisées, existent pour regrouper les élèves selon leur niveau dont la plus connue est le choix des langues vivantes et de certaines options. Une recherche française, menée au niveau du collège, a confirmé les résultats internationaux concernant le faible effet de la constitution de classes homogènes sur les acquisitions des élèves (Duru-Bellat, Mingat 1997). Mais ce constat valable en moyenne pour l'ensemble des élèves varie quand on se centre sur des profils scolaires particuliers. Un élève fort à tout à gagner à être scolarisé dans une classe homogène de niveau élevé alors qu'un élève faible à, quant à lui, tout à perdre à être scolarisé dans une classe homogène de faible niveau. La question de l'hétérogénéité illustre bien la problématique de l'arbitrage entre le cas général (ce qui vaut, en moyenne pour tous les élèves) et les cas particuliers (ce qui vaut spécifiquement pour tel élève). Si l'on souhaite privilégier l'équité, c'est-à-dire réduire les écarts entre élèves sans pour autant affecter fortement le niveau moyen, alors le meilleur compromis pour tous les élèves, est un groupe classe hétérogène car il permet aux élèves en difficulté de mieux progresser sans que les élèves les plus avancés soient réellement pénalisés. En fait, le faible avantage lié aux classes homogènes de niveau élevé serait principalement du au fait que le curriculum proposé aux élèves serait plus riche et plus ambitieux (Whitburn, 2001).

À niveau de l'enseignement primaire en France, le critère consensuel qui régit les procédures de constitution des classes dans les écoles est basé sur une égalité de « traitement » entre les enseignants. Les maîtres d'une même école souhaitent pouvoir bénéficier de conditions de travail comparables (dont la gestion de l'hétérogénéité du groupe classe est un élément important), les élèves bénéficiant alors de contextes d'apprentissage similaires (Leroy-Audouin, Suchaut, 2005). Dans la grande majorité des cas les équipes pédagogiques agissent donc au mieux pour établir une répartition équitable des élèves entre les classes. Cet équilibre s'applique en priorité aux effectifs en présence, mais aussi à la répartition par sexe et au niveau d'acquisition scolaire. Avec ce principe de similitude des configurations de classe sans une même école lors de l'affectation des élèves, c'est donc paradoxalement l'hétérogénéité qui est recherchée par les enseignants. Cela étant dit, d'une école à l'autre les classes peuvent être plus ou moins hétérogènes, mais aucune étude française portant sur l'enseignement primaire n'a pu mettre en évidence un effet significatif du degré d'hétérogénéité de la classe sur les progressions des élèves.

Un dernier niveau d'analyse se focalise sur les organisations pédagogiques au sein même de la classe qui peuvent permettre, notamment en constituant des groupes de niveau, de réduire l'hétérogénéité. Cette pratique peu répandue en France est très courante dans les pays anglo-saxons sou le vocable d' « *ability grouping* ». La majorité des recherches qui ont mesuré l'efficacité des groupes de niveau n'ont pas mis en évidence de bénéfices associés à cette modalité de gestion de la classe (Slavin, 1990).

La recherche fournit donc des conclusions plutôt favorables à l'hétérogénéité alors que les acteurs la perçoivent au contraire comme un frein à l'efficacité de leur travail. Les enseignants ne s'attendent sans doute pas à faire face à ce public diversifié sans doute parce que l'hétérogénéité n'apparaît pas comme une composante véritablement intégrée dans les représentations initiales du métier. Après tout, dans le passé, la classe unique de l'école rurale était un modèle d'hétérogénéité en regroupant des élèves d'âges très différents sans que cela ne fasse l'objet d'un débat de même nature qu'aujourd'hui ; c'est tout au plus le surcroît de travail, lié à la multiplicité des sections en présence dans la classe, qui pouvait être déplorée. La prise en compte de l'hétérogénéité dans la gestion de la classe devrait être une constante de l'acte pédagogique : il y aura toujours des élèves forts, moyens et faibles, des élèves aux aptitudes variées, des élèves appartenant à des milieux familiaux qui entretiennent une plus ou moins grande proximité avec l'école ; tout est en fait une question de degré dans cette hétérogénéité et surtout de capacité à l'accepter et à la gérer au quotidien. L'organisation de la scolarité en cycles dans l'enseignement élémentaire a pourtant établi un cadre favorable à la prise en compte des différences inter-individuelles dans les rythmes d'apprentissages des élèves, mais cela ne suffit sans doute pas et la solution réside encore une fois dans l'adaptation des pratiques pédagogiques à la diversité naturelle des élèves (Burns, 1971). [...]

Retrouvez le corrigé et un exemple d'entretien sur : www.editions-foucher.fr

Sujet d'annale 2014, 2015 et 2016 sur une autre problématique pédagogique centrale.

1 Sujet

- À partir des documents fournis, pouvez-vous identifier les composantes principales de la motivation dans le contexte scolaire ?
- Comment peuvent s'exprimer les difficultés de motivation et quelles sont leurs conséquences à l'école ?
- Comment le désir d'apprendre peut-il être suscité à travers les choix pédagogiques de l'école ? Donnez quelques exemples.

Document 1 ***Apprendre autrement aujourd'hui : la motivation à l'école,*** **Fabien Fenouillet, 10e Entretiens de la Villette, 1999 (Extraits)**

(...)

Motivation extrinsèque, motivation intrinsèque

La première théorie que nous allons aborder a permis de mettre au jour tout un pan de la psychologie de la motivation, que les chercheurs ne cessent de révéler encore à l'heure actuelle. Une originalité de cette théorie, initialement présentée par Richard Deci en 1975, est de décrire deux grandes catégories de motivation, l'extrinsèque et l'intrinsèque.

- La *motivation extrinsèque* se définit comme suit : le sujet agit dans l'intention d'obtenir une conséquence qui se trouve en dehors de l'activité même ; par exemple, recevoir une récompense, éviter de se sentir coupable, gagner l'approbation sont des motivations extrinsèques. Dans le monde scolaire, les exemples de ce type de motivation ne manquent pas : travailler pour obtenir de bonnes notes ou pour éviter les mauvaises, ou encore pour faire plaisir à ses parents, voire à son ou ses professeurs.
- Dans la *motivation intrinsèque,* les comportements sont uniquement motivés en vertu de l'intérêt et du plaisir que le sujet trouve dans la pratique de l'activité, sans attendre de récompense extrinsèque à l'activité ni chercher à éviter un quelconque sentiment de culpabilité. Dans le monde scolaire, les exemples de motivation intrinsèque sont plus difficiles à mettre en évidence. En effet, lorsqu'un élève travaille beaucoup une matière telle que les mathématiques ou l'histoire, l'enseignant pourrait être tenté de dire que cet élève semble intéressé. Cependant si ce travail est effectué en vue d'obtenir ou d'éviter quelque chose, l'élève n'est pas guidé par l'intérêt, mais bien par une promesse extérieure à l'activité. Si un individu est réellement intéressé par une activité, la lecture par exemple, il ne l'est pas forcément par les livres qui sont au programme de français, d'où une inadéquation entre cette motivation manifeste et les performances scolaires. Nous pouvons donc considérer que

la motivation intrinsèque -c'est à-dire l'intérêt que l'on trouve à pratiquer une activité- est presque absente du système scolaire classique, dans la mesure où ce dernier met en place toute une série de contraintes en vue de contrôler l'apprentissage de l'élève. En revanche, cette motivation intrinsèque peut tout à fait s'épanouir dans des activités extrascolaires, qui peuvent, cette fois, être pratiquées uniquement pour le plaisir : faire du tennis, jouer aux échecs, jouer sur ordinateur, lire.

La contrainte tue l'intérêt

Une deuxième originalité de cette théorie est l'organisation des motivations entre elles suivant un continuum dit d'« autodétermination ». Deci et Ryan ont utilisé les résultats de nombreuses études pour montrer que la motivation intrinsèque est totalement autodéterminée, alors que la motivation extrinsèque est vécue comme une contrainte. Les résultats vont même plus loin puisqu'ils montrent qu'une activité jugée au préalable intéressante par des élèves, c'est-à-dire qu'ils pratiquent uniquement pour le plaisir, perd de son intérêt si elle est pratiquée sous la contrainte. Autrement dit, la contrainte tue l'intérêt.

Différents types de contraintes ont été expérimentés ; citons à titre d'exemple la récompense, les limites temporelles ou encore la recherche de valorisation. Nous pouvons remarquer que ces trois exemples de contraintes sont couramment -on pourrait aller jusqu'à dire institutionnellement- utilisés dans le monde scolaire.

L'autodétermination est une clef de la motivation

Mais il ne s'agit pas d'une théorie manichéenne et les auteurs parlent d'un « continuum d'autodétermination » qui va de l'absence de motivation à la motivation intrinsèque en passant par la motivation extrinsèque qui présente, elle, une gradation des niveaux d'autodétermination. Des comportements motivés extrinsèquement peuvent être de très faiblement à fortement autodéterminés. Prenons l'exemple d'un élève qui ne travaille en cours que sous la menace de la sanction immédiate. Nous sommes alors en présence d'un comportement très faiblement autodéterminé, dans la mesure où il cesse dès l'arrêt des promesses de sanction. Imaginons maintenant un élève qui veut absolument étudier plus tard l'astronomie : il sait que ses aspirations sont conditionnées par ses résultats scolaires ; il va donc de lui-même travailler les différentes matières qui lui permettront d'accéder à son but. Il s'agit là encore d'une motivation extrinsèque, mais le niveau d'autodétermination est plus élevé ; le comportement d'apprentissage peut ainsi être initié, comme le ferait la motivation intrinsèque, sans une intervention extérieure.

L'autodétermination est donc une des clefs de la motivation, qu'elle soit intrinsèque ou extrinsèque. Il faut cependant distinguer, dans le cadre scolaire, l'autodétermination de l'autonomie, dans la mesure où le deuxième concept n'implique pas forcément le premier.

En effet, si nous définissons l'autonomie comme la capacité pour l'élève d'effectuer une activité sans l'intervention d'un encadrement quelconque, il reste que cette activité peut être effectuée sous la menace ou en vue d'en soutirer une récompense.

▸ La résignation ou l'apprentissage de l'échec

L'autodétermination n'est pas la seule clef de la motivation, la perception de compétence en est une autre au moins aussi importante, car elle conditionne en plus l'absence de motivation. La théorie d'une résignation apprise développe l'idée que la perte de motivation n'est pas le fruit du hasard ou de la génétique du comportement, mais celui d'un apprentissage de l'échec. La mise en évidence de la résignation a d'abord été produite chez l'animal avant d'être reproduite chez l'homme. Chez l'animal, les auteurs avaient montré que lorsqu'un chien est mis dans une situation où il ne peut prévoir l'effet de son comportement sur l'environnement, c'est-à-dire quand se produit un événement incontrôlable, il cesse d'agir. Chez l'homme, cette même situation a pu être reproduite et il s'est avéré, en fait, que l'individu juge qu'un événement est incontrôlable en fonction des réflexions qu'il porte sur les causes des événements.

(...)

▸ Attribution causale et résignation

Les théoriciens de la résignation apprise considèrent que, lorsqu'un individu est confronté à une situation incontrôlable, il va faire des attributions en fonction de trois critères principaux.

- L'un d'eux est l'*attribution interne ou externe :* les individus peuvent attribuer leurs échecs à des causes externes ; par exemple, quelqu'un peut attribuer sa faible performance à une épreuve de mémorisation au fait qu'il y avait trop de bruit lors de son apprentissage. À l'inverse, il peut estimer que sa très bonne performance à cette même épreuve est due à sa capacité de mémorisation, et donc il attribue sa performance à une cause interne.
- Un autre critère est l'*attribution globale ou spécifique :* quand la résignation apparaît dans toutes les situations, on peut alors la qualifier de « globale », alors que si elle n'apparaît que dans certaines catégories de situations, elle est considérée comme « spécifique ». Par exemple, un individu peut attribuer un mauvais résultat en mathématiques à un manque d'habileté (résignation globale) ou à un manque d'efforts (résignation spécifique).
- Enfin, un dernier critère est l'*attribution stable et temporaire :* la résignation apprise est dite « chronique » ou « stable » lorsqu'elle est d'une longue durée et récurrente. Elle est dite « transitoire » ou « temporaire » lorsqu'elle est de courte durée de vie et non récurrente. Il faut souligner que la résignation est effective quand l'individu fait des attributions stables pour expliquer ses échecs à contrôler l'environnement. Par exemple : un manque d'habileté ou d'intelligence est un état stable alors qu'un manque d'efforts est un état normalement temporaire.

L'enseignant doit aider l'élève à reprendre confiance en lui

Il ressort de ces deux théories motivationnelles qu'il existe au moins deux grandes clefs à la motivation : l'autodétermination et la perception de compétence. Si l'enseignant arrive à favoriser l'autodétermination de l'élève tout en lui permettant de percevoir qu'il gagne en compétence, alors la motivation de ce dernier devrait au moins être maintenue. En ce qui concerne les élèves en échec scolaire -certains disent « en démotivation » (...) la solution passe dans un premier temps, pour la plupart d'entre eux, par une reprise de confiance en leurs capacités d'apprentissage. Il est à noter que les effets de la résignation ne se voient pas seulement dans l'évitement des activités que l'élève considère comme incontrôlables mais également par l'augmentation du stress qui, comme chacun le sait, est source de nombreux maux, dont l'agressivité.

Document 2 ***Le désir d'apprendre : un oublié de l'école*****, André Giordan, article mis en ligne le 7 juin 2010 (Extraits)**

Motiver ?

Depuis la fin du XIXème siècle, de nombreux de pédagogues ont avancé des propositions pour donner vie et force au désir d'apprendre. Alfred Binet, pédagogue et psychologue français, plus connu pour ses tests, écrivait par exemple en 1902 dans son livre « Les idées modernes sur les enfants » « *Au lieu de lui expliquer des idées, il vaut mieux les lui faire trouver ; au lieu de lui donner des ordres, il vaut mieux lui laisser la spontanéité de ses actes, et n'intervenir que pour contrôler* ». Il ajoutait plus loin : « *Entrez dans une classe ; si vous voyez les élèves immobiles, écoutant sans peine un maître agité qui pérore dans sa chaire, ou encore vous voyez ces enfants, copier, écrire le cours que le maître leur dicte, dites-vous que c'est de la mauvaise pédagogie. J'aime mieux une classe où je verrais des enfants moins silencieux, plus bruyants mais occupés à faire le travail le plus modeste, pourvu que ce soit un travail où ils mettent un effort personnel, un travail qui est leur œuvre, qui exige un peu de réflexion, de jugement et de goût.* »

Depuis la mise en place des écoles actives voici plus d'un siècle, l'activité justement et l'autonomie de l'élève, son plaisir de découvrir par lui-même, de se questionner et de chercher sont recommandés comme les meilleurs agents de la motivation. Les questions nourrissent la curiosité et entraînent la dynamique du « connaître ». Les attentes de l'enfant, ses projets jouent un rôle moteur, auquel contribuent fondamentalement la confiance dans ses compétences intellectuelles et l'estime de soi, que notre système scolaire met particulièrement à mal.

D'autres pédagogues, comme Freinet, Montessori ou Decroly, mettront plutôt l'accent sur le contexte éducatif : la construction d'une identité de classe ou encore une pédagogie du projet. Pour eux, il suffit de « surprendre » le jeune, de rendre la classe ludique ou de faire ressortir l'aspect « magique » des savoirs enseignés. Il s'agit de rendre vivant ce qui apparaît comme immobile sur le papier, de « favoriser le tâtonnement expérimental » ou encore promouvoir l'activité de groupe dans les apprentissages.

Une place importante est faite au débat et à la coopération entre élèves, à l'expression de leurs vécus ou de leurs expériences. On suscite leurs intérêts, on fait exprimer leurs conceptions ; on les fait encore travailler sur leurs différences ou partager leurs interprétations. Sont convoqués également : la nouveauté, l'actualité, les sujets qui font débat comme l'environnement, le développement durable.

Les pédagogues québécois y ajoutent le défi, le goût du risque ou l'émulation… Toutes ces propositions fournissent des éléments de réponses pour (re)motiver les élèves. Elles constituent des « plus » pédagogiques dans la monotonie ambiante.

(…)

Document 3 Ressources pour l'école primaire – ***Vers la réussite de tous les enfants à l'école : Des principes d'action à redécouvrir dans les classes du premier degré*** **; Claude Seibel ; MEN/DGESCO octobre 2013 ; Eduscol (Extraits) (1) «** ***Genèses et conséquences de l'échec scolaire*** **», Claude Seibel, Revue française de pédagogie, avril-juin 1984**

(…) Je développerai davantage le second principe, car il s'efforce de mieux fonder l'action pédagogique de l'enseignant vers tous et vers chacun des enfants qui lui sont confiés. Au cours de la concertation de l'été 2012, de nombreux intervenants ont insisté sur la nécessité de « réinternaliser » l'aide apportée à certains enfants en butte à des fragilités d'apprentissage ou à des blocages, pour des notions difficiles. Il faut évidemment distinguer l'ampleur des difficultés liées à certains apprentissages et à certains élèves : tout est question de degré et il serait absurde de se priver de l'apport de professionnels formés pour pallier des difficultés graves que rencontrent certains enfants.

Mais, quel que soit le parcours parfois difficile de certains enfants, tout doit être fait pour préserver le lien pédagogique et affectif de l'enseignant avec chacun de ses élèves : ceci est particulièrement crucial dans la phase des apprentissages fondamentaux où, comme l'avait bien montré Henri Wallon, l'enseignant est le modèle du « désir mimétique » de l'enfant, dans ces phases progressives de la construction de sa personnalité et de ses connaissances. Toute rupture, tout relâchement, de ces liens (en partie conscients, en partie inconscients) peut se retourner contre l'enfant : aux difficultés scolaires qu'il rencontre, s'ajoute le désarroi d'une situation affective qu'il vit comme un rejet.

« La rupture inconsciente du désir mimétique de l'enfant entraîne un « retournement » progressif dans son attitude visà- vis de l'école et dans les attentes de l'école vis-à-vis de lui. Les premiers obstacles mal surmontés ou sanctionnés entraînent chez un enfant jugé en difficulté scolaire, des traces négatives qui ne sont pas seulement affectives ou psychologiques mais aussi pédagogiques. » (1)

Ce principe d'action ne se décrète pas : il se construit au niveau de chaque enseignant et de chaque équipe éducative ; il sollicite les capacités (techniques professionnelles) des enseignants pour prendre en charge au sein de la classe ces difficultés, mais également pour dialoguer au sein de l'équipe éducative, pour partager avec les parents de l'enfant ces difficultés d'apprentissage, pour assurer la bonne insertion de chaque enfant dans le groupe-classe, par exemple en valorisant ses progrès aux yeux de ses camarades...

Tout en mettant l'accent sur une école « bienveillante » basée sur la confiance et le respect de l'autre, l'école de la « réussite pour tous » est aussi une école exigeante puisque tous les enfants et chacun des enfants doit s'inscrire dans un parcours de maîtrise de ses apprentissages : il est exclu de baisser le niveau d'exigence pour ce qui est considéré comme essentiel. (...)

Je voudrais, en conclusion, proposer un dernier principe d'action celui de découvrir individuellement et collectivement les apports de la « pédagogie de la réussite ». Il y a en effet des opportunités encore peu explorées par la majorité des enseignants, mais que connaissent bien les enseignants les plus expérimentés et surtout les plus attentifs au vécu et à la progression de chaque élève et de tous les élèves dans leur classe. Peut-on recourir à la « pédagogie de la réussite » tout au long de la scolarité dans notre pays ? Au stade actuel de notre école (mais sans doute plus largement de la société française), ce concept est saugrenu, parfaitement utopique, puisque, pour la plupart d'entre nous, nous avons été élevés dans le registre de l'erreur, de la lacune, de la déficience, voire de la « faute ».

Viser la réussite de chaque élève, c'est aussi connaître et reconnaître ses potentialités, ses points forts même modestes, au même titre que ses difficultés, ses déficiences, ses lacunes... C'est savoir lui dire ce qu'il réussit ; lui dire là où il est en train de progresser, sans masquer les domaines ou les points qui sont encore défaillants. C'est savoir peu à peu élargir ce qu'il réussit ou ce qu'il est en train de réussir à d'autres domaines dans une maïeutique toujours positive. (...)

Retrouvez le corrigé et un exemple d'entretien sur : www.editions-foucher.fr

SUJET 10 Annale 2015 – Jeux de préhension, Cycle 3

Ce sujet est issu des annales CRPE 2015.

1 Exposé

Description de la situation

Dans votre classe de CM1, vous avez programmé un module d'enseignement ayant pour support des jeux de « lutte ». Les élèves ont déjà vécu un module d'enseignement de jeux collectifs.

Question posée au candidat

Vous proposerez 3 séances de votre module d'enseignement, amenant l'élève à « affronter seul un adversaire tout en respectant les règles ». Justifiez vos choix

2 Entretien : questions

- Vous faites le choix d'utiliser le ballon comme objet transitionnel. J'ai déjà vu des jeux où les élèves doivent attraper des pinces à linge sur l'autre. Est-ce que vous pourriez proposer cet objet transitionnel ? Pourquoi ?
- Quel serait pour vous la situation de référence en CM2 ?
- Est-ce que vous pouvez proposer des jeux de préhension en maternelle ?
- Il est précisé dans le sujet que les élèves ont déjà vécu un module d'enseignement de jeux collectifs, quels jeux auriez-vous proposés dans ce module de jeux collectifs au regard de votre programmation ?
- Que faites-vous si un élève effectue des gestes dangereux ? Quels peuvent être ces gestes ?
- Les élèves doivent-ils toujours pratiquer dans une séance d'EPS ?
- Comment faire si un élève perd tous ses combats ?
- Quels liens pourriez-vous faire avec les compétences du socle ? Les autres disciplines de l'école ?
- En quoi votre projet peut-il participer à l'éducation à la santé ?
- Quelles autres activités proposeriez-vous à la suite de ce module ?

Téléchargez un exemple d'exposé et les éléments de réponses aux questions sur www.editions-foucher.fr.

inédit – Jeux collectifs, GS

1 Exposé

Une collègue de travail vous donne ce visuel en vous affirmant qu'il est très bien pour les élèves de grande section. Au regard de ce visuel, vous présenterez 4 séances d'une progression dont la première séance propose ce jeu pour une classe de grande section maternelle de 24 élèves.

Extrait de *Agir dans le monde*, Équipe départementale EPS 67, Accès, 1999

2 Entretien : questions

- Quelles difficultés rencontrent les élèves dans les jeux de poursuite ?
- Quels jeux de poursuite proposeriez-vous en CE1 ?
- Vous avez choisi de ne proposer que des jeux de poursuite dans votre progression, peut-on imaginer une progression qui s'appuierait sur d'autres formes de jeux ? Quels pourraient être ces jeux ?
- À quoi servent les jeux de tir ?
- Peut-on exploiter les jeux à d'autres fins que de collaborer, coopérer et s'opposer ?
- Votre ATSEM est-elle présente avec vous ? Que lui demandez-vous ?
- Vous proposez un jeu d'élimination, est-ce fondamental ? Comment faire pour que les élèves pratiquent suffisamment ?
- Que proposez-vous en classe, avant et après la séance de motricité ?

Téléchargez des éléments de correction sur www.editions-foucher.fr.

- Pourquoi peuvent-ils aussi être intéressants ?
- Vous parlez d'un maître-nageur ? Quel diplôme a-t-il ? Peut-il intervenir juste parce qu'il est employé de la piscine municipale ?
- Vous précisez que vous avez un parent avec vous, avez-vous le droit ?
- Vous choisissez de travailler les immersions à travers le jeu des banquises dans l'atelier 3, mais est-ce utile pour les 3 élèves nageurs ? Qu'auriez-vous pu proposer ?
- Est-ce que cet atelier ne peut être utilisé que pour l'immersion brève et volontaire ?
- La présence d'objets de flottaison sur les élèves non nageurs est-elle obligatoire ? nécessaire ?
- Vous faites le choix d'utiliser des lunettes, pourquoi ?
- La piscine accueille aussi des élèves de CM2, comment pourriez-vous utiliser le parcours 1 ?
- Dans votre classe, que faites-vous avant et après être allé à la piscine ?
- À la suite de ce module, que proposeriez-vous comme activité ?

Téléchargez des éléments de correction sur www.editions-foucher.fr.

SUJET 8 inédit – Natation, CP

1 Exposé

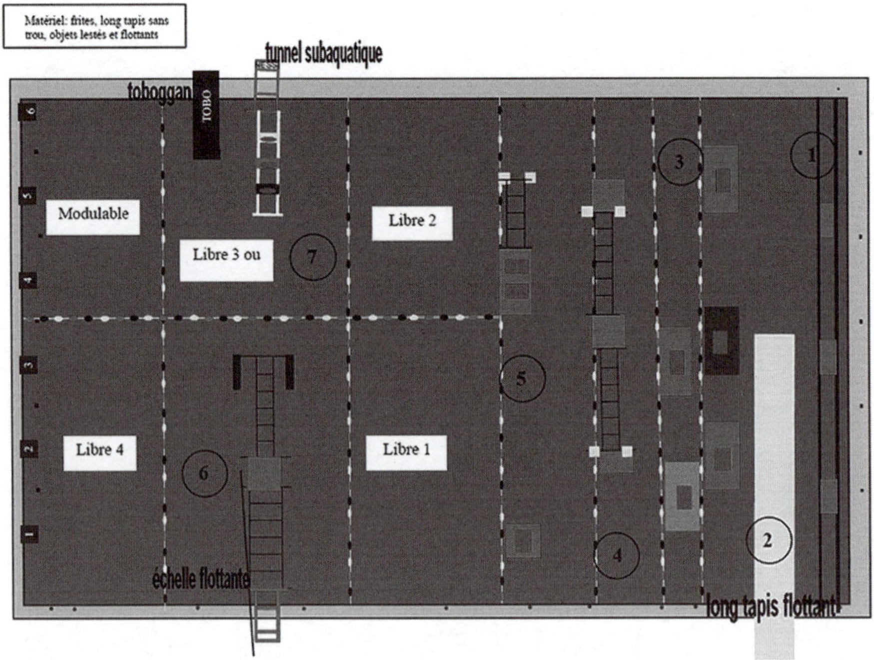

Dans le cadre d'un remplacement, l'enseignante de la classe de CP vous donne le plan de la piscine et vous annonce que vous aurez accès à chaque leçon à un atelier et un espace libre. Elle vous remet aussi les résultats de l'évaluation diagnostique et vous faites le constat que vous avez 5 élèves qui savent se déplacer sur 15 mètres sans reprise d'appuis ; 8 élèves en difficulté et les 13 autres élèves sont en train de construire les habiletés motrices attendues au CE2.

Proposez 3 séances de votre progression pour l'ensemble de la classe. Vous justifierez votre organisation humaine.

2 Entretien : questions

- L'organisation en parcours et en atelier vous a été imposée, si vous aviez eu le choix, est-ce l'organisation que vous auriez choisie ?
- Vous avez choisi de faire des groupes homogènes, est-ce que les groupes hétérogènes à la piscine sont interdits ?

SUJET 7 inédit – Danse, MS

1 Exposé

Les inducteurs sont nécessairement utilisés dans la pratique de la danse à l'école.

1. Proposez des inducteurs utilisables en cycle 1, en cycle 2 et en cycle 3.

2. Vous décidez, par la pratique d'activités d'expression à visée artistique, de développer l'expression par un geste maîtrisé et l'imagination chez des élèves de moyenne section. Détaillez une progression permettant d'atteindre cet objectif.

2 Entretien : questions

- Vous avez envisagé une démarche de création. On peut aussi évoquer la démarche du modèle. Pensez-vous que l'appropriation de techniques soit nécessaire à l'école ? Comment faire alors pour que l'élève enrichisse son répertoire moteur ?
- Du point de vue de la gestion de l'hétérogénéité de votre classe, comment feriez-vous avec un élève en difficulté (pour être vu, pour créer et inventer) ?
- Envisageons un objet inducteur précis : que feriez-vous avec une chaise et quelles seraient les possibilités d'enrichissement ?
- Comment transformer ou diversifier la motricité des élèves ?
- Comment faire entrer tous les élèves d'une même classe dans l'activité danse ?
- Quelles autres activités proposeriez-vous pour entrer dans une démarche artistique ?
- Les rondes ont-elles leur place en maternelle ? Qu'apportent-elles ?
- Que faire en cycle 3, quand les garçons refusent de danser ?
- Quelles autres activités pourriez-vous convoquer dans votre projet ?

Téléchargez des éléments de correction sur www.editions-foucher.fr.

inédit – Athlétisme, Cycle 3

1 Exposé

Dans la cour de récréation, les élèves s'amusent souvent à se poursuivre, à jouer au loup, mais jamais ils ne s'amusent à courir longtemps sans s'arrêter. Lorsque les enseignants ont tenté, les années passées, de mettre en œuvre des activités de courses de durée, les élèves avaient du mal à adhérer.

En classe de cycle 3, vous souhaitez faire évoluer les représentations de vos élèves vis-à-vis de la course de longue durée, développer leur motivation et améliorer leur performance.

Proposez un projet d'enseignement de l'athlétisme qui vise l'objectif suivant : « courir régulièrement en aisance respiratoire ».

Vous avez à votre disposition une piste de 200 m ainsi que tout le matériel nécessaire que vous préciserez dans votre proposition.

2 Entretien : questions

- Pourquoi enseigner la course de durée si vos élèves ne sont pas motivés ?
- Quelle(s) autre(s) source(s) de motivation que le projet pourriez-vous donner aux élèves pour leur donner envie de courir longtemps ?
- Dans la situation de référence que vous proposez, quelle variable mettriez-vous en place si un élève est en difficulté ?
- Que faire avec un élève qui est le meilleur de la classe ?
- Comment intégrez-vous les autres disciplines athlétiques à votre projet d'enseignement ?
- Comment organiseriez-vous une rencontre interclasse ?
- En quoi votre projet peut-il participer à l'éducation à la santé ?
- Quelles autres activités proposeriez-vous à la suite de ce module ?

Téléchargez un exemple d'exposé et les éléments de réponses aux questions sur www.editions-foucher.fr.

SUJET 5 Arts du Cirque, CM1

1 Exposé

Dans votre classe de CM1, vous avez programmé un module d'enseignement ayant pour support les activités circassiennes. Les élèves ont déjà vécu un module d'enseignement de jeux collectifs.

Vous proposerez 3 séances de votre module d'enseignement, amenant l'élève à mémoriser et présenter un numéro formé d'un enchaînement comportant plusieurs formes de jonglage et utilisant plusieurs engins, seul ou à plusieurs, et comportant une entrée, un milieu, une fin.

2 Entretien : questions

- Le jonglage doit-il toujours se faire avec du matériel spécifique ? Quel serait l'intérêt d'exploiter le matériel ordinaire des cours d'EPS ?
- Dans le sujet, on ne parle que de la famille « jonglage », quels sont les autres familles du cirque ?
- Pensez-vous que l'appropriation de techniques soit nécessaire à l'école ? Comment faire alors pour que l'élève enrichisse son répertoire moteur ?
- Est-ce que vous pouvez proposer « Cirque » en maternelle ?
- Est-ce que, pour vous, il est nécessaire que ce numéro soit présenté en fin d'année devant les parents ?
- Pensez-vous que les élèves doivent aller voir des spectacles de cirque ? Comment guideriez-vous leur regard ?
- Pensez-vous qu'il soit judicieux de faire appel à un intervenant extérieur ? Avez-vous le droit ? Quel est le diplôme conseillé ?
- Quelles autres activités proposeriez-vous à la suite de ce module ?

Téléchargez un exemple d'exposé et les éléments de réponses aux questions sur www.editions-foucher.fr.

Athlétisme, CE1

Ce sujet est inspiré des annales CRPE 2017.

1 Exposé

Dans votre classe de CE1, lors des premières séances d'activités athlétiques, vous avez constaté que certains élèves ont tendance à s'arrêter ou à ralentir avant la ligne d'arrivée. Vous souhaitez faire évoluer les réponses des élèves. Présentez une situation que vous organiserez pour que les élèves soient capables de franchir la ligne d'arrivée sans ralentir.

2 Entretien : questions

- Quels seront vos prochains objectifs en course, en saut, en lancer ?
- Comment faire pour que l'élève court plus vite ? Saute plus loin ? Lance plus loin ? Court plus longtemps ?
- Est-ce que les zones de couleur sont définitives ? Proposeriez-vous cet aménagement à des élèves de CM2 ?
- Existe-t-il des associations permettant de faire se rencontrer les élèves dans le cadre de compétitions scolaires ?
- Est-ce que leurs objectifs sont seulement de faire se confronter les élèves ?
- En quoi votre pratique des activités athlétiques favorise-t-elle la santé de vos élèves ou tout du moins l'éducation à la santé ?
- Quels liens pourriez-vous faire avec les compétences du socle ? Les autres disciplines de l'école ?
- L'activité athlétique est-elle la seule activité de performance enseignable à l'école ?
- Pensez-vous qu'il soit judicieux de travailler avec un intervenant extérieur ?
- Quelle(s) autre(s) activité(s) proposeriez-vous à la suite de ce module ?

Téléchargez un exemple d'exposé et les éléments de réponses aux questions sur www.editions-foucher.fr.

SUJET 3 Jeux collectifs, GS

Ce sujet s'inspire des annales CRPE 2015 mais tient compte des intitulés des nouveaux programmes de maternelle. A vous maintenant de jouer. Utilisez notre méthodologie pour construire votre exposé et répondre aux questions qui auraient pu vous être posées lors de l'entretien.

1 Exposé

Description de la situation

En classe de grande section de maternelle, lors des premières séances d'activité physique, vous avez mis en œuvre, pour vos élèves, « des activités d'orientation ».

Vous souhaitez maintenant faire évoluer les réponses de vos élèves pour les amener à développer l'objectif « collaborer, coopérer, s'opposer ».

Question posée au candidat

Présentez un jeu de votre choix que vous ferez évoluer afin de favoriser la coopération et l'opposition collective. Justifiez vos choix.

2 Entretien

Voici quelques questions qui pourraient vous être posées à la suite de votre entretien. Tentez d'y répondre. Une correction est sur www.editions-foucher.fr

- Quels autres jeux que celui que vous avez présenté pourriez-vous proposer ?
- Vers quels sports collectifs le jeu que vous avez présenté conduit-il ?
- Comment feriez-vous évoluer ce jeu pour répondre aux attendus des programmes en fin de cycle 2 ?
- Les jeux de poursuite ont-ils une place dans la pratique en école maternelle ? Pourquoi les utiliseriez-vous ?
- Vous avez parlé des difficultés à manipuler pour les élèves de maternelle. Doit-on alors éviter tous les jeux avec manipulation ?
- Dans les jeux que vous proposez, y a-t-il des arbitres ?
- Les élèves doivent-ils toujours pratiquer dans une séance de motricité ?
- Comment matérialisez-vous la victoire ou la défaite ?
- Que faites-vous si un élève perd toujours ?
- Quels liens pourriez-vous faire avec les autres disciplines de l'école ?
- Pensez-vous qu'il soit judicieux de travailler avec un intervenant extérieur ?
- Quelle autre activité proposeriez-vous à la suite de ce module ?

Téléchargez un exemple d'exposé et les éléments de réponses aux questions sur www.editions-foucher.fr.

▸ Est-ce que pour vous il est nécessaire que ce projet natation se termine par l'obtention d'un diplôme ?

Il peut être motivant pour des élèves de chercher à progresser et de recevoir en retour un diplome. Mais ce diplôme doit être construit avec les élèves. Ils pourront ainsi définir les niveaux et se voir progresser au fur et à mesure des séances. Plus qu'un diplôme ne validant qu'un niveau de pratique, je préfère une fiche progrès construite avec les élèves. Ce diplôme validerait donc les réussites de l'élève. Ce diplôme co-construit pourrait alors être signée par le directeur et par le directeur de la piscine pour lui donner une valeur officielle plus forte.

▸ Vous parlez de présenter le parcours en classe pour donner les consignes. Êtes-vous sûr(e) que celui-ci sera compris par tous ?

Je propose un parcours schématisé dans la classe. Mais pour permettre une lecture plus aisée, je ne dessine pas tous les éléments du parcours et j'utilise plutôt des photos des objets.

De plus, chaque élève aura une fiche individuelle où il devra recoller les consignes dans le bon ordre et au bon endroit. Enfin, je peux revenir sur le parcours en travaillant sur les éléments de liaison tels que « avant, après, ensuite et enfin ».

▸ Pour conclure, quelles autres activités pourriez-vous proposer à la suite de ce module ?

L'accent est mis sur l'adaptation au milieu ; il peut être intéressant de confronter l'élève à d'autres milieux comme en course d'orientation. Mais je pense que j'exploiterais les sensations ressenties lors du travail de déplacement dans l'eau et des parcours vécus pour créer en danse. L'élève découvrira alors que l'on peut se déplacer pour créer.

perche. Ils devront progressivement descendre d'une perche oblique à une perche verticale. Ensuite, ils devront descendre sans perche. Enfin, il faudra qu'ils puissent rester plus longtemps au fond pour attraper encore plus d'objets. C'est alors par une connaissance du milieu que je les aiderai à comprendre que, s'ils sont pleins d'air, ils remontent. Il faut donc réguler sa respiration subaquatique pour résoudre le problème.

▸ Vous avez fait référence à la démarche d'essai-erreur. Pourquoi ce choix de démarche et pourquoi pas la pédagogie du modèle ?

Cela rejoint ce que je disais tout à l'heure en analysant les spécificités de l'enseignement de la natation à l'école. Je pense que, si je fais le choix en tant qu'enseignant de proposer les activités aquatiques, c'est parce que je souhaite que l'élève puisse agir en toute sécurité dans un milieu qui ne lui est pas familier. En proposant la pédagogie du modèle (voilà comment il faut faire), je ne permets absolument pas à l'élève de se familiariser avec le milieu et de le comprendre.

▸ Aucun objet de flottaison et des lunettes, pourquoi ?

Comme je l'ai expliqué, les éléments de flottaison ne permettent pas une véritable exploration du milieu. Difficile de rentrer dans l'eau si on a des bouées ! Comprendre le milieu et l'explorer c'est découvrir la poussée d'Archimède et comprendre que l'on flotte même sans objet flottant. Les lunettes, quant à elles, permettent de rassurer les élèves en rendant le milieu moins étranger.

▸ Revenons à la mise en œuvre, pensez-vous qu'il soit judicieux de faire appel à un parent ? Avez-vous le droit ? Si vous étiez en maternelle, pourriez-vous utiliser votre ATSEM ?

Le taux d'encadrement en élémentaire est l'enseignant et un adulte agréé qu'il soit bénévole ou non. Un parent peut donc compter dans l'encadrement. Cependant, il n'a pas les mêmes prérogatives que l'intervenant diplômé. Il ne peut pas enseigner. Il peut juste transmettre les consignes et aider à l'animation de la séance. J'avoue que, si je pouvais, je choisirais de travailler alors avec plusieurs parents sur un même parcours.

▸ Est-ce judicieux ?

Il ne faut pas que l'encadrement soit trop important, sinon c'est encore plus dangereux au regard de la dilution des responsabilités.

▸ Et pour l'ATSEM en maternelle ?

Depuis la nouvelle circulaire de 2011, elle peut désormais agir autour du bassin et, si le maire l'autorise, aller dans l'eau. Pour ma part, je préfère qu'elle soit présente pour aider les élèves à l'habillage et au déshabillage et qu'elle puisse intervenir auprès des élèves pendant la pratique s'ils doivent aller aux toilettes.

Je ne la compte pas dans le taux d'encadrement. Elle n'intervient pas dans l'enseignement, elle aide à tout ce qui complète la pratique (douche, vestiaire, transport).

Questions susceptibles d'être posées par le jury et éléments de réponse

‣ Je reviens à votre proposition de parcours. Vous faites le choix de travailler le long de la rigole, pourquoi ? Comment faire par la suite ?

Comme je l'ai précisé tout à l'heure, je choisis pour cette seconde séance de rassurer les élèves. Dans un second temps, il faudra que le parcours se fasse dans le sens de la largeur de la piscine. Pour cela, je pourrai utiliser les lignes d'eau pour délimiter des couloirs d'action. Dans la piscine où j'ai pu observer des élèves, les maîtres-nageurs et l'équipe de circonscription avaient défini ensemble des parcours et des ateliers installés avant l'arrivée des élèves. Les enseignants savaient alors quel parcours ils avaient et pouvaient ainsi adapter leurs contenus en fonction de l'installation. L'idée était de varier au maximum les parcours mais aussi de permettre d'évoluer dans un milieu sécurisé, c'est pourquoi chaque parcours offrait des éléments sur lesquels les élèves pouvaient s'appuyer pour reprendre leur souffle.

‣ Comment faites-vous alors pour que l'élève ose faire ?

C'est vrai que, dans ma situation, je fais le choix de me baser sur la symbolique de l'épreuve. Celle-ci est au fondement de toutes les activités de déplacement. Il faut s'éprouver face à un environnement de moins en moins familier. Lors des situations de jeux aquatiques, j'aurai ciblé les élèves en grande difficulté et ceux qui ont vraiment peur. Dès lors, j'aurai à les rassurer. Pour cela, il y a bien entendu les encouragements, mais je ferai en sorte aussi qu'un élève parmi les plus doués passe juste avant cet élève. De plus, lors des séances en classe, il me semble essentiel de parler des peurs que l'on peut avoir pour mieux dédramatiser l'environnement. Il existe aussi des albums de jeunesse qui racontent les peurs et les angoisses de la piscine. Je peux les utiliser pour engager la réflexion. C'est le cas de l'ouvrage *Le fabuleux voyage de Lola*.

‣ Vous faites le choix des immersions volontaires plus ou moins prolongées. Jusqu'où pouvez-vous aller ?

L'apnée prolongée est interdite à l'école. Les immersions volontaires doivent donc être vécues par un déplacement sous l'eau ou vers le fond pour aller chercher des objets. Pour obtenir de l'Attestation Scolaire du Savoir Nager l'élève doit ainsi franchir en immersion complète un obstacle sur une distance de 1.5 mètre.

‣ Comment faire alors pour qu'ils apprennent à aller chercher des objets au fond de l'eau ?

Dans ce cas, il faut d'abord qu'ils aient acquis les immersions volontaires et brèves comme dans le parcours. Après, ils auront à découvrir les moyens de faire durer cette immersion. Mais surtout, ils doivent découvrir comment aller au fond. Dans un premier temps, je peux les aider à descendre au fond en leur proposant de travailler avec une cage aquatique ou de descendre avec une

encore au tapis d'avoir des appuis de moins en moins solides. De plus, les pieds ne peuvent plus être en appuis sur le bord.

(proposition) Enfin, après un déplacement d'environ deux mètres, en se tenant ou non le long de la rigole, les élèves effectuent une immersion volontaire plus ou moins prolongée en passant sous une, deux ou quatre frites. J'ai intitulé cela « le passage sous les branches d'arbre ». **(argumentation)** L'élève se défie donc en s'immergeant plus ou moins longuement.

(proposition-argumentation) Le parcours a débuté au milieu de la longueur du bassin, c'est pourquoi à la fin du parcours, l'élève remonte à l'échelle et rejoint le départ de la grande balade. Bien entendu, lors du passage des consignes, il lui a été rappelé les consignes de sécurité comme « ne pas courir » et « attendre que le camarade ait atteint le cône avant d'entrer dans l'eau »

(proposition) Je tiens à ajouter que ce parcours n'est pas totalement découvert par les enfants. En effet, **(argumentation)** la piscine étant un lieu très bruyant, **(proposition)** j'ai anticipé la présentation du parcours grâce à un parcours retranscrit dans la salle de classe.

[Conclusion]

Commencez par le résumé des idées principales développées dans l'exposé.

Comme j'ai tenté de le montrer, l'utilisation d'un parcours dans les activités aquatiques vise l'adaptation de l'élève à l'environnement. Il se doit, tout en étant sécurisé, d'être évolutif pour que chaque élève vive une véritable épreuve motrice et puisse faire évoluer ses réponses corporelles.

Puis opérez une ouverture (même brève)

Je pourrai par la suite enrichir les propositions par une exploration de plus en plus importante du milieu. En éloignant par exemple les élèves du bord ou en amenant l'élève à s'immerger pour aller chercher des objets lestés.

Plus tard, il faudra aussi conduire les élèves à se défier dans une activité de mesure. C'est pourquoi j'augmenterai les distances à parcourir sans se tenir et l'élève aura un retour non pas sur la complexité du parcours mais sur la distance qu'il a réussi à parcourir sans se tenir.

N'en dites pas plus. Il faut savoir ne pas tout expliquer ou définir dans un exposé pour « tendre des perches » au jury qui s'en emparera... ou non !

3 Entretien avec le jury

Nous vous proposons un entretien fictif possible entre les membres du jury et le (la) candidat(e). Il est bien entendu que, dans le cadre du concours, d'autres directions pourraient être choisies et que le contenu de l'exposé et des réponses lors de l'entretien détermine largement l'enchaînement des questions.

suis parvenu jusqu'au bout du parcours ». Mais également, « lors de mes divers essais, j'ai réussi à faire un parcours plus difficile qu'au début ». **(argumentation)** Je souhaite ainsi favoriser l'esprit de défi chez mes élèves. Parce qu'il est évolutif, et parce que j'invite l'élève à ne pas se contenter de ce qu'il sait faire, j'aide l'élève à mieux apprendre. En effet, il ne peut y avoir apprentissage que s'il y a obstacle. Enfin, les critères de réussite permettent à l'élève de se situer et de savoir s'il a réussi ou non.

(proposition) Le parcours se passe en 4 grandes étapes dans lesquelles l'élève devra entrer dans l'eau, se déplacer le long de la rigole puis contourner un tapis et enfin après quelques mètres passer sous des frites.

(proposition) Pour effectuer le parcours, les élèves n'ont pas d'éléments de flottaison sur eux. **(argumentation)** Cependant, le milieu est sécurisé puisqu'il se passe près du bord et des frites sont posées tout au long du parcours pour être accessibles en cas de besoin. De plus, la perche est posée le long de la rigole si nécessaire.

(proposition) L'étape 1 consiste donc à entrer dans l'eau. L'élève aura le choix (du plus facile au plus complexe) d'entrer par le toboggan, d'entrer assis, de sauter dans l'eau. Pour les élèves presque nageurs, je leur propose de s'éprouver en rentrant par une culbute tête en premier. **(argumentation)** Pour des raisons de sécurité, **(proposition)** je demande à l'élève suivant de ne rentrer dans l'eau que lorsque l'élève a atteint un cône que j'ai placé le long de la rigole. **(argumentation)** Les situations d'entrée dans l'eau favorisent une véritable immersion de l'élève. L'entrée par le toboggan, pour rassurante qu'elle est, a souvent tendance à faire entrer pleinement les élèves dans l'eau : c'est en cela qu'elle me semble très intéressante. Plus tard dans le cycle, je demanderai à l'élève de se laisser remonter en se laissant porter par l'eau.

(proposition) L'élève doit ensuite se déplacer le long de la rigole sur une distance d'environ 8 m, **(argumentation)** c'est la moitié de la distance qu'il aura à parcourir en fin de CE2. **(proposition)** L'élève choisit de se tenir, de ne se tenir pas plus de 5 fois ou de ne pas se tenir du tout. **(argumentation)** J'ai choisi de travailler le long de la rigole pour rassurer les élèves. Il s'agit ici de favoriser un déplacement par les bras et non pas par les jambes.

(proposition) Dans un troisième temps, l'élève doit contourner un gros tapis. J'ai choisi de dire que c'est un gros rocher que nous devons contourner lors de notre balade. **(argumentation)** En effet il est intéressant de jouer avec l'imaginaire des enfants. Il a été montré que les élèves osent plus lorsqu'ils ont à vivre une aventure motrice où les objets ou les parcours racontent une histoire. Le rocher est là pour éloigner progressivement les élèves du bord. **(proposition)** L'élève a deux choix. Premier choix : il peut choisir de se tenir ou non au rocher. Il peut même choisir de ne se tenir que sur la longueur ou que sur la largeur du tapis. Deuxième choix : il peut choisir la dimension du rocher. Il doit alors l'annoncer au parent qui avancera plus ou moins le tapis dans l'eau. **(argumentation)** En plus de favoriser l'éloignement du bord, elle permet à l'élève qui se tient

Je propose ce parcours avec un groupe de 12 élèves, **(argumentation)** ce qui correspond à la quantité d'élèves que j'aurais si j'avais une classe de 24 élèves. L'autre groupe travaille avec un employé de la structure d'accueil, titulaire du BESAN. **(proposition)** Celui-ci encadre un atelier que nous avons défini ensemble, où les élèves auront à vivre des situations et des jeux de flottaison. Je pars sur le principe que j'ai également un parent qui m'aide dans la mise en œuvre de mon atelier. **(argumentation)** Ce parent est agréé par le DASEN car il a effectué un stage et a prouvé qu'il avait une bonne relation à l'eau. **(argumentation)** Pour qu'il puisse être le plus efficace possible, **(proposition)** je lui ai présenté la situation et la lui ai transmise dans une pochette plastifiée (imperméable). Je l'ai affecté à l'aménagement du parcours (le tapis à contourner) pour que, pour ma part, je puisse suivre les élèves et mieux les guider.

(proposition) Les élèves ont des bonnets de bain de la même couleur pour chaque groupe **(argumentation)** ce qui me permet d'identifier le groupe dans lequel ils sont. **(proposition)** Je choisis de leur laisser porter des lunettes s'ils le souhaitent. **(remarque ici pas d'argumentation pour ouvrir le questionnement)**.

(proposition) J'ai aussi choisi d'organiser mes élèves en groupe hétérogène car **(argumentation)** il me semble que l'on apprend mieux par l'observation d'élèves qui réussissent ou sont en cours d'acquisition. De plus, les élèves en difficulté pourront être rassurés par la réussite de leurs camarades. Enfin, d'un point de vue sécuritaire, j'ai beaucoup moins d'élèves non nageurs à ma charge.

(proposition) Au bout de 15 minutes, les élèves changeront d'atelier et rejoindront le BESAN. J'accompagnerai les élèves jusqu'à l'atelier et récupérerai ainsi l'autre groupe. **(argumentation)** L'idée est que les élèves aient la chance de rencontrer les deux intervenants. Le maître nageur apportant sûrement des savoirs techniques plus importants que moi et pour ma part j'ai une bonne connaissance des élèves. Dès lors, les élèves peuvent être rassurés parce qu'ils me connaissent.

(proposition) Le parcours que je proposerai aux élèves pourra s'appeler « la grande balade ». **(argumentation)** Derrière ce nom, je souhaite que les élèves comprennent que le sens premier de ce parcours est le déplacement d'un endroit à un autre. Le but est d'aller jusqu'au bout. **(argumentation)**

(proposition) Les objectifs intermédiaires de ce parcours sont :
- entrer dans l'eau avec ou sans aide : en glissant, en se laissant tomber ou en sautant et, pour certains élèves, en entrant par la tête (ou entrer dans l'eau en chute arrière) ;
- s'immerger pour réaliser une action simple : en passant sous un ou plusieurs obstacle(s) flottant(s) ;
- se déplacer, sur une courte distance, avec ou sans appui près du bord, puis être capable de s'en éloigner.

(proposition) Le but pour les élèves est alors d'effectuer le parcours dans son entier en le complexifiant de plus en plus. Le critère de réussite, donné aux élèves, est « je

2

Comme le sujet le précise, les élèves de cette classe ont déjà vécu des jeux aquatiques et, lors de cette séance, ils vont découvrir un nouveau parcours permettant de les éprouver dans le cadre de leur déplacement sur ou sous l'eau et dans leur capacité à accepter des immersions plus ou moins prolongées.

Présenter le plan.

Parce que l'objet de l'enseignement de la natation est également de développer l'autonomie de l'élève dans le milieu aquatique, il semble intéressant que l'enseignement proposé permette à l'élève de choisir son entrée dans l'eau, son déplacement, son immersion dans le cadre d'un projet personnel de déplacement en moyenne profondeur. J'ai donc choisi de vous présenter un parcours évolutif que je vais vous détailler. Pour être le plus exhaustif possible, je préciserai mes objectifs, le but des élèves ainsi que les critères de réussite, les organisations matérielles et humaines, les supports de communication retenus ainsi que les consignes que je donnerai. Tout au long de cet exposé, j'argumenterai mes choix didactiques, pédagogiques au regard des capacités de mes élèves, de la spécificité de l'activité et des attentes institutionnelles.

[Développement]

Présenter le parcours.

(proposition) Le parcours que je retiens peut se résumer par l'objectif « permettre à l'élève de choisir son entrée dans l'eau, son déplacement, son immersion dans le cadre d'un projet personnel de déplacement en moyenne profondeur ». **(argumentation)** Cet objectif répond ainsi à la compétence générale de l'EPS « Développer sa motricité et construire un langage du corps » en permettant à l'élève de découvrir le milieu aquatique pour s'y sentir en confiance, être autonome et en sécurité, de s'immerger et respirer de façon contrôlée et adaptée et de se déplacer dans l'eau sur une quinzaine de mètres sans appui et après un temps d'immersion. Cet objectif répond également à la compétence générale « s'approprier seul ou à plusieurs par la pratique, les méthodes et outils pour apprendre » en permettant à l'élève de prévoir son déplacement, choisir, réguler et s'auto-évaluer dans un environnement inhabituel ».

Pour faciliter le développement de ces compétences générales, j'ai donc choisi un parcours évolutif. Je veux dire par là que le parcours proposé n'est pas le même pour tous, afin de permettre à chacun de s'adapter réellement et de choisir son niveau de difficulté.

(argumentation) Le parcours peut ainsi être vécu comme une épreuve par chacun des élèves. Dans le cadre de ce parcours, pour évoluer et se transformer, l'élève doit donc toujours chercher à faire plus difficile grâce à un environnement de plus en plus complexe et de plus en plus éprouvant.

Dès lors, **(proposition)** ce parcours jouera avec le milieu dans lequel l'élève doit agir. Il devra ainsi agir dans un milieu où il n'a pas pied. Progressivement, il devra s'éloigner du bord et ses déplacements se feront avec de moins en moins d'appuis solides.

Pour aider l'élève à oser s'éloigner du bord : on demandera à l'élève de contourner un tapis plus ou moins avancé par rapport au bord de la piscine (3 niveaux) : en se tenant au tapis, en ne se tenant que sur la largeur, sans se tenir.

Enfin on demandera à l'élève de passer sous un objet flottant (frite), plusieurs fois de suite ; passer sous deux objets flottants, respirer puis à nouveau passer sous 4 objets flottants.

▸ Exposé du candidat

[Introduction]

Situer le sujet dans un champ plus large puis glisser vers l'APSA support.

L'EPS vise avant tout le développement moteur de l'enfant et de ses capacités motrices. Mais elle contribue également au développement sensoriel, affectif et intellectuel de l'enfant en lui permettant d'explorer, de s'exprimer, d'agir dans des environnements de plus en plus inhabituels. Pour cela, elle s'appuie sur des APSA dans lesquelles l'élève doit parfois s'éprouver afin de mieux se développer. Dans le cadre des activités physiques aquatiques, la notion d'adaptation et, à travers elle, celle d'épreuve, sont fondamentales. L'élève doit s'éprouver pour mieux s'adapter à un environnement qui ne lui est pas familier. Cette adaptation se fait progressivement et vise avant tout un déplacement sécurisé dans un établissement de bains ou un espace surveillé (piscine, parc aquatique, plan d'eau calme à pente douce).

À la fin du cycle 2, l'élève devra entre autre être capable de se déplacer dans l'eau sur une quinzaine de mètres sans appui et après un temps d'immersion.

Rappeler le sujet sans pour autant le citer tel quel.

Le sujet que l'on m'a proposé vise l'acquisition de certaines habiletés dans le milieu aquatique pour des élèves de CP. Ainsi, il m'est demandé de présenter un parcours d'activités aquatiques où les élèves devront entrer dans l'eau, se déplacer et s'immerger. Le niveau des élèves n'a pas été spécifié, c'est pourquoi je m'appuierai sur l'idée que les élèves sont non nageurs dans le sens où ils ne parcourent pas encore les 15 m sans se tenir et qu'ils ne savent pas passer sous un objet flottant.

Définir l'activité support ainsi que la compétence développée et le niveau d'acquisition attendue.

Comme je l'ai précisé tout à l'heure, les activités aquatiques permettent de confronter l'élève à un milieu peu connu et de le rendre de plus en plus autonome dans ses déplacements. Grâce à cette pratique, l'enseignant rend l'élève capable d'adapter ses déplacements à des environnements variés. L'enseignant vise donc une adaptation de l'élève au milieu par l'adaptation de sa respiration, de son équilibre, de sa propulsion et de sa prise d'information. Pour cela, il peut exploiter des situations d'apprentissage, des jeux aquatiques ou des parcours.

bras et en soufflant dans l'eau // en utilisant de façon autonome une ou plusieurs formes de propulsion (tirer l'eau avec les bras, battre les pieds) // en autonomie sans reprise d'appuis ni aide à la flottaison sur une courte distance (5 à 8 mètres).

- S'immerger pour réaliser quelques actions simples : en passant sous un obstacle flottant // en descendant à l'aide d'une perche, d'une cage // en touchant le fond avec différentes parties du corps // en prenant une information visuelle // en ramassant un objet lesté // en remontant à l'aide d'un support ou en remontée passive.

Remarque : le sujet, par le niveau de classe choisi, m'incite à ne travailler que l'immersion sous l'objet flottant.

- Ceci peut donc conduire à un parcours évolutif, en moyenne ou en grande profondeur, où l'élève devra choisir son entrée dans l'eau, son déplacement, son immersion dans le cadre d'un projet personnel de déplacement.
- Il pourra ensuite évoluer vers un projet de défi personnel en se fixant une distance à réaliser, choisir un parcours avec plus ou moins de possibilités de reprises d'appuis (hors appuis plantaires) et chercher à augmenter la distance et à limiter le nombre d'appuis.
- Organisation avec 28 élèves : stabilité du groupe, mixité ou non, imposé ou non ? → Je choisis de travailler avec un groupe hétérogène. J'ai 12 élèves mais j'ai un parent pour m'aider. L'intervenant de la piscine a un autre groupe avec qui il travaille plus spécifiquement la flottaison.
- Quelles autres activités :

Après → Il peut être intéressant d'aller vers les activités de déplacement dans un milieu non familier comme la course d'orientation, ou, au contraire, travailler sur les sensations du déplacement dans l'eau en danse (se déplacer artistiquement).

En classe Comprendre, s'exprimer en utilisant la langue française à l'oral et à l'écrit → Décrire les parcours ; utiliser les termes avant, après, ensuite, enfin

Mener une démarche d'investigation : l'activité natation permet dans le temps de la pratique et en classe de mieux connaître le milieu aquatique et de décrire, questionner ses observations lors de sa pratique à la piscine.

<u>BILAN</u> : Le parcours doit être évolutif et en moyenne profondeur (entrée dans le cycle).

L'élève devra entrer dans l'eau volontairement en glissant (toboggan), en se laissant tomber (départ assis), en sautant, en entrant par les pieds, par la tête (pour les meilleurs).

Puis il devra se déplacer : le long de la rigole en se tenant, en lâchant de temps en temps le bord ou en se lâchant totalement. Pour les meilleurs on pourra leur demander de se déplacer tête immergée et ensuite de souffler dans l'eau. Ce déplacement devra se faire sur une distance de 15 m. Afin que les élèves aient des repères de distances parcourues des plots seront disposés tous les 5 m le long du bassin.

remonter), information (découvrir le milieu), ressources affectives surtout (la symbolique du parcours est « l'épreuve ») → **Le parcours proposé devra donc permettre cette adaptation.**

b. Connaissance des élèves

Compétences attendues en fin de cycle 2 : Se déplacer dans l'eau sur une quinzaine de mètres sans appui et après un temps d'immersion ; respecter les règles de sécurité qui s'appliquent. → **Ici mon parcours vise le déplacement bref sous l'eau, immersion par l'entrée dans l'eau, un déplacement dans l'eau sans reprise d'appui (de plus en plus long pour aller vers 15 m).**

Les possibilités de mes élèves en cycle 2 : → **Dans le sujet, le niveau n'est pas précisé, il faut donc que je définisse un niveau de pratique : de l'élève « terrien » à l'élève débutant, mais je pars du principe que j'aurai peu de nageurs c'est-à-dire peu d'élèves sachant se déplacer sur 15 m sans se tenir au bord.**

Problèmes rencontrés à cet âge → **Le jeune âge de mes élèves ainsi que les conditions matérielles m'incitent à ne pas donner trop de consignes. L'aménagement matériel doit donc permettre d'agir en toute sécurité et de comprendre ce qu'il y a à faire. Il ne faudra pas oublier de présenter également le parcours en classe. Ceci me donne d'ailleurs des perspectives de travail transdisciplinaire telles que la topologie et les verbes d'action, ainsi que l'utilisation des expressions avant/après/pendant).**

c. La pédagogie

- La démarche retenue : démarche essai/erreur → **Les situations (et ici le parcours) doivent permettre à l'élève d'explorer, essayer et s'éprouver puis, pourquoi pas, se défier (faire plus loin, plus longtemps).**
- Quelles situations ? Parcours → **Le parcours devra comprendre une entrée dans l'eau (varier les entrées pour aller vers se laisser remonter), un déplacement (avec, puis sans appuis... par exemple, contourner un gros tapis) puis une immersion sous un objet flottant (possibilité de mettre plusieurs frites (comme une échelle) et donc de s'éprouver et ensuite se défier... une à la fois puis deux puis 3).**
- Évolution Corps (se tenir/ne plus se tenir/entrée par les pieds/par la tête), Autre (présence d'un adulte dans l'eau pour les plus peureux ?), Matériel (se tenir à la rigole, se tenir sur un tapis flottant, nombre de frites), Espace (moyenne profondeur), Mesure (parler de distance : j'ai réussi à contourner le tapis niveau 1, 2 ou 3), Intention (de plus en plus complexe).

Ceci peut donc conduire à différentes possibilités dans le parcours :

- **Entrer dans l'eau avec ou sans aide : en glissant, en se laissant tomber, en sautant // en entrant par les pieds, par la tête // dans différentes position // en sautant pour attraper un objet flottant.**
- **Se déplacer : en lâchant de temps en temps un rail ou une ligne d'eau équipée // en s'aidant d'une frite et en utilisant bras et jambes (en lâchant la frite, en s'aidant d'un bras) // avec une aide à la flottaison tenue à bout de**

pourra se développer que dans le cadre d'un aménagement du milieu sécurisant mais aussi par une meilleure connaissance du milieu grâce à de nombreuses situations d'expérimentation (est ce que je me remplis d'eau si j'ouvre la bouche ? Est-ce que je peux remonter sans mouvement ? Est-ce que je flotte ou je coule ? Est-ce que si je suis au fond de l'eau je peux y rester ?)

Les difficultés rencontrées par les élèves : les ressources du cycle 2 « transformer - Faire progresser les élèves dans le CA2 » me permettent de répondre à cette question → **L'élève est confronté à des problèmes d'équilibre pour se déplacer de façon efficace. Ses repères et ses réflexes habituels sont perturbés (ouïe, vue, équilibre). L'élève est confronté à une problématique d'équilibration pour flotter liée à une respiration inadaptée. Il cherche à calquer ses habitudes (repères) de terrien à chaque situation sans les remettre en question (refuse l'horizontalité du corps dans l'eau). De plus, la perte des repères et le nombre de nouvelles informations à traiter pour modifier ses actions et s'adapter génèrent une surcharge cognitive si l'élève n'est pas guidé dans cette réorganisation.**

Il faudra donc proposer un parcours progressif pour rassurer l'élève. Remarque : ce parcours évolutif pourrait être présent à plusieurs séances afin que l'élève le découvre, l'expérimente et y progresse.

Bilan ce qu'il y a à apprendre (en lien avec le sujet) : Remarque : les ressources du cycle 2 « transformer - Faire progresser les élèves dans le CA2 » me permettent de répondre à cette question → **Accepter de mettre la tête sous l'eau, d'ouvrir les yeux pour prendre des informations et d'expirer de façon contrôlée ;**

S'immerger, partir du fond du bassin (basse profondeur en début d'apprentissage) et se laisser remonter afin de prendre conscience du principe de la poussée d'Archimède ;

Flotter à la surface de l'eau en acceptant de basculer la tête vers l'avant (flotter sur le ventre, regarder le sol) et vers l'arrière (flotter sur le dos, regarder le plafond) ;

Se déplacer en équilibre horizontal sur le ventre et sur le dos en basculant la tête dans l'axe du déplacement, se propulser grâce à l'action coordonnée des bras et des jambes.

- À quoi sert cette activité à l'école ? Remarque les ressources du cycle 2 « Contribuer au socle » me permettent de répondre à cette question. → **Le sujet m'incite à mettre l'accent sur la compétence générale « Développer sa motricité et construire un langage au corps ». Il s'agit pour l'élève de découvrir le milieu aquatique pour s'y sentir en confiance, être autonome et en sécurité. Il s'agit donc d'aller vers un « agir sécurisé » mais autonome (pas d'élément de flottaison sur l'élève mais sécuriser le milieu).**

Ressources sollicitées : adaptation de la locomotion (bras moteurs), de la respiration (oser la bloquer), de l'équilibre (supprimer les appuis pédestres, se laisser

Spécificité de l'activité aquatique → **L'activité est ici bel et bien une activité d'adaptation et non pas une activité de reproduction de la nage des champions. Il ne s'agit donc pas d'apprendre aux élèves à nager une nage codifiée et réglementée mais bel et bien d'apprendre à se déplacer dans un environnement aquatique. L'élève doit donc comprendre le milieu par des situations d'expérimentation et l'éprouver dans le cadre de parcours aquatiques.**

- Définition du savoir nager au cycle 2 : « à la fin du cycle 2, l'élève sera capable de se déplacer dans l'eau sur une quinzaine de mètres sans appui et après un temps d'immersion ; réaliser un parcours en adaptant ses déplacements à un environnement inhabituel dont l'espace est aménagé et sécurisé et respecter les règles de sécurité qui s'appliquent ».

Remarque Les ressources du cycle 2 « transformer - Faire progresser les élèves dans le CA2 » me permettent de répondre à cette question.

→ Il s'agit donc de développer l'autonomie de l'élève dans le milieu aquatique tant par la pratique sécurisée (aménagement et activité adaptive) que les connaissances qui permettent d'agir en sécurité. Il sera donc important que l'élève connaisse les conditions de cette pratiques telles que les règles autour de la piscine (ne pas courir, ne pas sauter près d'un camarade...) mais aussi qui est le surveillant, qui est l'enseignant, dans quel groupe je suis, ce que je sais faire sans me mettre en danger...

L'élève devra donc se déplacer dans l'eau sans mettre les pieds au sol, sans s'aider du bord du bassin sur 15 mètres et mettre la tête dans l'eau pour expirer.

Les composantes de l'activité : Respiration, Équilibre, Propulsion, Immersion (Information ; Émotion).

Remarque Les ressources du cycle 2 « transformer - Faire progresser les élèves dans le CA2 » me permettent de répondre à cette question → **Même si le déplacement est central dans la question, l'immersion, la respiration et la prise d'information sous l'eau, ainsi que la prise de conscience de la flottaison du corps à la surface, participent à la découverte et à la maîtrise du milieu aquatique**

Dans le cadre de la pratique des activités aquatiques en cycle 2 il s'agira avant tout de rendre les bras moteurs et de construire un équilibre horizontal grâce à un placement et une bascule de la tête dans l'axe de déplacement

Pour ce qui est de l'immersion, elle devra être volontaire et plus ou moins brève.

Pour l'aider dans son appropriation au milieu, on favorisera une respiration de type apnée brève puis progressivement l'élève expirera dans l'eau.

Enfin, une meilleure connaissance du milieu devrait mettre en valeur l'équilibre de type « flottaison » (se laisser flotter, se laisser remonter après l'entrée dans l'eau).

Pour cela, l'élève doit d'abord dépasser l'appréhension du milieu aquatique pour s'y sentir en confiance et évoluer en toute sécurité. Le « oser faire » ne

Ce sujet est issu des annales CRPE 2016. Nous avons choisi de développer la méthodologie pour que vous cerniez bien ce qui est attendu d'un(e) candidat(e).

1 Exposé

Dans votre classe de CP, lors de la première séance à la piscine, vous avez mis en œuvre des jeux aquatiques afin d'évaluer le niveau de vos élèves. Vous souhaitez maintenant faire évoluer les réponses de ceux-ci.

Présentez un parcours d'activités aquatiques que vous organisez pour que les élèves entrent dans l'eau, se déplacent et s'immergent.

2 Corrigé de l'exposé

Travail préalable

1. Analyser le sujet

- Cycle : non spécifié
- Niveau de classe : CP
- Champ d'apprentissage : non précisé
- APSA support : activités aquatiques
- Contexte : des jeux aquatiques pour évaluer (niveau non spécifié)
- Objectif(s) : que les élèves entrent dans l'eau, se déplacent et s'immergent.
- Situation : parcours aquatique

2. Compléter le sujet

- Cycle : cycle 2
- Champ d'apprentissage : Adapter ses déplacements à des environnements variés

3. Lister et trier les idées personnelles et faire des choix

a. Connaissance de l'activité

- Les activités supports sont les activités aquatiques. Or selon les programmes, celles-ci conduisent les élèves à éprouver leurs capacités à s'adapter à un environnement inhabituel mais sécurisé et aménagé. → **Le sujet m'incite à développer le déplacement dans le cadre d'un parcours aménagé. Le sens donné à la pratique est donc celui-de l'épreuve. À savoir oser faire dans un milieu inhabituel et selon un aménagement qui m'incitent à transformer ma motricité spontanée. L'activité aquatique est donc envisagée ici comme une activité d'adaptation. L'élève aura donc à s'éprouver (oser faire) et à trouver par une meilleure compréhension de son environnement les moyens de mieux s'adapter (exemple : l'élève va découvrir la remontée passive ou la flottaison naturelle du corps).**

partenaires, les parents attendent parfois que les élèves dansent à l'unisson sur la musique !

Il me semble alors opportun d'expliciter la démarche aux parents avant de leur montrer le travail. Cette explication pourrait d'ailleurs être construite par les élèves.

Une autre solution serait de faire un échange avec une autre classe qui aurait le même inducteur ou qui aurait vécu la même démarche.

▸ Pensez-vous que les élèves doivent aller voir des spectacles de danse ? Comment guideriez-vous leur regard ? Voyez-vous le spectacle avant, pendant ou après la pratique ?

L'enseignement de la danse se situe à la frontière entre l'EPS et les autres disciplines artistiques. Elle permet surtout de faire vivre le parcours d'éducation artistique et culturelle. Il est donc important d'aller voir des spectacles, de rencontrer les œuvres.

Difficile de dire si je le fais voir avant, après ou pendant car souvent le choix des spectacles est très restreint. Mais, en fonction du moment, je pense que je l'exploiterais différemment. Si les élèves voient le spectacle avant, je pense que je m'appuierais sur des moments forts pour en extraire les principes qui nous ont touchés (de quoi vous souvenez-vous ? Pourquoi ? Comment réutilisez-vous le principe ?). Par exemple, à un moment, le danseur était seul au sol et les autres marchaient dans tous les sens. On s'en souvient parce qu'il était seul à le faire. On pourrait appeler cela un « tous sauf un ». Maintenant, essayons de faire nos propres « tous sauf un ».

Si les élèves voient le spectacle après, je leur demanderai de repérer des moments où les danseurs ont fait « comme nous ». Par exemple, comme nous, les danseurs ont eu des contacts entre eux. Comme nous, les danseurs ont dansé à l'unisson, etc.

Pendant le module, je pense que j'utiliserais d'abord le regard « comme nous » mais ensuite, je demanderais de décrire les moments forts pour en extraire de nouvelles pistes de travail.

▸ Pour conclure, quelles autres activités pourriez-vous proposer à la suite de ce module danse ?

L'accent est mis sur le rapport à l'autre. Je peux donc proposer des situations d'opposition duelles où l'élève découvre que l'on peut agir « contre » l'autre.

Mais je peux aussi développer des activités esthétiques comme la gymnastique, où il faudra faire devant un juge en fonction d'un code commun.

▸ Vous supposez que tous les élèves vont agir ? Quelle pourraient être les barrières ? Comment les résoudre ?

Je suppose que tous les élèves vont agir car la situation est d'abord individuelle et parmi les autres, et que le travail consiste à se déplacer d'objet en objet. C'est presque une activité d'orientation ! Ce qui risque de faire barrière, ce sont les moments de démonstration car certains élèves n'osent plus agir devant les autres. J'ai essayé d'anticiper ce problème en proposant une démonstration devant un public justement proportionné, dispersé mais surtout averti, puisqu'il a accès à la consigne. De plus, j'ai demandé aux élèves spectateurs non pas de regarder un élève danser mais de regarder les objets et ce qui s'y passe. Enfin, comme il y a ensuite réversibilité des rôles, je pense que les élèves seront plus indulgents entre eux.

Un autre problème peut être lié à la mixité. Je pense qu'il faut que, par les situations de mise en disponibilité, j'amène les élèves à des contacts quel que soit le partenaire. Cela peut passer par un jeu où l'on doit offrir un objet à un partenaire à une situation où on doit offrir un contact au partenaire. Par exemple dans le jeu de l'énergie, l'objet symbolise l'énergie. Quand j'ai l'objet, je peux bouger. Quand je le donne, je donne l'énergie à mon partenaire mais moi je ne peux plus bouger. En augmentant le nombre d'objets à donner, les élèves auront de moins en moins le choix de leur partenaire.

▸ Revenons à la danse, pensez-vous qu'il soit judicieux de faire appel à un intervenant extérieur ? Avez-vous le droit ?

Il est sûr qu'un travail avec un artiste pourrait enrichir mon travail. Il ne s'agirait donc pas de faire venir un professeur de danse. Au contraire ! Je ne souhaite pas que les élèves reproduisent des mouvements mais je souhaite qu'ils créent des mouvements. L'artiste ne serait alors pas le modèle mais il pourrait offrir sa démarche de création, les inducteurs qu'il a choisis pour créer. Du point de vue légal, il m'est possible de travailler avec un intervenant extérieur. Si celui-ci est bénévole, il faudra qu'il soit agréé par le DASEN après rencontre et validation de ses compétences. S'il est rémunéré, il doit avoir un diplôme d'État. Cependant, dans le cadre de l'éducation artistique, la DRAC (Direction régionale des affaires culturelles) et l'Éducation nationale acceptent que des artistes interviennent dans le cadre de l'école sans diplôme d'enseignement. Mais pour cela, ils doivent être reconnus comme artistes et être engagés dans une démarche de création. Dans tous les cas, ils doivent également être agréés par le DASEN.

▸ Est-ce que pour vous, il est nécessaire que ce projet danse se termine par une danse en fin d'année devant les parents ?

Il peut être motivant pour des élèves de construire une chorégraphie qui serait présentée aux parents. Cependant, il y a parfois risque à montrer un travail créatif aux parents car ceux-ci n'ont pas toujours les clés pour comprendre ce que nous avons fait. Ainsi, alors que je privilégie un travail d'écoute aux

▸ Comment faites-vous alors pour que les élèves inventent leur propre mouvement ? Dans votre proposition, vous parlez beaucoup de posture ou de déplacement mais pas de mouvement.

C'est vrai que dans ma situation, je fais le choix de me baser sur des formes arrêtées. Je pourrais demander aux élèves d'enrichir leur déplacement pour aller à l'objet. Ainsi, pour favoriser une première entrée par le « comme », je pourrais demander que, pour aller à l'objet 1, tout le monde trouve un déplacement en avant ; pour aller à son second objet, tout le monde fasse un déplacement au sol, etc. Puis je pourrais prendre le déplacement trouvé par un élève. « Maintenant, pour aller à votre premier objet, vous devez tous vous déplacer comme Kevin et pour le second objet comme Dylan ».

▸ Vous faites le choix du contact dans l'enrichissement. Jusqu'où pourriez-vous aller dans ce contact avec vos élèves de CM2 ?

En danse, le contact peut se résumer au contact sur le corps de l'autre partenaire. On peut également aller jusqu'au porter. Pour mes élèves, je peux développer les porters avec transfert total de poids car ils favorisent la nécessité d'ajuster son action à l'autre. Je pourrais, également, dans un premier temps, développer les équilibres réciproques où chaque élève porte l'autre par un système d'interdépendance. Je trouve cela très riche car cela nécessite une réelle écoute entre les danseurs. Il faudra ensuite se diriger vers des équilibres réciproques de plus en plus originaux.

Par rapport au contact lui-même, je pense que les élèves ont tendance à offrir des contacts manuels, symétriques, distants et brefs. Avec mes élèves, je souhaiterais donc commencer par des contacts de plus en plus longs (accepter de ne partir que lorsque le partenaire m'a transmis un contact d'une durée de 3 missipis), puis de plus en plus originaux (en interdisant les mains ou les pieds) ou de moins en moins symétriques (« je ne peux pas toucher une main avec ma main, je dois toucher la main avec une autre partie du corps »)... Ce qui m'intéresserait ensuite, c'est d'aller vers un contact créateur de mouvement : « si je touche ta main, tu débutes un mouvement de la main... si je touche ta tête, c'est ta tête qui doit initier le mouvement ».

▸ Vous avez fait référence à la démarche de création. Pourquoi ce choix de démarche et pourquoi pas la pédagogie du modèle ?

Cela rejoint ce que je disais tout à l'heure en analysant les spécificités de l'enseignement de la danse à l'école. Je pense que si je fais le choix en tant qu'enseignant de proposer la danse, c'est parce que c'est une activité artistique à part entière. Si je veux vraiment développer une activité plus esthétique et donc s'appuyant sur la pédagogie du modèle, il me semble plus judicieux de choisir la gymnastique ou l'acrosport, où l'élève peut être guidé par un code de plus en plus complexe.

Puis opérer une ouverture (même brève).

Je pourrai par la suite enrichir les propositions par un travail plus spécifique d'écoute, mais aussi par des contacts de plus en plus originaux et variés. Ces contacts seront alors choisis et construits pour créer une émotion chez le spectateur.

Je conclurai cet exposé en rappelant que, pour moi, l'exploitation de la danse comme activité support en EPS n'a pas la seule ambition d'enrichir le répertoire moteur des élèves. Par la forte présence des autres (spectateurs, partenaires), elle donne à vivre pleinement une des composantes essentielles de l'éducation citoyenne : agir avec les autres pour construire un projet commun.

N'en dites pas plus. Il faut savoir ne pas tout expliquer ou définir dans un exposé pour « tendre des perches » au jury qui s'en emparera... ou non !

3 Entretien avec le jury

Nous vous proposons un entretien fictif possible entre les membres du jury et le (la) candidat(e). Il est bien entendu que, dans le cadre du concours, d'autres directions pourraient être choisies et que le contenu de l'exposé et des réponses lors de l'entretien détermine largement l'enchaînement des questions.

Questions susceptibles d'être posées par le jury et éléments de réponse

▸ **Je reviens à votre proposition de progression. Vous faites le choix de développer le « avec » les autres ? Pourquoi pas le « comme » ?**

Comme je l'ai précisé tout à l'heure, il s'agit d'élèves de CM2 qui ont des difficultés à coopérer. Il m'a donc semblé opportun de commencer par un rapport au temps de type « question-réponse » qui donne le temps à l'élève de prendre en compte la réponse de l'autre mais qui laisse encore une part d'autonomie à chacun quant au choix de la statue ou du mouvement. Je fais avec toi mais je garde encore le choix de ce que je vais proposer.

Dans la situation du « comme », l'élève n'ajuste pas, il co-construit ou il enrichit son répertoire de base. D'ailleurs, ce « comme » peut parfois être mal interprété. Pour certains, faire « comme », c'est reproduire la forme technique de l'activité de référence. Les élèves ont un peu cette représentation en voulant faire comme Britney Spears ou comme le danseur de hip-hop. Ici, je fais le choix de développer un premier rapport à l'autre qui est de s'écouter, de s'attendre, de partager un espace. Il est cependant évident que, plus tard, il faudra aller vers partager un même mouvement (faire comme). Simplement, ce mouvement sera co-créé et non pas imposé par un modèle extérieur. Ainsi cette proposition du « comme » pourra ensuite apparaitre dans le partage d'un chemin de danse commun avec des modes de déplacement identiques.

(argumentation) Lors de la troisième séance, je souhaite que cette situation évolue encore en supprimant la médiation par l'objet. **(proposition)** Les objets seront remplacés par des photos posées au sol à la place de l'objet. **(argumentation)** Ceci devrait permettre à l'élève de se situer plus facilement dans l'espace. **(proposition)** J'ajoute alors la consigne « et si les objets avaient disparu »... **(argumentation)** Les élèves proposeront peut-être de faire la même figure mais avec un objet invisible. Dans un premier temps, j'accepterai cette proposition **(argumentation)** afin d'entrer progressivement dans l'espace proche. **(proposition)** Dans un second temps, j'ajouterai « et si maintenant, plutôt que d'être tous en contact sur l'objet invisible, on était tous en contact sur un des danseurs arrivés à l'objet de rencontre ».

(argumentation) Cette première entrée dans le contact entre danseur devrait ne pas être trop problématique car je n'ai pas spécifié les lieux de contact ni les parties qui offrent le contact. De plus, je ne nomme pas le corps de l'autre ou un partenaire, je parle d'un autre presque comme un objet.

(argumentation) J'espère que, lors de la démonstration, les élèves-spectateurs découvriront de nouvelles pistes de travail sur les formes de contact. **(proposition)** Pour cela, je peux guider leur regard en leur demandant de retenir les parties du corps qui ont été touchées.

(proposition) Lors de ces situations, j'évaluerai la capacité d'écoute de mes élèves. Sont-ils capables d'attendre les autres et donc d'ajuster leurs actions à celles des partenaires ?

Dans la situation de contact, je regarderai quels sont les contacts proposés. **(argumentation)** Je pense que ceux-ci seront plutôt manuels et distants. **(proposition)** Comme je l'ai précisé tout à l'heure, les situations ne seront jamais introduites telles quelles et je prends le partie de proposer des situations de mise en disponibilité favorisant l'écoute de l'autre puis le travail en contact (comme se passer l'énergie par un objet puis par un contact) **(argumentation)**, afin de favoriser une entrée plus efficace dans les situations de référence.

[Conclusion]

Commencer par le résumé des idées principales développées dans l'exposé.

La danse peut être un excellent moyen de construire le travail avec l'autre. Cependant, cet ajustement de l'action nécessite de se faire de manière progressive. Pour ces élèves de CM2, en grande difficulté pour coopérer, il est avant tout nécessaire de construire une relation à l'autre liée au temps. Il s'agit donc pour chaque danseur d'attendre les propositions des partenaires avant de pouvoir poursuivre son action. J'ai fait le choix de construire cette notion d'ajustement à un ajustement progressif par le contact. Je dois toucher le danseur ou être touché pour pouvoir construire la suite de mon action. J'ai surtout fait le choix de favoriser une rencontre des élèves avec tous les danseurs et tous les spectateurs, c'est pourquoi j'ai privilégié un choix aléatoire des partenaires. Enfin, j'ai opté pour de ne pas entrer dans une activité à visée esthétique mais dans une activité à une visée artistique où chaque élève vit la démarche de création.

effet, il me semble peu opportun que, lors d'une première situation de démonstration, les élèves soient exposés à de trop nombreux regards. **(proposition)** De plus, lors de cette situation, les élèves spectateurs sont répartis autour de l'espace de danse et non pas tous regroupés au même endroit **(argumentation)** pour relativiser encore une fois le regard.

(argumentation) Lors de cette démonstration, je sais que des élèves vont nécessairement se croiser, peut-être se rencontrer sur les objets, **(proposition)** c'est pour cela que j'ai imposé la forme arrêtée à chaque objet et que j'ai utilisé seulement 14 objets. **(argumentation)** Je pense donc qu'à certains moments des élèves vont partir quand d'autres arrivent, qu'ils vont rester quelque temps en contact avec l'objet ensemble pour ensuite se séparer. **(proposition)** J'espère alors par la question « que s'est-il passé lors des contacts avec les objets ? » **(argumentation)** que certains élèves spectateurs diront que quelque chose s'est passé entre les danseurs.

Par cette première séance, j'espère que mes élèves vont comprendre que l'autre peut attirer le regard du spectateur.

(argumentation) En classe, avant la séance 2, il me semble essentiel de montrer que les élèves, sans le savoir, ont partagé un projet commun mais surtout qu'ils ont partagé parfois les mêmes objets (nos maisons).

(proposition) À travers un tableau à double entrée (prénom-objets), je vais demander à chaque élève de numéroter les 4 objets qu'ils ont rencontrés dans leur parcours. **(argumentation)** Je sais que certains élèves auront partagé (peut-être sans jamais se croiser) le même objet 1 ou le même objet 3. **(argumentation)** J'ajoute que si ce travail me permet de projeter les élèves dans la prochaine séance et donc de les motiver, il me permet également de travailler un outil mathématique fondamental : le tableau à double entrée.

(proposition) Lors de la seconde séance, il s'agira, après des mises en disponibilité spécifiques liées à l'écoute de l'autre, comme par exemple la situation « si l'un de nous s'arrête », d'enrichir la première situation grâce à la consigne « et si maintenant nous partagions nos objets ». Les élèves devront alors attendre les partenaires qu'ils ont repérés lors du travail en classe. **(argumentation)** En d'autres termes, il s'agira pour chaque élève de reproduire son chemin de danse en ajustant son action à celle des autres. En effet, chaque élève devra attendre par une statue en contact avec l'objet que tous les autres partenaires définis lors du travail en classe soient en contact avec l'objet avant de repartir au second objet. Dès lors, il y a bien prise en compte de l'autre qui est de l'ordre de la question-réponse : « je ne peux partir que lorsque toi-même tu auras offert un contact sur l'objet que nous partageons ».

(argumentation) Ce qui m'intéresse aussi dans la forme de cette situation, c'est que les groupes évoluent. Les élèves se rencontrent grâce à l'aléa du choix des objets lors de la première séance et certains élèves vont être amenés à s'attendre alors qu'ils n'auraient pas spontanément travaillé ensemble.

1

(proposition) Cette première situation se déroule dans la salle de motricité. 14 objets différents sont disposés dans la salle de danse. Je fais le choix de ne pas déposer les objets de manière aléatoire car **(argumentation)** lors des séances suivantes les élèves auront à reproduire le même parcours de danse.

(argumentation) En cela, je respecte la démarche que j'ai choisie car au-delà de créer, l'élève doit pouvoir mémoriser et reproduire ses mouvements ou son projet.

(proposition) Les objets que je choisis sont différents en forme et en taille **(argumentation)** pour permettre aux élèves de s'en souvenir plus facilement et de mémoriser leur parcours dans la salle. Il est plus facile de se souvenir que je suis allé(e) de la chaise à la poubelle plutôt que de me souvenir que je suis allé(e) à tel endroit de la salle puis à tel autre endroit. De plus, on le verra, lors des situations suivantes, la taille de l'objet ou sa portance peut avoir une incidence sur son utilisation à plusieurs et celui-ci va médier les futurs contacts. C'est pourquoi je fais le choix de la présence de ces objets dès la première séance.

(proposition) Dans cette situation « nos chemins de danse », il est demandé aux élèves de se déplacer d'objet en objet et de s'y arrêter pour y effectuer une forme immobile appelée également statue. Cette statue doit toucher l'objet et durer, le temps de dire « 1 missipi, deux missipis, trois missipis ». Progressivement, je demanderai aux élèves de mémoriser un parcours comprenant quatre objets et quatre statues différentes qu'ils seront capables de reproduire à l'identique. **(argumentation)** Dans cette première situation, un des objectifs est de composer et mémoriser un déplacement pour construire un chemin de danse. Le choix d'y ajouter des statues conduit l'élève à « utiliser le pouvoir expressif du corps de différentes façons » mais aussi à « enrichir son répertoire d'actions » par la nécessité de ne pas faire 4 fois la même statue. Pour ce faire je peux également imposer progressivement les formes de statues en imposant le nombre d'appuis, en imposant que cette statue raconte une histoire (faire une statue d'un élève en classe, dans la cour de récréation etc..)

(argumentation) Cependant, cette situation, parce qu'elle est situation de référence, nécessite d'être reproduite devant spectateur. **(proposition)** C'est pourquoi je fais le choix qu'après un temps d'improvisation et un temps de composition, les élèves soient très rapidement en situation de démonstration. Ce sera d'ailleurs le cas pour les autres situations proposées dans cette progression. Dans le cas de cette situation, les élèves du groupe A (que j'aurai défini préalablement en classe) montreront leur chemin de danse aux élèves B puis on inversera les rôles.

(proposition) Lors de cette première situation de référence, vous remarquerez que les groupes sont définis à l'avance et répartis de manière équitable en nombre. **(argumentation)** Je fais le choix de mixer les groupes (mixité de sexe mais aussi mixité d'introversion, timidité) pour favoriser un travail avec TOUS les autres. **(proposition)** De plus, je fais le choix que les élèves se produisent en demi-groupe pour **(argumentation)** relativiser le regard des spectateurs. En

je spécifierai les objectifs que je vise, les situations qui composeront les trois séances, les organisations humaines et spatiales que je retiendrai ainsi que le choix de la démarche et les critères d'évaluation.

[Développement]

Présenter la progression. Jouer sur l'alternance « proposition/argumentation ».

(proposition) La progression que je retiens peut se résumer autour des objectifs suivants : « agir parmi les autres », puis « agir avec les autres à travers un objet », puis « agir avec les autres par le contact ». Elle se situe au début du module d'enseignement « danse ».

(argumentation) Ce choix est né de plusieurs constats et analyses. Dans un premier temps, le niveau des élèves tend à montrer que ce qui pose problème c'est le « agir avec les autres ». Une entrée dans l'activité par le « agir parmi les autres » devrait permettre de faire entrer les élèves dans un premier projet de création personnel. Projet qui devrait ensuite s'enrichir de la présence de l'autre. Le choix de construire un travail sur le contact avec les autres naît, lui, de l'analyse même de l'activité « danse ». En effet, l'autre est une composante chorégraphique de la danse. Dès lors, se pose la question : comment enrichir la danse par la présence d'un partenaire ?

Le rapport au temps peut être utilisé. Ainsi, on peut répondre au mouvement de l'autre ou au contraire le faire en même temps que l'autre. **(argumentation)** Le constat du niveau de départ des élèves me conduit à faire le choix **(proposition)** d'une première appropriation de la composante « l'autre » par un jeu de réponse en écho. En d'autres termes, l'élève répondra à la sollicitation de l'autre danseur et n'agira pas nécessairement dans le même temps.

(proposition) L'autre partenaire peut aussi être appréhendé dans l'espace. J'ai pris le parti de travailler sur le contact car **(argumentation)** il me semble que celui-ci est souvent peu exploité par les élèves et il est pourtant une source d'enrichissement remarquable. De plus, le contact peut permettre à l'élève de construire plus facilement le temps de la réponse. Par exemple : « j'attends que tu me touches pour pouvoir à mon tour commencer mon mouvement ». Cette construction temporelle met en exergue la prise en compte de l'autre dans ma proposition.

(proposition) Lors de cette courte progression de 3 séances, je fais le choix de partir d'une situation de référence que j'appellerai « nos chemins de danse » que je ferai évoluer progressivement par l'introduction de « et si » destinés à enrichir les relations entre les danseurs. Les élèves vivront ainsi une autre situation intitulée « partageons nos objets » puis « rencontrons nous sans nos objets ».

(argumentation) En cela je m'appuie sur la démarche de création qui implique les élèves dans un projet créatif et qui leur fait ensuite enrichir leurs propositions grâce à un jeu habile avec les différentes composantes chorégraphiques telles que le corps, l'espace, le temps, l'énergie et, comme je le propose ici, le rapport entre danseurs.

▸ Exposé du candidat

[Introduction]

Situer le sujet dans un champ plus large puis glisser vers l'APSA support.

L'EPS est une activité collective par essence. Quelle que soit l'activité support, l'élève est amené à agir parmi les autres et parfois avec, devant, comme ou contre les autres. Dans le cadre des activités physiques artistiques et esthétiques telles que la danse, la présence de l'autre est fondamentale puisqu'on ne danse pas seul, on danse toujours devant un spectateur. En CM2, l'autre n'est plus seulement spectateur, il devient aussi partenaire. Cette évolution est fondamentale car « l'autre danseur » fait partie des composantes créatives de la danse. Cette présence d'un autre dans la création personnelle peut parfois poser problème et nécessite d'être enseignée.

Rappeler le sujet sans pour autant le citer tel quel.

D'ailleurs, le sujet que l'on m'a proposé pose le problème de la construction de ce partenariat. Il m'est ainsi demandé de réfléchir sur la mise en œuvre de situations de danse qui devront aider les élèves à « réaliser une prestation collective destinée à être appréciée et à émouvoir ». La danse devrait être alors un support pour apprendre à agir avec l'autre. Or lors de la pratique précédente de jeux collectifs, les élèves avaient de grandes difficultés à coopérer.

Définir l'activité support ainsi que la compétence développée et le niveau d'acquisition attendue.

Comme je l'ai précisé tout à l'heure, la danse est une activité physique et artistique de production de formes corporelles à visée expressive, destinée à être vue et à communiquer une émotion. Danser, c'est produire des images qui marquent, touchent, émeuvent et qui se partagent entre le danseur et le spectateur. Elle permet à l'élève de réaliser des actions à visées artistique, esthétique et expressive.

Dans le cadre de sa pratique à l'école, l'enseignant souhaite que l'élève soit capable à la fin de sa scolarité à l'école élémentaire de réaliser en petits groupes deux séquences : une à visée acrobatique destinée à être jugée, une autre à visée artistique destinée à être appréciée et à émouvoir, de respecter les prestations des autres et d'accepter de se produire devant les autres.

Or comme le sujet le précise, les élèves de cette classe de CM2 ne parviennent pas pour le moment à agir à plusieurs en collaboration ou en coopération. Il est à supposer que les élèves savent déjà agir parmi les autres mais ne savent absolument pas agir avec les autres. C'est donc autour de ce terme « en petits groupes » que va se centrer ma proposition de progression sur trois séances.

Annoncer le plan ou la logique de l'exposé.

Souhaitant mettre l'accent sur cette nécessité d'agir avec les autres mais aussi d'ajuster son mouvement à ceux des partenaires, je vous présenterai la progression que j'ai retenue de la manière la plus exhaustive possible. Pour cela,

à des situations en contact corporel ; de situations improvisées à des situations mémorisées, à des démonstrations ponctuelles devant une faible proportion de spectateur à une démonstration dans un espace défini face à l'ensemble de la classe.

- Quelles évolutions ? → **Au-delà de l'évolution des situations, il me sera possible de parler des mises en disponibilité présentes tout au long de la séquence et qui évoluent au fur et à mesure. Je pourrai ainsi parler des mises en disponibilité qui favorise le travail de l'écoute des autres telles que la situation « si l'un de nous s'arrête ». Pour l'éducation au contact je pourrai mettre en avant les jeux de disponibilité tels que « la boule d'énergie » et le « contact énergie ».**
- Organisation avec 28 élèves : stabilité du groupe, mixité ou non ; imposé ou non ? → **Dans le cadre des situations que je vais proposer, je choisis de jouer sur les aléas de la rencontre. Donc partir d'un cheminement personnel qui intégrera malgré moi d'autres élèves. Cette modalité de travail devrait permettre à l'élève de rencontrer tous les autres partenaires et non pas seulement les quelques élèves avec lesquels il accepte de travailler.**
- Quelles autres activités ? Les élèves ont déjà pratiqué les jeux collectifs → **La coopération en jeu collectif ne veut pas dire faire en même temps, elle veut bien dire faire avec l'autre (différencier des actions : Je suis porteur de ballon et tu es mon partenaire). Ici le problème sera le même donc nécessité de savoir ce que je dois faire et ce que tu dois faire et d'adapter mes actions à tes propositions (et non pas faire ce que je veux ou reproduire toujours la même réponse). Il s'agit bien d'une adaptation aux propositions des autres.**
- Que faire comme activité(s) après ? → **Il peut être intéressant d'aller vers les activités de coopération avec contact telles que l'acrosport ou au contraire une activité où il ne faut pas faire « avec » mais « contre » (jeux de lutte) pour découvrir une autre relation à l'autre.**
- Que faire en classe ? : Comprendre, s'exprimer en utilisant la langue française à l'oral et à l'écrit → **Il sera possible à la suite des séances de danse d'écrire en classe « Nos bonnes » idées telles que « ce que je peux faire avec l'autre ». Il sera possible de faire une recherche des verbes d'action qui m'amène à travailler avec l'autre tels que se suivre, précéder, contourner, entourer, toucher, repousser, porter...**

BILAN : Il s'agira de proposer une partie de la séquence d'enseignement s'appuyant sur des situations qui permettent aux élèves d'entrer progressivement en contact avec les autres afin de proposer une courte phrase dansée avec un ou plusieurs partenaires. Ces situations mettront en valeur la capacité de l'élève à tenir compte de la proposition de son ou ses partenaires pour faire évoluer sa propre proposition. Le travail d'enrichissement, de mémorisation, de reproduction et de démonstration conduira les élèves à moduler et à enrichir les contacts, en passant de contacts proches du réel à des contacts de plus en plus originaux, afin de provoquer des émotions chez le spectateur.

Problèmes rencontrés : essentiellement affectifs : faire avec, tenir compte de l'autre, le toucher, l'écouter → **Lors de mon exposé, il me faudra proposer des situations dont le rapport au temps entre danseur sera la « question-réponse » sans contact pour aller vers des situations avec « contact ». Cette forme d'organisation impose à l'élève de tenir compte progressivement du projet de l'autre dans son propre projet.**

b. Connaissance des élèves

Niveau de compétence attendu en fin de cycle 3 « Réaliser en petits groupes (...) une séquence (...) à visée artistique destinée à être appréciée et à émouvoir. Respecter les prestations des autres et accepter de se produire devant les autres » → **Ici « Réaliser en petits groupes » dirige les choix.**

Objectifs au CM2 :

- Utiliser le pouvoir expressif du corps de différentes façons, enrichir son répertoire d'actions afin de communiquer (...) → **Mon travail à partir du contact répond à cet objectif en permettant aux élèves de se créer un répertoire de sensations et d'actions motrices inhabituelles par l'exploitation de la composante chorégraphique « l'autre ».**
- s'engager dans des actions artistiques (...) destinées à être présentées aux autres (...) → **Les modalités de la démonstration vont devoir permettre à l'élève d'entrer progressivement dans la démonstration aux autres. Dès lors l'élève en travaillant avec des partenaires devrait être plus facilement enclin à démontrer mais comme la classe semble peut coopérative il faudra veiller à ce que le public ait des critères d'observation et soit amené lui- même à démontrer.**

Les possibilités de mes élèves en cycle 3 : d'après le contexte, les élèves sont sûrement égocentrés. Cependant en cycle 3, le rapport à l'autre est construit. → **Tenir compte de l'autre tant dans le cadre de mes propositions que dans l'acceptation de celles de mes partenaires devient possible.**

Problèmes rencontrés à cet âge : mixité de plus en plus complexe, activité de plus en plus sexuée... → **Il me faudra tenir compte de cette difficulté et favoriser, par mes situations, la rencontre de tous.**

Je pars sur le présupposé que les élèves ont déjà vécu une démarche de création en cycle 2 et que, de ce fait, ils sont capables de créer leur propre projet. Ce qui change c'est la prise en compte de l'autre (partenaire) dans mon projet créatif.

c. La pédagogie

- La démarche retenue : démarche de création → **« L'autre » en danse apparaît dans la phase d'enrichissement... Donc mes situations devront conduire l'élève à enrichir des productions individuelles par la présence de l'autre.**
- Quelles situations ? Quelle progression ? → **Au regard des difficultés à coopérer, il me faudra passer de situations inter-individuelles (agir parmi les autres) à des situations collectives (avec les autres) ; de situations sans contact entre partenaires à des situations avec contact médié par un objet**

3. Lister et trier les idées personnelles et faire des choix

a. Connaissance de l'activité

- L'activité support retenue est l'activité danse. Or celle-ci peut avoir une valence artistique, esthétique voire même expressive → **Je choisis de mettre l'accent sur sa valence artistique car c'est l'une des seules activités à avoir cette spécificité.**
- Définition de l'activité danse : la danse est une activité physique et artistique de production de formes corporelles à visée expressive, destinée à être vue et à communiquer une émotion. Danser, c'est produire des images qui marquent, touchent, émeuvent et qui se partagent entre le danseur et le spectateur → **Montrer en quoi le travail avec les partenaires peut toucher, émouvoir pour donner sens à l'objectif.**
- Composantes de l'activité : l'autre fait partie des composantes. On peut distinguer l'autre en fonction du temps et en fonction de l'espace → **Je choisis de mettre l'accent sur le travail d'écoute (se rencontrer, se toucher) et non pas sur le travail du faire comme et/ou en même temps (rapport au temps).**
- À quoi sert cette activité à l'école ?

Compétence générale → **Ce sujet me permet, par le choix de l'activité support danse, de mettre l'accent sur la compétence générale « développer sa motricité et apprendre à s'exprimer en utilisant son corps ». Cependant la problématique centrée sur les difficultés des élèves à coopérer me conduit à justifier principalement mes propositions sur ma volonté d'aider mes élèves à développer la compétence à « partager des règles, assumer des rôles et des responsabilités ». Il me sera possible aussi de justifier quelques propositions à travers la volonté d'aider les élèves à « s'approprier une culture physique sportive et artistique ».**

L'enjeu fondamental pour l'élève qui pratique la danse est de se produire **devant** les autres, **avec** les autres, afin de démontrer une réponse originale à une consigne tout en cherchant à **communiquer** avec les spectateurs → **Dans le cadre de mon exposé je souhaite que les élèves puissent faire avec les autres et devant les autres et pas nécessairement comme les autres ! La valence artistique de l'activité « danse » me conduit à souhaiter que les élèves apprennent à produire des réponses originales en s'éloignant du réel. Ils devront donc enrichir leurs propositions grâce aux propositions des autres mais aussi rendre lisibles et reproductibles leurs mouvements afin d'échanger ceux-ci avec leurs partenaires.**

Ressources sollicitées : ressources affectives surtout car travail avec l'autre et devant les autres → **Dans le sujet il est spécifié que les élèves ont des difficultés à coopérer. Les difficultés ne sont donc pas motrices mais apparaissent certainement parce que la classe est egocentrique (moi avant l'autre ; l'autre me gêne dans mon action).**

SUJET 1 Danse, CE2

Ce sujet est issu des annales CRPE 2017. Nous avons choisi de développer la méthodologie pour que vous cerniez bien ce qui est attendu d'un(e) candidat(e).

1 Exposé

A. Description de la situation

Dans votre classe de CM2, vous venez de terminer un module d'enseignement « jeux sportifs collectifs » au cours duquel vous avez constaté que les élèves avaient de grandes difficultés à coopérer. En conséquence, vous engagez un module d'enseignement s'appuyant sur l'activité artistique « danse » par lequel vous souhaitez aider les élèves à « réaliser une prestation collective destinée à être appréciée et à émouvoir ».

B. Question posée au candidat

Vous proposerez trois séances de votre module d'enseignement qui s'inscrivent dans cet attendu de fin de cycle. Vous justifierez alors vos choix.

2 Corrigé de l'exposé

Travail préalable

1. Analyser le sujet

- Cycle : non spécifié
- Niveau de classe : CM2
- Champ d'apprentissage : non précisé
- APSA support : danse
- Contexte : vous venez de terminer un module d'enseignement s'appuyant sur les « jeux sportifs collectifs » au cours duquel vous avez constaté que les élèves avaient de grandes difficultés à coopérer.
- Objectif(s) : aider les élèves à « réaliser une prestation collective destinée à être appréciée et à émouvoir ».
- Module d'enseignement : proposer trois séances s'inscrivant dans un module d'enseignement

2. Compléter le sujet

Cycle : cycle 3

Champ d'apprentissage : « S'exprimer devant les autres par une prestation artistique et/ou acrobatique » nullement de parler de votre propre pratique pour connaître votre niveau de technique ou votre implication réelle dans le sport. Il s'agit d'orienter le questionnement vers la nécessaire transposition de votre vécu dans le cadre de votre enseignement. Vous pourrez démontrer comment votre motivation (ou au contraire votre manque de motivation) peut impliquer directement la manière d'enseigner. Une ouverture sur la pratique extra-scolaire encadrée dans le cadre de l'USEP peut également être envisagée.

Dans tous les cas, vous rencontrerez des questions portant sur les connaissances institutionnelles et réglementaires, la didactique, la pédagogie, l'ouverture du champ de l'EPS au champ de l'école (et de la société), parfois sur vos connaissances scientifiques.

Des questions très précises pourront être posées notamment des questions plus ciblées et pointues sur une activité donnée.

ex : *« Votre situation s'adresse à des élèves de maternelle et vous leur demandez d'agir en autonomie. Où êtes-vous placé(e) ? Comment la sécurité de tous est-elle assurée ? Quelles consignes leur donnez-vous ? Êtes-vous sûr(e) que tout le monde aura envie de participer à ce jeu ? Quel pourrait être le comportement d'un garçon dans cette situation ? »*
Quelle programmation pourriez-vous proposer pour cette APSA ? Quelles sont les règles minimales de cette activité ? Quelle est la place de cette activité dans le sport scolaire : USEP ? Des intervenants extérieurs rémunérés peuvent-ils intervenir en EPS ? À quelles conditions ?....

Pour vous préparer le plus judicieusement possible à l'entretien, il vous faut pouvoir donner des éléments de réponses à l'ensemble de ces questions quelle que soit l'activité support et l'âge des élèves.

- Dans cette activité, comment peut-on faire évoluer la situation ? Quelle que soit la phase de l'entretien, maîtrisez un modèle de présentation de la situation. Trop souvent, les candidats présentent de manière succincte les situations d'apprentissage et se contentent d'énumérer un ensemble de consignes verbales sans tenir compte des divers paramètres essentiels à la présentation de celles-ci (objectifs, but de l'élève, aménagement matériel, humain, critères de réussite...).
- Reprenez le modèle présenté dans la fiche Mémo 3 et exercez-vous à présenter des situations, en fonction de problèmes spécifiques.
- Entraînez-vous à manipuler la trame de variance. Celle-ci vous est présentée pour chacune des activités.

▸ Les connaissances sur l'élève et leur implication sur votre démarche pédagogique

Le jury s'attelle à voir en quoi vous avez tenu compte de l'âge et des moyens de vos élèves.

- Quelles sont les ressources et les problèmes liés au développement de vos élèves ?
- Quelles sont les compétences attendues à la fin de ce cycle ?
- Quels sont les niveaux d'habileté repérables ?

Lors de votre exposé, l'âge des élèves ou leur niveau de classe est spécifié. Ciblez les ressources motrices cognitives et socio-affectives des élèves de cette tranche d'âge. Mettez en exergue les difficultés motrices, cognitives et socio-affectives spécifiques à leur niveau de classe.

Soyez capable de transposer à des élèves d'un âge différent. Très souvent, le jury transpose la question à un autre cycle. Par ce biais, il souhaite découvrir si vous êtes capable de passer d'élèves de CP à des élèves de maternelle, de CM2...

▸ Les liens avec les autres disciplines

- Quelles sont les articulations possibles avec les autres champs disciplinaires ?
- En quoi cette activité facilite-t-elle l'acquisition de notions abstraites développées dans les autres disciplines scolaires ?
- Comment l'activité support peut-elle servir l'objectif du dire lire écrire ?

▸ Les liens avec les objectifs généraux

- En quoi et comment votre enseignement dans cette activité tient-il compte des grands objectifs généraux de l'EPS ?
- En quoi et comment votre enseignement dans cette activité peut-il favoriser l'acquisition des compétences du socle commun ?
- En quoi et comment votre enseignement favorise-t-il l'éducation à la santé ?

▸ Un détour vers votre propre pratique

Le jury élargira le questionnement à vos pratiques sportives personnelles ou encore au type d'activités sportives que vous pouvez encadrer. Il ne s'agit

Mais il ne s'agit pas de jouer à la girouette. On apprécie les candidats qui ont des convictions et qui osent prendre parti. Il ne faut changer de position que si des éléments tangibles vous amènent à devoir le faire.

Remarque Autant il est accepté d'avoir des opinions différentes sur des choix pédagogiques, sur des approches sociologiques... ; autant il est inadmissible de défendre des valeurs et conceptions incompatibles avec celles de la République ou avec celles de la mission d'un agent de la Fonction publique. Il faut être très clair avec ceci !

Soyez bien à l'écoute des demandes et restez concentré(e) tout au long de l'entretien !

D. En EPS, anticiper les axes de questionnement

L'exposé, comme les réponses aux questions des jurys, mettront en exergue votre parfaite maîtrise des conditions d'enseignement. Tous deux doivent être anticipés par une clarification des différentes interrogations possibles basées sur la connaissance de la didactique des APS, des démarches d'enseignement spécifiques, de la connaissance des élèves et de la connaissance institutionnelle.

La spontanéité des réponses conduit parfois à chercher ses mots et fait alors perdre le fil du raisonnement. Mémorisez préalablement divers « mots » ou « concepts » courants. Ainsi, les données institutionnelles et réglementaires sont à mémoriser avec précision et ceci pour chaque niveau et cycle de l'école primaire.

Vous devez connaître parfaitement les dénominations des divers champs d'apprentissage de l'EPS et savoir quelles activités permettent de les explorer.

Les axes de questionnement

Ces connaissances sont étroitement liées, c'est pourquoi il n'est pas possible de répondre à un domaine de questions sans tenir compte des autres. C'est donc un champ de questionnement artificiellement segmenté qui vous est proposé.

▸ La transposition didactique

Lors de l'entretien vous pourrez être amené à redéfinir ce qu'est l'activité support dans le cadre de l'enseignement. Il vous faudra alors pouvoir donner sa définition, expliquer sa spécificité, définir ses enjeux, ses composantes essentielles, les compétences à développer, les problèmes fondamentaux posés à l'élève, les ressources qu'il doit alors développer pour réussir.

▸ Les démarches pédagogiques liées à l'activité

Voici quelques questions à anticiper pour une préparation judicieuse.

- Quelles sont les contraintes particulières liées à cette activité et comment peuvent-elles influer sur l'organisation de la classe ? Cette activité peut en effet présenter des particularités quant à la réglementation, la sécurité, le mode de relation pédagogique, l'organisation matérielle ou humaine.
- Quelle démarche d'enseignement cette activité favorise-t-elle ? On peut distinguer divers modes d'entrée dans l'activité ainsi que des phases incontournables dans le processus d'enseignement.

→ Si vous avez peur de mal comprendre ou interpréter une question, il est préférable de la faire clarifier.

→ Vous cernez mal une question mais vous pensez en avoir saisi le sens global sans en être vraiment sûr(e) : reformulez la avant d'apporter votre réponse.

ex : *Si j'ai bien compris vous souhaitez savoir si [reformulation de la question avec vos mots]. Dans ce sens je peux alors dire.../Le sens de votre question est-il [reformulation de la question avec vos mots] ?*

→ Vous n'avez pas du tout compris la question : dites-le ! Demandez au membre du jury s'il peut reformuler la question.

→ Vous ne savez pas répondre : dites-le ! Si la question porte sur une connaissance précise qui vous manque, préférez dire « je ne sais pas » que de tourner autour du pot. Votre franchise sera appréciée.

‣ Rechercher la cohérence

Le questionnement des jurys est rarement aléatoire. Il suit généralement un cheminement et permet d'aborder un certain nombre de thématiques. Il semble donc essentiel de pouvoir identifier rapidement les connaissances à mobiliser pour répondre à l'interrogation.

NB Le dernier chapitre de cette fiche devrait vous permettre de mieux vous situer au sein des diverses thématiques pour la partie EPS.

Dans l'épreuve, il semble essentiel de ne pas perdre de vue que l'exposé et l'entretien appartiennent à la même épreuve. Dès lors, une certaine cohérence entre les deux parties s'impose. Complétez par des éclaircissements votre exposé et faites des liens entre vos propositions et ce que vous aviez dit précédemment.

C. Face aux réactions du jury à vos réponses

Il est impératif de savoir argumenter et de manifester une capacité de contextualisation, d'élargissement, d'ouverture. Vous devez être capable de prendre en compte et d'intégrer des données nouvelles, des avis divergents et de vous dégager de points de vue trop stéréotypés ou unilatéraux.

Le jury peut parfois essayer de tester vos positions.

→ Si vous pensez défendre une position convenable ou légitime : maintenez-la en justifiant, argumentant, explicitant.
Ex. J'ai effectivement dit tout à l'heure que..., ce qui me semble une position défendable parce que... On peut effectivement penser que... mais je reste convaincu de...

→ Si le jury pointe un passage d'un texte (CSE) qui vous a échappé ou vous informe d'un point que vous ne connaissiez pas et qui ne va pas dans le sens de ce que vous avez dit (EPS et CSE) : intégrez les nouvelles données pour maintenir ou changer de position.

Si vous avez à revoir une de vos positions : corrigez-la !

ex : *C'est vrai que tout à l'heure j'ai affirmé que... mais à la lumière de... je pense désormais que...*

quelle question du jury en ne perdant jamais de vue que vous devez toujours argumenter, justifier vos propos.

Sachez mobiliser assez rapidement les connaissances nécessaires à la résolution du problème posé. Vous pouvez néanmoins prendre un léger temps de réflexion pour peaufiner une réponse.

▸ Cerner la nature de la question pour y adapter votre réponse

Les membres du jury vont avoir soin de varier la nature des questions posées afin de mieux cerner vos compétences.

→ Essayez de bien discerner la typologie de la question pour réagir intelligemment.

- **Question précise de connaissance** → réponse précise ou non réponse (vous savez/vous ne savez pas). Votre réponse se situera dans le registre de l'informatif. L'idéal est de combiner les éléments théoriques (vos lectures) et pratiques (ce que vous avez observé). Même pour une restitution de connaissances, essayez un tant soit peu de formuler une réponse construite plutôt que des bribes de réponses !
- **Question de réflexion** → il ne s'agit plus de fonctionner en mode binaire (je sais/je ne sais pas) mais de faire preuve de vos capacités à réfléchir. La réponse doit être construite et se situer dans le registre argumentatif.
- **En CSE, question sur un texte** → il s'agit de vous faire opérer un retour sur le dossier : on veut vous faire aller plus loin, vous avez fait un contresens, vous n'avez pas cité une idée qui intéresse le correcteur. Ne vous comportez pas en fautif. Ne vous excusez pas de ne pas avoir mentionné telle ou telle idée mais répondez simplement et naturellement à ce qui vous est demandé.
- **En EPS**, afin de mieux présenter une réponse, n'hésitez pas à faire un schéma de la situation. Même pour l'entretien, venez avec un stylo, un crayon papier, une gomme, une règle.

▸ Ne pas se lancer « tête baissée »

On ne vous demande pas d'avoir réponse à tout, tout de suite, mais de faire preuve de votre capacité à réfléchir, à prendre du recul et de votre honnêteté intellectuelle.

→ Vous comprenez une question mais ne pouvez échafauder à brûle pourpoint de réponse construite : prenez un (petit) temps de réflexion. Les silences sont des moments importants dans un échange lorsqu'ils traduisent la réflexion et sont tout à fait acceptés par le jury ! Il ne faut pas qu'ils durent trop longtemps, toutefois, et doivent être interprétés comme de véritables moments de réflexion. Pour cela, matérialisez-les.

ex : *Il me faut un petit temps de réflexion pour construire ma réponse…*

Il est donc apprécié que le candidat marque un temps de réflexion avant de formuler une réponse construite plutôt que de se lancer dans une réponse mal ficelée.

4

Une situation de communication

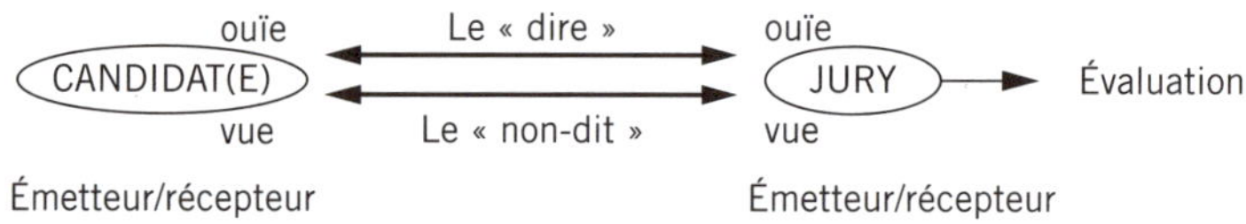

Dans une discussion, vous êtes successivement l'émetteur et le récepteur. Il en est de même pour le jury.

Les membres du jury n'ont pas pour objectif de vous déstabiliser et doivent avoir une attitude neutre.

→ Ne vous déconcentrez pas si, lors du questionnement, le jury semble vous pousser dans vos derniers retranchements. À l'inverse, il ne faudra pas conclure trop hâtivement si le jury n'est pas aussi dur que ce que vous le pensiez !

→ Soyez bien à l'écoute des demandes et restez concentré(e) tout au long de l'entretien !

Un échange entre vous et les membres du jury

→ Afin que s'instaure un véritable échange entre vous et le jury, développez certaines compétences élémentaires de communication.

Communiquer avec les membres du jury, c'est avant tout savoir écouter. Il est impératif d'attendre que l'interrogateur ait fini sa question avant de commencer à y répondre. C'est une question de respect de l'autre et cela permet de voir dans quel sens va la question.

Communiquer, c'est faire preuve d'un maniement correct de la langue hors situation préparée. Surveillez votre langage pour que le jury n'ait rien à redire : de vraies phrases même simples (sujet, verbe, complément), pas de termes jargonnants, de trivialités (« ben, ouais... ») de facilités de langage, et si possible, parfois, des réponses construites qui articulent plusieurs phrases à la suite...

Communiquer, c'est s'adresser à l'ensemble de l'auditoire, donc à tous les membres du jury. Même si une question émane d'un des trois membres du jury et qu'à ce titre vous vous adressez à lui de façon prioritaire, pensez à regarder de temps à autre les deux autres personnes.

Communiquer correspond aussi à un langage du corps. Ne vous repliez pas sur vous-même mais n'en faites pas trop !

B. Face aux questions posées par le jury

L'entretien ne correspond pas à un jeu question-réponse style « questions pour un champion » ! Il ne s'agit pas que de réactiver le plus rapidement possible des connaissances mais de les utiliser à bon escient pour démontrer votre réflexivité.

→ Lors de l'entretien, il vous faudra faire preuve de réactivité et surtout, vous devrez montrer que vous êtes capable, à « chaud », de répondre à n'importe

Pour citer les idées d'un texte	Au lieu de « l'auteur dit que » préférez : l'auteur, M (ou Mme...), exprime, signifie, assure, révèle, proclame, déclare, prétend, rapporte, ajoute que...
	Au lieu de « il y a dans le texte » préférez : dans le troisième paragraphe, à la fin du texte... il est fait état de, il est indiqué, je note, je relève, on retient, on comprend que...
Pour ajouter des données personnelles	**Pour compléter** : en outre, par ailleurs, dans le même ordre d'idée, s'ajoute à cela...
	Pour confirmer : cela va parfaitement dans le sens de ce que j'ai pu observer, lire... ; concrètement j'ai pu vérifier ceci lors d'un stage... ; effectivement...
	Pour infirmer : cela ne correspond pas à ce que j'ai pu observer, lire... ; pourtant ; au contraire ; cependant ; or ; ceci m'étonne car...
Pour donner son opinion	**Pour donner un avis** : Je pense que ; je suis convaincu(e) que ; selon moi ; à mon avis ; d'après ce que j'ai pu observer, lire, entendre, je dois convenir que, j'avoue que...
	Pour nuancer des propos : Il me semble toutefois que... ; certes... ; mais... ; même si... ; cependant je crois que... ; ceci m'étonne car...
	Pour donner une interprétation : cela pourrait signifier... ; dans l'hypothèse où... ; à condition que... ; en admettant que... ; il est vraisemblable que...
Pour exprimer	**Une cause** : à cause de ; car ; comme ; en raison de ; grâce à ; par ; parce que ; puisque...
	Une conséquence : ainsi ; au point que ; c'est pourquoi ; de ce fait ; de manière que ; de sorte que ; dès lors ; par conséquent ; si bien que...
	Un but : afin de ; pour ; en vue de ; pour accéder à ; dans l'intention de ; de façon à ; de manière à ; de sorte que...
	Une solution : pour remédier à ; afin de parvenir à ; pour répondre au problème de ; on peut préconiser de...
	Une interprétation ou une hypothèse : à condition de ; au cas où ; dans l'hypothèse où ; en admettant que ; pour peu que...

2 L'entretien

A. Les postures à adopter face au jury

L'entretien correspond à un exercice radicalement différent de l'exposé : d'une situation expositive vous passez à une situation d'échange, de débat. D'autre part, vous travaillez sans filet ! Cette partie est considérée par le jury comme un moment privilégié de dialogue pour cerner votre profil. C'est « l'entretien d'embauche » !

4

→ Détachez-vous le plus possible de vos notes. Plus celles-ci seront épurées et structurées, écrites en caractères suffisamment gros, plus votre tâche sera facilitée.

→ Pensez à regarder les membres du jury. Ne vous laissez pas perturber par des attitudes déstabilisatrices (membre du jury qui baille, qui regarde ailleurs, qui discute avec un collègue, qui fait la moue, qui envoie des SMS ou consulte son ordinateur – situations vécues !). Cela ne préjuge pas automatiquement d'une mauvaise qualité d'exposé.

→ Surveillez votre montre et gérez le temps imparti. Respecter les 10 minutes d'exposé (EPS) et 15 minutes (CSE) atteste d'une bonne maîtrise de l'épreuve. Utilisez une montre et un chronomètre. Le respect du temps imparti pour l'exposé est un critère important.

Si vous vous rendez-compte que vous avez pris de l'avance, développez certains points et introduisez des exemples supplémentaires, sans pour autant tomber dans le travers de vouloir « broder ». Il vaut mieux un exposé un peu plus court qu'un exposé où vous délayez la fin. *A contrario*, si vous êtes en retard, abrégez certaines parties pour impérativement arriver à la conclusion. Le jury vous coupera à échéance du temps imparti.

Remarque Entraînez-vous avec un chronomètre. Cet outil vous soutiendra le jour de votre exposé et vous permettra de mieux gérer votre temps. Entraînez-vous avec un auditeur car le débit a tendance à s'accélérer lors de la présence d'une autre personne. Enregistrez-vous afin d'évaluer votre niveau langagier (et vos tics de langage !)

▸ La fin de l'exposé

→ Vous pouvez vous permettre d'être à nouveau proche de vos notes pour la conclusion qu'il faut nettement matérialiser pour montrer au jury que vous êtes en train de clore l'exposé.

Le jury enchaîne ensuite sur l'entretien.

Une fois l'entretien d'EPS achevé, vous serez invité à passer à la seconde partie de l'épreuve, à savoir la partie portant sur le système éducatif sans quasiment aucun temps de pause. Il faut directement enchaîner et reprendre confiance et aplomb même si l'entretien d'EPS vous semble s'être moyennement passé.

Soigner les liaisons et les transitions

Voici quelques propositions de formulation :

Pour hiérarchiser le propos	Premièrement ; d'abord ; en premier lieu ; pour commencer…
	D'une part ; en second lieu ; ensuite ; également ; de même ; ainsi que ; non seulement, mais encore ; d'autre part…
	Enfin, en dernier lieu, pour achever ; pour conclure…

Les « non-dits » : la communication non-verbale est importante

Au-delà de votre prestation orale, votre comportement et votre communication corporelle auront une incidence certaine sur la perception de votre exposé. Soignez votre tenue mais restez naturel. Il ne faut pas trop vouloir en faire et ne plus se sentir soi-même.

→ Soignez votre maintien et votre gestuelle. Ne soyez ni trop gesticulant ni trop statique. Adoptez une attitude posée.

→ Pensez à regarder les membres du jury (chacun d'entre eux) voire à leur sourire.

B. Le déroulement de l'exposé

L'entrée dans la salle et le début de la prestation...

Le début de votre prestation sera déterminant : c'est la première impression que vous donnez au jury.

→ Veillez à la bonne organisation, lors de la préparation, de vos notes pour que tout soit dans l'ordre. Référencez les pages et numérotez-les (EPS-1, EPS-2..., CSE-1, CSE-2...) et pensez avant de quitter la salle de préparation à les ranger dans l'ordre.

→ Entrez dans la salle, saluez les membres du jury et disposez de façon ordonnée sur la table votre sujet, vos notes et votre montre ou chronomètre.

→ Débutez votre exposé d'EPS. Vous pouvez être relativement proche de vos notes pour l'introduction, histoire de prendre confiance. Mais il faut s'en détacher assez rapidement.

Debout ou assis ?

Il est possible de vous lever pour une partie de l'exposé d'EPS notamment si vous avez prévu d'utiliser le tableau, ce que nous conseillons vivement. Par contre, pour l'entretien d'EPS, il est possible qu'on vous demande de vous asseoir face aux membres du jury. Néanmoins, rien ne vous empêche de demander à vous lever pour présenter une situation ou faire un schéma au tableau en réponse à une question.

La suite de l'épreuve (partie CSE) se passe assis à votre table.

La suite...

→ Si vous restez assis, positionnez convenablement vos bras en évitant de les placer sous la table et de manipuler divers objets ou vêtements. Si vous restez debout (EPS principalement) ayez anticipé cette situation en sachant où vous placer, quelle utilisation faire du tableau et comment gérer vos notes.

4 Communiquer lors de l'exposé et de l'entretien

Cette fiche concerne les deux parties de l'épreuve. La communication visuelle et la communication non visuelle comptent beaucoup. Il convient d'éviter quelques écueils.

1 L'exposé

Un exposé est une situation dans laquelle le jury vous écoute sans intervenir de quelque manière. Vous êtes gestionnaire du temps imparti et devez présenter une argumentation structurée et planifiée et convaincre votre auditoire.

A. Les postures à adopter

▸ Une situation de communication

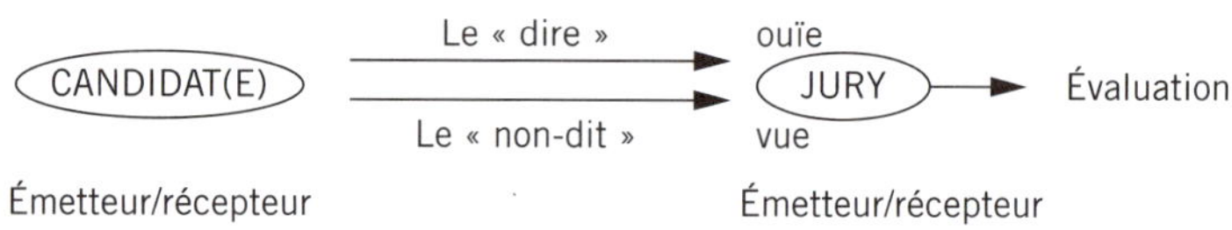

Sont face à face des personnes qui n'ont pas le même statut et les mêmes objectifs. Il s'agit de se positionner correctement pour faire valoir ses capacités à devenir un professeur des écoles. Vous êtes « l'émetteur » et les membres du jury le « récepteur ».

→ Ne récitez pas, ne proposez pas une lecture de vos notes : communiquez. Bien souvent, lors des exposés, les candidats lisent ou récitent. L'exposé ne semble pas destiné aux membres du jury. Engagez-vous dans une véritable volonté d'échange (regard, intonation).

→ Détachez-vous de vos notes au maximum.

Les membres du jury doivent avoir une attitude neutre lors de votre exposé même si certaines attitudes peuvent parfois vous déstabiliser. Le fait qu'ils prennent des notes et ne vous regardent pas ne doit pas être mal interprété : ils préparent l'entretien.

▸ Le « dire » : les qualités orales attendues

→ Soyez à l'aise avec la prise de parole : assurance, surmonter sa peur et l'angoisse d'être jugé(e).

→ Soyez vigilant à la façon de dire les choses : positionnement de la voix, diction, locution.

→ Soignez la qualité et la précision de la langue offerte qui doit être digne d'un futur enseignant sans pour autant être précieuse.

→ Gérez l'émotivité : pas de grand silence, pas de tics de langage ou de mots parasites.

La conclusion

→ Pour clore le sujet, synthétisez, reformulez le raisonnement global en résumant les réponses aux questions qui ont été posées en introduction.

→ Si possible, ouvrez le sujet en parlant des objectifs qui devront être développés à la suite de l'acquisition des objectifs visés par le sujet.

ex : *À la suite de ces ateliers, les élèves auront exploré les verbes d'action : se suspendre, se balancer, se renverser. Dans une seconde séance, il me semble essentiel de faire explorer les verbes d'action sauter, rouler et s'équilibrer à travers les mêmes activités gymniques.*

Une autre alternative est d'ouvrir le sujet à l'école. Placez-vous dans une posture de futur praticien polyvalent qui cherche à s'éloigner du simple champ disciplinaire de sa pratique enseignante.

ex : *Au-delà d'une évolution motrice de mes élèves en maternelle, il me semble essentiel que l'activité gymnique devienne support d'autres acquisitions. Ainsi, il me semble que le travail de Boisseau et de ses albums échos peut être développé pour favoriser la mise en mots de nouvelles sensations. Ce développement transdisciplinaire est à mon avis au cœur de ma future pratique de professeur des écoles, professeur polyvalent et non pas professeur disciplinaire.*

3

L'introduction

L'introduction de votre exposé est une véritable entrée en matière. Elle est destinée à favoriser et à guider l'écoute de vos auditeurs.

→ Rappelez le sujet. Dans cette introduction, vous devrez citer tous les éléments du sujet sans pour autant l'énoncer tel quel.

ex : *Il m'est demandé de réfléchir sur la mise en œuvre d'une progression dans le cadre de la pratique de la danse en maternelle dans une classe de grande section. Dans le cadre de cette activité, je développerai la compétence « communiquer avec les autres au travers d'actions à visée expressive ou artistique ». Souhaitant mettre l'accent sur la mise en œuvre d'une courte séquence dansée de 2 à trois mouvements, je vous présenterai la progression que j'ai retenue et j'argumenterai mon propos au regard des comportements des élèves, des activités déjà vécues, des attentes institutionnelles, de l'analyse didactique que je fais de l'activité danse mais aussi des perspectives éducatives de l'EPS à l'école.*

→ Définissez l'activité et ses enjeux essentiels.

ex : *L'athlétisme est une activité de performance où l'élève athlète est amené à faire plus et mieux en courant, sautant, lançant...*

→ Veillez également à situer le champ d'apprentissage exploré, les compétences à développer au niveau de classe défini et selon le sujet posé.

ex : *Dans le cadre de l'école, les jeux sportifs collectifs sont utilisés pour que l'élève devienne capable de conduire et maitriser un affrontement collectif. En CM2, l'enseignant doit amener l'élève à rechercher entre autre le gain de l'affrontement par des choix tactiques simples, à adapter son jeu et ses actions aux adversaires et à ses partenaires, à se reconnaître attaquant / défenseur et à coopérer pour attaquer et défendre.*

→ Rappelez les spécificités des élèves.

ex : *Dans le cadre de l'enseignement de la danse, il s'avère que les élèves avec lesquels je travaillerai ont déjà vécu deux séances de danse et que certains développent des comportements d'évitement dans le cadre de la création collective.*

→ Annoncez le plan ou du moins la ligne directrice de votre exposé.

ex : *Souhaitant mettre l'accent sur l'appropriation d'un rythme de course adapté à chacun, je vous présenterai la situation que j'ai retenue de la manière la plus exhaustive possible en spécifiant les objectifs que je vise, le but de l'élève et les critères de réussite qui lui permettront d'évaluer l'atteinte de celui-ci, les organisations matérielles, humaines et les supports de communication retenus ainsi que les consignes que je donnerai. Bien entendu au cours de cette présentation, j'argumenterai mon propos au regard des comportements des élèves, des activités déjà vécues, des attentes institutionnelles, de l'analyse didactique que je fais de l'activité athlétisme, des nécessités pédagogiques mais aussi des perspectives éducatives de l'EPS à l'école.*

→ Quel que soit le sujet, n'oubliez pas que l'épreuve consiste à justifier vos choix de mise en œuvre. Vous devez donc argumenter ! Vous ne devez pas faire une présentation linéaire de la situation ou de la progression. Aucune proposition ne doit être faite sans qu'elle ne soit ensuite justifiée ! À chaque élément que vous proposerez, vous devrez argumenter. Pour cela, annotez toujours vos réponses avec les termes « proposition - argumentation » et introduisez toujours votre argumentation par un élément de liaison.

ex : *Je propose (proposition)... parce que (argumentation)... Je constate cela donc... alors... or... Je propose un jeu à une seule cible (proposition d'aménagement matériel de la situation) car j'ai constaté que les élèves avaient du mal à se reconnaitre dans un rôle lors du jeu plus complexe à deux cibles (justification). J'espère ainsi stabiliser les compétences inhérentes à chacun des rôles telles que se démarquer et s'opposer à la progression d'un adversaire.*

→ Étayez le plus souvent possible vos propos par des cas d'élèves, des constats nés de vos observations sur le terrain et des références aux textes institutionnels et aux apports théoriques.

ex : *Les programmes de l'EPS en cycle 3 nous incitent à exploiter des jeux traditionnels plus complexes afin que les élèves acquièrent les compétences de fin de cycle (justification), c'est pourquoi la situation de référence que je vous présenterai sera le jeu de la balle au capitaine.*

→ Changez l'ordre. Ne procédez pas nécessairement dans l'ordre « proposition, argumentation » mais parfois commencez par l'argumentaire puis faites votre proposition.

ex : Proposition : *Dans cette situation, les élèves auront accès à des fiches d'évaluation leur permettant de retranscrire la performance.* **Argumentation :** *Ces fiches sont présentes car comme je l'ai précisé tout à l'heure, il est essentiel que les élèves se situent dans le cadre d'une activité de défi personnel et de performance mesurée.* **Argumentation :** *De plus, les élèves étant en grande section,* **proposition :** *la retranscription des résultats consistera à coller la gommette de la couleur de la zone traversée (ou franchie).*

B. Rédiger l'introduction et la conclusion

→ Essayez de finaliser et de soigner l'introduction et la conclusion.

L'introduction correspond à votre premier contact avec le jury. Il est important de la mener à bien car cela va permettre d'instituer un « *a priori* favorable ».

→ Nous vous conseillons de rédiger les grandes lignes de l'introduction. Cela assoira sa qualité et vous permettra de rentrer plus sereinement dans l'épreuve alors que vous serez stressé(e).

→ Faites-en de même pour la conclusion. La conclusion est tout aussi importante car c'est la dernière impression laissée au jury.

de rédiger tout votre exposé. D'abord parce que vous n'en avez pas le temps, ensuite pour éviter la tentation de la lecture durant la présentation.

Quelques conseils généraux

→ Rédigez clairement les titres des parties.

→ Ne rédigez que les idées essentielles et sous forme de mots clés à employer.

→ Il peut être utile de noter les transitions et les points d'articulation du raisonnement.

Attention C'est trivial, mais pensez à bien adapter votre exposé à la question posée. De nombreux candidats ne répondent pas à la question posée. Ils ne proposent pas de situations d'apprentissage appropriées mais cherchent à placer les situations « passe partout » découvertes et répertoriées dans les divers ouvrages pédagogiques. Ne récitez pas des situations types mais montrez que vous êtes capable de vous adapter aux situations existantes, aux problèmes rencontrés par les élèves. Ne vous précipitez donc pas pour répondre et tentez de bien repérer l'ensemble des thèmes présents dans les questions posées. Pour cela, n'hésitez pas à reformuler la question.

Ce qui doit figurer dans votre exposé

La question portera nécessairement sur la mise en œuvre d'une situation d'apprentissage ou sur une progression à travers une APSA support.

→ Dans le cas où le sujet vous demande de présenter une situation d'apprentissage ou un jeu, tous les éléments constitutifs de la situation doivent être présents : nom de la situation, objectifs pour l'enseignant, but pour l'élève, critères de réussite, organisation matérielle, humaine, de la communication, consignes de sécurité, de réalisation... Les situations proposées doivent être précises et annoncer clairement ce que les élèves apprennent. Donner un titre à la situation peut vous aider à la clarifier. Référez-vous à la fiche Mémo 3 pour mieux cerner ces éléments et trouver les arguments nécessaires à votre choix. Entraînez-vous à présenter cette situation avec tous les éléments pour être toujours le plus exhaustif possible.

→ Afin de mieux présenter votre situation, n'hésitez pas à faire un schéma de cette situation. Venez avec un stylo, un crayon papier, une gomme, une règle. Posez le schéma sur la table du jury au moment opportun. Ne le posez surtout pas dès le début car les jurys pourraient ne pas écouter votre introduction. Dans certaines académies, vous aurez un tableau à votre disposition que vous pourrez utiliser pour construire le schéma en appui de votre exposé.

→ Dans le cas où la question porte sur la présentation d'une progression, toutes les étapes d'un module d'enseignement doivent être présentées ainsi que toutes les formes de situation possibles. Référez-vous à la Mémo 2 pour mieux cerner la spécificité de chacune de ces étapes et des situations qui lui sont rattachées et trouver les arguments nécessaires à votre choix.

Entraînez-vous à présenter ce module avec tous les éléments pour être toujours le plus exhaustif possible. Donnez un objectif à chacune des étapes et un nom à chacune des situations proposées (voir l'exemple proposé dans la fiche Mémo 2).

Les phases précédentes ont permis de récolter de la « matière ». Vous devez à présent introduire, présenter la situation ou le module en argumentant chaque élément de réponse, puis conclure votre exposé. Le jour de l'oral vous devez disposer d'une méthode fiable, éprouvée et déjà pratiquée lors d'entraînements.

1 Étape 3 : faire des choix et structurer les axes de réponse

→ Au fur et à mesure (ou à la suite) de vos réponses au champ de questionnement (étape 2), notez les informations et les choix que vous extrayez pour la mise en œuvre que vous proposerez. Repérez les notions clés, les enjeux, les préconisations, les arguments et la nature de l'idée (constat, cause, conséquence, solution, argument, injonction, exemple...).

→ Tentez de faire apparaitre la cohérence du propos et les liens logiques « proposition – argumentation » ou « argumentation – proposition ».

ex : Argumentation *: Je veux engager les élèves dans le « oser faire ».*
Proposition : *Donc je propose de travailler dans le cadre d'ateliers autonomes sécurisés.*

ex : Argumentation *: Parce que les élèves ne se reconnaissent pas dans un rôle dans un jeu traditionnel avec deux capitaines (un pour chaque équipe).*
Proposition *: ...je propose un jeu à une seule cible (un seul capitaine que l'on pourra appeler le roi) pour éviter le changement et la dualité de rôle et permettre ainsi de stabiliser les comportements d'attaquant et de défenseur.*

→ Vis-à-vis de chaque point de votre prise de note, indiquez à quelle partie de la mise en œuvre elle renvoie (objectifs, but des élèves, aménagements matériels, humains).

ex : *En maternelle le milieu doit donner sens à l'action.*
Cette affirmation me permet de mieux justifier mes choix quant à l'aménagement matériel dans lequel j'ai imposé une zone à franchir pour favoriser le temps de suspension du balancer.

ex : *Les élèves ne se reconnaissent pas dans un rôle donc je limite le jeu à une cible afin que les élèves construisent les actions spécifiques à chaque rôle. Cette affirmation me permet de justifier l'aménagement matériel de ma situation.*

→ Repérez dans vos notes ce que vous utiliserez pour votre exposé.

Vous devez introduire, présenter la situation ou le module en argumentant chaque élément de réponse, puis conclure votre exposé.

2 Étape 4 : Rédiger la trame de l'exposé

A. Construire un plan détaillé du développement

Pour être intelligible, votre discours se doit d'être parfaitement structuré. Il vous reste à organiser votre propos selon un plan cohérent. Il ne peut être question

ex : *se suspendre par les bras, se suspendre par les pieds...*

ex : *On peut faire évoluer le jeu en limitant le déplacement des joueurs au sein de zones. Dans la zone proche du capitaine on limitera alors le nombre de défenseurs.*

Question 12 : Comment intégrer cette situation dans un projet plus large ?

ex : *Les élèves peuvent travailler dans le cadre d'un parcours de motricité dans lequel ils auront à mettre en œuvre ces nouveaux équilibres et de nouvelles conduites motrices.*

ex : *créer et s'engager dans un tournoi inter-classes ou dans des rencontres USEP.*

Question 12 : Comment vous organisez-vous avec 20 à 30 élèves ?

Constituez-vous des groupes de besoins (évaluation diagnostique) ou des groupes hétérogènes ? Quelle est l'organisation choisie sur le terrain pour chaque situation (travail pour l'ensemble, en ateliers de besoins, en parcours) ?

Cette organisation concernera :
- soit l'ensemble des élèves sur la même tâche (pédagogie frontale),
- soit des groupes d'élèves (ateliers),
- soit le groupe classe sur une succession de tâches (parcours).

Règles générales : « Tous les élèves sont actifs, tout le matériel et tout l'espace disponibles sont utilisés, le maître est vu et entendu de tous, compris de tous les élèves, il est le témoin des efforts et de la réussite de tous ».

ex : *Ateliers autonomes avec présence de l'ATSEM.*

ex : *Jeux d'apprentissage et situations d'apprentissage évolutives.*

Question 13 : Quelles autres activités pratiqueriez-vous en EPS ? En classe ?

ex : *Il est possible de faire de la course d'orientation pour développer l'adaptation à un milieu de moins en moins familier : faire des maquettes en classe des parcours pour se représenter l'espace d'action et dire les verbes d'action découverts et explorés.*

ex : *Il est possible de faire ensuite des jeux d'opposition individuelle tels que les jeux de lutte pour confirmer le travail de reconnaissance de rôle ; faire de la danse pour découvrir de nouveaux rapports coopératifs à travers la mise en œuvre d'une danse collective ; organiser un tournoi inter-classes et en écrire le règlement.*

velles façons de se déplacer grâce aux activités gymniques et entre autre il va développer de nouveaux équilibres et de nouvelles habiletés.

ex : *Aux cycles 2 et 3, l'élève passera d'agir pour comprendre au comprendre pour agir. Donc l'élève devra vivre des situations de jeu global desquelles il tirera des constats. Puis il tentera de résoudre les problèmes dans le jeu grâce à la découverte de stratégies (exemple : pour avoir la balle il faut être démarqué mais il faut aussi être orienté vers la cible).*

Question 8 : Quels sont les problèmes rencontrés à cet âge ?

Pour répondre à cette question vous devrez reprendre les problèmes liés à l'activité mais les spécifier à l'âge concerné.

ex : *En maternelle, l'élève rencontre de très grandes difficultés à s'équilibrer, à prendre des informations pour réussir.*

ex : *En cycle 3, on constate de grands problèmes de motivation pour la pratique compétitive chez les filles ainsi qu'une grande différence de niveaux et donc une hétérogénéité de plus en plus importante.*

▸ La pédagogie

Question 9 : Quelle démarche utilisez-vous dans le cadre de cette activité et à ce niveau de classe ?

ex : *La démarche par essai/erreur peut être utilisée en gymnastique dans le cadre d'une activité d'adaptation.*

ex : *En jeux collectifs, la démarche par essai/erreur permet aux élèves de construire les habiletés nécessaires et nécessite de partir du jeu global pour en extraire les compétences à construire.*

▸ La situation

Question 10 : Quel(s) jeu(x), quelle(s) situation(s) de référence, quel(s) jeu(x) d'apprentissage pouvez-vous proposer ?

ex : *Le sujet nous incite à organiser des ateliers. De plus, l'objectif même d'adaptation de la réponse à l'environnement incite à des situations dont l'aménagement du milieu va faciliter la construction de nouvelles conduites motrices ou de nouveaux équilibres.*

ex : *Le sujet incite à définir un jeu global dans lequel l'élève aura à construire les compétences définies. Ce jeu peut être un jeu traditionnel tel que la balle au capitaine. Des jeux d'apprentissage devraient permettre de travailler plus spécifiquement une des compétences. Ainsi des jeux de gagne terrain devraient permettre de construire la montée collective vers la cible. Des situations d'apprentissage permettront de travailler plus spécifiquement les passes.*

Question 11 : Comment faire évoluer la situation ? Comment la rendre plus simple ou plus difficile ?

Cette question vous incite à exploiter la trame de variance (corps, objet, les autres, espace de déplacement, les facteurs du mouvement, les actions sur l'objet) afin de complexifier ou simplifier la situation.

Questions 4 : Quels problèmes l'élève rencontre-t-il pour accéder aux compétences ?

- Quel sont les problèmes moteurs, cognitifs, socio-affectifs et/ou informationnels que cette activité va poser ?

ex : *En gymnastique, le problème majeur qui est posé par le sujet est lié à l'acceptation du risque (oser faire, oser entrer dans une activité d'épreuve).*

ex : *Dans ce sujet, le problème est ici informationnel. Les élèves ne savent pas se reconnaître attaquant ou défenseur et donc ne peuvent construire une montée collective de la balle.*

▸ Connaissance des élèves

Questions 5 : Quelles compétences du programme de l'EPS cette activité permet-elle de développer ? À quoi l'élève doit-il accéder en fin de cycle ? Quelles compétences développe-t-il au cours du cycle ?

ex : *En fin de maternelle l'élève sera capable de se déplacer avec aisance dans des environnements variés, naturels ou aménagés.*
Au cours du cycle l'élève devra :
- *mettre en jeu des conduites motrices inhabituelles (se suspendre...),*
- *développer de nouveaux équilibres (se renverser...).*

ex : *En fin de cycle 3, l'élève devra être capable de s'organiser tactiquement pour gagner le match en identifiant les situations favorables de marque. dans le cadre d'une situation aménagée ou à effectif réduit.*
Au cours du cycle 3, l'élève devra apprendre à adapter son jeu et ses actions aux adversaires et à ses partenaires, se reconnaitre attaquant / défenseur et coopérer pour attaquer et défendre.

Question 6 : À quel niveau de classe cette activité est-elle adaptée ?

Parler de niveau, c'est chercher à identifier les ressources et les compétences de l'enfant dans l'activité, autrement dit savoir ce qu'il est capable de réaliser.

ex : *En maternelle, l'élève doit construire un nouveau répertoire moteur qui doit s'éloigner progressivement des réponses spontanée.*

ex : *En CM2, les élèves ont souvent des difficultés à se reconnaitre dans un rôle car le jeu pose le double problème d'atteindre une cible (attaquer) tout en protégeant sa propre cible (défendre). Dès lors il est important de proposer des situations aménagées et à effectif réduit.*

Questions 7 : Quelles sont les possibilités motrices, sociales, cognitives au niveau d'âge ?

ex : *Les programmes incitent à passer d'un engagement dans l'action (maternelle) à une analyse de l'action (cycle 2), à un affinement et développement méthodique de ses conduites motrices en anticipant sur les actions à réaliser (cycle 3).*

ex : *En maternelle, l'élève passera donc d'« agir » à « agir autrement » à « agir de manière spécifique ». Donc en moyenne section, l'élève va découvrir de nou-*

Quelles questions se poser pour l'exposé et l'entretien ?

Connaissance de l'activité

Questions 1 : Quelle définition donnez-vous de l'activité ? De quelle activité s'agit-il ? Quelle est la spécificité de cette activité ?

Essayez de donner une situation « essentielle » qui confère son sens au choix de cette activité dans un dessein éducatif.

ex : *Dans le sujet, les activités gymniques sont envisagées dans leur pôle adaptatif et non pas esthétique. Il ne s'agit pas de reproduire une forme mais bel et bien de mettre en jeu des conduites motrices inhabituelles (se suspendre, se balancer) et de développer de nouveaux équilibres (se renverser).*

ex : *Le jeu n'est pas spécifié, mais au regard des objectifs(développer la prise de conscience du rôle d'attaquant, du rôle de défenseur et de la notion de démarquage), du niveau de la classe (CM2) et de l'injonction des programmes(dans le cadre d'une situation d'opposition réelle et équilibrée) on constate qu'il sera nécessaire de travailler dans le cadre d'un jeu dans lequel il y a deux cibles (l'une à attaquer et l'autre à défendre) et dont les terrains sont interpénétrés pour permettre le travail de démarquage. Exemple jeux pré- sportifs collectifs type handball, basketball ou football ou jeux collectifs traditionnels complexes de type « balle au capitaine ».*

Questions 2 : Quelles sont les composantes de cette activité ?

ex : *En gymnastique l'élève explore des formes de plus en plus aériennes, renversées, tournées et manuelles.*

ex : *En jeux collectifs, un jeu comporte toujours des règles liées à l'utilisation et à la manipulation du matériel, à l'espace de jeu, une organisation sociale (rôles et fonctions des joueurs), une configuration spatiale (terrain) et temporelle (début et fin de match), du matériel support (engins, cibles) et des réponses motrices spécifiquement développées et autorisées : courir, tirer, lancer, esquiver, poursuivre, passer, dribbler, bloquer, arracher, immobiliser. Dès lors, les composantes sont : les rôles et fonctions des joueurs ; la montée efficace vers la cible pour marquer, la motricité spécifique nécessaire pour attaquer et/ou défendre et marquer et les règles adaptées.*

Questions 3 : À quoi sert cette activité à l'école ? En quoi sert-elle à l'acquisition des compétences du socle ? Quels sont les enjeux de cette activité ? Quelles sont les compétences générales qu'elle permet de développer ?

ex : *La gymnastique favorise un travail sur la sécurité et l'autonomie. De plus la proposition de situation sous forme d'ateliers incite à une organisation autonome de la pratique.*

ex : *Les jeux collectifs permettent, entre autre, de développer la compétence générale à partager des règles, assumer des rôles et des responsabilités et donc favorise l'acquisition des compétences du domaine du socle développant la formation de la personne et du citoyen.*

jeu collectif que vous préciserez, décrivez une programmation sur 3 séances ayant pour objectif la prise de conscience du rôle d'attaquant, du rôle de défenseur et de la notion de démarquage.

- *Cycle concerné : non spécifié.*
- *Niveau de classe : CM2.*
- *Champ d'apprentissage : non spécifié.*
- *APSA support : jeu collectif à préciser.*
- *Contexte : l'an passé, vos élèves avaient participé à une rencontre sportive au cours de laquelle vous aviez constaté leur difficulté à s'organiser dans leur jeu d'équipe.*
- *Objectif(s) : la prise de conscience du rôle d'attaquant, du rôle de défenseur et de la notion de démarquage.*
- *Situation ou progression : programmation sur 3 séances.*

NB : Ces deux exemples seront repris tout au long de cette fiche.

B. Compléter le sujet

→ Plusieurs rubriques peuvent ne pas avoir été remplies. Il faut alors les compléter.

ex : Objectif des programmes de maternelle : *Adapter ses équilibres et ses déplacements à des environnements ou des contraintes variés.*

ex : Champ d'apprentissage : *Conduire et maîtriser un affrontement collectif ou interindividuel.*

APSA support *: d'après les programmes au cycle 3, les activités à privilégier pour aider les élèves à « conduire et maîtriser un affrontement collectif » sont les jeux traditionnels plus complexes (thèque, béret, balle au capitaine, poules-vipères-renards, etc.), les jeux collectifs avec ou sans ballon et les jeux pré-sportifs collectifs (type handball, basket ball, football, rugby, volley-ball...), jeux de combats (de préhension), jeux de raquettes (badminton, tennis).*

2 Étape 2 : mobiliser ses connaissances autour d'un champ de questionnement

Dans un deuxième temps, procédez à une ouverture du champ de questionnement.

→ Répondez, sous forme de prise de note et sans détailler, à toutes les questions de la liste ci-après.

→ N'oubliez pas que la rapidité d'exécution est primordiale dans cette épreuve. Concrètement, vous devez avoir anticipé cette partie de votre préparation en ayant appris les réponses à toutes les questions complémentaires.

→ Servez-vous des éléments de cet ouvrage. Il s'agit d'être bien au clair avec les diverses fiches et de pouvoir y puiser des éléments qui vous semblent adaptés au sujet proposé.

Deux phases s'enchaînent : la première vise l'appropriation du sujet, la seconde consiste à ouvrir le champ de questionnement.

1 Étape 1 : analyser et compléter le sujet

Avant de commencer à traiter le sujet, parcourez-le dans son ensemble : cela vous permettra d'en identifier la facture. Il s'agit de déterminer les caractéristiques du sujet afin de le circonscrire, de cibler le thème et de parfaitement y adapter votre stratégie de travail.

A. Analyser le sujet

→ Analysez rigoureusement la (les) consigne(s) : pensez toujours à bien identifier et analyser les mots-clés mentionnés dans le libellé. Utilisez un système de surlignage. Distinguez les questions de restitution de connaissance de celles nécessitant d'argumenter une posture.

→ Extrayez du libellé du sujet les informations permettant de compléter les rubriques suivantes :
- Cycle concerné
- Niveau de classe
- Champ d'apprentissage concerné
- APSA support pour développer cette compétence
- Contexte : ce qui s'est passé avant
- Objectif(s) visé(s)
- Ce qui doit être présenté : une situation ou une progression

ex : *En classe de moyenne section de maternelle, lors des premières séances d'activité physique, vous avez mis en œuvre, pour vos élèves, des activités liées au déplacement dans un parcours aménagé. Vous souhaitez maintenant faire évoluer les réponses motrices des enfants. Présentez les ateliers d'activités gymniques que vous organiseriez pour développer les habiletés motrices suivantes : se suspendre, se balancer, se renverser.*
- *Cycle concerné : maternelle*
- *Niveau de classe : moyenne section*
- *Champ d'apprentissage concerné : non spécifié*
- *APSA support : activités gymniques*
- *Contexte : lors des premières séances d'activité physique, vous avez mis en œuvre, pour vos élèves, des activités liées au déplacement dans un parcours aménagé.*
- *Objectif(s) : faire évoluer les réponses motrices des enfants ; développer les habiletés motrices : se suspendre, se balancer, se renverser.*
- *Situation ou progression : ateliers*

ex : *Dans votre classe de CM2, vous avez prévu d'organiser, en EPS, un cycle de jeux collectifs.*
L'an passé, vos élèves avaient participé à une rencontre sportive au cours de laquelle vous aviez constaté leur difficulté à s'organiser dans leur jeu d'équipe. À partir d'un

1 Gérer le temps de l'épreuve

Cette fiche concerne les deux parties de l'épreuve. Trois heures de préparation sont à répartir entre l'EPS et la connaissance du système éducatif. Il faut œuvrer avec méthode.

Fiche de référence	Étape de préparation	Temps recommandé
S'approprier le sujet EPS, analyser les consignes, compléter les données : fiche Méthode 2 EPS	Au préalable : Appropriation du sujet : rapide balayage du sujet (partie 1 et partie 2)	5 minutes
	Étape 1 : Analyse du sujet : analyser la question et les consignes, les compléter	5 minutes
	Étape 2 : Compléter chaque axe de questionnement	15 minutes
Construire l'exposé : fiche Méthode 3 EPS	Étape 3 : Faire ses choix et structurer les axes de réponse	15 à 20 minutes
	Étape 4 : Rédiger la trame de l'exposé	20 à 30 minutes
Partie EPS		**1 h à 1 h 15**
S'approprier le sujet CSE, analyser les textes, compléter les données : fiche Méthode 1 CSE	Étape 1. S'approprier le sujet : rapide balayage du sujet, lecture des questions posées et survol des documents pour s'approprier le sujet	5 minutes
	Étape 2. Analyser le(s) texte(s)	30 à 50 minutes
	Étape 3. Compléter les données	5 à 10 minutes
Construire l'exposé : fiche Méthode 2 CSE	Étape 4. Structurer les axes de réponse	10 à 15 minutes
	Étape 5. Rédiger la trame de l'exposé	40 à 50 minutes
Partie système éducatif		**1 h 45 à 2 h**

Nous suggérons de commencer par l'EPS et de veiller à y consacrer 1 h à 1 h 15 au maximum. Cette partie de l'épreuve nécessite en effet de remobiliser vos connaissances et ne s'appuie pas *a priori* sur un corpus documentaire. Il vaut mieux la traiter de prime abord.

→ Il est impératif de vous servir de votre montre et de vous fixer des repères de durées des différentes phases de votre travail.

→ Reportez sur votre brouillon l'heure de début de la préparation et les échéances à respecter.

→ Si vous vous rendez compte que vous dépassez le temps d'une phase, écourtez-la et passez le plus vite possible à la suivante.

→ Des baisses de vigilance sont possibles. Si vous commencez à vous « embrouiller », à penser à autre chose, à vous décourager (...), il est préférable de faire une petite pause de quelques minutes. Buvez de l'eau, grignotez une barre de céréales...

Les ressources d'accompagnement des programmes à consulter

- Les ressources d'accompagnement du programme de maternelle proposent des étapes dans l'appropriation de l'objectif « Collaborer, coopérer, s'opposer ». Les pages 9 à 12 précisent les éléments de progressivité en 3 grandes étapes en fonction des âges et les pages 12 à 15 précisent les perspectives d'enseignement chez les moins de trois ans.
- Les ressources d'accompagnement du programme de cycle 2 proposent quelques repères sur les possibilités des élèves et des principes pédagogiques à mettre en œuvre pour que l'élève puisse évoluer dans les jeux collectifs avec et sans ballon et dans les jeux de combat. Document téléchargeable « Quelques repères sur les possibilités des élèves et principes pédagogiques à mettre en œuvre » (p. 8-9).
  Elles donnent également des repères de difficultés chez l'élève et explicitent ainsi les attendus de fin de cycle et les apprentissages à mettre en œuvre pour s'opposer dans le cadre de jeux (pré-sportifs) collectifs et de jeux de combat. Document téléchargeable « Transformer. Faire progresser les élèves : Ce qu'il y a à apprendre dans le champ d'apprentissage 4 ».
- Les ressources d'accompagnement des programmes de cycle 3 explicitent les attendus de fin de cycle et illustrent leurs propositions. Documents téléchargeables dans la rubrique « Conduire et maîtriser un affrontement collectif ou interindividuel » : « Concevoir - L'explicitation des attendus de fin de cycle » ; « Transformer - Bâtir un module d'apprentissage en ultimate » ; « Illustration en ultimate ».

Puis il proposera des jeux où l'élève doit à la fois protéger sa cible et attaquer celle de l'autre.

ex : *Les deux sumos, la balle au capitaine.*

- **Faire évoluer les cibles**

L'enseignant peut varier les formes des cibles. Il peut également jouer sur le nombre de cibles, les emplacements et leur nature.

ex : *La cible « panier » peut être changée par des « tours du château » pour favoriser une nouvelle manipulation (du « tir dans » à du « tir puissant sur »).*
En passant d'un jeu à une cible à attaquer par une seule équipe à un jeu où chaque équipe a une cible à attaquer, l'enseignant incite les élèves à construire une nouvelle stratégie où ils devront à la fois défendre leur cible et à la fois attaquer celle de l'équipe adverse. Dans les jeux pratiqués dans les classes de maternelle, la cible est souvent dans un cercle à l'intérieur du terrain alors que dans les jeux pratiqués à l'école élémentaire la cible est à une extrémité du terrain. Dans les jeux de poursuite, la cible peut être un objet à attraper (un foulard) ou l'adversaire lui-même. Dans les jeux d'opposition on passera d'un objet à attraper (un foulard puis un ballon) à un territoire à conquérir puis au corps de l'adversaire à immobiliser, retourner…

- **Faire évoluer le temps de jeu**

Le jeu du transporteur peut se terminer quand une équipe a vidé complètement sa caisse et rempli complètement la caisse opposée. Mais il peut se terminer au temps. Dans le jeu des éperviers transporteurs-1 ballon, on peut aussi proposer 10 tentatives à l'équipe des transporteurs. On regarde alors combien de fois ils sont parvenus à ramener le ballon de l'autre côté de la ligne. On inverse ensuite les rôles pour 10 nouvelles tentatives. Dans un jeu de préhension, diminuer le temps du combat favorise la prise d'initiative offensive.

- **Faire évoluer les règles**

L'enseignant peut faire évoluer les règles quant à la manipulation, à la manière de marquer. Il peut faire évoluer les règles liées à l'espace. Enfin, il peut faire évoluer les règles quant à la relation à l'adversaire ou au partenaire.

ex : *L'enseignant propose un jeu de transporteur avec objet en main puis le même jeu avec manipulation au pied. Il peut créer des zones d'invulnérabilité pour un joueur joker ou interdire une zone (douves). Pour chasser, il faut toucher, attraper, prendre un foulard. Pour gagner, il faut immobiliser, il faut retourner, il faut retourner puis immobiliser…*

4 Les élèves en jeux de préhension et en jeux sportifs collectifs

Le contenu des séquences d'enseignement des jeux collectifs ou des jeux de préhension est étroitement lié à l'âge et au niveau des élèves. Les programmes et les ressources d'accompagnement spécifient les attendus de fin de cycle, les compétences à travailler durant le cycle et les apprentissages à construire en fonction des difficultés que l'élève rencontre.

coopérer avec les partenaires de l'autre côté pour que le ballon accède à la cible trop éloignée pour eux. Dans le jeu les éperviers en cage, les éperviers ne peuvent intervenir que dans une zone limitée en longueur et occupant toute la largeur du terrain. Ceci permet de travailler progressivement l'opposition directe entre joueurs.

L'espace peut être clairement séparé ou interpénétré. Ceci amènera les élèves à vivre des situations d'opposition de plus en plus complexes.

ex : *Dans le jeu des lapins-chasseurs, les chasseurs sont clairement identifiables et éloignés des lapins car ils sont organisés en cercle. Dans une autre version, les lapins et les chasseurs sont tous dans le même espace. Les lapins doivent repérer où sont les chasseurs et s'éloigner d'un des chasseurs sans trop se rapprocher d'un autre.*
Dans les jeux de préhension, il est intéressant de passer d'un espace de type « jeu en dispersion » à un terrain de type « traversée » dans lequel une zone délimite la zone de combat (la rivière des crocodiles où se trouvent les opposants). Dans le premier cas, l'élève peut éviter la confrontation en évitant la zone où est l'adversaire alors que dans le second l'élève ne pourra pas éviter la confrontation car il est obligé de traverser.
On passera ensuite à des jeux de combat au sein d'un espace occupé par les deux seuls opposants dans lesquels il est impossible à l'élève d'éviter l'affrontement.

ex : *On proposera un premier jeu où plusieurs élèves (les banquiers) sont répartis dans l'espace de jeu avec chacun un ballon à protéger (les pépites). Des voleurs (1/3 d'opposants) tentent de récupérer les pépites. Dans un second temps, on demandera aux élèves de transporter les pépites jusqu'à une banque située de l'autre côté de leur point de départ et de traverser un espace dans lequel sont répartis les voleurs. Enfin on créera des groupes de quatre élèves autour de deux tapis réunis. Deux élèves arbitreront, un élève sera le voleur et l'autre le banquier. On comptera alors le nombre de fois que l'attaquant (le voleur) a pris la balle au défenseur (le banquier) en 1 min 30 de combat.*

– **Faire évoluer le rapport aux autres et les rôles**

Dans l'enseignement des jeux (sportifs) collectifs et des jeux de préhension à l'école, le rapport aux autres et la reconnaissance de son rôle sont au fondement de l'activité. Il est donc essentiel de prendre en compte cette variable dans l'évolution de la situation.

L'enseignant peut donc faire varier les rôles des joueurs (partenaire, adversaire, attaquant, défenseur, porteur de balle…).

ex : *Trois élèves peuvent se faire des passes (jeu de coopération) puis un des joueurs peut être désigné comme adversaire et doit tenter d'attraper la balle (jeu d'opposition).*

L'enseignant peut agir sur leur nombre. Ainsi, dans un premier temps, Il est possible de privilégier les situations en surnombre en attaque car la défense est souvent beaucoup plus efficace chez les élèves débutants.

Enfin, l'enseignant peut donner des fonctions différentes aux élèves.

ex : *L'élève peut être arbitre, joueur, organisateur, observateur.*

L'enseignant peut aussi faire évoluer la « réversibilité » des rôles. Ainsi il proposera dans un premier des jeux où l'élève n'est qu'attaquant ou que défenseur.

ex : *Le banquier et le voleur ; jeux avec une seule cible tels que « la balle au roi ».*

a à apprendre dans le champ d'apprentissage 4 : D'un jeu collectif avec ballon au mini-hand » et « Dans le champ d'apprentissage 4 : Les jeux de lutte ».
- Les ressources d'accompagnement des programmes de cycle 3 proposent une aide pour concevoir le module pour chaque leçon du champ d'apprentissage 4. Document téléchargeable : « Conduire et maîtriser un affrontement collectif ou interindividuel - Concevoir - La démarche en EPS ».

Elles présentent également à titre d'exemple un module d'apprentissage dans le cadre de la pratique de l'ultimate et une illustration de la compétence « s'organiser tactiquement (...) ». Documents téléchargeables : « Conduire et maîtriser un affrontement collectif ou interindividuel transformer - Bâtir un module d'apprentissage en Ultimate » et « Illustration : s'organiser tactiquement (...) ».

▸ La trame de variance en jeux (pré-sportifs) collectifs et jeux de combat de préhension

En jouant avec les variables didactiques au sein d'une situation, l'enseignant peut relancer l'activité des élèves (motiver) ou la transformer (apprendre).

- **Faire évoluer le matériel, les engins**

Pour faire évoluer la situation en jeux collectifs, l'élève peut être amené à manipuler des objets différents.

Cette modification permet de travailler plus spécifiquement la manipulation.

ex : *On peut demander à des élèves de se faire des passes avec des ballons de basket puis avec des ballons de hand-ball. L'un favorise les passes à deux mains, l'autre les passes à une main. Une crosse de Hockey va, quant à elle, imposer une manipulation beaucoup plus complexe.*

L'enseignant peut aussi faire varier le nombre d'engins. Ainsi, le passage d'un jeu multi-ballons à un jeu à seul ballon favorise la montée collective vers la cible.

ex : *Dans le jeu des éperviers transporteurs, les élèves transportent chacun des objets. Dans le jeu des éperviers transporteurs-1 ballon, il y a un seul ballon à faire parvenir de l'autre côté. Il faut donc s'organiser collectivement pour lui faire atteindre la cible adverse (ou pour protéger sa cible).*
Dans les jeux de préhension, la présence d'un objet dit « transitionnel » est primordiale pour aider les élèves à entrer en confrontation avec l'adversaire. On passera alors d'objets faciles à saisir tels les foulards à des objets plus imposants que l'élève devra protéger avec son corps tels qu'un ballon par exemple.

- **Faire évoluer l'espace de jeu**

L'enseignant peut changer les dimensions du terrain, intégrer des zones interdites ou des zones refuges, limiter l'espace d'intervention d'un joueur ou au contraire l'agrandir.

ex : *Dans un jeu de transport avec opposition, une diminution de la largeur du terrain va favoriser le jeu de contact alors qu'un élargissement va favoriser les jeux d'esquive ou de passe. En intégrant une zone infranchissable (les douves), les élèves doivent*

Des jeux collectifs aux jeux d'opposition duelle aux jeux de combat

L'opposition duelle est complexe pour l'élève de par son intensité et sa durée (ex : je suis 2 min contre le même adversaire et je ne peux pas quitter le jeu). C'est pourquoi les jeux vécus collectivement permettent une première entrée dans la confrontation duelle (ex : les chats et les souris). Il est alors possible de commencer avec des jeux en dispersion durant lesquels l'élève peut éviter la confrontation en s'éloignant des adversaires (voire même en se réfugiant dans les zones-refuge quand il y en a). Puis on glissera progressivement vers des jeux collectifs de traversée (ex : l'épervier). Dans ces jeux, la confrontation est obligatoire (ex : je ne peux pas rester dans mon camp, je suis obligé(e) de traverser pour rejoindre la zone refuge) mais celle-ci reste furtive (elle ne dure que le temps de la traversée contrairement à un jeu de combat). De plus, l'élève peut y choisir son adversaire en préférant un lieu d'entrée plutôt qu'un autre (ex : je pars du côté droit car il y a Sofiane alors que du côté gauche il y a Florian qui est très fort).

L'enseignant proposera ensuite des jeux de type combat dans des espaces restreints et matérialisés (ex : le sumo, la tortue...).

Les dispositifs

Du point de vue de l'espace, sur un terrain de hand-ball (40 × 20), il est possible de faire un terrain de jeu et des ateliers **ou** deux ou trois terrains de jeu, ce qui permettra de faire tourner 4 à 6 équipes de niveau

Pour les jeux de préhension il est envisageable de fonctionner dans un grand espace de type tatami ou praticable de gymnastique avec la possibilité de matérialiser différentes zones de combats.

D'un point de vue de l'organisation humaine, il est essentiel que les élèves puissent s'identifier facilement au sein de leur équipe ou de leur rôle (chasubles, dossards).

La place de l'enseignant dans le jeu

Chez les plus jeunes, l'enseignant est souvent le premier opposant (c'est lui le loup ou c'est lui qui vide la caisse des élèves). Assez rapidement, ce sont les élèves qui prendront sa place. Il est également arbitre. Il veillera à impliquer progressivement les élèves dans l'arbitrage en co-arbitrant et, en cycle 3, les élèves devront être arbitres autonomes.

Les ressources d'accompagnement des programmes à consulter

- Les ressources d'accompagnement des programmes de maternelle définissent la démarche d'enseignement et la place de l'enseignant dans le cadre de la pratique des jeux collectifs et d'opposition (p 7-8).
- Les ressources d'accompagnement des programmes de cycle 2 proposent des contenus spécifiques ainsi que des repères de progressivité pour l'enseignement des jeux pré-sportifs collectifs de type mini-handball et des jeux de lutte : Document à télécharger « Transformer. Faire progresser les élèves - Ce qu'il y

Remarque Il est essentiel de garder à l'esprit que l'élève doit jouer le plus vite possible. Ainsi, il est nécessaire d'entrer dans l'activité sans trop de contraintes techniques et avec les quelques règles essentielles au déroulement du jeu (ce qu'il faut pour marquer, assurer la sécurité, les droits des joueurs dans l'espace, sur l'autre joueur ou dans la manipulation). La technique n'apparaitra qu'ensuite en réponse aux problèmes rencontrés lors du jeu global. Ceci permettra à l'élève de donner tout son sens aux jeux et aux situations d'apprentissage proposés dans les ateliers lors de la séance suivante.

▸ Des jeux traditionnels aux jeux collectifs puis aux jeux sportifs collectifs

Les jeux traditionnels permettent d'entrer et de vivre pleinement la notion d'opposition. En effet, il y a souvent des chasseurs et des chassés (*le chat et les souris, le loup dans la bergerie, le ballon chronomètre*). De plus, connus par tous les enfants, ils peuvent rapidement être mis en œuvre de par leurs règles simples et peu nombreuses.

ex : *« La chasse à courre » : un groupe d'élèves « les chasseurs » sont répartis sur un couloir assez large. Les lapins doivent traverser ce couloir sans être touchés.*

Très rapidement, il sera nécessaire de transformer ces jeux pour construire le fondement même des jeux collectifs à l'école, à savoir : construire un résultat collectif et aller vers une véritable coopération. En effet, souvent les jeux traditionnels alternent des changements de rôle qui ne permettent pas aux élèves de se reconnaître dans un rôle ou dans une équipe. Les jeux traditionnels (avec réversibilité des rôles ou élimination) doivent donc être transformés pour devenir des jeux collectifs.

ex : *Dans le jeu « les lapins et les chasseurs » un ensemble de chasseurs est positionné en cercle et des lapins sont enfermés dans ce cercle. Le but des chasseurs est de toucher les lapins grâce à un ballon (et pour les lapins le but est de ne pas être touchés). Dans le jeu traditionnel, le lapin, une fois touché, rejoint le groupe des chasseurs et chasse avec eux. Le but du jeu des lapins est alors d'être le dernier survivant. Ce jeu traditionnel ne favorise donc pas la reconnaissance au sein d'une équipe (puisqu'on en change dès que l'on est touché) ni le résultat collectif (puisque seul le dernier survivant compte). Dès lors ce jeu peut être transformé en supprimant l'élimination des lapins touchés et en comptant alors le nombre de lapins touchés. Quand un lapin est touché celui-ci reste dans le jeu et l'équipe des chasseurs marque un point. Il faudra alors faire une seconde manche en inversant les rôles pour savoir quelle est l'équipe de chasseurs qui a touché le plus grand nombre de lapins.*

Les jeux collectifs sont pour leur part une excellente entrée vers les jeux sportifs collectifs (et vers les sports collectifs). Ils offrent des situations aussi complexes et éducatives que les jeux pré-sportifs. Par une démarche cohérente d'apprentissage, ils permettent aux enfants d'apprendre en jouant et non pas seulement d'apprendre pour jouer.

Les programmes incitent à utiliser des jeux à règles simples dans lesquels l'élève (ou l'enseignant) introduira progressivement des règles conformes à la logique du jeu collectif de référence au fur et à mesure de leur utilité.

Remarque. Les règles sont d'autant mieux comprises et intégrées qu'elles auront été construites et formulées par les élèves.

Les **jeux de technique** doivent rester courts et permettre une mise en route à partir de jeux de manipulation, de dissociation segmentaire et d'oppositions courtes. Bien plus que de développer la technique individuelle de chacun, ils permettent de commencer à travailler contre quelqu'un (et avec quelqu'un).

ex : *Le diable : deux ou trois élèves se font face autour d'une zone et un élève est au milieu de la zone. Les élèves doivent se faire des passes sans que le diable leur attrape la balle (vers les jeux collectifs) ou les élèves doivent tenter d'attraper son foulard sans pénétrer dans la zone (vers les jeux de préhension).*

D'autres jeux peuvent être proposés pour permettre de se reconnaître dans des rôles ou de reconnaître les adversaires. Ainsi, les jeux de poursuite peuvent favoriser l'échauffement mais aussi l'appropriation de compétences nécessaires à la pratique des jeux sportifs collectifs comme des jeux de combat.

ex : *« La course de la famille lapin » : les élèves sont réunis par trois (la maman, le papa et l'enfant). Tous les trios se réunissent en formant un cercle. Le maître appelle l'un des membres de la famille (exemple le papa). Celui-ci doit alors faire le tour du cercle formé par tous les trios et rejoindre sa famille. Le dernier arrivé a une pénalité. Ce jeu permet de s'identifier dans un rôle et au sein d'une équipe.*

La phase de jeu à thème (jeu d'apprentissage) ou les **ateliers de jeu** permettent de mettre l'accent sur une compétence à développer.

ex : *Les élèves sont répartis sur tout le terrain par équipes et se passent un ballon. Au signal, être la première équipe à marquer dans le panier de la couleur annoncée (ex. : il faut marquer dans le panier rouge). Il est interdit de courir avec le ballon ou de dribbler. L'objectif est ici la construction de la montée collective vers la cible.*
Les élèves sont à deux sur un tapis, tous les deux à quatre pattes. L'un des joueurs est le gardien, l'autre est le prisonnier. Le gardien maintient le prisonnier au niveau de la taille. Le prisonnier doit tenter de sortir de la prison. Cette situation permet de travailler une manipulation spécifique de type « immobilisation ».

Lors du **jeu global** (ou de match ou de combat), l'enseignant incite les élèves à mettre en application ce qui a été proposé en amont. Il est important de mettre le plus souvent possible les enfants en situation de jeu proche de la situation de référence pour augmenter les habiletés et développer la prise d'information.

ex : *« La balle au roi » peut être un jeu à thème qui prépare au jeu de « la balle au capitaine ». Dans ce premier jeu, un joueur (le roi) est positionné à l'extrémité du terrain. Les joueurs de son équipe (positionnés à l'opposé) doivent s'organiser collectivement pour transmettre la balle à leur roi. Les adversaires doivent les en empêcher. Dans la balle au capitaine, il y a deux capitaines (un par équipe), les joueurs doivent donc être capables de protéger leur cible tout en attaquant la cible adverse. Dans le jeu de la balle au roi, en ne plaçant qu'une cible, l'enseignant tente de stabiliser la construction collective de l'attaque et la construction collective de la défense.*
« L'épervier » peut être un jeu à thème qui prépare au jeu « le duel des fourmis ». Dans ce premier jeu, les élèves tentent de traverser un espace sans se faire immobiliser par l'épervier. Dans le second jeu, les élèves doivent tenter d'immobiliser leur adversaire en les maintenant à la taille. Il y a une réversibilité des rôles (Dès que je me suis libéré de l'étreinte de mon adversaire je dois tout faire pour l'immobiliser à mon tour).

Oral 2

Première partie

EPS

Sous la direction d'Éric Tisserand

Directeur adjoint de l'ESPE de l'académie de Strasbourg

Twiggy Lejeune

Professeur d'EPS à l'UFR STAPS de l'université de Toulon

ISBN 978-2-216-14643-7

Conception graphique : Sylvie Vaillant
Compositeur : STDI
Paris – Juillet 2017 – 01 – MV/VO-SM

Achevé d'imprimer en France par Jouve - 1, rue du Docteur Sauvé - 53100 Mayenne
N° d'impression : 2585657S - Dépôt légal n°14643-7/01 - août 2017

SOMMAIRE

EPS

**Retrouvez le corrigé et un exemple d'entretien sur : www.editions-foucher.fr*

Se préparer à l'oral « EPS » à l'aide de cet ouvrage

La seconde épreuve orale est notée sur 100 et comprend deux parties : première partie notée sur 40 portant sur les compétences du candidat pour l'enseignement de l'éducation physique et sportive et seconde partie portant sur la connaissance du système éducatif. Durée totale de la préparation : trois heures ; durée totale de l'épreuve : une heure et quinze minutes (partie EPS : 10 minutes d'exposé et 20 minutes d'entretien).

Le jury propose un sujet relatif à une activité physique, sportive et artistique (APSA) praticable à l'école élémentaire ou au domaine des activités physiques et expériences corporelles réalisables à l'école maternelle. Le sujet présente en général de façon succincte les acquis des élèves (ou ce qu'ils ont fait précédemment), les objectifs à atteindre et une consigne pour votre exposé (un traitement didactique de la situation : une séquence, des séances, une suite d'activité...).

Vous devez maîtriser les programmes concernant l'EPS. Il vous faut télécharger :

- le programme de l'école maternelle : Bulletin Officiel (B.O) spécial du 26 mars 2015.
  http://cache.media.education.gouv.fr/file/MEN_SPE_2/37/8/ensel4759_arrete-annexe_prog_ecole_maternelle_403378.pdf
- les programmes d'enseignement de l'école élémentaire et du collège (B.O. spécial n° 11 du 26 novembre 2015).
  http://cache.media.education.gouv.fr/file/MEN_SPE_11/67/3/2015_programmes_cycles234_4_12_ok_508673.pdf
- le socle commun.
  http://cache.media.education.gouv.fr/file/17/45/6/Socle_commun_de_connaissances,_de_competences_et_de_culture_415456.pdf

Les fiches Mémo de cet ouvrage effectuent la synthèse des enjeux, et de la didactique de l'enseignement de l'EPS. Vous devez bien en maîtriser le contenu.

Les fiches Méthode et les sujets de la partie 2 vous permettent de vous préparer à l'exposé et à l'entretien, et de vous y entraîner.

Finalités et objectifs de l'EPS

L'enseignement de l'EPS contribue à l'éducation et à la formation de l'élève par l'exercice de la motricité.

1 Les Objectifs et finalités de l'EPS

L'Éducation Physique et Sportive (EPS) ne doit pas se confondre avec le sport (activité culturelle et extra-scolaire). C'est une discipline scolaire à part entière. Dès lors, elle ne vise pas seulement le développement d'habiletés motrices.

A. À l'école maternelle

L'élève de cycle 1 apprend à **agir, s'exprimer, comprendre à travers l'activité physique.** La pratique d'activités physiques et artistiques (APA) contribue au **développement moteur, sensoriel, affectif, intellectuel et relationnel** des enfants.

- Du point de vue du développement intellectuel, ces activités mobilisent, stimulent, enrichissent **l'imaginaire** et sont l'occasion d'éprouver des émotions, des sensations nouvelles.
- Du point de vue moteur, elles permettent aux enfants **d'explorer leurs possibilités physiques**, **d'élargir et d'affiner** leurs habiletés motrices, de **maîtriser** de nouveaux équilibres.
- Du point de vue sensoriel, elles les aident à construire **leur latéralité, l'image orientée** de leur propre corps et à **mieux se situer** dans l'espace et dans le temps.
- Du point de vue relationnel, elles contribuent à développer la **coopération**, à établir des **rapports constructifs** à l'autre, dans le **respect des différences**, et contribuer ainsi à **la socialisation**. De plus, la participation de tous les enfants à l'ensemble des activités physiques proposées, l'organisation et les démarches mises en œuvre cherchent à **lutter contre les stéréotypes** et contribuent à la construction de l'égalité entre filles et garçons.
- Les activités physiques participent **d'une éducation à la santé** en conduisant tous les enfants, quelles que soient leurs « performances », à éprouver le plaisir du mouvement et de l'effort, à mieux connaître leur corps pour le respecter

B. À l'école élémentaire

À l'école élémentaire, l'EPS cherche à former **un citoyen lucide, autonome, physiquement et socialement éduqué, dans le souci du vivre-ensemble**

Elle permet ainsi l'**accès** à un riche champ de pratiques physiques importantes dans le **développement de la vie personnelle et collective** de l'individu.

Elle amène les enfants et les adolescents à rechercher le **bien-être** et à se soucier de leur **santé**.

Elle assure **l'inclusion**, dans la classe, des élèves à besoins éducatifs particuliers ou en situation de handicap.

Elle initie au **plaisir** de la pratique sportive.

Remarque La fiche Mémo 4 spécifie les liens entre l'EPS et l'éducation à la santé.

2 L'EPS et le socle commun de connaissances, de compétences et de culture

A. Les compétences générales en EPS

L'EPS, comme toutes les disciplines d'enseignement, répond aux enjeux de formation du **socle commun de connaissances, de compétences et de culture** en permettant à tous les élèves, filles et garçons ensemble et à égalité, *a fortiori* les plus éloignés de la pratique physique et sportive, de construire cinq compétences générales travaillées en continuité durant les différents cycles.

- Développer sa motricité et apprendre à s'exprimer en utilisant son corps
- S'approprier, par la pratique physique et sportive, des méthodes et des outils
- Partager des règles, assumer des rôles et des responsabilités
- Apprendre à entretenir sa santé par une activité physique régulière
- S'approprier une culture physique sportive et artistique

Les compétences générales en EPS en fonction des cycles

Domaine du socle	Compétences générales	Cycle 2 Apprentissages fondamentaux	Cycle 3 Consolidation
Les langages pour penser et communiquer	**Développer sa motricité et apprendre à s'exprimer en utilisant son corps (construire un langage du corps)**	Prendre conscience des différentes ressources à mobiliser pour agir avec son corps. Adapter sa motricité à des environnements variés S'exprimer par son corps et accepter de se montrer à autrui.	Adapter sa motricité à des situations variées. Acquérir des techniques spécifiques pour améliorer son efficacité. Mobiliser différentes ressources (physiologique, biomécanique, psychologique, émotionnelle) pour agir de manière efficiente
Les méthodes et outils pour apprendre	**S'approprier, seul ou à plusieurs, par la pratique physique et sportive, des méthodes et des outils pour apprendre**	Apprendre par essai-erreur en utilisant les effets de son action. Apprendre à planifier son action avant de la réaliser.	Apprendre par l'action, l'observation, l'analyse de son activité et de celle des autres. Répéter un geste pour le stabiliser et le rendre plus efficace. Utiliser des outils numériques pour observer, évaluer et modifier ses actions.

Domaine du socle	Compétences générales	Cycle 2 Apprentissages fondamentaux	Cycle 3 Consolidation
La formation de la personne et du citoyen	**Partager des règles, assumer des rôles et des responsabilités (pour apprendre à vivre ensemble)**	Assumer les rôles spécifiques aux différentes APSA (joueur, coach, arbitre, juge, médiateur, organisateur...). Élaborer, respecter et faire respecter règles et règlements. Accepter et prendre en considération toutes les différences interindividuelles au sein d'un groupe	Assumer les rôles sociaux spécifiques aux différentes APSA et à la classe (joueur, coach, arbitre, juge, observateur, tuteur, médiateur, organisateur...). Comprendre, respecter et faire respecter règles et règlements. Assurer sa sécurité et celle d'autrui dans des situations variées. S'engager dans les activités sportives et artistiques collectives.
Les systèmes naturels et les systèmes techniques	**Apprendre à entretenir sa santé par une activité physique régulière**	Découvrir les principes d'une bonne hygiène de vie, à des fins de santé et de bien-être. Ne pas se mettre en danger par un engagement physique dont l'intensité excède ses qualités physiques.	Évaluer la quantité et la qualité de son activité physique quotidienne dans et hors l'école. Connaitre et appliquer des principes d'une bonne hygiène de vie. Adapter l'intensité de son engagement physique à ses possibilités pour ne pas se mettre en danger.
Les représentations du monde et l'activité humaine	**S'approprier une culture physique sportive et artistique**	Découvrir la variété des activités et des spectacles sportifs. Exprimer des intentions et des émotions par son corps dans un projet artistique individuel ou collectif.	Savoir situer des performances à l'échelle de la performance humaine. Comprendre et respecter l'environnement des pratiques physiques et sportives.

B. L'EPS pour apprendre à mieux comprendre, s'exprimer en utilisant la langue française à l'oral ou à l'écrit

L'EPS permet de **comprendre, s'exprimer en utilisant les langages des arts et du corps.** L'élève apprend à s'exprimer et communiquer par les activités physiques, sportives et artistiques et y apprend ainsi le contrôle et la maîtrise de soi.

L'EPS contribue également à faire évoluer leurs compétences à **comprendre, s'exprimer en utilisant la langue française à l'oral et à l'écrit**. Cette discipline est le support privilégié pour permettre aux élèves de parler de leur pratique mais aussi de lire (des fiches compléments d'une consigne, des histoires) ou d'écrire (raconter son vécu, remplir une fiche...).

L'élève peut ainsi **parler, communiquer, argumenter à l'oral de façon claire et organisée** en expliquant aux autres les règles du jeu, en rappelant ce qui a été fait lors de la séance précédente, en exprimant ce qu'il a ressenti lors de la pratique ou en décrivant les façons de s'y prendre.

L'élève **adapte son niveau de langue et son discours à la situation** en communiquant avec les autres pour élaborer un jeu, préparer un spectacle ou en donnant son avis sur la prestation physique d'un camarade ou en co-arbitrant un jeu de lutte ou un jeu collectif.

Il utilise à bon escient les principales règles grammaticales et orthographiques en écrivant par exemple le règlement d'un jeu ou la charte d'une rencontre sportive.

Dans le cadre de l'EPS peut être amené à **comprendre des messages oraux (et écrits) dans une langue étrangère** par la pratique d'un jeu traditionnel étranger envoyé par les correspondants ou trouvé sur le net.

L'éducation physique et sportive permet de **mettre en relation l'espace vécu et l'espace représenté** : dans les activités d'orientation en lien avec la géométrie (repérage dans l'espace, sur un quadrillage, déplacements) ; dans les activités d'athlétisme où sont convoqués les grandeurs et les mesures, et des calculs divers sur les longueurs, les durées, ou dans les jeux collectifs (calculs de résultats, scores) etc.

Il est important de préciser que ces activités de verbalisation et d'écriture doivent se dérouler pour leur plus grande part dans la classe, en amont et en aval des séances d'EPS. La séance d'EPS doit garder sa spécificité motrice et laisser toute sa place à l'action. Cependant, des moments d'expression orale peuvent trouver leur place au cours de ces séances.

C. L'EPS et la formation de la personne et du citoyen

L'EPS, par la place fondamentale donnée **aux règles** et à leur appropriation, favorise le développement de la formation de la personne et du citoyen en permettant à l'élève de **partager des règles, assumer des rôles et des responsabilités**.

Un exemple : autonomie et appropriation de la règle (d'après S. Bertone et J-A. Méard)

Selon ces auteurs, les diverses règles et leur appropriation sont au centre des cours d'éducation physique et peuvent être catégorisées ainsi :

- **les règles de sécurité**, renvoyant à la limitation des risques corporels (parade, assurage, gestion des dispositifs…) ;
- **les règles institutionnelles**, appelées aussi « règles de vie », correspondant aux droits et devoirs généraux de tout élève à l'École (être à l'heure, écouter, être en tenue…) ;
- **les règles groupales**, conventions régissant les interactions d'apprentissage entre élèves (constitution des équipes, rotation des ateliers, acception de rôles différenciés…) ;
- **les règles des jeux sportifs**, déterminées par les règlements des activités pratiquées (arbitrage, respect…) ;
- **les règles d'apprentissage**, renvoyant à des méthodes de travail et des procédures de recherche de solution (choix des ateliers…) ;

L'éducation à la citoyenneté passe alors par une démarche consistant à **donner du sens à ces règles, d'en justifier l'utilité et la nécessité**. Se basant sur le principe de « contamination de sens attribué aux règles du cours » on mise sur le fait qu'en modifiant le rapport de l'élève à une famille de règles, le rapport qu'il entretient avec les autres règles sera aussi transformé.

Selon ces auteurs, il existe **quatre étapes dans l'appropriation des règles** et dans leur attribution de sens :

- l'anomie correspondant à une méconnaissance ou à un rejet de la règle ;
- l'hétéronomie se traduit par une obéissance face à l'autorité du professeur ;
- l'autorégulation se traduit par l'intégration de la règle et renvoie à une adhésion volontaire et une première attribution de sens à cette règle ;
- l'autonomie correspond à la prise de recul vis-à-vis de la règle, à une capacité à en comprendre le sens et conduisant éventuellement à la négocier.

Un travail privilégiant une entrée par les règles doit alors permettre le passage de :

- l'anomie à l'hétéronomie (vers l'obéissance) ! l'adulte pose la règle et vérifie son application ;
- de l'hétéronomie à l'autorégulation (vers l'intégration) : dans ce cas l'élève connaît et reconnaît la règle et lui accorde une nécessité : il s'autorégule ;
- de l'autorégulation à l'autonomie (vers une négociation) : l'élève est capable de négocier, d'amender et d'inventer une règle.

L'EPS regroupe l'ensemble des règles et les rend signifiantes en leur donnant une valeur concrète (exemple : je dois respecter mon partenaire en acro-gym car sans lui la figure ne peut avoir lieu, je dois respecter la règle de sécurité en escalade sinon je risque ma vie ou celle du partenaire que j'assure). Dès lors, elle est la discipline à privilégier pour le développement de l'autonomie à l'école.

Voir aussi **L'éducation à l'autonomie par les jeux collectifs**.

3 Mieux comprendre grâce à l'EPS : l'articulation transdisciplinaire

ex : *En EPS, les actions motrices permettent d'accéder à d'autres connaissances par le vécu et l'expérience corporelle. Inversement, les connaissances établies dans les autres disciplines (exemple : sciences, arts visuels...) permettent d'améliorer les habiletés motrices.*
L'éducation physique aide à rendre concrètes certaines connaissances et notions plus abstraites et en facilite ainsi la compréhension et l'acquisition. Elle est parfois source de motivation pour accéder à de nouvelles connaissances plus abstraites.
Ainsi, la pratique de la natation permet de rendre concret le « ça flotte ou ça coule » ou l'organisation d'un tournoi permet la mise en œuvre de notions mathématiques tels que les tableaux à double entrée à remplir pour effectuer le classement des équipes.

En maternelle, les programmes promeuvent, une façon différente d'apprendre. Ils insistent sur le jeu, les situations de résolution de problèmes, l'entraînement, les interactions entre enfants.

Les activités physiques et sportives y contribuent pleinement. Elles permettent notamment de se repérer et se déplacer dans l'espace : les enfants acquièrent une image orientée de leur propre corps. Ils distinguent ce qui est devant, derrière, au-dessus, au-dessous, puis à droite et à gauche, loin et près, décrire ou représenter un parcours simple (ils apprennent à suivre des parcours élaborés par l'enseignant ou proposés par eux. Ils verbalisent et représentent ces déplacements).

À l'école élémentaire, l'EPS permet d'aborder en action les connaissances :
- sur le **corps** et son fonctionnement (les cinq sens, la respiration, la circulation...) ;
- sur la **santé** en général, sur les règles d'hygiène,
- sur les caractéristiques des divers **environnements**, sur la notion de **vitesse** (relation espace-temps : distance parcourue pour une certaine durée) ;
- sur les **caractéristiques et propriétés des éléments** (l'eau, la neige, la glace : quelles possibilités d'action, quels problèmes pour s'y déplacer ?...) ;
- sur certaines **notions mathématiques** abordables dans plusieurs activités (mesure et comparaison de longueurs, classements, scores, performances...).

La relation avec les **activités artistiques** peut se faire quant à elle par l'exploitation des situations vécues en EPS dans les arts visuels (réalisation d'œuvres graphiques) ou par la danse, activité physique et artistique à part entière. Celle-ci permet un travail de création, de symbolisation, et la rencontre avec les éléments constitutifs d'œuvres chorégraphiques d'époques différentes. Elle doit être approchée dans tous ses genres : contemporaine, mais aussi collective, folklorique, etc. En travaillant sur des supports sonores et/ou musicaux divers et variés, elle participe également à l'éducation musicale des élèves.

4 Les champs d'apprentissage que l'élève doit parcourir en EPS

Après avoir clairement identifié les finalités, les grands objectifs de l'EPS et son engagement dans l'appropriation des compétences du socle commun et avoir

répondu à la question « pourquoi enseigner l'EPS à l'école », il s'agit de répondre à la question « qu'enseigne-t-on spécifiquement en EPS ? ».

A. Un objectif : enrichir et perfectionner le répertoire moteur

L'EPS est une discipline scolaire qui vise avant tout l'enrichissement et le perfectionnement du **répertoire moteur** de base (construit dès la petite enfance).

Celui-ci se compose d'actions motrices fondamentales telles que les locomotions (marcher, courir, sauter, grimper, rouler, ramper, glisser…), les équilibres, les manipulations (agiter, tirer, pousser) ou les projections.

Ces actions se retrouvent dans toutes les APSA et se développent de diverses façons, avec des intentions et des émotions différentes.

ex : *L'élève est amené à lancer loin un engin en athlétisme, à lancer à quelqu'un ou dans une cible dans les jeux collectifs.*

En maternelle, les élèves explorent leurs possibilités physiques et construisent leur « répertoire moteur de base » dont les actions vont être progressivement enrichies et diversifiées dans leurs formes et dans leurs conditions de réalisation. Peu à peu, ils élargissent et affinent leurs habiletés motrices, maîtrisent de nouveaux équilibres et réussissent à enchaîner deux ou trois actions et à les mettre en œuvre dans des intentions différentes : lancer loin, lancer à quelqu'un, sauter haut, sauter en contre-bas…

Au cycle 2, ces actions sont encore perfectionnées, dans leur forme mais aussi en vitesse d'exécution, en précision, en force. Les enfants sont capables d'en enchaîner plusieurs.

Au cycle 3, il s'agit de les complexifier, de les enrichir, de les diversifier, de les perfectionner, de les combiner et de les enchaîner.

B. Champs d'apprentissage (et objectifs)

Pour développer les compétences générales et ainsi contribuer à l'acquisition des compétences du socle commun, l'EPS propose à tous les élèves, de l'école au collège, un parcours de formation constitué de quatre champs d'apprentissage complémentaires :

- Produire une performance optimale, mesurable à une échéance donnée ;
- Adapter ses déplacements à des environnements variés ;
- S'exprimer devant les autres par une prestation artistique et/ou acrobatique ;
- Conduire et maitriser un affrontement collectif ou interindividuel.

Chaque champ d'apprentissage permet à l'élève de construire des compétences intégrant différentes dimensions (motrice, méthodologique, sociale), en s'appuyant sur des activités physiques sportives et artistiques (APSA) diversifiées.

Remarque Ces compétences seront détaillées dans les fiches spécifiques à chaque APSA.

Objectifs et champs d'apprentissage

Cycle 1 Objectifs*	Cycles 2 et 3 Champs d'apprentissage	Par la pratique de :
Agir dans l'espace, dans la durée et sur les objets	Produire une performance maximale, mesurée à une échéance donnée	Activités athlétiques (aménagées), Natation…
Adapter ses équilibres et ses déplacements à des environnements ou contraintes variés	Adapter ses déplacements à des environnements variés	Natation (savoir nager), activités de roule et de glisse, activités nautiques, équitation, parcours d'orientation, parcours d'escalade…
Collaborer, coopérer, s'opposer	Conduire et maitriser un affrontement collectif ou interindividuel	Jeux traditionnels, jeux collectifs avec ou sans ballon, jeux pré-sportifs collectifs, jeux de lutte, jeux de combat (de préhension), jeux de raquettes…
Communiquer avec les autres au travers d'actions à visée expressive ou artistique	S'exprimer devant les autres par une prestation artistique et/ou acrobatique	Danses collectives, danse de création, activités gymniques, arts du cirque…

*En maternelle, les programmes ne s'articulent pas autour de champs d'apprentissage mais d'objectifs dont les intitulés sont différents. De plus, aucun exemple d'APA n'y est spécifié.

2 La programmation en EPS

L'enseignant se doit de programmer annuellement les compétences qu'il souhaiterait développer et de choisir les APSA les plus à même de les développer.

1 Quels champs d'apprentissage programmer ?

Comme pour toutes les disciplines scolaires, l'enseignant doit se référer aux programmes et faire des choix quant aux compétences et aux activités à aborder.

A. À l'école maternelle

La programmation de cycle doit permettre d'atteindre les quatre objectifs caractéristiques de ce domaine d'apprentissage.

B. À l'école élémentaire

Les élèves doivent rencontrer les quatre champs d'apprentissage lors de chaque cycle (cycles 2 et 3).

Un projet pédagogique définit un parcours de formation équilibré et progressif, adapté aux caractéristiques des élèves, aux capacités des matériels et équipements disponibles, aux ressources humaines mobilisables.

2 Quelles activités choisir ?

Une fois le champ d'apprentissage spécifié, l'enseignant doit choisir, parmi les activités physiques, celles qui lui permettront d'atteindre les compétences définies. **L'enseignant ne choisit pas d'abord l'activité physique mais il choisit un champ d'apprentissage à parcourir puis l'activité support la plus adéquate pour développer les compétences inhérentes à ce champ d'apprentissage.**

Remarque Le choix des activités doit être diversifié pour permettre une réelle motivation des élèves mais permettre aussi une diversité des réponses motrices et un accès culturel à toutes les APSA.

Conseils de mise en œuvre

Les programmes précisent :

- En maternelle, le choix des activités physiques variées, prenant toujours des formes adaptées à l'âge des enfants, relève de l'enseignant, dans le cadre d'une programmation de classe et de cycle pour permettre d'atteindre les quatre objectifs caractéristiques de ce domaine d'apprentissage.
- À l'issue du cycle 2, les élèves ont acquis des habiletés motrices essentielles à la suite de leur parcours en éducation physique et sportive. Une attention particulière est portée au savoir nager.
- À l'issue du cycle 3, tous les élèves doivent avoir atteint le niveau attendu de compétence **dans au moins** une activité physique par champ d'apprentissage

A. Les activités physiques, sportives et artistiques (APSA)

Les **activités physiques, sportives et artistiques (APSA)** sont le support d'enseignement privilégié de l'EPS car elles permettent de donner sens au champ d'apprentissage exploré et surtout elles sont motivantes. Les actions ne sont donc pas construites pour elles-mêmes mais au travers des activités physiques.

ex : *Un élève qui lance une balle peut la lancer à un partenaire pour amener celle-ci vers la cible en jeux collectifs ou peut la lancer le plus loin possible pour réaliser une performance mesurable dans le cadre des activités athlétiques.*

Cependant, il ne faut pas transposer la pratique des clubs à l'école. Les APSA doivent être traitées et transformées afin de répondre aux finalités et aux objectifs éducatifs du système éducatif et être adaptées aux enfants. Cette inversion opérée au sein de l'école s'appuie sur la pédagogie du sens et la notion de projet.

ex : *L'athlétisme scolaire est différent de l'athlétisme en club. L'athlète du club doit courir une distance donnée (exemple 60 m) dans un minimum de temps. L'élève, lui, court un temps donné (exemple 7 s) et doit parcourir la plus grande distance possible. Cette adaptation permet aux élèves de chronométrer facilement (le chronométreur décompte les 7 s) mais aussi de donner sens à la mesure (diminuer un temps est peu signifiant pour un élève de 6 ans alors qu'augmenter l'espace parcouru peut guider son projet de performance).*

Attention ! Toutes les activités physiques ne peuvent être enseignées à l'école primaire. Certaines APSA présentant des risques particuliers ne peuvent être pratiquées à l'école primaire (tir avec armes à feu, sports mécaniques (…) et aériens, musculation avec emploi de charges, haltérophilie, spéléologie (Classe III et IV), descente de canyon, rafting et nage en eau vive).
Certaines APSA sont autorisées mais nécessitent un encadrement renforcé (sports de montagne, ski, escalade alpinisme, activités aquatiques et subaquatiques, activités nautiques avec embarcation, tir à l'arc, VTT, cyclisme sur route, sports équestres, sports de combat, hockey sur glace, spéléologie (Classe I et II)). Le taux minimum d'encadrement renforcé est spécifié dans la Circulaire n° 99-136 du 21-9-1999 publiée dans BO HS 7 du 23 septembre 1999.

Remarque La réglementation spécifique à l'enseignement de la natation est développée dans la fiche 8 consacrée à cette APSA.

B. Quelles APSA pour quels champs d'apprentissage (ou objectifs) ?

Certaines APSA sont à privilégier pour développer les compétences spécifiques aux champs d'apprentissage.

▸ Un choix multiple

Chaque **champ d'apprentissage** peut être parcouru à travers une ou plusieurs activités. L'enseignant fait son choix en fonction des contraintes et de son projet éducatif.

ex : *Les élèves peuvent être amenés à « Produire une performance maximale, mesurée à une échéance donnée » en athlétisme ou en natation.*

De plus, une même activité permet d'explorer plusieurs champs d'apprentissage.

ex : *La natation permet de « produire une performance maximale, mesurée à une échéance donnée » mais aussi d'« adapter ses déplacements à des environnements variés ».*

Pour aider à cette programmation il est possible de regrouper les APSA en quatre familles ; Chacune des familles peut être privilégiée pour parcourir un champ d'apprentissage spécifique.

Les **activités de performance** se déroulent dans un cadre réglementé et développent des activités motrices caractérisées par leur vitesse, leur durée et/ou leur force. Dans ces activités, l'élève cherche à repousser ses limites et/ou à battre son record. Elles sont particulièrement exploitées dans le développement des compétences du champ d'apprentissage « produire une performance maximale, mesurée à une échéance donnée ».

ex : *Exemple d'activités. Athlétisme, natation.*

Les **activités de déplacement** perturbent les repères habituels de l'élève. Ces perturbations sont dues à l'incertitude du milieu (son éloignement : course d'orientation, natation ; son instabilité : gymnastique ; sa dangerosité symbolique : escalade, natation ; sa verticalité : escalade) ou aux engins qui y sont utilisés (vélo, trottinette, échasses, patins, tricycles, draisiennes, embarcations nautiques, chevaux...). Dans ces activités, l'élève tente de se rendre d'un point à un autre et cherche alors à adapter son déplacement aux difficultés et contraintes du milieu (ou de l'engin) en prenant des risques mesurés. Elles sont particulièrement exploitées dans le développement des compétences du champ d'apprentissage « Adapter ses déplacements à des environnements variés ».

ex : *Exemple d'activités. Natation, activités nautiques, escalade, activités et course d'orientation, activités de roule, vélo, trottinette, voile, kayak, équitation, ski alpin, ski nordique...*

Les **activités d'affrontement collectif ou individuel** imposent à l'élève une confrontation dans le cadre d'un jeu ou d'une activité. Celle-ci peut être collective (jeux collectifs) ou individuelle (activités duelles telles que la lutte, le tennis, le tennis de table)... Dans ces activités, l'élève doit développer des stratégies pour attaquer en se défendant soit seul soit collectivement. Dans le cadre des activités collectives, il devra alors apprendre à coopérer pour mieux combattre. Elles sont particulièrement exploitées dans le développement des compétences du champ d'apprentissage « Conduire et maitriser un affrontement collectif ou interindividuel »

ex : *Exemple d'activités. Jeux traditionnels, jeux (sportifs) collectifs, tennis, badminton, jeux de lutte...*

Les **activités artistiques, esthétiques et ou expressives**. Celles-ci imposent à l'élève de se produire devant les autres. Elles s'appuient sur une technique ou un code reconnu par tous (activités esthétiques), sur le processus de création (activités artistiques) ou sur la transmission d'émotion ou la représentation de personnages (activités expressives). Dans le cadre de ces activités, l'élève est amené

à reproduire des figures plus ou moins complexes (de plus en plus aériennes, renversées, avec de moins en moins d'appuis en gymnastique), à manipuler des engins (cirque, gymnastique rythmique), à créer des mouvements (danse...) ou des formes corporelles et à se produire devant des spectateurs ou des juges. Elles sont particulièrement exploitées dans le développement des compétences du champ d'apprentissage « S'exprimer devant les autres par une prestation artistique et/ou acrobatique ».

▸ Une analyse et un traitement didactique à opérer

Aucune activité n'est porteuse en soi de sens. C'est le traitement didactique et l'analyse qui en seront faits qui permettront de choisir cette APSA support. Pour analyser et choisir son activité, l'enseignant devra tenir compte de plusieurs critères.

La **spécificité (ou l'essence) de l'activité** : c'est ce qui est permanent à travers toutes les formes de pratique. Il s'agit des caractéristiques essentielles de l'activité.

ex : *En jeux collectifs : avec son équipe, battre l'équipe adverse.*
En athlétisme : aller **plus** *vite,* **plus** *loin,* **plus** *haut.*

Les **problèmes fondamentaux** : ce sont les problèmes posés à l'élève, les contraintes qui lui sont imposées.

ex : *En course de haies, l'athlète doit essayer d'aller le plus vite possible malgré la présence d'obstacles. Il doit donc résoudre la contradiction qui naît de la confrontation du but « je dois courir le plus vite possible » et du moyen « je dois franchir des obstacles ».*

Les **ressources mobilisées** : elles servent à surmonter l'obstacle. Elles sont physiologiques ou énergétiques (gestion effort, réorganisation de la respiration en natation...), informationnelles (capacité de prise d'information rapide en jeux collectifs...), motrices ou mécaniques (coordination et dissociation segmentaire en athlétisme ; adresse en jeux collectifs...), psychologiques (maîtrise de ses émotions en danse...), sociales (tenir compte d'autrui en jeux collectifs ou tenir des rôles sociaux différents en danse...)

Les **enjeux éducatifs** : c'est ce qu'apporte l'activité à l'enfant, ce en quoi elle est éducative. En d'autres termes, c'est ce que l'élève a à gagner en pratiquant cette activité.

ex : *En rugby l'élève pourra maîtriser affectivement des situations de contact rude.*

Les **contraintes particulières** : l'activité peut présenter des particularités quant à la sécurité, l'organisation, la formation de groupes de travail, le mode de relation pédagogique.

ex : *En natation, les organisations matérielle et pédagogique sont extrêmement liées à la sécurité alors qu'en danse elles permettent à l'élève d'oser se montrer et qu'en athlétisme elles permettent à l'élève de mesurer rapidement et efficacement les résultats de son action.*

Les **composantes de l'activité** : ce sont les différents éléments propres à l'activité.

ex : *En natation, on retrouve l'équilibre, la respiration, la propulsion, l'immersion et le contrôle émotionnel.*

Les **compétences** : elles sont détaillées dans les programmes et correspondent à ce que l'élève doit être capable de faire.

Les **niveaux d'habileté** : ils permettent de répertorier les divers niveaux des élèves afin de mieux différencier la pédagogie.

3 La programmation dans le temps

A. La durée des modules d'enseignement

Les programmes n'imposent aucune durée minimale des **modules d'enseignement**.

Cependant, les séances doivent être organisées en cycles de durée suffisante pour que les enfants disposent d'un temps qui garantisse une véritable exploration et permette la construction de conquêtes motrices significatives.

En maternelle, **6 à 8 séances minimum** semblent donc nécessaires alors qu'en **cycles 2 et 3 le minimum souhaitable semble être de 10 à 15 séances**.

B. La place dans l'emploi du temps

Elle est étroitement liée à l'âge des élèves.

En maternelle, le besoin de mouvement des enfants est réel. Il est donc impératif d'organiser une séance quotidienne.

Les séances doivent être placées dans l'emploi du temps de manière à **respecter les rythmes de l'enfant.** Dans la semaine et pendant au moins un demi-trimestre, 2 à 3 objectifs peuvent être programmés à travers différentes activités. Dans la journée, les activités doivent être programmées en fonction du moment. Le milieu de matinée est le moment où le niveau de vigilance est optimum. Dès lors, on programmera de préférence des activités de prise de risque ou de découverte de nouvelles situations. La fin de matinée est la période propice aux activités calmes (rondes, jeux chantés ou déjà connus). Le début d'après-midi est une période à éviter.

La deuxième partie de l'après-midi convient pour les plus grands. On privilégie les activités ne comportant pas de prise de risque.

Aux cycles 2 et 3, même si le temps de pratique est annualisé, une **pratique régulière et bi-hebdomadaire** est à privilégier. Il est préférable de programmer deux champs d'apprentissage différents par semaine.

C. Le temps de pratique

Les temps de pratique varient selon le cycle.

- **En maternelle** : l'enfant pratique de **30 à 45 minutes quotidiennement** (selon la nature de l'activité, l'organisation choisie, l'intensité des actions réalisées, le moment de l'année, le comportement des enfants).

- **Aux cycles 2 et 3** : les programmes incitent à **108 heures annuelles** soit un minimum de trois heures hebdomadaires.

4 L'élaboration de modules en EPS

Une fois les champs d'apprentissage programmés et les activités physiques choisies et traitées, l'enseignant doit organiser son enseignement au sein de modules d'enseignement. Ceux-ci doivent être suffisamment longs pour permettre de véritables apprentissages. Ils sont structurés en différentes phases permettant une entrée motivée dans l'activité, des apprentissages ainsi que des évaluations (diagnostique, formative, sommative).

A. Une aide non négligeable

Les **programmes** et les ressources des programmes montrent comment certaines APSA permettent le développement des compétences (motrices, méthodologiques, sociales) des divers champs d'apprentissage. Ils présentent de nombreuses pistes quant aux compétences à développer mais aussi aux progressions à envisager.

Ces ressources sont consultables sur le site http://eduscol.education.fr

B. La situation de référence

De nombreux ouvrages et documents pédagogiques conseillent à l'enseignant d'élaborer une **situation référence**. Celle-ci peut être la situation d'entrée dans l'activité et la situation d'évaluation formative et sommative.

Elle est significative de l'activité, adaptée à l'âge des élèves et réaliste suivant la durée du module.

ex :

« Produire une performance maximale, mesurée à une échéance donnée »
« La course contre la montre »

« Produire une performance maximale, mesurée à une échéance donnée » « La course contre la montre »		
Compétences travaillées Combiner des actions simples : courir-lancer ; courir-sauter Mobiliser ses ressources pour réaliser la meilleure performance possible Utiliser des outils de mesures simples pour évaluer sa performance Respecter les règles des activités Passer par les différents rôles sociaux		
Objectifs Partir vite à un signal et maintenir sa vitesse pendant 10 s. Maintenir sa vitesse et franchir la ligne d'arrivée sans ralentir **Organisation temporelle** Durée de la course : 10 secondes	**Aménagement humain** • 1 chronométreur • 1 starter • 4 juges (un juge par élève)	**Aménagement matériel** • 4 couloirs de piste d'athlétisme • 1 plot 1 m derrière la ligne de départ • 6 zones de 2 m (Z1 : 25-27 ; Z2 : 27-29, etc.) • Appareil de mesures : 1 décamètre, 1 chronomètre
	Dispositif de communication Fiches « résultat »	
But pour l'élève	Consignes	Critères de réussite
En 10 secondes, atteindre la zone la plus éloignée possible	• Starter « donne le départ à haute voix « À vos marques » « Prêt » « coup de sifflet ». • Chronométreur : « Au coup de sifflet déclenche le chronomètre. Décompte à haute voix jusqu'à 7 s » • Juges : « Regarde dans quelle zone ton binôme arrive et donne-lui son résultat » • Coureur : « Pars dès le coup de sifflet. Cours le plus vite possible pour atteindre la zone la plus éloignée » + consignes de sécurité et de fonctionnement	• Starter : pas de problème au départ • Chronométreur : pas de problème pour déclencher son chrono • Coureur : atteint la zone la plus éloignée ou atteint une zone plus éloignée que la dernière fois

▸ Une situation qui donne du sens aux futurs apprentissages

Sa vocation première est de permettre à l'élève de donner du sens aux **situations d'apprentissage** et de l'engager dans un projet d'action.

ex : *Dans la situation « la course contre la montre », l'élève de CM1 peut constater ses difficultés à maintenir sa vitesse sur 10 secondes et donc donnera sens à des exercices de course lui permettant de répondre à cette difficulté, comme par exemple apprendre à prendre un meilleur départ ou à finir sa course.*

▸ Une situation d'évaluation

La situation de référence permet à l'enseignant de déterminer les besoins d'apprentissage des élèves (évaluation diagnostique). Elle est souvent aussi un excellent outil pour réaliser des évaluations de fin de module cohérentes (évaluation sommative).

ex : *Dans la situation « la course contre la montre », après avoir constaté la difficulté des élèves à réagir rapidement au signal sonore, il pourra proposer des situations de jeu telles que des jeux de poursuite où l'élève doit réagir à un type de signal pour tenter de rattraper son adversaire (je ne peux rattraper mon adversaire que lorsque le professeur siffle ; le professeur variera les signaux sonores pour que l'élève soit attentif).*

C. La répartition des séances

L'enseignant tente de répartir le plus judicieusement possible les diverses séances. Pour chaque séance, il devra clarifier :
- les objectifs d'apprentissage ;

ex : *Partir vite à un signal ; reconnaître sa cible ; transformer le réel par une composante chorégraphique ; accepter des immersions brèves et volontaires...*

- les thèmes des situations choisies pour les atteindre.

ex : *Fuir-attraper ; transporter des objets ; transformer un geste quotidien ; passer sous des objets plus ou moins imposants lors d'un parcours aquatiques...*

Des séances de natures différentes sont clairement identifiables dans le déroulement d'un module.

Type de séances	Elles permettent :
Séances d'entrée dans l'activité	La découverte, la motivation et l'évaluation initiale des besoins.
Séances d'apprentissage	L'acquisition d'habiletés nouvelles.
Séances d'évaluation	Le réinvestissement des acquis et leur évaluation (au cours du module et à la fin du module). Lors de ces séances, les élèves doivent pouvoir évaluer leurs progrès. L'enseignant doit formaliser les acquis des élèves pour envisager les futurs modules d'enseignement.
Séances de pratique globale	Le développement des compétences transversales (organiser, gérer, coopérer...) Exemple : tournoi, compétition d'athlétisme

Ces séances, de par leurs objectifs différents, s'appuieront sur des situations différentes, par leur structure et leur visée.

ex : *Une situation de jeu de type « match » aura du sens dans une séance d'évaluation ou d'entrée dans l'activité (situation de référence), alors que des situations telles que « le tir au panier » ou « le tour de France » en basket-ball (situations d'apprentissage)*

prendront tout leur sens dans une séance d'apprentissage car elles visent l'acquisition d'une manipulation spécifique : le tir.

Un exemple de module en athlétisme au CM1

Séances	Type de séances	Objectifs	Situations
1	Découverte, entrée dans l'activité (plaisir de faire, motivation)	Courir le plus vite possible dans une course de 40 m en opposition duelle Mise en place des règles de fonctionnement, de sécurité et groupales	« Le défi »
2	Séance de référence, mise en projet et évaluation initiale	Courir le plus vite possible sur 40 m	« Ma course »
3	Phase d'apprentissage	Maintenir sa vitesse sur un temps de 10 s.	« Le contre la montre 8 s »
4	Phase d'apprentissage	Franchir la ligne sans ralentir	« Le contre la montre inversé »
5	Phase d'apprentissage	Réagir vite à un signal	Jeux de réaction
6	Phase d'apprentissage	Réagir vite à un signal en 3 temps	« Le 8 m »
7	Phase d'apprentissage	Utiliser une position adaptée pour avoir un départ rapide	« Ma technique idéale »
8	Évaluation formative	Courir le plus vite possible sur 40 m	« Ma course »
9	Phase d'apprentissage	Maintenir une trajectoire rectiligne	« La course dans le couloir étroit »
10	Évaluation	Courir le plus vite possible sur 40 m	« Ma course »
11	Séance de pratique globale	Courir le plus vite possible sur 40 m dans une rencontre de type compétition	« La compétition »

D'après le *Guide 3 en 1 EPS*, RAABE, 2013

Une fois les successions des séances et les objectifs intermédiaires définis, l'enseignant doit préparer puis animer sa séance d'EPS.

1 Quelques conseils

A. En EPS on apprend PAR et POUR l'action

En EPS, l'ensemble des compétences s'acquiert PAR et POUR l'action. Les situations proposées sont donc motrices. Si en EPS, les connaissances déclaratives (« je sais qu'il est interdit de marcher en basket ») sont utiles, ce sont bien les **connaissances en action** (« je sais comment faire » et « je le fais ») qui constituent l'essentiel des apprentissages proposés. L'objectif premier de l'enseignant consiste donc à mettre ses élèves en activité. Pour cela, l'enseignant doit penser à l'organisation matérielle et humaine afin de favoriser la participation active de tous.

Remarque Lors de votre exposé et de votre entretien, vous aurez à mettre en évidence cette organisation. Ces organisations sont détaillées à la suite de cette fiche.

B. Le projet en EPS

Aidé par l'enseignant, dans le cadre de la pratique des activités physiques sportives et artistiques (APSA), l'élève est amené à construire de véritables projets d'action.

Les situations mises en place par l'enseignant doivent permettre à chaque enfant :
- de choisir son niveau de difficulté ;
- de tenter de nombreux essais ;
- de pouvoir recommencer s'il a échoué ;
- d'apprendre, par et pour l'autre, grâce à l'observation (regarder comment les autres agissent ou réfléchir avec les autres sur la meilleure façon d'agir) ou tout simplement dans un rapport de coopération (pouvoir aider un camarade) ;
- de construire, le plus lucidement possible et avec de plus en plus d'autonomie, un véritable projet d'action grâce à des outils d'auto-évaluation adaptés aux élèves.

L'élève devra donc avoir envie de faire mieux et de façon de plus en plus raisonnée.

ex : *fiche de projet pour un élève de CM1*

Mon projet	
Lors de ma 1re course contre la montre	j'ai atteint la zone ...
Lors de ma course contre la montre poursuivie	j'ai atteint la zone ...
Lors de ma 2nde course contre la montre	je souhaite atteindre la zone ...
Lors de ma 2nde course contre la montre	J'ai réellement atteint la zone ...

2 Chronologie de la séance d'EPS

La leçon d'EPS se compose de différentes phases destinées à mettre l'élève en projet et en action.

A. La prise en main

Moment d'accueil permettant la transition avec le cours précédent, cette « prise en main » permet aux élèves d'entrer dans une véritable activité de projet grâce à la présentation de la séance qui y est faite.

L'enseignant peut ainsi faire rappeler par les élèves ce qui a été vécu la leçon précédente et les constats qui en ont été faits. Il peut alors annoncer ce qui sera abordé lors de cette nouvelle leçon en lien direct avec les constats faits.

ex : *Lors du jeu « les tours du château », nous avons vu que nous arrivions à amener la balle près des tours du château (plots) à démolir mais que nous n'atteignions que très rarement les cibles. Dès lors, aujourd'hui, nous allons faire quelques situations d'apprentissage de tir arrêté puis quelques situations de tir avec des adversaires pour nous gêner, afin de nous perfectionner et améliorer notre taux de réussite.*

B. La mise en disponibilité (ou mise en activité)

▸ Se rendre disponible à

Certains parlent d'**échauffement**, nous préférons l'appellation de « mise en disponibilité » (ou « mise en activité ») plus significative de cette phase très importante, aussi bien du point de vue psychologique que du point de vue physiologique. Il s'agit pour l'élève de rendre son corps disponible à l'action, se rendre disponible aux autres (comme futurs partenaires, futurs adversaires, futurs spectateurs ou juges) mais aussi à l'activité.

ex : *Situation de mise en disponibilité en danse « si X s'arrête »*
Objectif : *partager un temps et un espace collectif de danse à partir de règles simples, ouvrir le regard.*
Déroulement : *le groupe se déplace en ordre dispersé. Si l'enfant (X) désigné par l'enseignant s'arrête, les autres l'imitent. Puis, dès qu'il repart, les autres repartent.*
On cherche alors progressivement à provoquer la plus grande simultanéité possible du groupe, lors de l'arrêt comme lors de la reprise des déplacements.
Variante : *proposer des variantes pendant la marche : en arrière, en trajets rectilignes d'un bord à l'autre de l'espace, en courbe ou en lignes brisées.*
Lorsque l'élève s'arrête, il propose une forme très identifiable et l'ensemble du groupe doit la reproduire (Si l'un de nous s'arrête « statue »).

▸ Se connaître et se préserver

Ce moment de la séance est aussi un temps privilégié pour développer les compétences du socle liées à l'autonomie et à l'initiative et un des grands objectifs de l'EPS, à savoir « l'éducation au maintien de la santé » car elle permet l'accès à une connaissance vécue du corps et de ses possibilités.

ex : *Les étirements préparatoires permettent la connaissance par l'action des différents muscles, de leurs fonctions, des principes d'étirements et des précautions à prendre.*

▸ **Connaître les APSA**

Bien plus qu'un simple moment de mise en activité du corps, la mise en disponibilité est un moment essentiel pour accéder à une meilleure connaissance culturelle des APSA. En effet, à travers cet échauffement, l'élève découvre les spécificités d'une activité physique. Dès lors, une ritualisation de l'échauffement, à travers des routines clairement identifiables pour chaque APSA, devrait permettre à l'élève de se construire une véritable culture physique et sportive.

ex : *On ne s'échauffe pas de la même manière en sports collectifs et en athlétisme et encore moins en danse. Il n'est donc pas question de débuter chaque séance par deux tours de terrain puis un échauffement des articulations !*

▸ **Devenir un futur sportif autonome**

Enfin, chez les plus jeunes, cette phase est guidée par l'enseignant mais elle devrait progressivement s'autonomiser chez les plus grands. Les règles essentielles sont : la progressivité et l'adaptation au contenu.

ex : *Il est largement souhaitable qu'en cycle 3, des élèves relaient l'enseignant et proposent des exercices rencontrés lors des séances précédentes.*

C. Les situations

Pour plus de clarté, celles-ci sont détaillées dans le paragraphe suivant.

D. Le retour au calme

Cette phase ne permet pas seulement d'apaiser l'organisme et de permettre aux enfants de se rendre disponibles aux cours suivants. C'est aussi un moment essentiel à l'appropriation et l'amélioration de la langue orale. Ainsi, les élèves peuvent tenter de définir ce qu'ils ont ressenti. C'est le moment où l'on peut verbaliser des émotions, des règles d'actions, des règles de sécurité.

Enfin, c'est le moment du bilan essentiel à la mise en projet des élèves (rappeler ce qu'on a fait, appris, les problèmes rencontrés et ce qu'il reste à faire).

Sa durée et son contenu varient en fonction de l'activité, du niveau d'intensité atteint et des conditions matérielles (un retour au calme en salle diffère d'un retour au calme au stade !).

ex : *Un retour au calme en athlétisme : « Lors de cette séance, chacun a pu tester les différentes positions de départ pour partir le plus vite possible. Chacun sait désormais quelle est la jambe qu'il doit mettre devant et comment se placer pour partir encore plus vite. On a vu que le déséquilibre permet de partir encore plus vite. La semaine prochaine, je vous propose de refaire la course contre la montre et nous verrons si vous avez progressé. »*

3 Les situations en EPS

Au cœur de l'acte d'enseigner, la construction des situations en EPS est la phase essentielle de la préparation.

A. Les différents types de situation en EPS

Les situations de référence

Celles-ci sont présentées dans la fiche mémo 2 « la programmation en EPS ».

Les situations-problèmes

« *Dans une situation-problème, l'objectif principal de formation se trouve dans l'obstacle à franchir, non dans la tâche à réaliser* » (P. Meirieu). Pour élaborer une situation-problème, il s'agit de proposer aux élèves de poursuivre une tâche ne pouvant être menée à bien qu'après avoir surmonté un obstacle. Cet obstacle est alors le véritable objectif d'acquisition du formateur.

ex : *La situation « les pêcheurs de collier » en natation est une situation-problème. L'élève doit trouver comment rester au fond de l'eau pour avoir le temps de ramasser le plus d'objets immergés possibles, et donc comment gérer sa respiration. S'il descend au fond de l'eau en apnée bloquée, il remontera à la surface et devra lutter pour rester au fond. S'il descend sans air, il ne pourra pas rester longtemps. C'est lors de situations d'expérimentation ou d'apprentissage qu'il découvrira qu'en vidant une partie de son air, il peut rester au fond, alors que s'il garde tout son air il remonte systématiquement.*

Les situations d'apprentissage

Elles permettent aux élèves d'apprendre, de progresser, de s'entraîner afin de transformer des acquis antérieurs, d'acquérir un nouveau savoir ou une nouvelle habileté nécessaire à la résolution du problème posé.

Ces situations sont aussi appelées *situations de transformation* dans certains ouvrages pédagogiques.

ex : *en jeux collectifs, s'entraîner à slalomer avec la balle au pied est une situation d'apprentissage permettant de développer la compétence spécifique de conduite de balle au pied en football.*

B. Les éléments constitutifs d'une situation

Chaque élément de la situation doit être pensé et anticipé afin de favoriser les apprentissages et la participation active de tous.

Les éléments constitutifs d'une situation sont :

Le nom de la situation

Il est conseillé de donner un nom à la situation. Ainsi les élèves pourront la reconnaître et la reproduire lors d'une prochaine séance.

ex : *On refait la situation « les 4 coins ».*

De plus, le nom de la situation permet d'aider l'élève à comprendre le sens de celle-ci et de le motiver.

ex : *« La course contre la montre » ; « un tour de plus » ; « les chats et les souris » ; « si l'un de nous s'arrête » ; « la chasse aux coquillages » ; « les pêcheurs de perle » ; « le sculpteur et sa statue ».*

▸ Les objectifs ou compétences visées (par le maître)

Ce sont les intentions du maître en termes de progrès de l'élève. Les objectifs peuvent être l'acquisition d'habiletés motrices mais également des objectifs d'attitudes et de méthodes.

Il semble opportun de clarifier ces objectifs à travers l'énonciation de compétence : « cette situation vise à ce que l'élève soit capable de... ».
ex : *En jeux collectifs, l'enseignant pourrait définir l'un des objectifs suivants : pour réussir cette situation, l'élève devra être capable de participer à un jeu collectif et en saisir l'enjeu ; découvrir et respecter un rôle : accepter de perdre son ballon pour remplir une caisse ; développer une manipulation spécifique : courir, attraper, viser, lancer ; comprendre et accepter une règle simple.*

Attention ! Les programmes et leurs compléments sont d'excellents outils pour définir des objectifs adaptés à la compétence à développer, aux élèves et à l'APSA support.

▸ Le but (pour l'élève)

C'est ce que l'élève a à faire, ce qui le motive, le met en mouvement.
ex : *Dans le jeu des transporteurs, le but de l'élève est « de remplir la caisse avec le plus d'objets possible pour battre l'équipe adverse ».*

Afin de permettre une mise en activité rapide et motivée, le but énoncé doit :
- être concret, donc compréhensible par les élèves ;

ex : *Tu dois refaire la même statue que ton partenaire.*

- permettre une évaluation (l'élève doit avoir une connaissance du résultat rapide et efficace) ;

ex : *Je dois mettre le plus de paniers possible en 1 minute. Je marque un point par panier marqué.*

- avoir du sens pour l'élève.

ex : *Je dois attraper le plus d'objets flottants possible et pour cela je ne pourrai pas toujours me tenir au bord ; renverser des quilles avec ma balle pour battre l'équipe adverse ; lancer la balle au-dessus de l'obstacle pour apprendre à lancer plus loin ; trouver et reproduire cinq mouvements que je fais tous les jours en classe, ceux-ci me serviront dans une future chorégraphie...*

▸ Les critères de réussite

Ils permettent à l'élève de connaître les résultats de son action. Ils sont indispensables si l'on veut que les élèves gèrent leurs propres apprentissages. Ils permettent aussi à l'enseignant de vérifier le niveau des élèves (et de réguler la situation si nécessaire) mais surtout de mettre en projet l'élève. La comparaison des résultats permet ainsi d'identifier les effets de l'action et d'établir des règles d'efficacité.

ex : *J'ai attrapé au moins 2 objets ou j'ai attrapé un objet de plus lors de mon immersion. J'ai marqué 5 paniers en moins de 1 minute ou j'ai marqué 2 paniers de plus que la dernière fois.*

Pour cela les critères de réussite doivent être concrets et laisser le moins de place possible à l'interprétation. Des critères de réussite quantitatifs permettent une meilleure analyse du résultat que des critères qualitatifs souvent sujets à caution.

ex : *Il est difficile pour un élève de savoir s'il a bien fait ou non (j'ai marqué le panier en fléchissant convenablement mes genoux) alors qu'il est facile pour lui de savoir le nombre d'essais réussis (j'ai marqué 10 paniers sur 12 essais). Dès lors, on peut supposer qu'un élève qui marque 10 fois sur 12 a certainement mis en œuvre les critères d'efficacité qui sont entre autres « pousser sur les jambes ».*
En athlétisme, j'ai atteint au moins la zone jaune. En gymnastique, j'ai su reproduire deux fois le même parcours sans tomber ou je n'ai posé qu'une fois le pied à terre. En danse, j'ai fini mon mouvement en même temps que mon partenaire.

Le dispositif en EPS.

Il comprend l'organisation matérielle et humaine, les consignes et les variables exploitables.

L'organisation matérielle

L'enseignant doit penser à :

Assurer la sécurité	Sécurité passive (tapis, installations...). Sécurité active (position de la parade...). Délimitation de l'espace. Être vu, entendu et compris de tous.
Permettre une réelle quantité d'activités	Penser à l'espace relatif de chacun et à une quantité de matériel suffisante. La liste du matériel nécessaire doit être anticipée afin de perdre un minimum de temps lors de la mise en œuvre. Son installation se fait avant le cours (récréation) ou pendant le cours (souvent par les élèves). Dans ce second cas une répartition des tâches est indispensable (qui installe ? qui désinstalle ? qui range ?). Cette phase est un moment privilégié pour l'acquisition et l'évaluation des compétences du socle relatives à l'autonomie et à l'initiative. Exemple : est autonome, un élève sachant monter un atelier en respectant les critères d'efficacité et de sécurité et en partenariat avec les autres.
Faire évoluer l'espace	L'installation matérielle ne doit pas être « fermée » afin de faciliter l'introduction de variables et de pouvoir changer de situation sans perdre de temps. Exemple : l'utilisation de plots permet de changer rapidement les modalités du parcours ou la taille des foulées dans une course aux plots.

La durée de la situation peut se définir en temps, en nombre d'essais ou en fin de situation.

ex : *Le jeu se termine au bout de 1 min ; quand chaque équipe a tiré 10 fois ; dès qu'une équipe a marqué 6 paniers.*

Elle est fonction de l'évolution des élèves, de leur degré de motivation, de leur âge et de l'intensité de l'activité.

ex : *En jeux de poursuite en cycle 2, on privilégiera des phases de jeu de 1 min à 1 min 30 plutôt que 3 min. En danse, lors des phases de découverte, on privilégiera des temps de recherche beaucoup plus importants au cycle 3.*

Elle dépend aussi de l'intention pédagogique.

ex : *En jeux collectifs, une rencontre peut se terminer au bout de 3 minutes ou lorsqu'une équipe a marqué le premier but. L'objectif n'est alors pas le même. Dans le second cas, l'enseignant privilégie les prises d'initiative rapides alors que dans le premier cas, il favorise une réorientation de la stratégie en fonction de la phase de jeu.*

L'organisation humaine

Elle doit toujours être anticipée et construite afin d'assurer la sécurité (parade, aide, assurage...) et une quantité optimale de travail.

Remarque Évitez les changements de rôles nombreux et trop complexes. Stabilisez le groupe.

Organisation humaine et spatiale

L'ouvrage *Vivre l'EPS* discerne la structuration spatiale possible du groupe classe ainsi que les avantages et les inconvénients de telles dispositions.

Forme de travail	Intention pédagogique	Temps d'action et de récupération	limites
Dispersion	Faire découvrir Réinventer des acquis	Tous les enfants sont en action en même temps Chacun peut décider de s'arrêter, de repartir, de faire à son rythme...	Observation difficile Intervention individualisée de l'enseignant
Vagues Colonnes	Faire respecter les règles de fonctionnement de la vague ou de la colonne Amener l'élève à connaître ses possibilités	Régulé par le dispositif action retour attente	Attente souvent importante (éviter des effectifs trop chargés par colonne) Inadaptées en maternelle
Ateliers	Faire prendre conscience de sa place dans le groupe et accepter les contraintes	Régulé par le dispositif et les rotations Temps d'action important si beaucoup d'ateliers	L'enseignant ne peut observer qu'un seul groupe
Circuits Parcours	Faire l'inventaire des capacités Réinvestir/évaluer des acquis	Temps d'action peu important.	Attente longue Trop souvent un seul enfant en action

Une fois la répartition humaine matériellement organisée, il est nécessaire de s'intéresser à la formation des groupes. Veut-on des groupes arbitraires ou affinitaires ? Hétérogènes ou homogènes ? Mixtes ou non ? Permanents ou alternatifs ?

ex : *Dans une situation de jeu global en jeux collectifs, on privilégie des équipes homogènes entre elles et hétérogènes en leur sein.*

Enfin, la répartition des rôles est essentielle. En effet, les buts diffèrent selon que l'on soit attaquant ou défenseur, spectateur ou danseur... Chaque rôle doit avoir un objectif clair, un but précis et des consignes spécifiques pour favoriser la motivation et donc la participation de tous.

ex : *Consigne au spectateur « applaudir si le danseur a maintenu une immobilité de 3 secondes à la fin de sa chorégraphie » ou « repérer le mouvement imposé dans la chorégraphie » ou « trouver trois formes de mouvements différents dans leur vitesse ».*

Le dispositif de communication

Les consignes peuvent être transmises par la parole, l'écrit, une image (photo ou vidéo), un schéma ou une démonstration (du professeur ou d'un élève).

Peu d'articles parlent de ce dispositif mais quelques principes sont à retenir.

Plus les élèves sont jeunes, plus on doit communiquer à l'aide de supports visuels et plus les consignes doivent être brèves.

ex : *L'ouvrage Les nuits de Pacha (revue EPS), particulièrement adapté à l'enseignement de l'EPS en maternelle, propose des posters pour présenter les jeux aux élèves.*

La diversité des moyens de communication utilisés est indispensable pour favoriser la transmission du message.

ex : *L'enseignant, après avoir présenté les divers ateliers, fait démontrer par un élève, peut laisser des fiches pour que les élèves puissent se souvenir des consignes.*

Il ne faut pas minimiser la communication non verbale. Les démonstrations d'un élève permettent souvent de mieux comprendre la consigne.

Remarque Il n'est pas indispensable que le démonstrateur soit un expert. Au contraire, il a été démontré qu'on apprend mieux de la démonstration d'un élève qui est en train de construire l'habileté.

Les contraintes de réalisation

Il s'agit des conditions à respecter pour exécuter ce qui est demandé. Elles sont en relation avec le règlement de l'activité, la sécurité et le problème que l'on veut résoudre. Elles permettent une mise en action sécurisée mais surtout efficace (les élèves ne doivent pas pouvoir contourner le problème posé).

ex : *« Pour aller poser mes balles, je ne peux pas franchir la rivière ». Ceci devrait favoriser la transmission de l'engin à un partenaire de l'autre côté (réorganisation des rôles et des actions pour coopérer).*

Attention Plus les élèves sont jeunes, moins les contraintes doivent être annoncées. C'est l'aménagement matériel et humain qui doit naturellement favoriser le respect de la règle.

ex : *Pour les élèves très jeunes, on demandera de transporter des ballons (plus encombrants) plutôt que des balles pour favoriser l'application de la règle « transporter un seul objet à la fois ».*

La trame de variance (ou variables)

Elle donne des orientations afin de complexifier, simplifier, enrichir les situations. Présente dans la préparation, elle permet d'anticiper pour relancer la situation (apprentissage, motivation...)

TRAME DE VARIANCE EN EPS	
Matériel	*Objets, Engins* (ce qui sert à) : Caractéristiques (taille ; poids ; forme ; densité ; nature) ; Positions (posé ; tenu ; mobile, au fond de l'eau...) ; Nombre...
Milieu	Extérieur (cour, parc, stade...)/intérieur (salle de motricité, gymnase...) ; Surface ; Limites ; Forme...
Les autres	Collaborer/Coopérer/S'opposer ; Faire avec (se suivre, se croiser, s'éviter...), faire comme/faire différent ; Forme de groupements ; Rôles (joueur, acteur, observateur, juge, arbitre, chorégraphe...) ; Nombre, distance, répartition...
Les composantes de l'acte moteur	*Espace :* Hauteur ; Distance ; Profondeur ; Plans ; Sens, direction ; Trajet ; Formes de déplacement (vague, dispersé) ; etc. *Organisation corporelle :* Partie du corps, segments ; Latéralité ; Position du corps ; Actions ; Intensité ; Précision ; etc. *Temps :* Durée ; Vitesse ; Rythme ; Régularité ; Énergie ...
Intentions	Esthétique (faire plus beau, faire comme) ; Performance (faire mieux que) ; Prise de risque (faire plus difficile) ; Originalité (faire autrement) ...

Remarque Ces propositions ne sont pas exhaustives et dépendent souvent de l'activité, du thème travaillé, de l'âge et du niveau des élèves.
Pour vous aider dans votre préparation une trame de variance est proposée pour chacune des activités traitées.

Les comportements attendus

De nombreux ouvrages tentent d'anticiper les comportements attendus. On y distingue les comportements souhaités mais également les comportements typiques.

ex : *Les élèves remplissent les caisses de manière aléatoire. On leur proposera de déplacer des objets de la même couleur que leur équipe pour les déposer dans des caisses de même couleur.*

Exemple de présentation de situation

<table>
<tr>
<td colspan="3">« Je marche uniquement dans ma zone »
Objectifs ou compétences visées (ce que vise l'enseignant)
À la fin de cette situation l'élève sera capable de :
gérer sa course en utilisant des arrêts définis en fonction de ses capacités ;
commencer à construire les conditions d'une récupération active (marche, allure réduite volontairement).</td>
<td colspan="3">Organisation temporelle
Durée de la course : 2 tours (4 fois 2 tours)
La durée du tour n'est pas spécifiée
Entre chaque course de 2 tours, récupération de 2 à 3 minutes
Aménagement humain
Tous les élèves sont coureurs
Départ commun
Chacun court à son allure
Aménagement matériel
Un circuit de 400 m avec une zone de marche de 25 m matérialisée par des plots rouges
La ligne de départ est à l'opposé de la zone de marche
Dispositif de communication
Fiches « résultat et projet ». la fiche est remplie dans le temps de récupération</td>
</tr>
<tr>
<td colspan="2">But (pour l'élève)
Marcher le moins possible, voire ne plus marcher du tout
Marcher uniquement dans les zones autorisées</td>
<td colspan="2">Consignes
Vous devez courir deux tours. Durant ces deux tours, vous avez le droit de marcher mais uniquement dans la zone prévue. C'est la zone rouge.
Pendant le temps de récupération vous remplirez votre fiche résultat.</td>
<td colspan="2">Critères de réussite
Je n'ai marché que dans la zone autorisée
Je n'ai marché qu'une fois sur les deux tours
Je n'ai plus marché du tout</td>
</tr>
<tr>
<td colspan="6">Comportement attendu
L'élève adapte son allure afin de ne pas avoir à marcher ; L'élève profite de la marche dans la zone pour récupérer réellement
Relances
Si l'élève marche toujours en dehors des zones : ajouter une zone de marche ; agrandir la zone de marche
Si l'élève réussit : diminuer la zone de marche ; supprimer la zone de marche ; faire un tour de plus ; faire un contrat horaire (maintenant je fais les tours de plus en plus vite)</td>
</tr>
</table>

Les bienfaits de l'activité physique sur la santé physique, psychologique et sociale et la nécessité de pratiquer dès le plus jeune âge pour le développement de la santé et permettre l'activité physique future justifient la place obligatoire de l'EPS à l'école.

1 La santé : définitions et représentations

A. Définition de l'OMS

Selon l'Organisation mondiale de la santé (OMS), *la* **santé** *n'est pas seulement l'absence de maladies ou d'infirmités, mais un état total de bien-être physique, mental et social.* On ne peut donc définir la santé uniquement comme la non-maladie. La santé est au-delà du simple bien-être physique et s'approche du concept d'épanouissement de la personnalité.

Être en bonne santé ce n'est pas ne pas être malade ; c'est être bien dans son corps, dans sa tête, avec les autres et être capable de s'adapter.

En assurant le développement des habiletés motrices fondamentales, les ressources physiques, physiologiques, cognitives et sociales, en laissant place au plaisir de la pratique, en permettant à chaque élève de s'épanouir et d'agir parmi les autres et avec les autres dans une recherche de progrès personnel, l'EPS est un outil fondamental du développement de la santé des élèves.

B. Capacité d'adaptation à l'environnement

Pour Ulmann, « *L'homme en bonne santé est celui qui affronte des problèmes ou des difficultés qu'il n'a pas encore rencontrés, trouve en lui de quoi les surmonter* ». Être en bonne santé c'est donc aussi **pouvoir s'adapter**. C'est pourquoi, pour A. Hébrard, l'éducation à la santé n'est pas seulement liée à la **transmission de règles d'hygiène corporelle** mais doit aussi être le résultat d'une mise en jeu permanente des fonctions organiques dans le but d'une **meilleure adaptation à l'environnement**. Plus que le simple maintien du corps et de l'esprit dans un équilibre satisfaisant, la santé est donc la capacité, pour un individu, d'ajuster en permanence ses réactions et comportements aux conditions du monde extérieur, de s'accoutumer à l'effort, bref de se dépasser soi-même.

En sollicitant l'élève par la confrontation à des situations motrices variées et variables, de plus en plus complexes, de plus en plus intenses, de plus en plus collectives, à des situations de confrontation, de collaboration ou de démonstration, l'EPS rend nécessaire le développement de ressources motrices, physiologiques, cognitives, informationnelles mais aussi psychologiques et sociales.

ex : *Dans les activités athlétiques, l'élève après avoir découvert ses capacités et stabilisé un résultat, doit rechercher une performance plus importante. Dès lors, il devra développer de nouvelles ressources motrices ou physiologiques pour pouvoir progresser.*

C. Santé physique, psychologique et sociale

‣ La santé physique

Si la **santé physique** peut se définir par un corps capable d'agir et de s'adapter dans des pratiques variables et variées, il est parfois difficile de définir les santés psychologiques et sociales. G. Orsi dans son article « Santé et bien être en EPS », (*Revue EPS* n° 317, janvier-février 2006) tente d'en dessiner les contours.

‣ La santé psychologique

La **santé psychologique** se traduit par une bonne estime de soi, être en accord avec soi-même et avoir un faible niveau d'anxiété. Ainsi quelqu'un en bonne santé psychologique doit pouvoir faire face à ses peurs (ne pas paniquer en prévenant le danger, en réduisant les risques), à ses réactions (savoir se contrôler, se maîtriser, ne pas se laisser envahir par l'émotion), à ses échecs (ne pas avoir honte, ne pas se sentir coupable).

Par la mise en œuvre d'une sécurité passive (tapis, protections sur le corps) et d'une protection active (assurage, parade), par une découverte de milieux de plus en plus complexes, de plus en plus variés et variables et de moins en moins familiers, l'EPS permet à l'élève de se confronter à des situations nouvelles tout en préservant son intégrité physique. En le confrontant à des jeux où l'élève peut gagner mais aussi perdre, à des situations de démonstration où il doit se confronter au regard des autres, l'EPS doit aider l'élève à construire les ressources nécessaires à sa bonne santé psychologique. Elle doit l'aider à oser s'engager dans l'action en aménageant les milieux physiques ou sociaux.

ex : *L'EPS doit valoriser le progrès de l'élève plutôt que le résultat de l'action.*
En danse, l'élève peut se sentir en insécurité psychologique par la confrontation au regard des autres. C'est pourquoi l'enseignant doit adapter le temps de démonstration en évitant de regrouper tous les élèves spectateurs mais en les dispersant autour de l'espace de danse. Il peut aussi adapter la proportion de spectateurs. Ainsi, plusieurs élèves peuvent démontrer en même temps dans diverses espaces et se confronter à un nombre de spectateurs égal au nombre de danseurs. Enfin, il pourra orienter le regard des spectateurs en leur demandant non pas de regarder l'élève danser (ce qui parfois conduit à la moquerie) mais de regarder comment l'élève en dansant répond à la consigne imposée.

‣ La santé sociale

Elle se définit par la capacité qu'éprouve un individu à se sentir bien au sein d'un groupe. Se sentir bien avec les autres, c'est aussi avoir le sentiment d'être reconnu, entouré, respecté. Ainsi, quelqu'un en bonne santé sociale est capable de s'insérer dans des projets collectifs (stratégie d'équipe, élaboration d'une rencontre...) ; vivre des expériences relationnelles au plan des idées, des actions, des émotions ; partager, échanger, collaborer au sein d'un collectif.

L'EPS donne sens à la nécessité du groupe dans l'action.

ex : *Il n'est pas possible de réussir en acrosport, en jeu collectif, en danse sans les partenaires.*

Mais cette présence des autres ne sert pas seulement directement l'action collective. Par la nécessité de se protéger (parade) de se regarder (danse, gymnastique) et en rendant nécessaire le co-entraînement, l'EPS favorise l'intégration sociale des élèves.

Attention Les situations doivent être pensées et adaptées afin que chaque élève puisse trouver sa place dans le groupe.

ex : *Lors d'une rencontre en athlétisme il est possible de cumuler les performances des élèves pour que chacun apporte des points à son équipe. Dès lors, les élèves s'encourageront mutuellement et s'aideront dans un projet commun de réussite. Il est conseillé également de valoriser, par une cotation nouvelle, les progrès et l'application des contrats afin que les élèves les plus en difficulté motrice puissent apporter des points par le respect de leur contrat et les progrès qu'ils auront faits.*

2 Les effets de la pratique d'activités physiques sur la santé, sur les plans physique et psychologique

L'EPS se distingue avant tout des autres disciplines scolaires car elle permet à l'élève de se mettre en mouvement, de vivre une véritable **activité physique**. Or de nombreuses recherches scientifiques ont démontré que l'activité physique peut être considérée comme un facteur de lutte contre la maladie. Elle acquiert de ce fait le statut de médecine préventive, voire parfois curative (quoique le plus souvent à titre de traitement complémentaire).

A. Effets corporels de la pratique physique

Les effets bénéfiques de l'activité physique sur la santé physique sont confirmés par toutes les études épidémiologiques. Le risque de décès prématurés, notamment, est moindre chez les personnes physiquement actives, surtout chez les hommes. La pratique d'une activité modérée de 3 heures par semaine, ou d'une activité intense de 3 fois 20 minutes par semaine diminue de 30 % le risque de mortalité prématurée.

▸ Les prescriptions

Les médecins préconisent la pratique d'exercices mobilisant de larges masses musculaires, telles que la course à pied ou la bicyclette. Chez les plus jeunes, un minimum de 60 minutes par jour est recommandé.

Remarque Pour les adultes de 18 à 65 ans, il est recommandé une activité physique de type aérobie (endurance) d'intensité modérée pendant une durée minimale de 30 minutes par jour, et 5 jours par semaine, ou une activité de type aérobie d'intensité élevée pendant une durée minimale de 20 minutes, 3 jours par semaine. La durée minimum d'une session efficace est de 10 minutes.

B. Effets psychologiques de la pratique physique

La pratique régulière d'une activité physique améliore le bien-être émotionnel (et physique), la qualité de vie subjective et la perception de soi.

Divers travaux montrent que des programmes d'entraînement aérobie permettent une réduction significative de l'anxiété.

De plus, certains auteurs ont démontré qu'une estimation positive de sa condition physique et particulièrement de l'endurance et de la force débouche sur un renforcement de l'estime de soi.

ex : *Balogun (1986) montre que l'estime de soi, chez des sujets féminins et jeunes, est significativement liée à la force des membres supérieurs.*

Le sport ou la pratique physique en groupe est également un lieu de rencontre, un moyen d'inclusion au sein d'un groupe, d'une équipe, de relations amicales, d'affirmation de soi.

ex : *Les activités physiques sont utilisées de manière massive dans les programmes de lutte contre l'alcoolisme, la drogue et les programmes de réinsertion.*

C. Les bienfaits de l'activité physique chez les jeunes

Chez l'enfant et l'adolescent, l'activité physique permet de lutter efficacement contre le surpoids et l'obésité, l'ennui, le désinvestissement scolaire et social. Elle permet de renforcer l'attention, de développer les capacités d'adaptation à des contextes différents, de limiter ou canaliser l'agressivité.

Elle a des effets positifs, mais complexes à évaluer, sur l'image de soi et le bien-être à l'adolescence. L'anxiété et la dépression semblent moindres chez les jeunes actifs.

En revanche, une activité sportive menée trop intensément peut aussi comporter des risques physiques (accidents, surentraînement) et psychologiques (implication excessive, risque d'érosion de l'estime de soi, pression de réussite).

L'activité physique dans l'enfance est un bon prédicteur de l'activité physique à l'âge adulte.

D. Une société sédentaire

L'ensemble des données tend à démontrer les effets néfastes de la sédentarité et des modes de vie, de travail et de consommation qui y sont associés. Or 39 % des 3-17 ans passent quotidiennement 3 h au moins devant leur écran et plus d'un jeune sur deux pratique moins de 150 minutes d'activité physique par semaine (chez les 11-14 ans 65 % des garçons et 55 % des filles). Seulement 11 % des filles et 25 % des garçons âgés de 11 ans en France ont une activité conforme aux recommandations actuelles (60 minutes par jour).

Enfin, la pratique d'une activité physique est nettement influencée par le niveau social des élèves. Les élèves de classe sociale moyenne et aisée ont une activité physique nettement supérieure à celle des enfants de milieu défavorisé. Le lieu de résidence et l'environnement jouent également leur rôle (non seulement par la présence d'équipements et de salles, mais aussi par celle de parcs, de voies piétonnes ou de pistes cyclables). Enfin, l'activité professionnelle des parents et la situation familiale ont leur importance.

Tous les enfants ne sont donc pas égaux devant la santé.

E. Maintenir la santé par un engagement des élèves dans une pratique régulière

Si, dans sa vie quotidienne, l'enfant n'atteint que très rarement les niveaux d'activité et d'intensité nécessaires pour un effet bénéfique sur la santé, c'est bien par la pratique d'activités physiques dans le temps obligatoire de l'école (et donc par l'EPS) que l'on peut y concourir.

L'EPS par l'accès de tous à une pratique régulière favorise le maintien de la santé et lutte donc contre les méfaits de la sédentarité.

De plus, il existe des périodes critiques, lors de l'enfance et de l'adolescence, au cours desquelles on peut agir de manière optimale sur les aptitudes, mais au-delà desquelles l'efficacité du travail devient moindre. En d'autres termes, si l'on ne pratique pas dès l'enfance, de nombreuses aptitudes nécessaires à la pratique adulte en toute sécurité ne seront pas construites. Dès lors, en permettant à tous les élèves d'acquérir ces aptitudes, l'EPS permet à ceux-ci de pouvoir pratiquer dans de meilleures conditions dans leur vie adulte.

3 La place de l'EPS dans l'éducation à la santé à l'école

L'EPS ne cherche pas seulement le développement de la santé, elle vise aussi l'éducation à la santé et les attitudes de préservation nécessaires au citoyen sportif que deviendra l'élève. Dès lors, elle lui apporte des méthodes et favorise des attitudes positives.

A. S'engager dans une pratique raisonnée

Éduquer à la santé ce n'est pas seulement développer ou maintenir des aptitudes physiques, c'est aussi permettre une activité raisonnée de l'activité physique. Les programmes de maternelle précisent que la pratique d'activités physiques à l'école permet d'éduquer à la santé en conduisant tous les enfants, quelles que soient leurs « performances », à éprouver le plaisir du mouvement et de l'effort, à mieux connaître leur corps pour le respecter.

L'EPS, en tant que discipline scolaire, ne vise donc pas seulement le strict maintien ou le développement de la santé de l'élève. Elle vise aussi l'acquisition de compétences permettant de gérer sur le long terme son capital santé. Dans une optique de préparation à la gestion de sa vie physique d'adulte, l'enseignant tente de modifier les attitudes des élèves.

Dès lors, l'EPS vise une meilleure connaissance de ses possibilités et des moyens de protection de son intégrité physique (telles qu'apprendre à s'échauffer, à s'étirer, à pratiquer en toute sécurité) pour que l'élève puisse progressivement agir en toute autonomie dans le respect total de son intégrité physique.

ex : *Choisir d'utiliser la course de durée, ce n'est plus seulement permettre à l'élève d'agir et de transformer ses ressources. C'est surtout chercher à ce que l'élève agisse pour connaître ses ressources et pouvoir les mobiliser (ressources physiologiques mais aussi psychologiques par le sens de la persévérance et le goût de l'effort).*

B. Engager les élèves dans une activité régulière et durable

Cependant, l'essentiel est peut-être de cultiver, chez les élèves, un **enthousiasme pour l'activité physique**, en leur faisant vivre et ressentir le plaisir d'une pratique régulière.

Dans son étude, C. Perrin montre que ceux qui pratiquent des activités physiques et sportives ne le font pas pour des raisons hygiéniques, mais pour le plaisir qu'ils en tirent. À l'inverse, ceux qui mettent en avant la nécessité médicale de l'exercice physique ne le pratiquent pas. L'auteur débouche sur une conclusion radicale : si l'on veut favoriser l'engagement dans la pratique et sa persistance, il convient de **substituer un motif de recherche de plaisir au « devoir de bonne santé »**.

Reprenant ces travaux, D. Delignières affirme que l'enseignant doit développer une véritable « **didactique du plaisir** » dans laquelle la motivation est essentielle. Pour permettre un réinvestissement futur, l'enseignant doit donc amener l'élève à éprouver de la fierté dans la réussite d'un objectif ambitieux, développer son sentiment de compétence et d'autodétermination, favoriser le plaisir de faire, découvrir le goût de l'effort, de la pratique collective.

ex : *Si la pratique de la course de durée a un impact sur la santé de par sa quantité de pratique, elle se doit avant tout d'être motivante pour que les élèves aient envie de la poursuivre dans leur vie d'adulte. L'enseignant devra tenir compte des différences interindividuelles et proposer des objectifs accessibles à chacun. Il devra aussi proposer des situations variées comme des jeux pour entrer dans l'activité, des tests, des situations d'apprentissage variées (en continu ou en série, seul ou à plusieurs avec des objectifs de distance de durée, de régularité) et une évaluation pour apprécier les progrès.*

C. Comment ?

Des pratiques incontournables

La pratique de la course d'endurance, les étirements, des situations intégrant un travail spécifique sur la méthodologie de l'échauffement ou sur la gestion de la sécurité sont les moyens les plus utilisés pour préserver et développer la santé des élèves. Cependant, toutes les activités peuvent participer à l'éducation et à la préservation de la santé.

L'élève actif

Les connaissances et les compétences développées en EPS en matière d'éducation à la santé ne peuvent se faire au travers du discours. Elles doivent passer par une mise en action réelle. Dans la pratique raisonnée de l'EPS, l'élève doit apprendre à agir en sécurité, à prendre des risques mesurés ; à se fixer des objectifs accessibles ; se connaître ; développer un regard éclairé sur les formes culturelles de la pratique (dopage, etc.)...

L'éducation à la santé se fait donc en acte et nécessite que l'élève puisse toujours connaître puis rechercher ses propres limites. La pratique de toutes les APSA doit permettre cette recherche d'adaptation et de dépassement de soi.

ex : *Athlétisme : sortir de sa zone maximale stabilisée et pour cela accepter l'effort. Mais cet effort doit se situer « à proximité ou aux limites de ses potentialités individuelles » et non au-delà de ses ressources. L'élève doit définir des projets de performance réalistes.*
Escalade ou natation : concilier à la fois la prudence et le plaisir d'évoluer sur des parcours inconnus. L'élève devant aller vers un parcours adapté à ses ressources.

La gestion du stress permet de faire face aux émotions comme l'agressivité, la peur, la souffrance, l'angoisse face à la présence des autres et fait partie aussi des bienfaits issus de la pratique physique. En EPS, l'élève est amené à vivre des moments de stress et doit apprendre à les maîtriser.

ex : *En danse : découvrir sa sensibilité tout en acceptant de la produire devant les autres grâce à une pédagogie qui permet la prise en compte de toutes les différences et une éducation active du spectateur ; en gymnastique : oser des figures de plus en plus complexes en agissant en toute sécurité grâce à la mise en place de parade passive (tapis) et active par la formation des élèves à la parade ; en jeux collectifs vivre des situations d'affrontement et accepter la défaite comme la victoire.*

▸ De nouvelles formes de pratique

Depuis quelques années, certaines pratiques telles que la relaxation et le yoga viennent compléter le panel des APSA. Elles accompagnent l'enseignement des autres APSA en proposant des gestes, des postures qui aident à la décontraction, favorise une maîtrise de la respiration.

5 L'athlétisme à l'école

De par ses objectifs et ses adaptations, la pratique des activités athlétiques à l'école diffère de celle de club.

1 La transposition didactique de l'athlétisme

A. La définition de l'athlétisme

L'activité athlétique se définit par le fait de « faire plus et mieux en courant, sautant, lançant pour reculer ses limites ». Par sa pratique à l'école, l'élève est donc amené à courir, sauter et lancer pour **battre son propre record,** chercher à faire mieux que la dernière fois et non pas battre un camarade.

B. La spécificité de l'enseignement de l'athlétisme à l'école

L'activité athlétique est une activité de performance. Le sujet est centré sur le résultat de son action et les effets de celle-ci. Il ne s'agit aucunement d'une activité de reproduction de techniques ni d'une activité d'opposition. Enseigner l'athlétisme à l'école, c'est avant tout apprendre à l'élève à « être athlète », à se mesurer, chercher les moyens de progresser, accepter de travailler à des intensités élevées et s'entraîner pour toujours faire mieux.

ex : *Pour l'activité « course de durée » il ne s'agit donc pas de courir longtemps (donc à allure faible) mais bel et bien de parcourir la plus grande distance donnée dans le temps imparti ! Il s'agit de réaliser une performance en repoussant ses limites ! L'élève devra alors connaître les différentes allures de courses, trouver, fixer et maintenir la sienne, doser son effort en adaptant son rythme respiratoire et en recherchant une foulée économique, chercher à améliorer la distance parcourue sur la même durée ou la durée de l'effort (et de ce fait la distance parcourue).*

C. Les enjeux de l'enseignement de l'athlétisme à l'école

L'enseignement de l'athlétisme contribue au développement des compétences générales et aux domaines du socle

Les enjeux spécifiques de l'enseignement de l'activité athlétique à chaque cycle sont définis dans les ressources d'accompagnement téléchargeables sur le site www.eduscol.education.fr

Les ressources d'accompagnement des programmes à consulter

- Pour la maternelle : document téléchargeable : « Ressources maternelle - Agir, s'exprimer, comprendre à travers l'activité physique - Objectif 1 : Agir dans l'espace, dans la durée et sur les objets » p4
- Pour le cycle 2 : document téléchargeable « Contribuer au socle-Apprendre en et par l'EPS » chapitre « Contribution du champ d'apprentissage 1 - Produire une performance optimale, mesurée à une échéance donnée - aux compétences générales et aux domaines du socle »

- Pour le cycle 3 : document téléchargeable « Produire une performance optimale mesurée à une échéance donnée - concevoir - Les enjeux de formation »

D. Les problèmes rencontrés et à résoudre par l'élève dans la pratique de l'athlétisme

Les problèmes spécifiques aux élèves de chaque cycle sont détaillés dans les ressources d'accompagnement.

Les ressources d'accompagnement des programmes à consulter

Pour la maternelle : document téléchargeable « Ressources maternelle- Agir, s'exprimer, comprendre à travers l'activité physique - Objectif 1 : Agir dans l'espace, dans la durée et sur les objets »

Pour le cycle 2 : document téléchargeable : « Transformer. Faire progresser les élèves - Ce qu'il y a à apprendre dans le champ d'apprentissage 1 – Produire une performance optimale, mesurée à une échéance donnée »

Pour le cycle 3 : « Produire une performance optimale, mesurée à une échéance donnée - Concevoir - L'explicitation des attendus de fin de cycle »

E. Les composantes essentielles de l'athlétisme

Les composantes didactiques de l'athlétisme sont regroupées autour des **trois verbes d'action : courir, sauter, lancer**.

COURIR	vite	seul	Sprint
		à plusieurs en se transmettant un engin	Relais
		malgré les obstacles	Haies
	longtemps	sur une longue distance ou un temps long	Course de durée (demi-fond)
SAUTER	loin	en effectuant un seul bond	Longueur
		en effectuant plusieurs bonds	Multi-bonds
	haut	au-dessus d'un obstacle	Hauteur
		à l'aide d'un engin	Perche
LANCER	loin	à bras cassé (engins légers)	Javelot
		en poussant (engins lourds)	Poids
		en rotation	Disque, Marteau

2 Les programmes en athlétisme

Par la pratique des activités athlétiques, l'élève de maternelle sera conduit à **agir dans l'espace, dans la durée et sur les objets.** À l'école élémentaire, il sera amené à **produire une performance optimale, mesurable à une échéance donnée.**

Les programmes présentent les compétences travaillées pendant le cycle. Les ressources d'accompagnement donnent, quant à elles, des repères aux équipes pédagogiques pour organiser la progressivité des apprentissages.

Les ressources d'accompagnement des programmes à consulter

Pour la maternelle : document téléchargeable « Ressources maternelle - Agir, s'exprimer, comprendre à travers l'activité physique - Objectif 1 : Agir dans l'espace, dans la durée et sur les objets ». Elles définissent les différents attendus en fonction des âges (p. 4) et y détaillent ce qui est à construire sur l'ensemble du cycle (p. 5)

Pour le cycle 2 : document téléchargeable : « Transformer. Faire progresser les élèves - Ce qu'il y a à apprendre dans le champ d'apprentissage 1 – produire une performance optimale, mesurée à une échéance donnée. »

Des ressources d'accompagnement spécifiques à l'enseignement de la course de type sprint en cycle 2 proposent des contenus à enseigner et des repères de progressivité : Document téléchargeable « Transformer. Faire progresser les élèves - Ce qu'il y a à apprendre dans le champ d'apprentissage 1 - La course de vitesse »

Pour le cycle 3 : « Produire une performance optimale, mesurée à une échéance donnée - Concevoir - L'explicitation des attendus de fin de cycle ». Les ressources d'accompagnement fournissent également des éléments pour construire des contenus à enseigner et des repères de progressivité pour l'enseignement des activités de lancer en cycle 3. Document à télécharger « Produire une performance optimale, mesurable à une échéance donnée - transformer - Bâtir un module d'apprentissage en lancer »

Elles proposent aussi à titre d'illustration un travail plus spécifique des attendus « Mesurer et quantifier les performances, (...)» et « combiner des actions simples, courir-lancer ». Documents à télécharger : « Produire une performance optimale, mesurable à une échéance donnée » - Transformer - Illustration 1 : « Mesurer et quantifier les performances, les enregistrer, les comparer, les classer, les traduire en représentations graphiques » et « Produire une performance optimale, mesurable à une échéance donnée - Transformer - Illustration 2 : « Combiner des actions simples, courir-lancer » »

3 La démarche pédagogique en athlétisme

L'enseignement de l'athlétisme, de par ses contraintes et ses spécificités, incite à faire certains choix quant à la démarche pédagogique la plus appropriée.

A. Les contraintes particulières liées à l'enseignement de l'athlétisme

▸ Le défi

Par la pratique des activités athlétiques, l'élève doit développer la volonté de faire mieux, de se défier lui-même. D'un défi aux autres, il doit évoluer vers un défi fixé à lui-même, un défi autocentré. C'est par une mise en pratique centrée sur ses propres progrès et une comparaison de ses propres mesures que l'élève peut comprendre que dans les activités dites de mesure, l'essentiel n'est pas de vaincre un adversaire (comme dans les jeux d'opposition) mais bel et bien de **battre son propre record** (produire la performance optimale à échéance donnée). Les situations de référence veilleront toujours à mettre en exergue des résultats individuels où la mesure est directement exploitable par l'élève.

ex : *L'élève passera de courses spontanées pour fuir un adversaire (ex : les lions et les gazelles) ou de « course défis » (ex : M. court contre S. et on regarde qui arrive le premier), à une course individuelle sur un temps donné (ex : 7 secondes en CP) dans laquelle l'élève compare la zone qu'il a atteint avec celle qu'il avait atteinte lors des essais précédents. Cette course peut se dérouler en couloir avec 4 élèves. Cependant le résultat ne sera plus « qui est arrivé le premier » mais « dans quelle zone est arrivé chacun ».Cf. « La course contre la montre » Fiche Mémo 2.*

▸ Le projet athlétique et la connaissance du résultat

Accéder à une véritable conduite athlétique, c'est connaître ses possibilités ainsi que l'activité, prévoir ses résultats, être peu à peu conscient des principes d'efficacité, pour réussir. Faire de l'athlétisme, c'est **construire son propre projet de performance** et non pas seulement faire la meilleure performance possible.

ex : *En course longue CM1, si le projet de tous les élèves imposé par l'enseignant est « ne pas marcher durant une course de 8 minutes », beaucoup d'élèves seront d'ores et déjà exclus du projet car nombreux sont ceux qui marcheront. L'objectif pour certains peut être de « réduire le nombre d'étapes marchées sur une course de 8 min ». Chaque élève pourrait se fixer un contrat réaliste de course établi à partir d'une évaluation diagnostique et tenter de le réaliser. Un élève en difficulté pourrait ainsi passer d'un contrat « je tente de réduire mes moments de marche » à « je ne marche désormais que dans des espaces matérialisés (je ne marche plus de manière aléatoire) » à « sur une course de 8 minutes je n'utiliserai que 3 fois l'espace de marche matérialisé ». Cet élève qui aurait été exclu par un projet de performance trop élevé devrait s'investir pleinement pour accéder à un projet réaliste qu'il s'est lui-même fixé.*

▸ L'élève créateur de sa propre technique

L'activité athlétique est une activité de performance et non une activité de reproduction de techniques corporelles. L'élève doit au contraire être le constructeur de sa technique, il ne doit pas être le reproducteur de la technique des

champions. Par une comparaison de ses performances, il apprend à construire, gérer, évaluer, faire évoluer un projet technique.

ex : *En longueur ou en hauteur, l'élève teste les deux pieds pour impulser et compare les résultats obtenus pour définir quel est son pied d'appel. Il fait de même pour définir son pied de départ au sprint.*

‣ Un enseignement transdisciplinaire

La pratique des activités athlétiques permet d'accéder à d'autres connaissances par le vécu et l'expérience corporelle et peut être source de motivation pour accéder à de nouvelles connaissances plus abstraites. Inversement, les connaissances établies dans les autres disciplines permettent d'améliorer les habiletés motrices.

ex : *La pratique de l'athlétisme en cycle 3 permet de « Mesurer et quantifier les performances, les enregistrer, les comparer, les classer, les traduire en représentations graphiques ».*
En maternelle, l'élève marquera sa performance en collant la gommette correspondant à la zone atteinte.

Elle permet aussi de mettre en relation des formes de pratique et le fonctionnement de l'organisme.

ex : *Après une course, un élève constate que sa fréquence cardiaque a augmenté, sa respiration est plus rapide. Il sue, les joues comme les cuisses sont rouges.*

Dire, écrire, voire dessiner, permettent non seulement de prendre de la distance avec l'émotion ressentie, mais aussi de mieux comprendre les raisons de la réussite ou de l'échec de ses actions.

ex : *Les élèves pourront inviter une autre classe à une rencontre athlétique : rédiger l'invitation et décrire les épreuves et leur organisation.*

Les ressources d'accompagnement des programmes en maternelle (*op. cit.*) proposent des modalités d'enseignement des activités athlétiques afin de mobiliser le langage dans toutes ses dimensions et construire, en relation avec le vécu, les supports qui vont « ancrer » les situations langagières (p 7).

Elle permet aussi d'éduquer à la santé

ex : *La course de durée peut avoir une incidence sur la santé des élèves. Mais plus que par une transformation réelle des capacités physiques, c'est par une transformation des connaissances sur lui-même et sur ses capacités que l'élève acquiert un nouveau comportement plus adapté au maintien de sa santé. De plus, la pratique de l'athlétisme développe particulièrement les savoirs liés à l'échauffement. Cf. fiche Mémo 4.*

Les ressources d'accompagnement des programmes en maternelle (*op. cit.*) précisent les modalités d'une éducation à la santé par la pratique des activités physiques dès le plus jeune âge.

‣ Un enseignement pluridisciplinaire

Les programmes de l'école primaire imposent d'aborder l'ensemble des pratiques athlétiques (sauts, courses, lancers) pour une meilleure motivation des élèves et un véritable accès à la culture athlétique.

Cependant, il faut éviter un enseignement cumulatif des techniques de chacune des activités et veiller à favoriser l'acquisition de comportements athlétiques fondamentaux. Ainsi, quelle que soit l'activité l'élève aura à gérer des trajectoires, de l'énergie, l'intensité de l'effort, à produire et restituer de la vitesse, contrôler son effort...

ex : *Créer de la vitesse avec ses appuis pour la transmettre à son corps ou à un engin ; orienter les forces créées de façon optimale ; gérer des couples de maîtrises contradictoires : distance-vitesse ; intensité-durée ; amplitude-fréquence, force-précision ; construire des repères personnels fiables, d'abord extérieurs puis intérieurs à son corps ; produire un effort physique maximal, assumer différents rôles*

▸ La spécificité des espaces de pratique

L'espace culturel. Le stade, culturellement adapté, est le lieu de pratique idéal. Dans tous les cas, il est souhaitable que les espaces soient extérieurs, matérialisés (couloirs de course, aire de lancer, aire d'élan...) et suffisamment grands.

L'espace réglementé. L'espace est étroitement lié à la réglementation. Il est limité et matérialisé (planche d'appel, aire d'élan en lancer, zone de transmission de témoin en relais, couloir de course, secteur...)

Remarque Cet espace est parfois difficile à appréhender c'est pourquoi on veillera à faire évoluer cette matérialisation en fonction de l'âge des élèves. Il est donc conseillé de partir d'une matérialisation concrète et donc bien visible telle que des bancs ou un cerceau pour matérialiser la limite de lancer. Puis cette matérialisation sera de plus en plus abstraites telles que des plots puis enfin des lignes. Ainsi en maternelle on lancera à partir de cerceau disposé au sol (la maison) alors qu'en cycle 3 on exploitera une aire d'élan matérialisée par des lignes.

L'espace de performance. Les zones de performances doivent être matérialisées afin que l'élève ait des repères directs et objectifs pour mesurer et comparer ses prestations.

ex : *Ces zones sont adaptées au niveau de classe et sont de plus en plus précises. On passe ainsi de zones de couleur en maternelle ou en cycle 2 à des mesures métriques en cycle 3.*

L'espace orienté. Le sens de la course doit être respecté (on court dans le sens inverse des aiguilles d'une montre) Ceci est particulièrement important dans les parcours athlétiques, les courses avec obstacles et les courses de relais.

ex : *Les courses de relais ne doivent pas se faire face à face (comme dans les jeux de relais traditionnels) mais bel et bien dans le sens de la course pour favoriser un travail sur la transmission de témoin.*

L'espace aménagé. L'aménagement matériel permet à l'élève de vivre et expérimenter les problèmes fondamentaux (souvent étroitement liés à la réglementation).

ex : *En saut en longueur, un élan et une zone d'appel large (plutôt qu'une limite à ne pas dépasser comme une planche d'appel) confrontent l'élève au problème fondamental de la prise d'un élan progressivement accéléré malgré la présence d'une limite*

d'impulsion. En course d'obstacles, la présence d'un minimum de trois à quatre obstacles pose le problème essentiel de l'activité, à savoir enchaîner des franchissements en perturbant le moins possible la course rapide. Un aménagement de parcours dont les espaces inter-haies sont différents doit permettre à l'élève d'adapter sa foulée. Enfin, un élastique tendu à deux mètres du sol, par-dessus lequel les élèves doivent lancer des objets devrait faciliter l'adaptation de la trajectoire et ainsi permettre aux élèves de trouver l'un des moyens d'augmenter la distance de lancer, à savoir « pour lancer loin il faut lâcher haut l'objet ».

La spécificité de l'espace corporel

L'athlétisme permet à l'élève de construire une image orientée de son corps. Par la pratique l'élève découvre qu'il a un côté préféré, un côté qui permet de mieux réussir les actions. L'enseignant doit donc, au travers des situations qu'il propose, permettre au jeune enfant de choisir, par l'expérience et dans la recherche de buts précis, et de stabiliser progressivement sa propre latéralité fonctionnelle

Remarque Les ressources d'accompagnement des programmes de maternelle définissent les modalités d'enseignement qui devraient permettre à l'élève de développer un corps mieux latéralisé (p. 15).

La sécurité

Une vigilance particulière doit être portée sur la sécurité par une adaptation des lieux de pratique et des règles doivent être clairement définies quant à l'utilisation de l'espace et le sens de son utilisation.

ex : *Éviter les terrains glissants, respect du sens de franchissement des haies, dégagement après l'arrivée, matérialisation de couloirs, tenue adaptée, balisage des zones et sens d'évolution... « Je ne saute pas tant qu'il y a quelqu'un sur le tapis ou si le râteau n'a pas été passé ».*

Les rôles sociaux en athlétisme

À l'école élémentaire, les formes de travail doivent conduire l'élève à prendre des responsabilités, à évoluer en autonomie et à assurer des rôles différents tels que chronométreur ou observateur. La tenue de rôles sociaux (chef d'atelier, ratisseur...) par les élèves permet une activité autonome et sécurisée mais aussi de mieux observer et de mieux comprendre ce qu'il y a à faire pour réussir.

ex : *Règles de sécurité et d'organisation : lancer chacun son tour. Ne pas aller chercher directement son objet. Attendre que tout le groupe ait fini de lancer tous les objets pour aller les ramasser (un chef d'atelier donne le signal quand il a repéré que tous les objets ont été lancés). Le juge pose une marque là où l'objet a atterri. Le chef mesureur annonce la zone atteinte. Le secrétaire note le résultat et appelle le lanceur suivant.*

La performance athlétique : le sens de la mesure

L'activité athlétique est enseignée à l'école non pas seulement pour développer une motricité spécifique s'éloignant de la motricité spontanée mais aussi et avant tout pour permettre à l'élève de produire une performance optimale. Dès lors cette notion de performance se doit d'être didactisée.

La performance est le produit de l'action. L'élève doit donc avoir le plus directement possible accès au résultat de son action.

ex : *L'élève accède directement au résultat de sa course ou de son lancer par l'identification de la zone atteinte ou de la zone franchie (en maternelle : j'ai franchi la rivière aux crocodiles, cycle 2 : j'ai atteint la zone rouge). Pour se souvenir du nombre de tours qu'il a effectué, un élève peut à chaque tour avoir un élastique de type chouchou à mettre au poignet.*

La performance est « mesurée ». La performance de l'élève doit être objectivée : elle est indiquée par un temps, une distance, une longueur franchie. La réalisation d'une performance mesurée soulève la difficulté de la mesure pour un élève de cycle 1 ou cycle 2. Comment mesurer ? Qui mesure ? Cette mesure est initialement approximative (« je n'ai pas été rattrapé(e) » à « j'ai atteint la zone rouge ») puis devient de plus en plus objective et précise (« j'ai fait tel temps ou telle distance »).

L'élève passera alors d'une trace de la mesure imagée (j'ai franchi la rivière) à symbolique (j'ai atterri dans la zone rouge) à l'exploitation d'unités de mesure (j'ai sauté 2 m 40).

Remarque Cette didactisation de la mesure implique aussi une progressivité dans l'exploitation des outils de mesure. Ainsi l'élève passera de l'exploitation d'objets de mesures empiriques (corde pour mesurer une distance, sablier pour mesurer un temps.) à des outils de mesures codifiés (décamètre, chronomètre).

La performance doit alors être mise en relation avec les procédures efficaces pour aider l'élève à réguler son projet et à situer les progrès réalisés.

ex : *Lorsque j'impulse avec le pied droit, je saute beaucoup moins loin que lorsque j'impulse avec le pied gauche. Il faudra donc que je garde le pied gauche comme pied d'appel.*

La connaissance du résultat permet également à l'élève de mieux se connaitre, de mieux connaitre ses limites et mieux programmer sa performance future.

ex : *Lorsque j'ai couru 5 minutes je me suis arrêté 3 fois. Lors de la prochaine séance je tenterai de m'arrêter qu'une fois en courant moins vite au début de la course.*

La performance est maximale, optimale et à échéance donnée. L'élève doit apprendre à distinguer la performance maximale stabilisée de la performance maximale et du record. Le record correspond à la meilleure performance mesurée le jour d'une rencontre, d'une compétition. C'est « la performance optimale produite à échéance donnée ». La performance maximale est, quant à elle, la meilleure performance mesurée au regard des possibilités de l'élève, quel que soit le moment. La performance maximale stabilisée équivaut à une performance maximale que l'on peut reproduire 5 fois au moins.

ex : *Évaluation et projet possible : à l'entraînement, ma meilleure performance mesurée était de 27 m. Ma performance maximale stabilisée est de 25 m 50. Le jour de la compétition, mon meilleur essai a été de 25 m. C'est mon record. Lors de la prochaine compétition, j'espère faire 27 m.*

5

L'évaluation en athlétisme

Afin d'être cohérente avec l'enseignement, l'évaluation devrait valider plusieurs éléments :
- **la performance optimale** (la distance ou le temps mis le jour J à l'heure H) ;

Remarque La performance doit s'apprécier par rapport à ses propres possibilités et aux progrès réalisés. Les comparaisons entre les élèves ne doivent donc pas être utilisées pour évaluer.

- **la performance prévue** (adéquation entre prévision et réalisation) ;

ex : *« J'avais prévu de parcourir 6 tours sans marcher en 10 minutes, j'ai parcouru 7 tours et j'ai marché 2 fois ». Dans ce cas, l'élève a mal géré l'allure de course et a cherché à aller trop vite par rapport à ses propres capacités.*
- **la régularité des essais** *afin de distinguer la performance stabilisée du record*
- **le contrat individuel ou collectif** *: l'anticipation du résultat valide la compétence à se connaitre et à connaitre ses propres possibilités.*

ex : *En cumulant mes 4 sauts j'ai atteint la distance de 11 m en longueur. Avant la rencontre, au regard de mes performances, j'avais prévu de sauter 11 m 10.*

En conclusion, l'évaluation, ne consiste donc pas seulement à évaluer une simple performance mais bel et bien à évaluer la maîtrise de l'élève par sa réelle connaissance de ses capacités et leur stabilisation.

Les ressources d'accompagnement des programmes à consulter
- Les ressources d'accompagnement des programmes de maternelle définissent les indices de progression ainsi que les contextes de leur observation. Document téléchargeable : « suivi et évaluation à l'école maternelle - Évaluation : Agir, s'exprimer, comprendre à travers l'activité physique - Agir dans l'espace, dans la durée et sur les objets »
- Les ressources d'accompagnement des programmes de cycle 2 proposent 4 niveaux de repères pour évaluer les élèves dans la pratique l'activité course de vitesse. Document téléchargeable : « Évaluer les acquis des élèves - Dans le champ d'apprentissage 1 : La course de vitesse ». Elles proposent également des repères de progressivité sur deux modules d'apprentissage dans l'activité course de vitesse (contenus et indicateurs de réussite). Document téléchargeable : « Transformer. Des contenus à enseigner et des repères de progressivité - Dans le champ d'apprentissage 1 : La course de vitesse »
- Les ressources d'accompagnement des programmes de cycle 3 proposent des étapes et repères de progression dans les activités de lancer. Document téléchargeable : « Évaluer - Lancer : repères d'évaluation »

Un problème spécifique : le manque de motivation

L'activité « athlétisme » est souvent jugée exigeante, longue, fastidieuse et rébarbative par les élèves. Les pratiques répétitives ne favorisent pas le plaisir

de l'action. Pour éviter la démotivation, il convient de diversifier les situations pédagogiques, en variant les lieux de pratique mais aussi les modes d'entrée. Des situations adaptées devraient permettre de s'éloigner des pratiques fédérales basées sur l'entraînement. Ainsi l'enseignant peut proposer :

- des situations de défis ou des courses à enjeux,

ex : *Course à handicap (le meilleur des deux part avec 5 m de handicap).*

- des jeux,

ex : *Les balles brûlantes permettent de travailler les lancers loin ; le jeu des transporteurs sur des parcours de 50 m peut favoriser le courir longtemps.*

- des situations surprenantes, inhabituelles,

ex : *Seul face à un mur et un ballon en main, l'élève doit faire rebondir le ballon le plus fort possible sur le mur pour que celui-ci atteigne la zone la plus éloignée possible derrière lui. L'élève doit courir aux allures imposées par les affiches qu'il croise sur son circuit : s'il croise un escargot il doit aller doucement ; s'il croise une gazelle il doit aller très vite.*

- des situations dont les mesures sont extraordinaires grâce au cumul des performances,

ex : *On peut demander aux élèves de tenter de battre le record du monde de lancer de javelot en cumulant les différents essais. J'ai mis 8 essais à battre le record du monde de Jan Železný, Les élèves peuvent tenter de parcourir ensemble les 42 195 km du marathon en cumulant toutes les distances parcourues par les élèves de la classe.*

- des problèmes où l'attention est sollicitée,

ex : *Dans le jeu « chameau-chamois », l'élève doit se concentrer pour partir au bon signal.*

- des formes de travail différentes : continue/discontinue, seul ou en équipe,

ex : *Courir 2 ×5 min et courir 10 min. Dans le jeu de « l'opposé », les élèves doivent courir sur un parcours et passer systématiquement en même temps dans des zones diamétralement opposées. L'élève préoccupé par la course de son partenaire a tendance à moins se centrer sur ses sensations de fatigue voire d'ennui.*

- une individualisation du travail sur la base des évaluations diagnostiques,

ex : *L'enseignant demande un nombre spécifique de tours sur une durée à un élève alors que pour l'autre il lui demande juste de courir sur cette même durée sans marquer de temps d'arrêt.*

- favoriser le travail en équipe pour favoriser la participation de tous,

ex : *Lors d'un cross le résultat peut être la performance cumulée de toute la classe.*

- combiner course, saut et lancer. Il est préférable de diversifier les activités athlétiques pour que l'élève construise une vraie connaissance de l'activité mais aussi pour favoriser une réelle motivation.

B. La démarche d'enseignement en athlétisme

▸ Les phases essentielles de l'enseignement de l'athlétisme

Selon l'équipe EPS1 de la Somme, une unité d'enseignement doit comprendre quatre phases mettant en œuvre **quatre types d'opération : se repérer, stabiliser, expérimenter et s'évaluer**.

Ces étapes prennent plus ou moins d'importance selon le cycle. En cycle 1, l'accent est mis sur l'étape se repérer par la diversification des expériences motrices. En cycle 2, l'élève aborde plus longtemps la phase de repérage alors qu'en cycle 3, les temps d'expérimentation occupent quasiment la moitié de l'unité d'enseignement.

Phase	Objectifs
Phase 1 **Se repérer** **Repérer**	Se situer, se connaître dans la pratique de l'activité. Repérer l'espace d'action, le matériel. Comprendre le sens de l'activité (diminuer le temps, augmenter l'espace). S'approprier les règles de sécurité et de fonctionnement (rôles, rotations...).
Dans cette phase, l'élève explore, s'investit et cherche à répondre de manière spontanée à la sollicitation. Il intériorise également les règles de fonctionnement (rôles, respect de l'activité des autres, mesure et conservation des résultats), de sécurité (sens de rotation, matériel etc.) mais aussi il y découvre le sens premier de l'activité à savoir repousser ses limites...	

Phase	Objectifs
Phase 2 **Stabiliser**	Pouvoir répéter la performance repérée. Reproduire plusieurs fois une même réponse. Confirmer, maîtriser. Aboutir à une performance stabilisée du moment.
Dans cette seconde phase, l'élève recherche sa performance maximale stabilisée du moment.	

Phase	Objectifs
Phase 3 **Expérimenter** **Transformer** **S'exercer** **Progresser**	Différencier résultat et manière de l'obtenir. Mettre en relation certains paramètres avec le résultat. Entrer dans une dynamique de progrès. S'exercer, s'entraîner. Dégager des règles d'efficacité, des règles d'action « pour... il faut... » c'est-à-dire déployer une activité de construction de technique. S'approprier une méthode d'apprentissage de type « comparative » (cycle 2) ou expérimentale (cycle 3).

<table>
<tr><th>Phase</th><th>Objectifs</th></tr>
<tr><td colspan="2">En cycle 1, l'élève expérimente une grande variété de solutions motrices (exemple : sauter 2 pieds, 1 pied, autre pied, etc.).
En cycle 2, l'élève agit et tente de comprendre les effets de ses actions. Il compare, extrait des constantes, met en relation, se fait aider par un partenaire ou aide un partenaire par l'observation. (Quand tu sautes à deux pieds, tu atteins la zone 2, alors qu'avec un pied, tu atteins la zone 4).</td></tr>
<tr><td colspan="2">En cycle 3, l'élève fait des hypothèses d'action. Il vérifie par l'action, s'entraîne, transforme ses façons de faire pour être plus efficace, plus performant. (exemple : j'ai couru en 1 min 45 au tour et j'ai tenu 10 minutes. Sur 15 minutes je devrai aller légèrement moins vite. Je vais essayer de courir en 2 min au tour.)</td></tr>
</table>

Phase	Objectifs
Phase 4 S'évaluer	Mobiliser ses ressources, pour réaliser : - Cycle 1 : une performance - Cycle 2 : une performance prévue et annoncée - Cycle 3 : son contrat S'organiser en petits groupes autonomes pour se rencontrer, se comparer et respecter des rôles sociaux : - Cycles 1 et 2 : pendant un moment - Cycle 3 : pendant une séance (compétition)

Plusieurs formes de travail sont à envisager

À l'école primaire on exploitera :

<table>
<tr><th>Phase</th><th colspan="3">Types de situations</th></tr>
<tr><td rowspan="4">Se repérer
Repérer</td><td colspan="3">Les élèves s'engagent dans des activités de défi (par rapport à eux-mêmes ou, pour les plus jeunes, aux autres).</td></tr>
<tr><td colspan="3">Ils y vivent des situations variées, favorisant des réponses multiples permettant un grand nombre d'essais dans lesquelles tous les enfants peuvent de confronter, se situer, se mesurer. (exemple : course contre la montre…).
Chez les plus jeunes on peut aussi trouver des situations de poursuite, dépassement de l'autre…</td></tr>
<tr><td colspan="3">Les critères sont les résultats de la performance. Ils renvoient à une mesure relative.
Exemple : j'ai atteint la zone rouge, j'ai sauté deux tapis…</td></tr>
<tr><td>Lancers de divers engins dans des zones et dans des conditions variées (à une main, deux mains, en rotation…)</td><td>Sauts avec des trajectoires du corps variées, des postures différentes, des espaces à franchir variés (tapis, sable, rivière, obstacle…)</td><td>Courses contre le temps, de distances ou de durées variées, avec ou sans obstacle, seul ou à plusieurs qui respectent le sens de l'activité (aller plus vite)</td></tr>
</table>

Phase	Types de situations
Stabiliser	Dans cette phase, les élèves découvrent et pratiquent les situations de référence. Il s'agit de situations de mesure dans des conditions de plus en plus proches de la pratique culturelle de référence. Les élèves y découvrent leur performance maximale stabilisée (la performance réussie à tous les coups) et leur performance maximale (la meilleure mesure). Exemple : la course contre la montre, saut ou lancer dans des zones matérialisées.
Expérimenter Transformer S'exercer Progresser	Lors de cette phase, les élèves découvrent et exploitent les situations d'apprentissage, de transformation. Ces situations présentent un aménagement (matériel, critères de réussite, consignes...) pour un apprentissage particulier mais en rapport avec la situation de référence. Exemple : sauter le plus loin possible en prenant une impulsion sur un plinth bas pour augmenter le temps d'envol ; lancer au-dessus d'un élastique placé à 2 m de haut. Les situations d'apprentissage permettent de se centrer sur un des problèmes que rencontrent les enfants et de trouver les moyens de transformer leur réponse pour y répondre. Exemple : trouver la course d'élan optimale sur 7 foulées ; trouver son allure de course. Elles permettent le dégagement de règles d'action (les solutions les plus efficaces). Exemple : pour lancer loin, il faut lâcher haut l'objet. Pour sauter loin, il faut accélérer avant la planche. Pour courir vite, il faut courir en ligne droite. Pour courir longtemps, il faut stabiliser une allure et ne pas changer toujours de rythme.
	Les critères portent sur la mise en relation des effets et des causes (entre manière de faire et les résultats). Exemple : je saute loin si mon élan n'est pas trop long.
S'évaluer	Les situations d'évaluation sont souvent les situations de référence de début d'apprentissage Les élèves réinvestissent leurs apprentissages dans des prises de performance, des rencontres, des compétitions (classe ou inter-classes). Les élèves y jouent des rôles différents et s'investissent dans une activité de projet (prévoir sa performance et tenter de la produire) Ils y remplissent leurs fiches de performance et comparent ainsi leurs performances d'une séance à l'autre. En maternelle, les élèves peuvent symboliser leur résultat en collant des gommettes de la couleur de la zone atteinte.

Les ressources d'accompagnement des programmes à consulter

- Les ressources d'accompagnement des programmes de cycle 2 présentent les objectifs, les conditions matérielles et l'organisation des 6 séances d'un module d'enseignement de course longue ainsi que l'organisation et le déroulement d'une séance d'activités athlétiques. Documents téléchargeables : « Concevoir un module d'apprentissage en EPS - Exemples de modules » et « Concevoir une séance d'EPS - fiche de préparation d'une séance : une séance d'activités athlétiques aménagées ».
  6 vidéos viennent compléter cette présentation et sont consultables dans la rubrique « Éducation physique et sportive - Concevoir et mettre en œuvre un enseignement de l'EPS au cycle 2 - Mettre en œuvre une situation d'apprentissage : deux exemples en vidéo »
- Les ressources d'accompagnement des programmes de cycle 3 proposent une aide pour concevoir le module pour chaque leçon du champ d'apprentissage 1. Document téléchargeable : « "Produire une performance optimale, mesurable à une échéance donnée" - Concevoir - La démarche en EPS »

Elles présentent également à titre d'exemple un module d'apprentissage en lancer. Document téléchargeable : « Produire une performance optimale, mesurable à une échéance donnée » - transformer - Bâtir un module d'apprentissage en lancer »

La place de l'enseignant dans la démarche d'enseignement en athlétisme

A.M et O. Havage proposent une analyse de la place et du rôle de l'enseignant selon les phases de l'enseignement des activités athlétiques.

Se repérer et repérer **Stabiliser**	L'enseignant incite et encourage
Expérimenter **Transformer** **S'exercer** **Progresser**	Le maître identifie les problèmes rencontrés et propose des situations aménagées pour les dépasser. Il guide les enfants dans la prise de conscience de leurs actions par un questionnement sur les façons de faire utilisées qui sont testées immédiatement. Le maître aide à retenir les solutions les plus efficaces.
S'évaluer	Le maître aide à formuler, prévoir, s'organiser en s'appuyant sur des groupes stables, en responsabilisant les enfants par une répartition des tâches, en utilisant des traces écrites. Il veille au passage dans les différents rôles athlétiques.

Les ressources d'accompagnement des programmes à consulter

Les ressources d'accompagnement des programmes de maternelle définissent le rôle de l'enseignant et ses modalités d'intervention pour favoriser une pratique autonome de l'élève (p. 6).

La trame de variance en athlétisme

En jouant avec les variables didactiques au sein d'une situation, l'enseignant peut relancer l'activité des élèves (motiver) ou la transformer (apprendre).

- **Faire évoluer le matériel : l'utilisation d'engins.** Pour faire évoluer la situation en athlétisme, l'élève peut être amené à utiliser des engins différents de plus en plus proches des engins réglementaires.

Il peut faire évoluer leur forme, leur poids en amenant l'élève à respecter la forme du lancer avec la forme ou le poids de l'engin.

ex : *Un javelot ou une balle se lancera à bras cassé alors qu'un cerceau ou un disque se lancera en rotation, un objet lourd se lancera en « poussée ».*

Il n'est pas nécessaire de faire lancer des objets traditionnels (ou « réglementaires »).

ex : *Le lancer de sacs de sable favorise la mesure immédiate du résultat (là où l'engin est tombé) et est tout à fait adapté au cycle 1. Les lancers de balle nécessitent une meilleure organisation du jugement car elles ont tendance à rouler après leur contact au sol. La mesure du jet de javelot nécessite quant à elle de vérifier que le javelot a bien touché le sol par la pointe (s'il tombe à plat ou sur la queue le jet n'est pas validé)*

Des objets peuvent également matérialiser la mesure. On veillera alors à les différencier en couleur ou en forme pour mettre en exergue un barème.

ex : *J'ai sauté haut car je touche le ballon rouge qui est suspendu plus haut, c'est mieux que le ballon bleu.*
En longueur, l'utilisation de bancs ou de plinths bas permet d'augmenter le temps de suspension et permet ainsi à l'élève de s'organiser en l'air et de vivre un saut plus important.

- **Faire évoluer le milieu.** L'athlétisme se pratique le plus souvent en extérieur sur un stade. Les mesures y sont matérialisées. Pour faire évoluer la situation athlétique, il est possible de jouer sur l'aménagement matériel et de le rendre de plus en plus proche de l'espace de pratique réglementaire.

Ainsi les zones de performances deviennent de plus en plus précises

ex : *En lancer, elles passeront de zones de 5 m à des zones de 1 m. En CM2, il est intéressant que les zones de performance disparaissent lors de la compétition et que les juges utilisent un décamètre pour prendre les mesures.*
En longueur en maternelle les élèves auront des zones à franchir telles que la rivière aux crocodiles ou le lac aux piranhas.

Les zones de réception, de lancer ou les obstacles à franchir seront de plus en plus proches des zones ou obstacles réglementaires.

ex : *En longueur, le jeune élève franchit des tapis (ou rivière) puis atterrit dans des zones matérialisées sur des tapis. Plus âgé, il atterrit dans une zone de sable. En lancer, il lance au-delà d'une ligne puis dans des zones matérialisées par deux droites parallèles pour, en cycle 3, lancer dans des zones réglementaires formant un angle. En hauteur, l'élève de cycle 1 doit toucher un objet suspendu pour ensuite sauter par-dessus un élastique en cycle 2. En fin de cycle 3, l'élève devra sauter au-dessus d'une barre sur un tapis de hauteur épais. En course de haies, les obstacles sont des tapis ou des lattes posées sur des plots plus ou moins hauts. En fin de cycle 3 l'élève doit franchir des haies basses (environ 60 cm).*

La matérialisation des espaces respecte de plus en plus la matérialisation réglementaire.

ex : *En course, les élèves doivent courir dans des couloirs ; en course de relais, en cycle 3 la zone de transmission du témoin doit être matérialisée.*
En longueur, l'élève devra dans un premier temps sauter d'une zone d'impulsion (je dois prendre mon impulsion dans cette zone) pour, en cycle 3, sauter sans dépasser la planche (je ne dois pas marcher sur la planche).

- **Faire évoluer le rapport aux autres.** En athlétisme, le rapport aux autres et la tenue de différents rôles sociaux peuvent faire évoluer la situation.

L'enseignant peut demander à un élève de poursuivre, rattraper, éviter, dépasser, suivre (s'adapter à un rythme).

ex : *En cycle 1, l'élève a tendance à courir plus vite lorsqu'il doit rejoindre une zone sans être rattrapé. En cycle 3, en course longue, il peut être intéressant de travailler par binôme et demander à chaque tour que l'un soit le leader et que l'autre le suive. Dès lors chacun expérimente les allures de course de son partenaire.*
L'élève ne construira pas les mêmes compétences selon son rôle.

ex : *Athlète, poursuivant, poursuivi, chronométreur, juge, responsable d'atelier, secrétaire.*
Pour faire évoluer la situation, l'enseignant peut également jouer sur le nombre de participants ou sur la forme des équipes créées.

ex : *Courir seul, à plusieurs, par équipe de niveau, hétérogènes etc. La formation d'équipes hétérogènes en leur sein mais homogènes entre elles permet de créer une rencontre inter-groupe où les performances de chacun serviront le projet collectif. Les élèves les plus en difficulté peuvent trouver une nouvelle source de motivation dans la réalisation d'un projet de performance commune.*

La répartition des athlètes peut également être modifiée.

ex : *L'enseignant organise une course où les élèves partent de part et d'autre d'une ligne située à 20 m de chacun des coureurs (chacun est dans un couloir différent et décalé). Celui qui franchit la ligne en premier a gagné. Cette nouvelle organisation (face à face décalés) amène l'élève à terminer sa course car les élèves n'ont plus cette possibilité de comparaison directe qui les conduit souvent à ralentir s'ils sont trop en avance ou trop en retard par rapport à leurs adversaires.*

Enfin, il est possible de jouer sur les distances qui séparent les « adversaires » lors de course avec défi.

ex : *En fonction de leurs résultats à la course contre la montre, les élèves partent plus ou moins près de la ligne d'arrivée. Le but est d'arriver le premier. Normalement cette organisation devrait permettre aux élèves de cycle 2 de poursuivre leur course jusqu'au bout car les élèves sont amenés à franchir la ligne plus ou moins dans le même temps et cherchent donc jusqu'au bout à rattraper ou à ne pas être rattrapés.*

- **Faire évoluer les composantes de l'acte moteur.**

Il est possible pour l'enseignant de jouer sur la composante spatiale de l'exercice. Il peut ainsi faire varier la hauteur, la distance, le trajet ou la forme du déplacement.

ex : *Hauteur des obstacles à franchir en hauteur, distance à parcourir de plus en plus longue (si on demande à un élève un travail sur 10 m, on favorisera un travail spécifique sur le départ alors que si on lui demande de parcourir 30 m on travaillera plutôt le maintien de la vitesse de course). La course en slalom permet un travail des appuis, la course en pente dans le sens de la pente favorise un travail sur la fréquence de la foulée.*

- **Faire évoluer les intentions.** En athlétisme, le projet des élèves peut évoluer selon qu'ils souhaitent faire mieux qu'un autre ou qu'eux-mêmes. L'enseignant pourra utiliser les situations d'opposition à un partenaire pour stimuler les élèves.

ex : *Un élève de CP court souvent plus vite quand il ne doit pas être rattrapé que lorsqu'il court seul contre le temps.*

Cependant il devra très vite guider l'élève vers une nouvelle activité de défi en mettant en place des situations auto-référencée.

ex : *La course contre la montre.*

4 Les élèves en athlétisme

Le contenu des séquences d'athlétisme est étroitement lié à l'âge et au niveau des élèves. Les programmes et les ressources d'accompagnement spécifient les attendus de fin de cycle, les compétences à travailler durant le cycle et les apprentissages à construire en fonction des difficultés que l'élève rencontre.

Les ressources d'accompagnement des programmes à consulter

- Les ressources d'accompagnement du programme de maternelle proposent des étapes dans l'appropriation de l'objectif « agir dans l'espace, dans la durée et sur les objets ». Les pages 9 à 12 précisent les éléments de progressivité en 3 grandes étapes en fonction des âges et les pages 12 à 14 précisent les perspectives d'enseignement chez les moins de trois ans.
- Les ressources d'accompagnement du programme de cycle 2 proposent quelques repères sur les possibilités des élèves et des principes pédagogiques

à mettre en œuvre pour que l'élève puisse courir vite / longtemps, sauter haut / loin, lancer loin / précis. Document téléchargeable « Quelques repères sur les possibilités des élèves et principes pédagogiques à mettre en œuvre » (p. 2-4).

Elles donnent également des repères de difficultés chez l'élève et explicitent ainsi les attendus de fin de cycle et les apprentissages à mettre en œuvre pour courir, sauter et lancer. Document téléchargeable « Transformer. Faire progresser les élèves : Ce qu'il y a à apprendre dans le champ d'apprentissage 1 ».

- Les ressources d'accompagnement des programmes de cycle 3 explicitent les attendus de fin de cycle et illustrent leurs propositions. Documents téléchargeables dans la rubrique « Produire une performance optimale, mesurable à une échéance donnée » : « Concevoir - L'explicitation des attendus de fin de cycle » ; « Transformer - Bâtir un module d'apprentissage en lancer » ; « Illustration 1 » et « Illustration ».

6 La danse et les arts du cirque à l'école

Plus artistiques qu'esthétiques, la danse et les activités circassiennes à l'école n'ont pas les mêmes objectifs que lorsqu'elles sont pratiquées dans les clubs.

1 La transposition didactique des activités physiques artistiques

A. La définition de la danse

La danse est une activité physique et artistique de production de formes corporelles à visée expressive, destinée à être vue et à communiquer une émotion. Danser, c'est produire des images qui marquent, touchent, émeuvent et qui se partagent entre le danseur et le spectateur.

B. La définition des arts du cirque

Il est préférable de parler d'« arts du cirque » plutôt que de « cirque ». Cette dernière appellation conduit à des représentations technicistes de l'activité où l'élève serait amené à reproduire des formes corporelles codifiées (cascade trois balles, ascenseur au diabolo...).

Pratiquer les arts du cirque par le biais d'activités circassiennes c'est aussi, et avant tout, pratiquer une activité de création et de communication de sens. Cependant les arts du cirque sont à la frontière entre la danse et les activités de prouesse codifiée (gymnastique et gymnastique rythmique) c'est pourquoi il ne faut pas oublier son caractère « spectaculaire » et donc la nécessaire recherche de prouesse dans les activités circassiennes.

C. La spécificité de l'enseignement des activités physiques artistiques à l'école

La danse et les arts du cirque ne sont pas seulement des activités de production de formes codifiées comme la gymnastique. Elles sont aussi et avant tout des activités **de création et de communication de sens**. Bien plus que des activités esthétiques (reproduire une forme corporelle reconnue par tous), elles sont des **activités artistiques** destinées à enrichir les propositions spontanées, à s'éloigner du réel et avant tout à créer son propre répertoire gestuel.

Remarque Il n'est absolument pas nécessaire de faire appel à un répertoire gestuel codifié (techniques de danse ou techniques de jongle). Il est possible, au contraire, de s'appuyer sur les mouvements les plus personnels de l'élève pour l'aider à enrichir son répertoire gestuel et son imaginaire. L'aspect artistique et non pas sportif de ces activités leur donne une place toute particulière dans l'enseignement de l'EPS.

D. Les enjeux de l'enseignement des activités physiques artistiques à l'école

L'enseignement de la danse et des arts du cirque contribue au développement des compétences générales et aux domaines du socle. Les enjeux spécifiques de l'enseignement des activités physiques artistiques (APA) à chaque cycle sont définis dans les ressources d'accompagnement téléchargeables sur le site www.eduscol.education.fr

Les ressources d'accompagnement des programmes à consulter

- Pour la maternelle : document téléchargeable : « Ressources maternelle - Agir, s'exprimer, comprendre à travers l'activité physique - Objectif 3 : Communiquer avec les autres au travers d'actions à visée expressive ou artistique » p. 4.
- Pour le cycle 2 : document téléchargeable « Contribuer au socle-Apprendre en et par l'EPS » chapitre « Contribution du champ d'apprentissage 3 - S'exprimer devant les autres par une prestation artistique et / ou acrobatique ».
- Pour le cycle 3 : document téléchargeable « S'exprimer devant les autres par une prestation artistique et / ou acrobatique - concevoir - Les enjeux de formation ».

E. Les problèmes rencontrés et à résoudre dans la pratique des activités physiques artistiques

Dans la pratique des activités physiques et artistiques, les élèves rencontrent des difficultés qu'ils auront à résoudre. Celles-ci se caractérisent souvent par des difficultés au niveau de la motricité acrobatique et expressive et sur les plans affectif et social.

Les ressources d'accompagnement des programmes à consulter

Les problèmes spécifiques aux élèves de chaque cycle sont détaillés dans les ressources d'accompagnement.

- Pour la maternelle : documents téléchargeables « Ressources maternelle - Agir, s'exprimer, comprendre à travers l'activité physique - Objectif 3 : Communiquer avec les autres au travers d'actions à visée expressive ou artistique ». ; « Agir, s'exprimer, comprendre à travers l'activité physique-Objectif 2 : Adapter ses équilibres et ses déplacements à des environnements et des contraintes variées ».
- Pour le cycle 2 : document téléchargeable : « Transformer. Faire progresser les élèves - Ce qu'il y a à apprendre dans le champ d'apprentissage 3 - S'exprimer devant les autres par une prestation artistique et/ou acrobatique »
- Pour le cycle 3 : « S'exprimer devant les autres par une prestation artistique et/ou acrobatique - Concevoir - L'explicitation des attendus de fin de cycle ».

F. Les composantes essentielles des activités physiques artistiques

Les composantes didactiques de la danse et des arts du cirque sont des composantes dites créatives (ou artistiques). Pour transformer le mouvement et s'éloigner du réel, l'élève peut exploiter les composantes que sont le corps, l'espace, le temps, la matière (ou l'énergie), l'autre (partenaire) et l'engin (cirque).

Les composantes créatives détaillées

▸ Le corps

En danse et en cirque, l'élève sera amené à :

- **mobiliser tous les segments.** Très souvent, les premiers mouvements proposés par les élèves sont des mouvements globaux (emmenant le corps dans sa totalité) qui privilégient les mains ou les pieds. Par la danse et le cirque, l'élève découvrira que l'ensemble des segments peuvent participer. La tête, les coudes comme les fesses peuvent entrer en danse ou faire rebondir l'objet. Le mouvement ne doit pas toujours être initié par la main.

ex : *On pourra demander à l'élève de faire de la main droite comme de la main gauche, de dessiner une forme dans l'espace avec la main préférentielle, puis les deux mains, puis différentes parties du corps, de jongler avec différentes parties du corps (ex : rebond corps, coude, genoux, jongle type foot...).*

- **créer des volumes corporels.** Les premiers mouvements créés offrent souvent des formes plates, en deux dimensions, et de faibles amplitudes. On dit que le mouvement est « sans profondeur ». Par la danse, l'élève sera amené à sculpter son espace corporel en explorant l'éventail des directions, des niveaux, des orientations mais aussi l'ensemble des dimensions (du très petit au très grand) et des trajectoires (mouvement courbe ou ligne droite) dans lesquels peut s'inscrire le mouvement.

ex : *L'élève s'imagine au milieu d'une sphère et s'amuse à toucher différents points de cette sphère avec différentes parties du corps. L'élève peut jongler devant soi, sur le côté, au-dessus, dans le dos, amplifier le geste (grand, petit, ample, ...).*

- **casser les symétries.** Très souvent, les mouvements proposés par les élèves sont symétriques (je lève la main droite puis la main gauche, j'avance le pied droit puis le gauche...). L'élève sera amené à enrichir ses propositions en évitant de reproduire systématiquement le même mouvement à droite puis à gauche.
- **explorer et exploiter la gravité du corps**. Par la danse, l'élève découvre que le mouvement peut être soutenu (comme en danse classique) mais qu'il a le droit aussi d'être déséquilibré.

ex : *L'élève imagine qu'il est suspendu par des fils. Il fait alors des mouvements suspendus. Puis il imagine qu'un des fils casse. Une partie du corps est allégée et le reste est lourd.*

- **se déplacer (manipuler) avec d'autres parties du corps.** Très souvent, les déplacements proposés par les élèves naissent d'un déplacement des pieds. Ils se traduisent par des marches, des courses ou des pas chassés, parfois des sauts ou des tours. Les pratiques physiques artistiques conduiront l'élève à varier ses formes de déplacements en diversifiant les appuis (nombre d'appuis ou parties du corps utilisés pour se déplacer) et leur qualité (pieds à plat,

demi-pointe, talon en dedans, en dehors, parallèles), les origines (poids, segment...), les modes de déplacement (courir, ramper, glisser, galoper, sauter, tourner...), les familles d'action (faire rebondir, faire rouler...).

ex : *L'élève imagine qu'il marche dans du sable. Il doit alors se concentrer sur les empreintes et les traces qu'il laisse sur le sol, sur le banc (en cirque). On lui demande ensuite de varier les empreintes (quelle partie du corps ? quel dessin ?) mais aussi les traces (tracer des lettres, changer les trajets, etc.).*

L'espace de déplacement

Dans la pratique des APA, l'élève sera amené à **se déplacer de manière organisée** en exploitant et en variant :

- **les directions.** Celles-ci forment une étoile. L'élève peut aller vers l'avant, ou l'arrière, vers le côté droit ou gauche et en diagonale.
- **les orientations.** Elles se définissent en fonction du public. L'élève acteur va dans la direction des spectateurs ou leur tourne le dos.
- **les niveaux.** On en distingue trois : le haut, le moyen et le bas. L'élève sera alors amené à utiliser, les sauts et les passages au sol.
- **les tracés.** Ils correspondent au dessin que fait le mouvement (ou l'engin) dans l'espace (au sol et aérien).
- **les dimensions.** Elles définissent l'amplitude du déplacement. On parle alors d'espace proche ou lointain.

L'espace scénique

L'élève sera amené à **se mettre en scène**, c'est-à-dire connaître et utiliser l'espace scénique. Il pourra choisir son mode d'entrée et de sortie dans cet espace (être sur scène, entrer en scène ou sortir de scène...) et acceptera de rester dans une forme immobile pour marquer la fin de sa production.

ex : *L'enseignant demande aux élèves de trouver une statue pour commencer la chorégraphie ou le numéro sur scène et une manière de quitter la scène à la fin du numéro.*

La matière (ou l'énergie)

L'élève sera amené à produire des mouvements ou des figures en **variant les dynamismes**, mais aussi **à nuancer son mouvement** (mouvement lourd, léger...).

Le temps

L'élève sera amené à :

- **ralentir ou accélérer** ses mouvements ;
- **rythmer ses mouvements** afin de traduire corporellement la musique mais il pourra aussi jouer avec la musique pour contraster avec elle.

ex : *Demander à l'élève de marcher lentement sur une musique lente et rapidement sur une musique rapide. Puis demander qu'il s'oppose à la musique : je me déplace lentement sur une musique rapide. Demander à l'élève de faire une figure lente et la même figure rapidement, jongler en rythme.*

- **créer son propre monde sonore avec son corps.**

ex : *Demander à l'élève de se déplacer en traînant les pieds, en tapant des pieds, en tapant les rythmes avec les mains, avec des onomatopées, en changeant les rythmes de déplacement. Demander à l'élève de créer un rythme avec un ballon de basket qui rebondit.*

- **prendre le temps (temps interne)** en appuyant ses mouvements sur sa propre respiration. Très souvent, les élèves ne laissent plus aucune place à leurs rythmes naturels. Le souffle est coupé, la respiration silencieuse. Le corps est alors entravé et le mouvement ne trouve plus son amplitude naturelle.

ex : *Demander à l'élève de laisser vivre son mouvement en le synchronisant avec son expiration et son inspiration. Je descends vers le sol en soufflant pour me mettre en boule. Quand je reprends mon inspiration je me redresse pour former une forme très droite et très grande.*

Les relations entre partenaires

L'élève sera amené à varier son organisation avec ses partenaires en fonction :

- **du temps.** Ainsi les élèves peuvent produire leurs mouvements ou leurs figures à l'unisson mais aussi en canon, en décalé, en rattrapé (en contagion), en se répondant, dans des temps différents…
- **de l'espace.** Ainsi les élèves peuvent avoir des **contacts** et faire varier les appuis, leur surface, leur qualité et aller jusqu'à des porters. Ils peuvent aussi varier les **distances entre les partenaires** ainsi que leur organisation dans l'espace (en quinconce, en farandole, en cercle, en ligne).

ex : *S'échanger une balle face à face, dos à dos, un en haut l'autre en bas, quinconce, ligne, cercle ; s'échanger une balle en proposant une trajectoire différentes pour le jongleur A et le jongleur B. Toucher un partenaire immobilisé pour lui offrir le mouvement, changer la durée du contact, le lieu et la forme de celui-ci.*

2 Les programmes en danse et en arts du cirque

À l'école maternelle, la pratique de la danse et des arts du cirque permet à l'élève d'atteindre l'objectif : **« communiquer avec les autres au travers d'actions à visée expressive ou artistique ».**

Par leur valeur acrobatique, les activités circassiennes permettent également de développer l'objectif **« adapter ses équilibres et ses déplacements à des environnements ou des contraintes variés »** (les activités circassiennes sont souvent exploitées pour amener progressivement l'enfant à construire de nouvelles formes d'équilibre et de déplacements en prenant des risques mesurés).

À l'école élémentaire, elles permettent à l'élève de **« S'exprimer devant les autres par une prestation artistique et/ou acrobatique ».**

Les programmes présentent les compétences travaillées pendant le cycle. Les ressources d'accompagnement donnent, quant à elles, des repères aux équipes pédagogiques pour organiser la progressivité des apprentissages.

Les ressources d'accompagnement des programmes à consulter

- Pour la maternelle : documents téléchargeables « Ressources maternelle - Agir, s'exprimer, comprendre à travers l'activité physique - Objectif 3 : communiquer avec les autres au travers d'actions à visée expressive ou artistique » et « Ressources maternelle - Agir, s'exprimer, comprendre à travers l'activité physique - Objectif 2 : Adapter ses équilibres et ses déplacements à des environnements ou des contraintes variés ». Elles définissent, pour les deux objectifs, les différents attendus en fonction des âges (p. 4) et y détaillent ce qui est à construire sur l'ensemble du cycle (p. 5).
- Pour le cycle 2 : document téléchargeable : « Transformer. Faire progresser les élèves - Ce qu'il y a à apprendre dans le champ d'apprentissage 3 – S'exprimer devant les autres par une prestation artistique et/ou acrobatique ».
- Pour le cycle 3 : « S'exprimer devant les autres par une prestation artistique et/ou acrobatique - Concevoir - L'explicitation des attendus de fin de cycle ».

3 La démarche pédagogique en danse et en arts du cirque

L'enseignement de la danse et des arts du cirque, de par leurs contraintes et leurs spécificités, incite à faire certains choix quant à la démarche pédagogique la plus appropriée.

A. Les contraintes particulières liées à l'enseignement de la danse et des arts du cirque

▸ Les divers rôles dans la pratique des APA

En incitant l'enseignant à développer les compétences liées aux différents rôles de la danse (danseur (circassien), spectateur, chorégraphe (créateur)), les programmes recherchent à développer une véritable éducation artistique de l'élève mais surtout favoriser un climat de confiance entre les élèves. L'élève devient à la fois plus tolérant, plus centré sur les progrès effectifs des uns et des autres et plus compétent dans la formulation des conseils.

▸ Les activités physiques artistiques ne sont pas des activités individuelles

Par la création d'une danse et d'un numéro collectifs, ces activités permettent la mise en œuvre de nombreuses relations d'entraide et de coopération. De plus, par le regard des spectateurs, l'élève réorganise son numéro ou sa chorégraphie par une confrontation de son projet avec les effets réellement perçus par ceux-ci.

Les activités à enseigner : les danses collectives, la danse de création et les arts du cirque

Les programmes s'accordent pour affirmer que tous les styles de danse peuvent être enseignés. Chaque technique permet de mettre en exergue certaines composantes du mouvement. Cependant, il n'est pas judicieux d'entrer dans une activité de reproduction systématique de techniques, au risque d'enfermer les élèves dans une retranscription exclusive de la musique ou dans une uniformisation des énergies et de nuire à l'éducation artistique encouragée par les programmes.

En danse à l'école, il s'agit de transmettre aux élèves une démarche pour apprendre à créer avec son corps (et celui des autres). Dès lors, la danse dite « contemporaine » est souvent privilégiée car elle permet cette ouverture artistique en permettant à l'élève de créer sa danse. Mais il ne s'agit pas de se fermer aux pratiques culturelles de référence.

L'intitulé « arts du cirque » des programmes de l'école primaire conduit à penser qu'il ne s'agit pas d'entrer dans une activité de reproduction systématique de techniques au risque de nuire à l'éducation artistique encouragée par les programmes.

En « cirque » à l'école, comme en danse, il ne s'agit donc pas de transmettre aux élèves un ensemble de techniques culturelles mais bel et bien une démarche pour apprendre à créer avec son corps (et celui des autres). Il n'est absolument pas obligatoire de faire appel uniquement à un répertoire gestuel codifié (techniques de jongle, d'équilibre, de voltige). Il est possible, au contraire, de s'appuyer sur les créations de techniques les plus personnelles de l'élève circassien pour l'aider à enrichir son répertoire gestuel et son imaginaire.

Dès lors, le cirque dit « contemporain » est souvent privilégiée car il permet cette ouverture artistique en permettant à l'élève de créer son propre numéro (et son propre répertoire).

L'évaluation en danse et en arts du cirque

Elle se fait dans le temps d'une production face à un public. Il s'agit d'y observer quelques critères simples tels que le respect des consignes, ou la variété dans l'utilisation des composantes créatives. Il est intéressant que cette évaluation soit faite avec l'aide des élèves spectateurs afin d'évaluer également leur capacité de lecture des prestations.

ex : *Les danseurs ont bien trouvé trois contacts différents. Ils ont utilisé les mains puis les pieds et enfin le nez.*
Les jongleurs ont bien utilisé trois trajectoires de balles différentes.

Les ressources d'accompagnement des programmes à consulter

- Les ressources d'accompagnement des programmes de maternelle définissent les indices de progression ainsi que les contextes de leur observation. Documents téléchargeables : « suivi et évaluation à l'école maternelle - Évaluation : Agir, s'exprimer, comprendre à travers l'activité physique. - Communiquer avec les autres au travers d'actions à visée expressive ou artistique » et « suivi et évaluation à l'école maternelle - Évaluation : Agir, s'exprimer, comprendre à travers l'activité physique - Adapter ses équilibres et ses déplacements à des environnements et des contraintes variées ».
- Les ressources d'accompagnement des programmes de cycle 2 proposent 4 niveaux de repères pour évaluer les élèves dans la pratique de la danse. Document téléchargeable : « Évaluer les acquis des élèves - Dans le champ d'apprentissage 3 : La danse ». Elles proposent également des repères de progressivité sur deux modules d'apprentissage dans l'activité danse. Document téléchargeable : « Transformer. Des contenus à enseigner et des repères de progressivité - Dans le champ d'apprentissage 3 : De la danse collective à la danse de création ».
- Les ressources d'accompagnement des programmes de cycle 3 proposent des étapes et repères de progression dans l'activité danse. Document téléchargeable : « Évaluer - Danse : repères d'évaluation ».

B. La démarche d'enseignement des APA : la démarche de création

▸ Une démarche transdisciplinaire

Les APA permettent de développer de nouvelles capacités motrices mais doivent avant tout être pratiquées pour développer des compétences et des savoirs liés au domaine artistique. Clef idéale pour entrer dans l'univers artistique, elles valorisent notamment la mise en œuvre du processus de création, clef d'entrée idéale pour le Parcours Educatifs Artistique et Culturel (PEAC).

Les ressources d'accompagnement des programmes à consulter

Les ressources des programmes de maternelle montrent que l'enseignement des APA est un excellent moyen d'entrer dans un PEAC (p 18-20).

▸ Les phases essentielles de l'enseignement de la danse et des arts du cirque

La démarche d'enseignement des APA consiste à enseigner selon le processus de création qui pourra être complété par un apport technique afin d'enrichir le répertoire des élèves.

On peut y distinguer, des phases incontournables permettant à l'élève d'inventer et de produire son propre numéro ou sa propre chorégraphie :

Phase	Ce qui s'y passe
Sollicitation (solliciter)	À partir d'inducteurs, l'élève entre en création (du numéro, de la chorégraphie, d'un mouvement ou d'une figure). **ex :** *Les inducteurs en danse et en cirque.*
Diversification (explorer)	L'élève y explore tous les réponses possibles (et tous les possibles du corps) en étant guidé par l'enseignant. Dans cette phase, l'élève est dans une recherche quantitative (je dois trouver le plus de réponses possibles). La réussite n'est pas exigée à cette étape. C'est une phase d'exploration, de recherche… **ex :** *Trouver le plus de gestes possibles que je fais dans la cour de récréation ; trouver le plus de figures de jongle possibles avec un ballon de basket.*
Enrichissement (transformer)	L'élève y transforme les mouvements trouvés en jouant avec les composantes créatives. Dans cette phase, l'élève est dans une recherche qualitative (enrichir, transformer le mouvement, s'éloigner du réel, faire différent des autres…). **ex :** *Refaire les gestes de la cour de récréation au ralenti, en accéléré, à l'envers, en très grand, à deux, en rythme sur la musique ; refaire la figure en changeant les trajectoires, la partie du corps qui manipule l'engin…*
Choix Partage (choisir-échanger)	L'élève ou le groupe d'élèves choisit les mouvements qu'il garde, ceux qu'il transmet à ses partenaires. **ex :** *Parmi tous les mouvements ou les figures que vous avez créés et enrichis, vous en gardez chacun un(e). Puis par groupe de 4, chacun apprend son mouvement (sa figure) aux autres afin que chacun puisse reproduire les 4 mouvements (figures) du groupe.*
Construction, Composition (mettre en scène, en temps, en espace, composer…)	L'élève ou le groupe d'élèves stabilise, reproduit les mouvements et les figures pour les lier, les faire se succéder dans un ordre et dans un espace anticipé. On dit qu'il met en scène. Pour aider à cette phase de composition, l'enseignant peut imposer un cadre de création pour la mise en scène (ex : il impose un début et une fin collective sur scène…), l'ordre des figures (ex : chorégraphie de jongle), la mise en espace (ex : lors de votre duo de jongle vous devrez chacun occuper un espace différent puis vous rejoindre dans le même espace de jongle). **ex :** *Maintenant que vous connaissez les 4 mouvements du groupe, décidez de l'ordre dans lequel vous les proposerez. Vous débuterez sur scène par une forme immobile commune puis danserez les 4 mouvements, enfin vous trouverez une manière de vous regrouper pour terminer ensemble en « photo de famille ».*

Phase	Ce qui s'y passe
Répétition (reproduire, mémoriser)	La phase de répétition est fondamentale. Elle permet de stabiliser les mouvements et figures mais aussi de mémoriser et d'affiner l'écriture et l'interprétation. Cependant elle est parfois difficile à mettre en œuvre si elle n'est pas suffisamment « dirigée » dès lors il est conseillé de « timer » celle-ci grâce à des étapes. **ex :** *Tous vous reprenez vos solos/ Maintenant vous reprenez la machine à jongler/ Reprenez les éléments de liaison etc.*
Démonstration/ Confrontation au regard de l'autre (présenter, représenter, démontrer...)	Les élèves démontrent comment ils ont répondu aux différentes consignes imposées et tentent de surprendre les spectateurs. **ex :** *La phase de démonstration. Oser montrer sa chorégraphie, son numéro.*
Remédiation	Les élèves conservent « les bonnes idées » et en extraient les procédés de création (ce qui nous permet de surprendre, d'épater, d'émouvoir, de transformer le réel...). **ex :** *Parmi tous les mouvements que vous avez vus, lequel vous a le plus surpris ? Pourquoi ?*

Les ressources d'accompagnement des programmes à consulter

- Les ressources d'accompagnement des programmes de maternelle spécifient ce que peut être l'engagement dans une démarche de création en explicitant les pourquoi et pour quoi faire, les gestes fondateurs, les acteurs, les partenaires ainsi que les étapes (p. 15-17).
- Les ressources d'accompagnement des programmes de cycle 2 présentent les objectifs, les conditions matérielles et l'organisation des 6 séances d'un module d'enseignement d'activités gymniques ainsi que l'organisation et le déroulement d'une séance de danse de création. Documents téléchargeables : « Concevoir un module d'apprentissage en EPS - Exemples de modules » et « Concevoir une séance d'EPS - fiche de préparation d'une séance : une séance de danse de création ».
  6 vidéos viennent compléter cette présentation de la danse et sont consultables dans la rubrique « Éducation physique et sportive - Concevoir et mettre en œuvre un enseignement de l'EPS au cycle 2 - Mettre en œuvre une situation d'apprentissage : deux exemples en vidéo ».
- Les ressources d'accompagnement des programmes de cycle 3 proposent une aide pour concevoir le module pour chaque leçon du champ d'apprentissage 3. Document téléchargeable : « « S'exprimer devant les autres par une prestation artistique et / ou acrobatique - Concevoir - La démarche en EPS ». Elles présentent également à titre d'exemple un module d'apprentissage

en danse » et une illustration de situation en danse. Documents téléchargeables : « S'exprimer devant les autres par une prestation artistique et / ou acrobatique - transformer - Bâtir un module d'apprentissage en danse » et « S'exprimer devant les autres par une prestation artistique et / ou acrobatique - transformer - Illustration : « Partir d'une tâche complexe en danse ».

Les inducteurs en danse et en arts du cirque

L'inducteur est un élément stimulant qui doit permettre à l'élève d'entrer dans le travail de création et faciliter la mise en mouvement. Ceux-ci peuvent être :

des objets concrets	des thèmes	des relations au monde artistique
Objets quotidiens, sportifs, théâtraux, circassiens	Éléments, émotions, environnement	Peinture, Sculpture, Architecture, Cinéma,... Détournement de l'objet, accumulation...
Chapeaux, balais, foulards, parapluies, chaises, rubans, cordes, ballons, masques, tissus, balles, cerceaux, anneaux...	Lieux : Aéroport, Rue, cour de récréation, cantine, piscine, jungle, plage, salle de sport... Modes de vie : Hommes des cavernes (primitifs), Cow-Boys, Indiens, Extra-terrestres Animaux : Poules/Coq ; Tigre/Lion Émotions : jalousie, amour, amitié, violence, peur...	
un monde sonore à créer ou qui existe	**des documents**	**des composantes du mouvement**
Voix, musique, rythmes, onomatopées, langage, bruits industriels, urbains, cris, nature, sportifs, chuchotement, chants...	Écrits, visuels	Corps (rond/pointu ; grand/petit), espace (trajets circulaires/ anguleux...), temps énergie (lent/vite ; ralenti/accéléré...), relations aux autres (porters, contacts, oppositions)
	Mots, poèmes, romans, bandes dessinées, photos, publicités, tableaux, affiches, cartes postales, vidéos	

des verbes d'action	Des familles d'action
Sauter, marcher, glisser, rouler, tourner, ramper, s'élancer, tournoyer, onduler, traverser, s'arrêter, reculer, se retourner, entraîner, s'opposer, résister, porter, soutenir, toucher, se suivre, s'éviter, contourner, accélérer, ralentir, s'étirer, relâcher, s'enfoncer, suspendre, s'alléger, s'alourdir, pousser, repousser, presser, tirer, rebondir, amortir, s'écraser, exploser, tapoter, effleurer, trébucher, chuter, s'enrouler, se grandir, frotter, racler, caresser, appuyer, trembler, glisser, flotter, frapper, fouetter, balancer, basculer, envoyer, impulser, jeter, projeter…	En manipulation d'objet : lancer rattraper, utiliser le corps, maintenir en équilibre, faire tourner l'objet dans différents plans, faire rouler, faire rebondir, échanger, passer, voler se les faire passer, En équilibre sur objet : monter, descendre, se déplacer, pivoter, s'allonger, avancer, reculer…

Remarque Les objets sont d'excellents inducteurs pour les plus jeunes élèves. Ils peuvent initier au mouvement. Dans une perspective artistique, ils peuvent ensuite disparaître dans le cadre de la danse. *Cf.* « L'utilisation d'objets dans l'enseignement de la danse ».

ex : *Faire voler un ballon de baudruche. Après avoir manipulé le ballon de différentes façons reproduire les mouvements mais cette fois-ci sans l'objet.*

Les verbes d'action et les familles d'action sont d'excellents inducteurs, ils permettent une mise en action spontanée et rapide. Par leur contraste, ils permettent d'agir sur un plusieurs paramètres du mouvement. Ils permettent également une traduction en mouvement d'un thème.

Exemple de phrase à danser : *Les élèves qui travaillent sur le thème du racisme peuvent explorer les verbes : repousser, rejeter, éloigner, éviter, contourner…*

La phase de démonstration : oser montrer sa chorégraphie, son numéro

Il est préférable de parler de démonstration plutôt que de spectacle ou de monstration. En effet, dans cette phase, l'élève n'est pas amené à montrer un mouvement mais bel et bien à démontrer comment il a répondu à la consigne. C'est donc un projet bien plus que des élèves qui se produisent que les élèves spectateurs doivent regarder (et évaluer).

ex : *Je ne regarde pas Yanis qui danse mais je regarde comment il a répondu à la consigne « écrire trois lettres avec son corps sans utiliser les mains ».*

Grâce à cette nuance, les élèves devraient oser se produire devant les autres.

De plus, afin de faciliter cette phase (parfois émotionnellement forte), il est conseillé de préparer l'élève à être vu par de plus en plus d'élèves. C'est pourquoi, dans un premier temps, on veillera à ce que les élèves se produisent devant une juste proportion de spectateurs (autant d'acteurs que de spectateurs).

C'est en établissant une réelle communication entre les danseurs et les spectateurs qu'il sera possible de diminuer les appréhensions. Les spectateurs seront

« guidés », c'est-à-dire qu'ils auront eux-mêmes des critères à observer tels que *comment les danseurs ont-ils répondu à la consigne ? Qu'ont-ils trouvé que vous n'aviez pas trouvé ?* Ceci devrait permettre à chacun de comprendre que l'essentiel n'est pas la prouesse technique mais bel et bien l'effort de création.

Il est essentiel également de guider les retours des élèves. Ainsi, on ne souhaite pas que les élèves mettent en exergue ce qu'ils manquent ou qu'ils disent s'ils ont trouvé cela beau ou non. Ce type de questionnement favoriserait la propension des jeunes élèves à refuser et à critiquer la différence. C'est pourquoi on demandera aux élèves de répondre à la question « parmi tous les mouvements (toutes les figures) que j'ai vu(e)s, j'ai retenu celui-ci (celle-ci) car... ». On tentera alors de guider le regard des élèves en extrayant des prestations des mouvements inattendus, originaux. De l'analyse des mouvements, on pourra alors trouver des « bonnes idées » pour surprendre les spectateurs.

ex : *À un moment, tout le monde marchait doucement sauf Stéphanie qui tournait sur elle-même (ou qui courait, qui marchait à reculons...) C'est le fait que tous fassent la même chose et qu'une fasse un mouvement différent qui m'a surpris. On pourrait appeler cela le « tous sauf un » (ou contrepoint). À un moment, Sofian a utilisé la balle comme s'il s'agissait d'une boule de feu.*

La place de l'enseignant dans le processus de création

Dans cette démarche artistique, souvent affectivement difficile, l'enseignant se doit de créer un climat de confiance, une relation d'écoute. Il doit se rendre disponible afin de sécuriser affectivement les élèves. Il doit à la fois être proche des élèves, pour les stimuler et les rassurer, et distant, pour mieux les observer et les laisser chercher seuls. Il est donc indispensable d'envisager des formes de travail en autonomie où le déclencheur de l'action n'est pas la voix de l'enseignant.

Les ressources d'accompagnement des programmes à consulter

Les ressources d'accompagnement des programmes de maternelle définissent le rôle de l'enseignant et ses modalités d'intervention pour favoriser la pratique créative des élèves (p. 6-8).

La trame de variance en danse et en arts du cirque

En jouant avec les variables didactiques au sein d'une situation, l'enseignant peut relancer l'activité des élèves (motiver) ou la transformer (apprendre).

– **Faire évoluer le matériel**

Pour faire évoluer la situation en danse, l'élève peut être amené à danser avec des objets.

En cirque, faire varier les objets de jongle ou les engins d'équilibres peut bien entendu favoriser une complexification ou une simplification de la situation.

ex : *En jongle, le travail avec massue nécessite d'avoir travaillé et de maîtriser au préalable les figures avec les balles. L'élève doit d'abord faire l'exercice sur un banc avant de la faire sur une poutre (voire sur un fil).*

L'utilisation d'objets dans l'enseignement des APA

L'utilisation d'objets a différents buts.

- Inducteur privilégié des enseignants, il permet aux élèves d'entrer pleinement dans le processus de création en les détournant de leur appréhension initiale de l'activité. Son utilisation permet d'entrer plus facilement dans l'imaginaire. On peut utiliser des foulards, des ballons de baudruche, des plumes, des cartons…

ex : *Au lieu d'exploiter des engins connotés « cirque » tels que le rolla-bolla, les massues, les anneaux, l'enseignant peut exploiter des objets du quotidien. L'élève sera amené alors à détourner son exploitation spontanée. Jongler avec ballon de basket, une bouteille d'eau, une plume, un ballon de baudruche, des cartons.*
Dans un numéro, l'apport de cartons favorise souvent l'émergence d'un jeu d'acteurs des élèves autour de l'imaginaire du déménagement ou du travail à la chaine à l'usine. Il facilite également l'émergence d'une certaine motricité chez l'élève. Par sa consistance, son poids, sa forme, il peut favoriser l'apparition de certains comportements.

- L'objet facilite également l'émergence d'une certaine motricité chez les élèves. Par sa consistance, son poids, sa forme, il peut favoriser l'apparition de certains comportements.

ex : *Les programmes de maternelle incitent l'enseignant à mettre à disposition des enfants des objets initiant ou prolongeant le mouvement (voiles, plumes, feuilles…), notamment pour les plus jeunes d'entre eux. Danser avec des foulards permet ainsi d'obtenir une amplification des actions.*
L'exploitation de ballons de football favorise l'apparition de nouvelles formes de jongle avec les pieds (jongles individuelles et collectives).

Le danger de l'utilisation de l'objet usuel est qu'il amène souvent la production de gestes stéréotypés et très proches du réel. Il importe donc d'en explorer tous les emplois possibles et de s'en éloigner.

– **Faire évoluer le milieu : l'espace scénique**

Il est extrêmement important de délimiter l'espace scénique afin que l'élève puisse y avoir des repères. Cet espace doit toujours être orienté par rapport aux spectateurs (exemple : les spectateurs seront assis ici…).

Chez les plus jeunes, cette délimitation permet également une clarification des rôles : quand je suis dedans : je suis acteur (je dois me concentrer) quand je suis dehors : je suis spectateur (je dois faire silence et regarder).

Remarque Lors de la composition il est conseillé de donner à chaque groupe des plots de même couleur (un groupe à des plots blancs l'autre jaunes etc.). Les élèves devront alors installer chacun leur espace scénique et définiront où devront s'asseoir les spectateurs.

Il est possible pour l'enseignant de faire varier la forme, les dimensions, les limites de l'espace scénique.

ex : *La présence de coulisses ou non conduit à une réflexion sur les entrées et les sorties. La position des spectateurs (de face ou tout autour de l'espace) aura également une incidence sur l'implication des élèves.*

Enfin, pour les plus jeunes enfants, il sera possible de créer des espaces symboliques.

ex : *Danser sur la lune, dans la mer, sur la planète du petit prince...*

- **Faire évoluer le rapport aux autres : une composante créative essentielle**

Dans l'enseignement des APA à l'école, le rapport aux autres est au fondement de l'activité. Il est donc essentiel de prendre en compte cette variable dans l'évolution de la situation.

ex : *Passer de danser seul à danser à plusieurs, de jongler seul à jongler à plusieurs, danser et/ou jongler parmi les autres, devant les autres.*

L'autre en danse et en arts du cirque

- **Les rôles**

En tant que **danseur ou circassien** (acteur, jongleur, acrobate...), l'élève réalise des formes corporelles, des figures imposées ou personnelles. Il peut également être **partenaire** dans le cadre d'une chorégraphie et/ou d'un numéro collectif. Dans le cadre de l'enseignement des arts du cirque, certains auteurs distinguent le virtuose (ex le jongleur, l'acrobate) et l'interprète (l'acteur...) Le rôle de l'enseignement est d'amener l'élève à ne pas se cantonner à l'un ou l'autre des rôles.

Être **virtuose** c'est construire et maîtriser une motricité extraordinaire, à savoir une motricité favorisant la prouesse comme la construction et la maîtrise de figures et formes inédites et variées. Le terme virtuose n'implique donc pas seulement la simple prouesse technique. La virtuosité peut également impliquer la capacité à faire quelque chose que les autres n'ont pas fait, à faire et reproduire une figure que l'on a soit même inventée.

On peut ainsi affirmer que faire du cirque c'est développer une motricité extraordinaire (dans le sens de la prouesse comme dans le sens de l'inhabituelle... agir de manière « extra-ordinaire » (en dehors de l'ordinaire)...). Le rôle d'**acteur** ou d'interprète est tout aussi fondamental. Au-delà du savoir-faire l'élève se doit de savoir être dans le sens du savoir interpréter. Ce jeu d'acteur s'enseigne tout comme les rôles d'acrobates et de jongleurs. L'élève va ainsi apprendre à développer une motricité expressive, à être présent tout au long du numéro. L'élève ne doit donc pas se cantonner à enchaîner différentes figures ou actions mais

il doit apprendre à transmettre une émotion. En tant que **spectateur** il donne ses impressions et peut devenir conseiller en proposant des pistes d'amélioration. Cette compétence à regarder et extraire des pistes d'amélioration s'enseigne et s'entraîne. Ainsi au-delà d'apprendre à regarder avec respect et attention, l'élève devra apprendre à décrire, expliquer, justifier, assumer son avis tout en respectant les propositions et les opinions des autres. **Le « chorégraphe » ou le créateur** se distingue du metteur en scène. C'est celui qui crée et qui invente ses propres mouvements et figures et est capable de les rendre lisibles et reproductibles par les autres. **Le compositeur-metteur en scène** va apprendre à choisir, organiser, structurer les éléments du numéro afin de donner du sens et de le rendre intelligible et lisible par les spectateurs. Au-delà de cette lisibilité du propos, il doit aussi chercher à surprendre et/ou émouvoir le spectateur. Il devra enfin accepter la frustration en confrontant son projet à ses possibilités techniques, à la maîtrise réelle des figures devant un public (accepter de faire moins mais mieux) et à l'opinion de ses partenaires comme celle des spectateurs.

- **Les relations entre partenaires** sont également des composantes essentielles des danses et des numéros collectifs. Elles doivent être envisagées dans le double rapport espace et temps. Les élèves peuvent produire leurs mouvements ou leurs figures à l'unisson, en canon, en décalé, en rattrapé, en se répondant, dans des temps différents... Dans le cadre de passing on parlera de passing simultané ou alterné. Les élèves peuvent être amenés à avoir des contacts (appuis, tractions passives, porters, regards, qualités et sources des contacts). Les partenaires peuvent être proches ou au contraire très éloignés. Il est possible également de s'organiser différemment dans l'espace.

ex : *En quinconce, en farandole, en cercle, en ligne, face à face, dos à dos, l'un assis l'autre debout...*

- **La relation danseur(s)- circassien(s)/spectateur(s) :** la présence de spectateurs, leur proportion, leur disposition et leurs rôles influencent et transforment la situation et représente une difficulté à part entière des pratiques artistiques. La situation de référence doit donc se vivre face à un public. Dans un premier temps, un groupe doit se produire face à un groupe équivalent en nombre de spectateurs. Ensuite, cette proportion évolue vers de plus en plus de spectateurs (un groupe, la moitié de la classe, la classe entière...).

- **Faire évoluer les intentions**

L'élève peut être amené à créer un mouvement ou un numéro pour se produire ou répéter/raconter une histoire, créer un climat, exprimer un sentiment, jouer un personnage/faire beau, faire plus difficile (tours, équilibres, renversement...)/ faire comme un partenaire (s'approprier une technique corporelle) ou faire autrement (créer).

ex : *Vous devez répondre le même mouvement à votre partenaire, vous devez répondre votre propre mouvement, vous devez répondre le même mouvement mais en jouant sur son amplitude (plus grand, plus petit), sa vitesse...*

4 Les élèves en danse et en arts du cirque

Le contenu des séquences de danse et de cirque est étroitement lié à l'âge et au niveau des élèves. Les programmes et les ressources d'accompagnement spécifient les attendus de fin de cycle, les compétences à travailler durant le cycle et les apprentissages à construire en fonction des difficultés que l'élève rencontre.

Les ressources d'accompagnement des programmes

- Les ressources d'accompagnement du programme de maternelle proposent des étapes dans l'appropriation des objectifs « communiquer avec les autres au travers d'actions à visée expressive ou artistique » et « Adapter ses équilibres et ses déplacements à des environnements et des contraintes variées. Les pages 9 à 12 précisent les éléments de progressivité en 3 grandes étapes en fonction des âges et les pages 12 à 14 précisent les perspectives d'enseignement chez les moins de trois ans.
- Les ressources d'accompagnement du programme de cycle 2 proposent quelques repères sur les possibilités des élèves et des principes pédagogiques à mettre en œuvre dans le cadre de la pratique des activités artistiques mais aussi des activités gymniques. Document téléchargeable « Quelques repères sur les possibilités des élèves et principes pédagogiques à mettre en œuvre » (p. 6-7). Elles donnent également des repères de difficultés chez l'élève et explicitent ainsi les attendus de fin de cycle et les apprentissages à mettre en œuvre pour la pratique de la gymnastique, des arts du cirque, de la danse collective traditionnelle et de la danse de création. Document téléchargeable « Transformer. Faire progresser les élèves : Ce qu'il y a à apprendre dans le champ d'apprentissage 3 ».
- Les ressources d'accompagnement des programmes de cycle 3 explicitent les attendus de fin de cycle et illustrent leurs propositions. Documents téléchargeables dans la rubrique « S'exprimer devant les autres par une prestation artistique et / ou acrobatique » » : « Concevoir - L'explicitation des attendus de fin de cycle » ; « Transformer - Bâtir un module d'apprentissage en danse » ; « Transformer - Illustration : Partir d'une tâche complexe en danse ».

La natation à l'école

La natation à l'école n'a pas vocation à apprendre à nager des techniques de nage. Nager à l'école, c'est adapter ses déplacements à l'environnement aquatique.

1 La transposition didactique de la natation

A. La définition du savoir nager

Apprendre à nager à tous les élèves est une priorité nationale. Il s'agit alors de définir ce que peut être « le savoir nager » que tous les élèves doivent acquérir.

La natation à l'école ne se résume absolument pas à l'apprentissage des quatre nages, ni à savoir se déplacer longuement ou rapidement à la surface de l'eau. La définition institutionnelle du « savoir-nager » est donnée dans le BO. N° 30 du 23 juillet 2015 dans la présentation et la mise en œuvre de **l'Attestation Scolaire du « Savoir-Nager »** (ASSN) : il « correspond à une maîtrise du milieu aquatique. Il reconnaît la compétence à nager en sécurité dans un établissement de bains ou un espace surveillé (piscine, parc aquatique, plan d'eau calme à pente douce). »

Remarque L'attestation du scolaire du savoir nager est validée par la réalisation en continuité d'un parcours aquatique définit dans le BO n° 30 du 23 juillet 2015.

Si l'ASSN doit être **validée en fin de cycle 3**, l'acquisition des connaissances et des compétences permettant l'accès au savoir-nager se conçoit à travers la programmation de plusieurs cycles d'activités. Cet apprentissage du « savoir nager » commence donc à l'école primaire et, lorsque c'est possible, dès la grande section de l'école maternelle. Les connaissances et les capacités nécessaires s'acquièrent progressivement et doivent être régulièrement évaluées.

B. La spécificité de l'enseignement de la natation à l'école

Elle réside dans la nécessaire adaptation de l'individu aux caractéristiques physiques de cet environnement afin de mieux le maîtriser.

Cette activité nécessite donc une série de réajustements et de transformations des principes essentiels du comportement humain tels que l'**équilibration**, la **propulsion**, la **respiration** et la **prise de repères**.

Cette activité se caractérise également par une **composante émotionnelle** forte de par l'appréhension par certains élèves du milieu, de la prise de risque et par la perturbation des repères et sensations qu'elle impose.

Enfin elle revêt un caractère **utilitaire** à l'école primaire puisqu'elle permet aux enfants de trouver une nouvelle autonomie dans un milieu non familier et d'assurer ainsi leur propre sécurité.

C. Les enjeux de l'enseignement de la natation à l'école

L'enseignement de la natation contribue au développement des compétences générales et aux domaines du socle.

Les enjeux spécifiques de l'enseignement du « savoir nager » à chaque cycle sont définis dans les ressources d'accompagnement.

Les ressources d'accompagnement des programmes à consulter

- Pour la maternelle : document téléchargeable : « Ressources maternelle - Agir, s'exprimer, comprendre à travers l'activité physique - Objectif 2 : Adapter ses équilibres et ses déplacements à des environnements et des contraintes variées » p. 4.
- Pour le cycle 2 : document téléchargeable « Contribuer au socle - Apprendre en et par l'EPS » chapitre « Contribution du champ d'apprentissage 2 - adapter ses déplacements à des environnements variés - aux compétences générales et aux domaines du socle ».
- Pour le cycle 3 : document téléchargeable « Adapter ses déplacements à des environnements variés - Concevoir - Les enjeux de formation » et « Produire une performance optimale, mesurable à une échéance donnée - concevoir - Les enjeux de formation ».

D. Les problèmes rencontrés et à résoudre en natation

La piscine, ses bassins, ses volumes d'eau, sa profondeur peuvent être des sources d'inquiétude. Le bruit, le froid, la nudité peuvent poser des problèmes à certains enfants. La peur de tomber au fond de l'eau, de rester au fond de l'eau, de « se remplir d'eau » est récurrente. Cependant, le contact et le jeu avec l'eau sont également des sources de plaisir intense pour les enfants. Peurs et plaisir cohabitent !

Comme sur terre, pour se déplacer l'élève doit s'équilibrer, respirer, se déplacer mais l'élément aquatique suppose une modification fondamentale du fonctionnement habituel du terrien. Le jeune « terrien » débutant dans le milieu aquatique est en recherche d'appuis solides pour tenter de préserver sa verticalité. Il s'organise pour maintenir sa tête hors de l'eau, de façon à conserver une respiration aérienne, des repères visuels et auditifs inchangés. Les acquis du jeune « terrien » ne sont pas très efficaces dans le milieu aquatique. Tous les problèmes résident donc dans l'adaptation de la respiration, l'équilibre, la propulsion et la prise d'informations au milieu aquatique.

ex : *Dans l'eau, si je me déplace à la verticale, je n'avance pas à cause de la résistance de l'eau. Je dois donc m'allonger pour diminuer celle-ci. Or pour m'allonger complètement, il faut que j'accepte de mettre ma tête dans l'eau. Or quand je mets ma tête dans l'eau je ne peux plus respirer. Donc il va falloir que j'adapte ma respiration en ne respirant plus de façon réflexe mais en choisissant les temps d'expiration et d'inspiration.*

Les ressources d'accompagnement des programmes à consulter

Les problèmes spécifiques rencontrés par les élèves de chaque cycle sont détaillés dans les ressources d'accompagnement.

- Pour la maternelle : document téléchargeable « Ressources maternelle - Agir, s'exprimer, comprendre à travers l'activité physique - Objectif 2 : Adapter ses équilibres et ses déplacements à des environnements et des contraintes variées ».
- Pour le cycle 2 : document téléchargeable : « Transformer. Faire progresser les élèves - Ce qu'il y a à apprendre dans le champ d'apprentissage 2 - Adapter ses déplacements à des environnements variés ».
- Pour le cycle 3 : « Adapter ses déplacements à des environnements variés - Concevoir - L'explicitation des attendus de fin de cycle ».

E. Les composantes essentielles de la natation

Quel que soit le cycle, l'élève va devoir apprendre à entrer dans l'eau et à agir dans l'eau (s'équilibrer, se déplacer, s'immerger et respirer).

Pour cela il devra transformer sa respiration, son équilibre, sa propulsion et sa prise d'information (R.E.P.I). Les frontières entre ses quatre composantes sont difficiles à cerner et agir sur l'une des composantes, c'est nécessairement agir sur les autres.

R.E.P.I.

‣ La respiration

Il ne s'agit plus pour l'élève de s'accommoder au milieu (se déplacer sans perturber la respiration, par exemple brasse avec la tête hors de l'eau). L'élève doit désormais assimiler le milieu en cherchant les moyens d'aller de plus en plus vite. Il faudra adapter sa respiration pour ne pas perturber l'hydrodynamisme du nageur (expiration dans l'eau et inspiration très brève).

Chez le nageur, l'expiration, longue, contrôlée, complète doit se faire dans l'eau afin de préserver l'équilibre hydrodynamique et la fluidité de l'action motrice des bras ; l'inspiration, volontaire placée durant l'émergence des voies respiratoire doit être très brève pour diminuer au maximum les perturbations occasionnées sur l'équilibre du nageur.

Cette respiration doit devenir automatique chez les élèves. On recherchera à ce que les moments de respiration soient de plus en plus intégrés au déplacement.

La respiration du débutant. Il n'est pas souhaitable de recourir de suite à une respiration normée (de type respiration des 4 nages). Un débutant doit être capable dans un premier temps de savoir bloquer sa respiration et rester ainsi en « apnée pleine » le temps d'une immersion. Ceci facilitera la conduite motrice d'un nageur débutant qui enchaînera ainsi une succession d'apnées dans l'action et de temps

de respiration en dehors des moments d'action. En effet, il n'est pas toujours opportun de demander à un élève débutant de souffler dans l'eau. En soufflant dans l'eau, l'élève se vide de son air. Or cette perte d'air engendre une perte de flottabilité et accentue ainsi l'effet de chute ressenti par la perte de repère. Il n'est absolument pas question de prolonger l'apnée de l'élève mais il s'agit de prendre appui sur cette première apnée pour aider à ressentir la flottaison. Il faut donc accepter que l'élève débutant nage le plus loin possible sans échange respiratoire et qu'il s'arrête pour respirer. C'est seulement plus tard qu'on demandera à l'élève d'alterner une inspiration aérienne avec une expiration subaquatique (ce qui donnera une aisance au nageur pour évoluer sur des durées d'action plus longues).

Pour les élèves « nageurs ». il sera possible de développer une « respiration aquatique » (à savoir souffler dans l'eau de manière continue et forte pour provoquer ensuite une inspiration réflexe brève et forte).

▸ L'équilibre

Dans l'eau, la régulation du tonus postural est perturbée de par l'absence d'apesanteur. La perte de repères impose donc de construire de nouvelles références. Il est à noter que chez les débutants cette perte de repère entraîne peur et angoisse qui ne facilitent pas les apprentissages. L'élève a alors des réactions réflexes telles que l'extension de la tête pour rétablir sa verticalité, prendre des informations visuelles et respirer, ainsi que des mouvements désordonnés et frénétiques des jambes pour retrouver des appuis solides...

ex : *Un élève qui s'allonge en arrière pour mettre la tête dans l'eau va vite se redresser dès lors que ces appuis ne toucheront plus le sol car il a perdu tout repère. C'est pourquoi il est intéressant de l'aider à vivre ces nouvelles références en le tenant légèrement derrière la tête pour le rassurer. Progressivement, il pourra s'allonger seul et quitter ses repères pédestres.*

Avant de développer un équilibre dynamique (équilibration par les jambes pour favoriser le déplacement), il semble essentiel que l'élève construise l'équilibre statique, à savoir « la flottaison ». R. Catteau parle d'ailleurs de se vivre et se percevoir comme un « corps flottant » à savoir quitter l'équilibre vertical et les appuis solides, pour observer qu'un équilibre horizontal est possible car l'eau nous porte. Le nageur débutant devra faire l'expérience essentielle, déterminante pour la suite de ses apprentissages, de ce corps flottant avec la tête immergée. Il lui faudra accepter de ne rien faire, de « laisser faire », se détendre et confier son corps à l'eau. L'élève pourra alors se construire de nouveaux repères et entrer en harmonie avec le milieu.

On veillera à proposer des situations qui modifient l'orientation corporelle, qui exploitent la poussée d'Archimède, des déplacements originaux et des trajectoires qui dépendent de l'orientation de la tête.

Dans un second temps, pour mieux travailler l'équilibration dynamique, il sera possible de travailler les coulées ventrales qui aident à la construction du profil hydrodynamique.

L'équilibration du débutant. Trop souvent, les enseignants veulent rassurer l'élève et proposent de manière systématique (et durable) des flotteurs pour les élèves débutants. Ces solutions, pour rassurantes qu'elles soient (pour l'élève mais surtout pour l'enseignant) favorisent l'utilisation des jambes comme éléments moteurs et la tête reste systématiquement hors de l'eau (n'impliquant jamais une respiration aquatique ou une apnée). Si elles permettent le déplacement, elles installent des comportements néfastes en ne permettant pas à l'élève de connaître et de s'adapter aux réalités physiques du milieu (poussée d'Archimède) et risquent de l'installer dans la sensation qu'il ne flotte que parce qu'il est équipé (*si on m'enlève les flotteurs, je coule*). L'élève doit avant tout comprendre qu'il est un corps qui flotte. L'acquisition de l'autonomie passe donc par des immersions (volontaires ou non) qui favorisent cette sensation (l'enfant flotte d'autant plus qu'il est totalement immergé). Le but est alors de se laisser flotter tout en se relâchant.

Dans un second temps, il est essentiel de rendre conscient le fait que la position de la tête a une incidence déterminante sur l'équilibre. Les jambes et leur densité ont tendance à redresser le corps et, quand la tête est hors de l'eau, l'élève commence à faire le *bouchon* (enfoncement alternatif dans l'eau). Cet enfoncement (certes momentané par l'action de la poussée d'Archimède) est une source d'angoisse et révèle des réactions réflexes pour se rassurer et trouver de nouveaux repères. Des jeux de prise d'information au fond de l'eau (tête horizontale) et d'équilibration (flottaison) doivent mettre en avant le fait que, plus la tête est immergée, plus l'élève flotte. Le port de lunettes est alors essentiel.

Il est important également que l'élève vive de véritables remontées passives afin qu'il découvre qu'il ne coule pas et surtout qu'il remonte. L'élève débutant, qui s'appuie sur les bras sur le bord du bassin, ne vit absolument pas la poussée de l'eau et pense au contraire qu'il est attiré par le fond. Il faudrait pour cela qu'il accepte d'immerger une plus grande quantité de son corps (*plus je suis immergé plus je flotte !*). Des jeux dans le petit bain où il tente de rester au fond de l'eau devraient lui permettre de voir qu'il est difficile d'y rester, l'eau nous repousse toujours. De même, si l'élève accepte de descendre à l'échelle en grande profondeur et quitte juste l'appui des jambes, il constatera que s'il se laisse aller, les jambes vont remonter. La difficulté réside dans le fait que pour pouvoir ressentir les propriétés physiques de l'eau, l'élève doit être rassuré.

‣ La propulsion

L'efficacité des mouvements moteurs est donc recherchée. L'enseignement permettra à l'élève d'attribuer à certaines surfaces corporelles une fonction motrice, d'augmenter les surfaces d'appui (et donc motrices) en orientant la main, l'avant-bras, le pied de façon à présenter leur partie la plus large ; d'amplifier la poussée en allongeant le trajet des surfaces motrices (amplitude) et d'optimiser l'appui sur l'eau en accélérant les surfaces motrices.

La propulsion du débutant. Il est important d'aider à la recherche d'une propulsion en incitant l'enfant à chercher des appuis solides dans l'eau avec les membres supérieurs (explorer prioritairement des moyens de déplacements en s'aidant des mains et des bras, quelles que soient les solutions trouvées par l'enfant), et de favoriser d'abord la construction d'un « moteur à l'avant ». Ce qui se produit « à l'arrière » (battements de pieds, pédalages des jambes...) répond davantage à des fins d'équilibration que de propulsion.

Remarque Trop souvent, les bras des élèves sont entravés par les éléments flotteurs (frites, flotteurs, etc.). L'élève bat des jambes et n'avance que très peu. Au contraire, il faut libérer les bras pour construire le *moteur avant*. La sécurisation doit se faire « en dehors » du nageur. On peut demander à l'élève de se déplacer par la traction des bras en se tenant à deux lignes d'eau formant un couloir ou le long de la goulotte ou d'un tapis flottant.

L'élève doit également ressentir la poussée efficace de la main dans l'eau. Le bras n'est pas inerte mais au contraire appuie sur l'eau. C'est pourquoi des jeux de rame, où les élèves assis sur des éléments flottants doivent déplacer leur embarcation, permettent à l'élève de découvrir que, dans l'eau, ce sont avant tout les bras qui aident à avancer. Des situations d'expérience, permettront alors de ressentir et rendre efficace cette poussée des bras.

▸ L'immersion

Le « savoir nager » tel qu'il est défini engage l'élève dans une exploration du milieu dans toutes ses dimensions et non pas à un simple déplacement à la surface. L'immersion volontaire et le déplacement sous l'eau sont des objectifs à part entière. Cette intégration de l'immersion s'appuie aussi sur une vision sécuritaire de la natation (réaction d'un enfant après une chute dans l'eau) mais aussi sur les premiers rapports de l'enfant à l'eau où l'immersion revêt un caractère ludique (plaisir de plonger, d'évoluer sous l'eau où la résistance à l'eau est moindre, plaisir d'explorer...).

Dans le cadre de cet apprentissage, l'élève pourra y découvrir ses possibilités et ses limites **(Attention : l'apnée prolongée est interdite à l'école)**. L'enseignant aidera l'élève à passer d'immersions brèves et involontaires (exemple : dans le cadre d'une entrée dans l'eau par le toboggan) à des immersions prolongées et volontaires (exemple : passer dans un cerceau immergé, aller chercher des objets immergés, etc.). Pour cela, l'élève devra agir sur ses peurs en découvrant les priorités réelles de l'eau (l'eau ne rentre pas dans mon corps si je n'inspire pas : si je vais au fond, je remonte) et de nouveaux repères (tenir compte de la poussée de l'eau pour une remontée passive, réguler l'air pour agir sur la durée de l'immersion). La forme jouée et expérimentale des situations ainsi que leur progressivité devraient permettre une entrée des élèves dans les situations d'immersion.

ex : *L'élève ne va pas chercher des objets au fond de l'eau mais c'est un pêcheur de perle ; entrée dans l'eau grâce à des jeux comme « plouf a dit » ou « le premier dans l'eau », il comprend le milieu grâce à des expériences où il se laisse remonter comme le ballon dans la piscine.*

Remarque Nathalie Gall ajoute une autre composante : **la prise d'information**. En effet, l'élève doit construire de nouvelles compétences pour « s'informer pour diriger ses actions ». L'enfant doit donc prendre de nouvelles informations par rapport à l'environnement et par rapport à lui-même, pour se repérer, se diriger et contrôler ses émotions. L'enseignant doit donc mettre en place des situations spécifiques permettant à l'élève de mettre en jeu ses nouveaux repères spatiaux et temporels.

ex : *Faire passer un message en le mimant sous l'eau impose à l'observateur d'ouvrir les yeux.*

2 Les programmes en natation

La pratique des activités aquatiques à l'école maternelle permet à l'élève d'atteindre l'objectif **« adapter ses équilibres et ses déplacements à des environnements ou des contraintes variés »**. À l'école élémentaire, elle permet à l'élève d'**« adapter ses déplacements à des environnements variés »** (cycles 2 et 3) puis lorsque l'élève a acquis « le savoir nager » de **« produire une performance optimale, mesurée à une échéance donnée » (cycle 3).**

Les programmes présentent les compétences travaillées pendant le cycle. Les ressources d'accompagnement donnent, quant à elles, des repères aux équipes pédagogiques pour organiser la progressivité des apprentissages.

Les ressources d'accompagnement des programmes à consulter

- Pour la maternelle : document téléchargeable « Ressources maternelle - Agir, s'exprimer, comprendre à travers l'activité physique - Objectif 2 : Adapter ses équilibres et ses déplacements à des environnements et des contraintes variées ». Elles recèlent de nombreux conseils de mise en œuvre en natation notamment les pages allant de la page 20 à 23.
- Pour le cycle 2 : document téléchargeable : « Transformer. Faire progresser les élèves - Ce qu'il y a à apprendre dans le champ d'apprentissage 2 - Adapter ses déplacements à des environnements variés ».
- Pour le cycle 3 documents téléchargeable « Adapter ses déplacements à des environnements variés - concevoir - L'explication des attendus de fin de cycle » et « Produire une performance optimale, mesurée à une échéance donnée - Concevoir - L'explicitation des attendus de fin de cycle ».
- Des ressources spécifiques à l'enseignement du savoir nager en cycle 3 viennent compléter les propositions. Ces documents sont enrichis par une illustration d'un travail plus spécifique de l'attendu « Nager en sécurité dans un établissement de bains ou un espace surveillé » Document téléchargeable « Adapter ses déplacements à des environnements variés - Transformer - Bâtir un module d'apprentissage pour le savoir nager » et « Illustration : nager en sécurité ».

Ces ressources sont à compléter par les ressources liées au champ d'apprentissage 1. Document téléchargeable « Produire une performance optimale, mesurée à une échéance donnée - Concevoir - L'explicitation des attendus de fin de cycle ».

3 La démarche pédagogique en natation

L'enseignement de la natation et la spécificité de l'élément aquatique incitent à faire certains choix quant à la démarche pédagogique la plus appropriée.

A. Les contraintes particulières liées à l'enseignement de la natation

La circulaire du 7 juillet 2011 « *Natation, enseignement dans les premier et second degrés* » définit les conditions de la mise en œuvre de l'enseignement de la natation. Elle précise la fréquence, la durée des séances et le temps d'activité dans l'eau, les normes d'encadrement et la qualification des personnels, les conditions matérielles d'accueil, les conditions de surveillance des bassins, les rôles et les responsabilités de chacun des intervenants.

Une activité à encadrement renforcé

Pour l'enseignement des activités aquatiques, le professeur des écoles est aidé par des professionnels qualifiés et agréés par l'inspecteur d'académie ou par des intervenants bénévoles également soumis à agrément. Une convention passée entre le directeur académique des services départementaux de l'Éducation nationale (DASEN) et la collectivité territoriale ou la structure responsable de l'établissement de bains précise les modalités du partenariat.

Normes d'encadrement à respecter

L'encadrement des élèves est défini par classe sur la base suivante :
- À l'école maternelle : l'enseignant et deux adultes agréés, professionnels qualifiés ou intervenants bénévoles.
- À l'école élémentaire : l'enseignant et un adulte agréé, professionnel qualifié ou intervenant bénévole.

Un encadrant supplémentaire est requis quand le groupe-classe comporte des élèves issus de plusieurs classes et qu'il a un effectif supérieur à 30 élèves.

Dans le cas d'une classe comprenant des élèves de maternelle et d'élémentaire, les normes d'encadrement de la maternelle s'appliquent. Néanmoins, quand la classe comporte moins de 20 élèves, l'encadrement peut être assuré par l'enseignant et un adulte agréé, professionnel qualifié ou intervenant bénévole.

Pour les classes à faibles effectifs, composées de moins de 12 élèves, le regroupement de classes sur des séances communes est à privilégier en constituant un seul groupe-classe pouvant être pris en charge par les enseignants. Lorsque

cette organisation ne peut être mise en place, le taux d'encadrement pourra être fixé localement par le DASEN.

▸ Cas particulier des personnes n'étant pas en charge de l'encadrement de l'activité

Les accompagnateurs assurant l'encadrement de la vie collective ne sont soumis à aucune exigence de qualification ou d'agrément, leur participation relève uniquement de l'autorisation du directeur d'école.

À l'école maternelle, dans le cadre de leur statut, les agents territoriaux spécialisés des écoles maternelles (ATSEM) peuvent utilement participer à l'encadrement de la vie collective des séances de natation (transport, vestiaire, toilette et douche). Ils ne sont pas soumis à l'agrément préalable du DASEN. Leur participation doit faire l'objet d'une autorisation préalable du maire.

Cette autorisation peut inclure l'accompagnement des élèves dans l'eau.

Les auxiliaires de vie scolaire accompagnent les élèves en situation de handicap à la piscine, y compris dans l'eau, quand c'est nécessaire, en référence au projet d'accueil individualisé ou au projet personnalisé de scolarisation. Ils ne sont pas non plus soumis à agrément. Leur rôle se limite à l'accompagnement du ou des élèves handicapés.

Les différents personnels qui sont amenés à accompagner les élèves dans l'eau peuvent utilement suivre les sessions de formation destinées aux intervenants non qualifiés.

▸ Participation d'intervenants bénévoles

Les intervenants bénévoles, lorsqu'ils participent aux activités physiques et sportives en prenant en charge un groupe d'élèves, sont également soumis à un agrément préalable.

Pour cela, Le DASEN fait organiser à l'intention des bénévoles, un stage d'information, au cours duquel est appréciée leur compétence. Le stage est placé sous la responsabilité d'un IEN et dure 6 h. Les compétences sont vérifiées dans 3 domaines :
- l'aisance personnelle en milieu aquatique : il est essentiel que l'adulte contribue à la sécurisation affective des enfants et ne puisse être une cause d'insécurité. Cette aisance personnelle est attestée par l'observation du comportement de la personne en milieu aquatique. Elle suppose la capacité de nager sur une distance de 25 mètres, départ sauté ou plongé, avec immersion (pour récupérer un objet par exemple),
- les compétences nécessaires à l'encadrement des élèves et les possibilités relationnelles sont vérifiées au cours de l'aide apportée lors des séances avec les classes,
- la connaissance de l'activité et de ses conditions d'enseignement est apportée durant le stage.

À l'issue du stage : une attestation de participation sera délivrée à l'intervenant bénévole par l'Inspecteur départemental de l'Éducation nationale responsable de la formation.

Sur demande du directeur d'école, l'agrément sera délivré par l'IEN de la circonscription. Cet agrément est valable pour l'année scolaire. Il pourra être reconduit annuellement, sur demande du directeur d'école.

La sécurité

Elle est assurée par les **maîtres-nageurs sauveteurs (M.N.S.)**. Cependant l'enseignant doit mettre en place des procédures de travail propres à limiter les risques et à en faire prendre conscience aux élèves, à travers :

- les modalités de travail associant le plus souvent deux élèves afin que chacun porte attention à son partenaire ;
- le balisage des espaces de travail de chaque groupe ;
- les entrées et sorties ordonnées du bassin ;
- le déplacement sur les plages et dans les espaces de circulation ;
- une vigilance renforcée pour les modifications de tâche qui constituent un facteur potentiel d'accident ;
- un niveau accru d'attention lors des activités de réinvestissement ;
- le comptage régulier des élèves ainsi que les signes éventuels de fatigue doivent faire l'objet d'une attention toute particulière ;
- la présence d'éléments de flottaison (frites) et d'une perche à proximité du lieu de pratique en cas de signe de fatigue des élèves.

Grand bain ou petit bain ?

En 1977, R. Catteau a révolutionné la pédagogie de la natation scolaire en plaçant d'emblée des élèves débutants en grande profondeur et sans matériel d'aide à la flottaison. Aujourd'hui, nombreux sont les auteurs qui insistent sur le fait de confronter l'élève au plus tôt à un milieu où il ne peut y avoir reprise d'appuis pédestres.

La natation et/ou les activités aquatiques ?

Les programmes s'accordent pour affirmer que l'objet premier de l'accès à la piscine n'est pas la pratique de la natation sportive. Au contraire, ceux-ci parlent d'activités aquatiques pour aider l'élève à construire le savoir nager. L'élève doit vivre des parcours l'amenant à mettre en œuvre les différentes compétences construites, des jeux individuels ou collectifs (jeux de course, de relais, de ballons) mais aussi des jeux de natation synchronisée tels que des jeux d'entrée dans l'eau, de maintien d'équilibre ou de déplacements coordonnés. À la piscine, on ne fait pas seulement des longueurs ou des parcours !

L'évaluation en natation

Les ressources d'accompagnement proposent des repères d'évaluation pour le savoir nager s'appuyant sur le test scolaire du savoir nager.

Les ressources d'accompagnement des programmes à consulter

Document téléchargeable « Adapter ses déplacements à des environnements variés - Évaluer - Savoir nager : repères d'évaluation ».

Les ressources d'accompagnement des programmes « suivi et évaluation à l'école maternelle - Évaluation : Agir, s'exprimer, comprendre à travers l'activité physique - Adapter ses équilibres et ses déplacements à des environnements et des contraintes variées » définissent les indices de progression ainsi que les contextes de leur observation.

▸ Les élèves qui ont peur

De nombreux élèves se réjouissent d'aller à la piscine. Mais d'autres éprouvent des peurs et des angoisses. Celles-ci peuvent s'expliquer par le lieu piscine en lui-même (bruyant, grand, extrême clarté de l'eau qui accentue l'effet de profondeur, la nudité corporelle, le froid, les produits désinfectants qui piquent les yeux...). Le plaisir de jouer dans l'eau est souvent un facteur essentiel pour rassurer ces élèves. Il est également important que l'enseignant ait anticipé la venue à la piscine en racontant ce qui va se passer, qui va intervenir.

ex : *Des photos de la piscine, du personnel, peuvent permettre de faire un travail spécifique du Dire/Lire/Écrire tout en permettant de rendre connu un milieu pour le moment inconnu.*

Mais certains ont peur non pas de la piscine mais de la masse d'eau et de l'élément eau. Ces peurs s'expliquent par une connaissance erronée du milieu aquatique (souvent véhiculée par des parents trop prévenants qui rappellent à l'enfant que l'eau c'est dangereux et qu'il faut mettre ses bouées). Dès lors, des situations d'expérimentation devraient permettre à l'élève de mieux comprendre les propriétés de l'eau.

ex : *L'ouvrage « Le fabuleux voyage de Lola » s'appuie sur les peurs des élèves pour construire les enseignements. Ainsi, l'album permet de vivre des « aventures » pour agir contre les peurs que sont « la peur de lâcher le bord et de couler », « la peur d'ouvrir la bouche et de se remplir d'eau » et « la peur d'aller au fond et d'y rester ». Les auteurs proposent de faire verbaliser ces peurs par les élèves pour mieux les conscientiser et de s'appuyer sur un réseau d'ouvrage qui parlent des peurs d'aller à la piscine. Enfin, ils incitent à faire vivre aux élèves des situations d'expérimentation dans l'eau afin de mieux comprendre les propriétés de l'eau et ainsi de se rassurer.*

B. La démarche d'enseignement en natation : la démarche d'investigation

▸ Une démarche d'enseignement en plusieurs temps « avant, pendant et après la séance »

La **séance de natation** se doit d'être contextualisée dans un projet plus large qui se développe dans la classe et à la piscine. Des séances en classe, en amont et en aval des séances à la piscine, sont essentielles pour mettre des mots sur les

expériences traversées. Elles amènent à se remémorer les activités (avec le support de dessins, par les dictées à l'adulte, grâce aux maquettes...), permettent à l'élève de s'impliquer dans le projet (*voilà ce que l'on va faire*) et d'évaluer ses progrès ou l'écart entre ce qu'il sait faire et ce qu'il voudrait apprendre à faire.

Les projets peuvent s'articuler avec des expériences scientifiques (projet centré sur l'eau, essentiellement autour de la problématique « flotte ou coule »). Elles permettent alors d'extraire les modalités de réussite et les qualités physiques du milieu qui peuvent être exploitées (*si je souffle mon air, je descends plus facilement au fond de l'eau*).

La démarche par essai-erreur

L'enseignement de la natation s'appuie sur une démarche de tâtonnement (essai/échec/modification), jusqu'à ce que la réussite valide le comportement adéquat (en respectant les règles de sécurité). L'élève n'est donc pas le reproducteur des techniques de nage des champions mais doit créer par lui-même les réponses les plus adaptées. La démarche consiste donc à faire réfléchir l'élève sur sa pratique, à le rendre conscient des propriétés physiques du milieu dans lequel il évolue et de ses capacités au sein de ce milieu.

ex : *Je n'arrive à attraper qu'un objet au fond de l'eau car je remonte trop vite. Il faut que je trouve un moyen pour rester au fond de l'eau. Pour cela, je dois libérer une partie de l'air contenu dans mes poumons.*

Une démarche qui privilégie l'aspect ludique et l'imaginaire

À l'école, la démarche doit laisser une grande place aux jeux pour respecter les caractéristiques du jeune âge des élèves. L'imaginaire est un levier puissant pour les apprentissages, aussi tous les jeux inventés dans lesquels les enfants peuvent se raconter des histoires (devenir des personnages, faire apparaître des cités sous-marines, construire des radeaux...) seront les bienvenus.

ex : *Dans le livre Le fabuleux voyage de Lola, les enfants sont invités à s'identifier à des petites souris qui découvrent des pays tels que « haute cascade » ou « titeplage ».*

La leçon

L'apprentissage de la natation ne peut se borner à l'apprentissage systématique de gestes techniques. L'activité aquatique vise avant tout la maîtrise d'un milieu nouveau par accoutumance et adaptation progressive pouvant conduire à terme à l'acquisition des formes les plus courantes de nage.

Il s'agit de partir des problèmes des élèves et de les résoudre par une succession d'exercices plus ou moins imposés.

Chaque exercice, adapté au niveau des enfants, aborde une composante de la motricité aquatique (entrée dans l'eau, agir dans l'eau : se déplacer, s'immerger, respirer, s'équilibrer) tout en sachant qu'elle interagira avec les autres dominantes.

ex : *Travailler l'immersion brève et volontaire par le jeu du « coupeur de tête » favorise la mise en œuvre d'immersions volontaires et d'apnées très courtes.*

Dans une leçon, on tentera de travailler au moins deux à trois des quatre composantes.

Remarque Chez les débutants, la priorité est donnée aux actions d'« immersion » et « équilibre » (flottaison). Dans un second temps, la part d'immersion diminue avec toujours prédominance des équilibres (de plus en plus dynamiques). Puis progressivement, la respiration aquatique et la propulsion sont plus abordées.

Il s'agira toujours de limiter le nombre de situations (les consignes sont difficiles à transmettre) et à ne pas hésiter à faire répéter les élèves pour qu'il y ait apprentissage.

Remarque Il est intéressant que les élèves aient un cahier de la piscine. Les parcours, les jeux, les ateliers peuvent être présentés en amont dans la classe. Et un retour sur les sensations, le niveau atteint peut être envisagé au retour de la pratique.

▸ Les formes de situations proposées

La natation à l'école ne se résume pas à des parcours ou des allers-retours dans des lignes d'eau. Les situations se doivent au contraire d'être variées et d'avoir des objectifs différents.

Les situations de parcours sont un support privilégié pour dynamiser les apprentissages aquatiques en préservant le plaisir et l'intérêt des enfants.

Elles sont souvent exploitées en tant que situations de référence qui permettent à l'élève d'investir des comportements nouveaux et de constater ce qui lui reste à acquérir. C'est pourquoi les parcours se doivent d'être évolutifs pour permettre à chacun de vivre une épreuve adaptée à son niveau. Ils doivent être conçus afin d'alterner des phases aériennes et aquatiques, de permettre un foisonnement d'actions (passer dessus, dessous, se tracter, sauter, tirer, pousser, se déplacer, glisser...).

ex : *Entrer dans l'eau (par l'échelle ou en sautant), se déplacer le long du bord (en se tenant, sans se tenir), contourner un tapis (plus ou moins avancé dans l'eau ; en se tenant, sans se tenir), passer sous une (deux ou trois) frite(s).*

Les jeux individuels ou collectifs. Les situations, inspirées de jeux collectifs, de jeux dansés (rondes etc.), de jeux de cour, sont susceptibles de faire naître le plaisir de jouer, réduire les inquiétudes, faciliter les actions d'immersion, de propulsion en leur donnant du sens. Tout comme les parcours, ils visent à réinvestir et stabiliser les acquis. Leur caractère ludique favorise souvent l'adhésion et limite l'appréhension des élèves.

ex : *Le jeu des poissons dans le filet permet aux enfants de vivre des immersions volontaires en passant sous les bras des pêcheurs le temps du décompte.*

Les situations d'apprentissage permettent de conscientiser des savoirs et des moyens d'agir.

ex : *S'équilibrer sur le dos ou le ventre pendant 5 secondes ; souffler dans l'eau pour faire des bulles...*

Les situations-problèmes doivent poser un problème à l'élève qu'il ne peut pas résoudre avec les habiletés qu'il a construites. Il doit pouvoir le résoudre.

ex : *À moyenne profondeur, faire une statue au fond de l'eau en ayant les pieds posés au sol. La statue doit rester collée au sol. Pour cela, l'élève devra accepter de souffler dans l'eau pour évacuer une partie de l'air contenu dans les poumons.*

Les situations d'expérimentation permettent à l'élève de vivre spécifiquement les propriétés du milieu. Elles sont essentielles et se fondent sur le principe que si l'élève connaît mieux le milieu, il pourra mieux s'en servir et donc mieux y agir. Surtout elles permettent des pistes de travail transdisciplinaires.

ex : *Que dois-je faire pour rester plus longtemps au fond de l'eau ? Que se passe-t-il quand je souffle dans l'eau quand je suis en position d'équilibre ?*

Les situations de défi personnel sont les situations de référence qui permettent à l'élève de réaliser une performance mesurée. Il ne s'agit plus à l'élève de prouver qu'il n'a plus peur (l'épreuve symbolisée par le parcours) mais il s'agit de mettre en œuvre de nouvelles habiletés qui lui permettent d'aller plus loin, plus profond, plus longtemps (se défier)...

ex : *Aller chercher le plus d'objets au fond de l'eau ; se déplacer sur la plus grande distance possible sans se tenir au bord.*

▸ Impliquer l'élève

L'élève doit être associé au projet d'enseignement, c'est pourquoi il doit connaître son niveau et chercher à progresser.

ex : *Un diplôme décrivant plusieurs étapes d'appropriation du milieu peut être donné à la fin du module.*

▸ La place de l'enseignant dans l'enseignement de la natation

Il est chargé du bien-être physique et psychique de ses élèves. Sa présence dans l'eau peut parfois être nécessaire (seulement si les conditions de sécurité sont maîtrisées).

Il n'est pas conseillé de « manipuler » les enfants afin de leur permettre de percevoir réellement les sensations et la portance de l'eau.

Le rôle de l'enseignant durant la séance sera d'encourager et de valoriser les réalisations (d'où la nécessité de pouvoir évaluer ce qu'on a appris).

Se pose alors la question de « qui enseigne à qui ». Plusieurs solutions sont possibles et ont chacune leurs avantages et leurs inconvénients :

- Le maître prend un groupe en charge. Pour certains, le maître prend les élèves les plus en difficulté pour permettre à l'ETAPS de fournir les éléments techniques nécessaires à la progression aux élèves nageurs. Pour d'autres, au contraire, le maître prend les nageurs pour permettre à l'ETAPS d'aider les élèves en grande difficulté grâce à des situations adaptées.
- Autre solution : plutôt que de prendre un groupe tout au long d'un module, le maître et l'ETAPS alternent à chaque séance.
- Une dernière possibilité consiste dans l'alternance durant la séance. Le maître intervient dans le cadre d'une situation spécifique et l'ETAPS intervient sur un parcours, un jeu ou dans des situations d'apprentissage. Dès lors les élèves

(accompagnés d'adultes) changent d'atelier et d'intervenants. Cette organisation nécessite une réelle anticipation des rotations pour la sécurité de tous.

Remarque L'avantage de cette dernière solution est que l'élève est rassuré par la présence de son enseignant et bénéficie des apports techniques de l'ETAPS.

Constitution des groupes. Dès lors se pose aussi la question de la formation de groupes homogènes ou hétérogènes. Si la formation de groupes homogènes est la plus utilisée par les enseignants (elle permet de proposer des contenus adaptés et est donc plus confortable pour l'enseignant), elle peut avoir des effets négatifs pour l'estime de soi (*Je suis dans le groupe des nuls !*). De plus, les théories de l'apprentissage ont démontré que l'on apprend mieux dans un groupe hétérogène. Certains ouvrages mettent en exergue la possibilité et l'intérêt de créer des groupes hétérogènes en leur sein. Plusieurs arguments viennent étayer ces propositions tels qu'une meilleure sécurisation (le nombre d'élèves non nageurs dans le groupe est moins important) mais aussi un apprentissage favorisé par l'observation (l'élève qui ne réussit pas peut regarder les élèves qui réussissent et surtout être rassuré). Enfin, cette organisation favorise l'entraide et le tutorat. La difficulté réside alors dans la capacité de l'enseignant à proposer des situations suffisamment évolutives pour permettre l'apprentissage de tous.

Remarques La passation de consigne est difficile à la piscine d'où l'importance de pouvoir faire observer la mise en œuvre de la consigne. De plus, pour l'élève en difficulté, il est rassurant de constater que certains de ces camarades réussissent.

On évitera la séance traumatisante de l'évaluation diagnostique de la première séance où tous les élèves passent les uns après les autres pour effectuer un parcours évaluatif. Les situations de jeux permettent d'observer les élèves dans l'eau et de repérer les niveaux de chacun. L'équipe EPS du 1er degré du Tarn propose de commencer la première séance du module de natation par des jeux diagnostics. Le « jeu de l'arroseur arrosé » permet de voir les réactions des élèves face aux éclaboussures et donc leur rapport à l'eau…

Une réunion d'information doit être organisée avec les parents bien avant le début du module natation pour clarifier avec chacun les réels objectifs de la natation scolaire et les choix pédagogiques retenus. Rassurer les enfants, c'est peut-être avant tout rassurer les parents !

Les ressources d'accompagnement des programmes à consulter

- Les ressources d'accompagnement des programmes de maternelle définissent la démarche d'enseignement et la place de l'enseignant dans l'exploration du milieu aquatique (p 20-23).
- Les ressources d'accompagnement des programmes de cycle 3 proposent une aide pour concevoir le module pour chaque leçon du champ d'apprentissage 2. Document téléchargeable : « Adapter ses déplacements à des environnements variés - Concevoir - La démarche en EPS ». Elles présentent également à titre d'exemple un module d'apprentissage sur la savoir nager et une illustration de la compétence nager en sécurité. Documents téléchargeables : « Adapter ses déplacements à des environnements variés - transformer - Bâtir un module d'apprentissage sur le savoir nager » et « Illustration : nager en sécurité ».

La trame de variance en natation

En jouant avec les variables didactiques au sein d'une situation, l'enseignant peut relancer l'activité des élèves (motiver) ou la transformer (apprendre).

– **Faire évoluer le matériel**

La natation s'appuie sur un nombre important de petits matériels destinés à faciliter l'apprentissage. En changeant l'un d'eux (ou en l'ajoutant), les situations peuvent évoluer.

ex : *Aller chercher des objets flottants puis aller chercher des objets immergés dans le jeu des déménageurs.*
Les ressources d'accompagnement des programmes de maternelle incitent à utiliser de nombreux objets immergés afin que le volume d'eau soit habité et ainsi donner du sens à la prise d'information sub-aquatique.

Le matériel pédagogique et de sécurité en natation

Les objets de flottaison (frites, planches, bouchons, brassards)

Certains élèves osent entrer dans l'eau sans aide tout en conservant un appui solide sur le bord. D'autres n'acceptent d'entrer dans l'eau que s'ils ont un élément de flottaison dans les mains. Il faudra le plus rapidement possible les inciter à s'en passer afin de ne pas construire une image erronée du milieu (*si je n'ai pas d'élément de flottaison : je coule*) et de permettre de construire une nouvelle locomotion (*les bras doivent être libérés pour être moteurs*). Pour cela, il est nécessaire de rassurer l'élève en ne variant pas toujours les parcours. Un parcours doit être vécu au moins deux séances de suite pour que l'élève puisse oser quitter les éléments flottants. De plus, trop souvent, c'est l'adulte qui le premier impose les éléments de flottaison à l'élève. Ceux-ci ne doivent être fournis que si l'élève est vraiment demandeur. Bien entendu, comme la sécurité n'est pas présente directement sur l'élève, l'aménagement matériel doit favoriser la sécurité des élèves. On veillera à ce que des supports de flottaison et des appuis soient présents tout au long du parcours à effectuer par l'élève pour le rassurer et surtout le sécuriser.

ex : *travailler près du bord, proposer des lignes d'eau pour s'appuyer, avoir des frites, des tapis dispersés dans le bassin pour permettre les reprises d'appui.*

Si la frite reste indispensable, il faudra alors veiller à la placer sous les aisselles (les enfants eux ont tendance à la tenir dans les mains) pour permettre un premier travail des bras dans la recherche d'appuis. L'idéal étant alors que l'élève accepte d'immerger son visage pour permettre une horizontalisation du corps.

Lors des situations d'apprentissage permettant le travail de déplacement dorsal, les planches ne doivent pas être tenues sous la tête. En effet, l'élève ne peut absolument pas basculer la tête vers l'arrière. Il serait plus opportun que celles-ci soit tenues sur le ventre.

Les lunettes

Elles favorisent la prise d'information sous l'eau et rassurent donc les élèves. Elles permettent à l'élève d'immerger son visage, de conserver des repères

visuels mais aussi d'ouvrir les yeux sans subir les agressions des produits désinfectants. Elles sont donc essentielles pour l'apprentissage. Dès lors, un apprentissage spécifique de l'utilisation de celle-ci doit être envisagé.

ex : *En classe, on pourra montrer aux élèves comment les régler pour qu'elles restent fixées lors d'un plongeon.*

Remarque Des situations sans lunettes doivent aussi être envisagées afin de ne pas engager les enfants dans une nouvelle conception erronée (*sans lunettes, je ne peux pas nager*).

Les petits objets

Les piscines sont équipées de petits objets flottants, semi-immergés ou immergés. Ceux-ci permettent de donner un mobile à l'action.

ex : *Il faut entrer dans l'eau pour faire une chasse aux trésors, pêcher des coquillages ou cueillir des nénuphars.*

Il peut être intéressant que ces objets revêtent des couleurs différentes. Il sera possible alors de barémiser la recherche d'objets.

ex : *Dans le petit bain, les objets bleus sont peu éloignés du bord alors que les jaunes nécessitent de quitter des appuis solides. Les jaunes valent 3 pts et les bleus 1 pt.*

Les jouets aquatiques

Pour les plus jeunes, les objets tels que les arrosoirs ou les moulins à eau peuvent favoriser une entrée ludique dans l'eau. En retrouvant des objets familiers tels que les ballons, les cerceaux, les élèves peuvent oser entrer plus facilement dans ce milieu inconnu.

La perche

Elle n'appartient pas seulement au personnel de la piscine ! Elle fait partie des outils de sécurité essentiels mais peut être un outil pédagogique non négligeable.

ex : *Elle permet aux élèves d'avoir des appuis solides tout en étant loin du bord. Elle permet aux élèves de s'y tracter pour descendre au fond de l'eau (on passera alors de descendre le long d'une perche oblique à une perche verticale à pas de perche du tout).*

La cage aquatique

Elle est un excellent outil pour l'exploration sub-aquatique. Les élèves descendant souvent au fond de l'eau en apnée bloquée (donc poumons remplis d'air), subissent la poussée de l'eau et remontent très rapidement. Grâce à cette cage, ils peuvent se maintenir plus longtemps sous l'eau et agir tout au fond de l'eau. Elle permet surtout une exploration verticale, horizontale et à différentes profondeurs tout en assurant une certaine sécurité.

Les tapis de flottaison

Ils permettent à l'élève de prendre des appuis de moins en moins solides.

ex : *L'enseignant peut demander aux élèves de se déplacer le long de la rigole puis le long d'un tapis (appuyé sur la rigole). L'élève sera amené à s'éloigner du bord tout en conservant des appuis. En avançant progressivement le tapis sur l'eau, l'éloignement sera de plus en plus important et les appuis de moins en moins solides (ce tapis peut alors être un élément de défi personnel : l'élève annonce à l'adulte si le tapis est peu, moyennement ou très avancé dans l'eau).*

Le toboggan

De par sa valeur ludique, celui-ci est particulièrement utilisé dans les piscines. Il permet aux élèves de rentrer dans l'eau sous forme jouée. De plus, par la vitesse que prend l'élève, il favorise une immersion totale de l'élève (une véritable entrée dans l'eau !). En favorisant aussi les positions ventrales en avant, il permet des entrées dans l'eau par la tête plus difficile à mettre en œuvre par les actes volontaires des élèves.

Pull-boy, plaquettes…

Ces outils sont surtout utilisés chez les nageurs dans le cadre du perfectionnement de la propulsion.

Masque et tubas

Un travail spécifique de la respiration avec tuba peut aider certains élèves à se rassurer en prenant le temps de prendre des informations sur le milieu. Il requiert cependant un apprentissage spécifique et la respiration avec tuba ne correspond pas à la respiration aquatique mise en œuvre lors de la nage. Le travail avec palme peut être intéressant chez les nageurs.

- **Faire évoluer le milieu**

L'aménagement des bassins doit permettre une mise en activité de tous les élèves en toute sécurité. Il est essentiel que l'aménagement sécurise les élèves (lignes d'eau, tapis, éléments de flottaison accessibles) mais l'engage aussi à transformer ses actions. Les parcours se doivent d'être évolutifs pour favoriser des immersions plus ou moins longues, plus ou moins volontaires, des déplacements avec ou sans aide…

ex : *Les lignes d'eau peuvent servir d'obstacles sous lesquels il faut passer, d'appuis pour se tracter, de référence pour se mesurer (ex : en une poussée ventrale j'ai atteint le troisième flotteur…).*
On pourra également demander à l'élève de refaire la même action à une autre profondeur, près ou loin du bord, à la surface ou sous l'eau…

- **Faire évoluer le rapport aux autres**

Dans l'enseignement de la natation à l'école, le rapport aux autres peut permettre de faire évoluer la situation.

Pour changer le sens de l'action, ou l'intensité de l'exercice, l'enseignant peut demander à un élève de poursuivre, rattraper, éviter, dépasser, suivre mais aussi de construire un projet avec ses partenaires.

ex : *La course des squales, entrées dans l'eau de type jeux de natation synchronisée : on entre tous les deux à l'unisson, en échos...*

La tenue de rôles différents dans chaque situation doit favoriser le travail en autonomie et en toute sécurité.

ex : *Dans le jeu du télégraphe, un élève doit transmettre un message à un partenaire sous l'eau en soufflant des bulles. L'élève acteur souffle dans l'eau le nombre de bulles nécessaires, l'observateur doit lui prendre des informations sous l'eau pour compter le nombre de bulles.*

- **Faire évoluer les intentions**

L'élève peut être amené à nager pour faire plus difficile (choisir un parcours de plus en plus éprouvant). , pour faire mieux (faire une plus grande distance avec le même nombre de mouvements de bras, ou sur une poussée ventrale), plus beau (créer à plusieurs un équilibre), plus original (trouver une entrée dans l'eau que personne n'a faite)...

4 Les élèves en natation

Le contenu des séquences de natation est étroitement lié à l'âge et au niveau des élèves. Les programmes et les ressources d'accompagnement spécifient les attendus de fin de cycle, les compétences à travailler durant le cycle et les apprentissages à construire en fonction des difficultés que l'élève rencontre.

Les ressources d'accompagnement des programmes

- Les ressources d'accompagnement du programme de maternelle proposent des contenus et des objectifs spécifiques à l'exploration du milieu aquatique (p. 20-23).
- Les ressources d'accompagnement du programme de cycle 2 proposent quelques repères sur les possibilités des élèves et des principes pédagogiques à mettre en œuvre pour que l'élève puisse apprendre à nager. Document téléchargeable « Quelques repères sur les possibilités des élèves et principes pédagogiques à mettre en œuvre » (p. 5) Elles donnent également des repères de difficultés chez l'élève et explicitent ainsi les attendus de fin de cycle et les apprentissages à mettre en œuvre pour que l'élève puisse se déplacer dans l'eau sur une quinzaine de mètres sans appui et après un temps d'immersion. Document téléchargeable « Transformer. Faire progresser les élèves : Ce qu'il y a à apprendre dans le champ d'apprentissage 2 ».
- Les ressources d'accompagnement des programmes de cycle 3 explicitent les attendus de fin de cycle et illustrent leurs propositions. Documents téléchargeables dans la rubrique « Adapter ses déplacements à des environnements variés » : « Concevoir - L'explicitation des attendus de fin de cycle » ; « Transformer - Bâtir un module d'apprentissage sur le savoir nager » ; « Illustration : nager en sécurité ».

8 Les jeux collectifs et les jeux de lutte à l'école

À l'école primaire, on ne pratique pas le hand-ball, le football, le rugby, le judo ou la lutte gréco-romaine mais on pratique des activités duelles ou collectives dans lesquelles se retrouvent les fondements des sports collectifs ou de combat.

1 La transposition didactique des jeux collectifs et des jeux de combat

A. La définition des jeux traditionnels, des jeux collectifs et jeux pré-sportifs collectifs

Les **jeux collectifs** s'appuient sur une opposition réglementée entre deux groupes, au minimum, organisés autour d'un même but : gagner en marquant plus de points que l'adversaire.

Les programmes de l'école primaire ne parlent pas de sports collectifs. Ils distinguent les jeux traditionnels simples (gagne-terrain, béret, balle au capitaine, etc.), les jeux traditionnels plus complexes (thèque, béret, balle au capitaine, poules- vipères- renards, etc.), les jeux collectifs avec ou sans ballon et les **jeux pré-sportifs collectifs** (type handball, basket-ball, football, rugby, volley-ball,...). Ces derniers sont la transposition dans l'école des sports collectifs, pratiques sociales organisées et fédérées. Les jeux traditionnels et collectifs à exploiter en cycle 1 et cycle 2 sont d'excellents outils pour introduire progressivement les jeux pré-sportifs collectifs en cycle 3.

Une classification s'appuyant sur le but de l'élève

L'équipe départementale EPS 1 du Var propose une classification des jeux collectifs s'appuyant non plus sur les conditions matérielles des jeux (grands terrains-petits terrain ; avec ou sans ballon...) mais sur le sens que l'élève donne à son action d'opposition. Elle distingue donc les jeux où l'élève doit atteindre une cible qui est son adversaire (les jeux de poursuite), des jeux où l'élève cherche à lancer un objet chez l'adversaire (les jeux de renvois), des jeux où l'élève cherche à déposer un objet au-delà d'une ligne (les jeux de transport), des jeux où l'élève cherche à passer à un partenaire de l'autre côté d'une ligne et des jeux où l'élève cherche à atteindre une cible.

Jeux collectifs de référence	Vers les jeux pré-sportifs
Les jeux traditionnels et jeux collectifs de poursuite (avec ou sans ballon)	Ces jeux s'appuient souvent sur des jeux dits « traditionnels » ou de cour de récréation. Dans ces jeux, il s'agit toujours pour un des groupes de toucher (avec la main ou avec un ballon) le plus d'adversaires possibles (ou d'attraper le plus de foulards possibles). Ces jeux portent souvent des noms très significatifs qui permettent à l'élève de comprendre qui est le poursuivi et qui est le poursuivant. **Exemples de jeux traditionnels ou jeux collectifs** *Avec objet à rattraper (foulard) : Les chats et les souris ; poules-renards vipères.* *Avec immobilisation (et délivrance) : Les sorciers délivrance (loups glacés).* *Avec adversaire à toucher : Les lapins et les chasseurs.* *Avec immobilisation (et délivrance) : La balle assise.*
Les jeux traditionnels et jeux collectifs de transport	Dans ces jeux, il s'agit toujours pour au moins un des groupes de transporter un objet ou un ballon et de le déposer au-delà d'une ligne adverse appelée « ligne d'en-but ». **Exemples de jeux traditionnels ou jeux collectifs** *« Les déménageurs », « le gagne terrain », « les éperviers déménageurs ».* **Exemples de jeux pré-sportifs** *Vers le rugby, vers la balle ovale.*
Les jeux traditionnels et les jeux collectifs de renvoi	Dans ces jeux, il s'agit toujours pour au moins un des groupes de renvoyer un ou des engins dans le camp de l'adversaire afin qu'ils y restent. Les points sont alors marqués quand les objets sont dans l'espace adverse ou qu'ils n'ont pu être renvoyés dans le camp adverse (retombent dans son propre camp ou sortent du camp adverse). **Exemples de jeux traditionnels ou jeux collectifs** *« Les balles brulantes ».* **Exemple de jeux pré-sportifs** *Vers le volley.*
Les jeux traditionnels et jeux collectifs de tir	Dans ces jeux, il s'agit toujours, pour au moins un des groupes, de transmettre un objet à un partenaire en le lui lançant, de remplir une cible protégée et/ou éloignée ou de renverser des objets éloignés et/ou protégés. **Exemples de jeux traditionnels ou jeux collectifs** *Passe à un partenaire dans une zone : La balle au capitaine.* *Tir dans une cible : Les balles dans le panier, remplir la caisse.* *Tir sur une cible : Les tours du château.* **Exemples de jeux pré-sportifs** *Vers l'ultimate, le basket-ball, le football, le handball, le hockey.*

B. La définition jeux de combat de préhension (ou jeux de lutte)

Les jeux de combat se distinguent des jeux collectifs par le fait qu'il s'agit non plus d'une opposition collective mais d'une opposition duelle (un combattant contre un autre combattant)

A l'école primaire seuls les jeux de préhension sont préconisés. Il n'y a donc pas de jeux de combat de percussion (boxe, boxe française...).

Les jeux de combat ou de lutte peuvent être définis comme des jeux de confrontation duelle dont le but est de déséquilibrer l'adversaire pour le contraindre à sortir d'une zone de combat (jeu « le sumo »), de lui faire toucher le sol avec une partie du corps (jeu « le retourne tortue ») ou de l'immobiliser (jeu « le stop fourmi »).

Les familles de jeux de lutte

Dans l'ouvrage *Le guide 3 en 1 - EPS en élémentaire* (RAAB, 2013), les auteurs définissent 5 familles de jeux de lutte.

Jeux de **gain de territoire** Le but sera de contraindre l'adversaire à sortir d'une zone de combat, à rester dans un espace délimité ou de pénétrer dans une zone interdite (exemple le Sumo).
Jeux en **position debout** Attention ! Ces situations ne doivent en aucun cas avoir pour but de provoquer une chute à terre ou une projection de l'adversaire ! Il s'agit souvent de jeux où l'élève doit récupérer un objet gardé par l'adversaire (exemple le pirate et le gardien de l'île ; le berger et son chien...).
Jeux de lutte **collectifs** Les situations et les jeux vécus collectivement telles que « l'épervier » ne sont pas des situations de référence mais permettent de répondre aux problèmes socio-affectifs rencontrés par certains élèves en réduisant le niveau d'appréhension d'une situation vécue sous forme de duelle (ex : dans une situation de type jeu de traversée le temps d'opposition est bref et l'élève peut choisir son adversaire voire même choisir de ne pas entrer en confrontation directe en profitant du fait que le défenseur est déjà pris par un autre adversaire). Ils permettent également la mise en place de stratégies. On peut faire vivre ces jeux en dispersion (les chats et les souris) comme en traversée (l'épervier). Il s'agit souvent pour l'élève de ne pas se faire attraper, immobiliser, prendre l'objet par les adversaires.
Jeux de **retournement** Le but pour l'élève est de retourner son adversaire sur le dos (ex : jeu de la tortue, jeu du hérisson...).
Jeux **d'immobilisation** Ces jeux finalisent souvent l'apprentissage. Il s'agit d'immobiliser l'adversaire. La finalité d'un apprentissage sera alors de retourner son adversaire et de le maintenir sur le dos 3s au moins. (ex : les stops fourmis ; les prisonniers en cage...).

C. La spécificité de l'enseignement des jeux (pré-sportifs) collectifs et des jeux de préhension à l'école

Dans ces jeux, il s'agit toujours de résoudre **seul ou à plusieurs** des problèmes posés par le déplacement d'un mobile (un adversaire ou un engin) **en s'aidant ou en coopérant** (dans le cas des jeux collectifs).

Les jeux traditionnels sont réglementés mais n'ont pas de règles institutionnalisées (il n'y a pas de fédération française du « loup dans la bergerie » ou de « balle au capitaine » !). Celles-ci dépendent souvent de la région où ils sont pratiqués.

ex : *Certaines régions jouent aux sorciers, alors que pour d'autres il s'agit du loup glacé.*

Les jeux de préhension ou les jeux de lutte sont des jeux duels qui opposent deux combattants. Cependant ceux-ci n'ont pas toujours le même but. Les jeux collectifs opposent au minimum deux équipes mais ces équipes ne sont pas nécessairement équilibrées en nombre et n'ont pas nécessairement les mêmes buts.

ex : *Dans le jeu des « stop fourmi », l'attaquant (l'araignée) tente d'immobiliser le défenseur (la fourmi). Dans le jeu des « chats et des souris », on oppose souvent 1/3 de chats et 2/3 de souris soit 10 souris pour 5 chats. De plus, si les chats doivent ramener le plus de queues de souris (foulards) possible, les souris doivent au contraire en perdre le moins possible.*

Quel que soit le jeu, **il n'y a pas de jeu sans résultat**. C'est pourquoi un jeu collectif ou de préhension se termine toujours par la défaite ou la victoire d'une des équipes ou d'un des combattants. Ce résultat peut être immédiat ou par comparaison à la fin de parties distinctes.

ex : *Dans le jeu des transporteurs (ou des déménageurs), l'équipe gagnante est l'équipe qui a vidé sa caisse en premier. Dans le jeu des chats et des souris, une rotation au rôle de chat sera nécessaire pour connaître l'équipe qui a attrapé le plus de foulards en tant que prédateur. Dans le jeu « retourne tortue » deux phases de jeu sont nécessaires : chacun des protagonistes devant passer au rôle de défenseur (« la tortue ») et d'attaquant (« le chasseur »).*

Pour les jeux de combat de préhension, à savoir des jeux d'opposition duelle, le résultat du combat est individuel.

Pour les jeux collectifs, le résultat de la rencontre est toujours collectif, il s'agit toujours d'un résultat d'équipe.

ex : *Dans le jeu dit du « dernier survivant », dont le but des joueurs est de faire sortir l'ensemble des joueurs et de rester le dernier sur le terrain de combat, même s'il est vécu collectivement, le résultat est bien un résultat individuel.*
Dans le cadre de l'enseignement des jeux collectifs à l'école maternelle, dans le jeu des chats et des souris, on ne regarde pas combien de foulards a attrapé chaque élève. On compte, au contraire, le nombre total de foulards amenés par tous les chats. C'est le résultat collectif qui prime sur le résultat individuel.

Dans les jeux collectifs, un joueur appartient à une équipe durant toute la durée du jeu. Il ne change pas d'équipe quand il est « touché » ou lorsqu'il a perdu la balle.

ex : *Dans le jeu « les lapins et les chasseurs », quand un lapin est touché, l'équipe des chasseurs marque un point. Le lapin ne devient pas chasseur, il reste lapin durant toute la durée du jeu. Ce même jeu, proposé dans sa variante « dernier survivant » (tout lapin touché devient chasseur) favorise au contraire l'entrée dans les jeux d'opposition duelle. Le résultat n'est plus collectif et l'élève n'agit plus pour son équipe mais pour lui-même. Un même jeu peut donc être un jeu de référence dans la pratique des jeux collectifs et un jeu d'entrée dans les activités de type jeu d'opposition duelle. Vous veillerez donc, dans chaque jeu collectif que vous proposerez dans le cadre des jeux collectifs, à ce que le résultat de l'action soit collectif et que l'élève appartienne toujours à la même équipe jusqu'à la fin du jeu.*

La cible des jeux de lutte et des jeux de préhension est le corps de l'adversaire. Ces activités nécessitent donc un contact rude entre les élèves.

Remarque L'enseignant veillera à faire évoluer progressivement l'élève d'une conquête d'objets faciles à attraper (ex : attraper le foulard de l'adversaire) à des objets plus complexes à récupérer de par l'opposition du corps de l'adversaire (ex récupérer un ballon tenu par l'adversaire, récupérer l'objet au milieu d'une zone protégée par le gardien de l'île...) à des conquêtes de territoire (ex : faire sortir l'adversaire, entrer dans une zone interdite...) pour terminer par des jeux de combat d'immobilisation ou de retournement où la cible première est le corps de l'adversaire (ex : maintenir l'adversaire sur le dos, retourner l'adversaire sur le dos).

D. Les enjeux de l'enseignement des jeux (pré-sportifs) collectifs et des jeux de combat de préhension à l'école

L'enseignement des jeux collectifs et des jeux de combat de préhension contribue au développement des compétences générales et aux domaines du socle. Les enjeux spécifiques de l'enseignement de ces pratiques à chaque cycle sont définis dans les ressources d'accompagnement téléchargeables sur le site www.eduscol.education.fr.

Les ressources d'accompagnement des programmes à consulter

- Pour la maternelle : document téléchargeable : « Ressources maternelle - Agir, s'exprimer, comprendre à travers l'activité physique - Objectif 4 : collaborer, coopérer, s'opposer » p. 4.
- Une partie plus spécifique traitant du développement des compétences « Jouer avec les autres » et « construire la règle » est développée. (p. 16-20)
- Pour le cycle 2 : document téléchargeable « Contribuer au socle-Apprendre en et par l'EPS » chapitre « Contribution du champ d'apprentissage 4 - Conduire et maîtriser un affrontement collectif ou interindividuel - aux compétences générales et aux domaines du socle ».
- Pour le cycle 3 : document téléchargeable « Conduire et maîtriser un affrontement collectif ou interindividuel - concevoir - Les enjeux de formation ».

Un enseignement soclé et transdisciplinaire (Citoyenneté et éducation morale et civique)

L'enseignement des jeux collectifs et des jeux de combat de préhension contribue particulièrement au développement de la compétence générale « Partager des règles, assumer des rôles et des responsabilités » et au domaine du socle « La formation de la personne et du citoyen ». Il contribue également à faire vivre les dimensions de l'éducation morale et civique.

Par leur pratique, ces activités permettent de développer les compétences sociales et civiques chez les élèves et aident ceux-ci à se préparer à bien vivre ensemble par l'appropriation de règles favorisant le jeu de tous. Ils donnent un sens aux règles et permettent de les acquérir. Par la nécessité de coopérer pour réussir, les jeux collectifs incitent l'élève à communiquer et à travailler en équipe, ce qui suppose savoir écouter, faire valoir son point de vue, négocier, rechercher un consensus, accomplir l'action selon la stratégie décidée par le groupe. Tout comme les jeux de préhension, ils imposent également un respect de l'autre et de son intégrité physique par le respect des règles d'or telles que je ne dois pas faire mal (et je ne dois pas avoir mal).

Enfin, parce que les jeux collectifs et les jeux de préhension à l'école se pratiquent avec tous et contre tous, ils favorisent le respect de soi, des autres, de l'autre sexe (il faut jouer ou combattre avec les filles comme avec les garçons), de l'autorité (arbitre), ainsi que la conscience que nul ne peut exister sans autrui.

Éduquer à l'autonomie et à la prise d'initiative. La recherche de gain d'un match ou d'un combat doit conduire l'élève à s'impliquer dans un projet individuel ou collectif. Mais au-delà de la simple pratique sportive, par la mise en œuvre de tournois ou de rencontres au sein de la classe ou de l'école (voire même inter-écoles), l'élève va se montrer capable de concevoir, de mettre en œuvre, de réaliser et de s'impliquer dans un projet collectif. En créant eux-mêmes le jeu, en conviant les autres classes et autres écoles, en répertoriant les personnes ressources et les partenaires potentiels (par exemple fédération partenaire : USEP – Union Sportive des Écoles Primaires) et en prenant des décisions quant aux règlements, l'organisation, la date de la rencontre, les élèves vont apprendre à passer des idées aux actes.

E. Les problèmes rencontrés et à résoudre par l'élève dans la pratique des jeux (pré-sportifs) collectifs et des jeux de combat de préhension

Dans la pratique des jeux collectifs, les élèves rencontrent des difficultés qu'ils auront à résoudre. Celles-ci se caractérisent souvent par des difficultés à se situer dans une équipe, dans un rôle (attaquant ou défenseur), à observer le jeu adverse, à développer une manipulation spécifique pour conserver la balle et attaquer la cible ou pour manipuler l'adversaire.

Les ressources d'accompagnement des programmes à consulter

Les problèmes spécifiques aux élèves de chaque cycle sont détaillés dans les ressources d'accompagnement.

- Pour la maternelle : document téléchargeable « Ressources maternelle- Agir, s'exprimer, comprendre à travers l'activité physique - Objectif 4 : collaborer, coopérer, s'opposer ».
- Pour le cycle 2 : document téléchargeable : « Transformer. Faire progresser les élèves - Ce qu'il y a à apprendre dans le champ d'apprentissage 4 - Conduire et maîtriser un affrontement collectif ou interindividuel ».
- Pour le cycle 3 : « Conduire et maîtriser un affrontement collectif ou interindividuel - Concevoir - L'explicitation des attendus de fin de cycle ».

F. Les composantes essentielles des jeux collectifs et des jeux de combat de préhension

Quel que soit le jeu, celui-ci se compose toujours :

- de règles liées à l'utilisation et à la manipulation du matériel, à l'organisation sociale et aux droits des joueurs, à l'espace de jeu ;
- d'une organisation sociale (rôle et fonctions des joueurs) ;
- d'une configuration spatiale (terrain) et temporelle (début et fin de match) ;
- de matériel support (engins, cibles) ;
- de réponses motrices spécifiquement développées et autorisées : courir, tirer, lancer, esquiver, poursuivre, passer, dribbler, bloquer, arracher, immobiliser…

2 Les programmes en jeux (sportifs) collectifs et jeu de combat de préhension (jeux de lutte)

La pratique des jeux collectifs et des jeux d'opposition à l'école maternelle permet à l'élève d'atteindre l'objectif **« collaborer, coopérer, s'opposer »**. À l'école élémentaire, elle permet l'élève de **« conduire et maîtriser un affrontement collectif ou interindividuel ».**

Les programmes présentent les compétences travaillées pendant le cycle. Les ressources d'accompagnement donnent, quant à elles, des repères aux équipes pédagogiques pour organiser la progressivité des apprentissages.

Les ressources d'accompagnement des programmes

- Pour la maternelle : document téléchargeable « Ressources maternelle - Agir, s'exprimer, comprendre à travers l'activité physique - Objectif 4 : Collaborer, coopérer, s'opposer ». Elles définissent les différents attendus en fonction des âges (p. 4) et y détaillent ce qui est à construire sur l'ensemble du cycle (p. 5).

- Pour le cycle 2 : document téléchargeable : « Transformer. Faire progresser les élèves - Ce qu'il y a à apprendre dans le champ d'apprentissage 4 – Conduire et maîtriser un affrontement collectif ou interindividuel. ». Elles complètent les propositions par des contenus spécifiques ainsi que des repères de progressivité pour l'enseignement des jeux pré-sportifs collectifs de type mini-handball et des jeux de lutte : Document à télécharger « Transformer. Faire progresser les élèves - « Ce qu'il y a à apprendre dans le champ d'apprentissage 4 : D'un jeu collectif avec ballon au mini-hand » et « Dans le champ d'apprentissage 4 : Les jeux de lutte ».
- Pour le cycle 3 : « Conduire et maîtriser un affrontement collectif ou interindividuel - Concevoir - L'explicitation des attendus de fin de cycle ». Elles présentent également des éléments pour construire des contenus à enseigner et des repères de progressivité pour l'enseignement du jeu pré-sportif « ultimate » ». Document à télécharger « Conduire et maîtriser un affrontement collectif ou interindividuel - transformer - Bâtir un module d'apprentissage en ultimate ». Elles proposent aussi à titre d'illustration un travail plus spécifique des attendus « S'organiser tactiquement pour gagner (...) » Document téléchargeable « Conduire et maîtriser un affrontement collectif ou interindividuel - transformer - Illustration en ultimate : s'organiser tactiquement pour gagner le duel ou le match (...)».

3 La démarche pédagogique en activités d'opposition duelle ou collective

L'enseignement des activités d'opposition duelles ou collectives, de par leurs contraintes et leurs spécificités, incitent à faire certains choix quant à la démarche pédagogique la plus appropriée.

A. Les contraintes particulières liées aux jeux (sportifs) collectifs

▸ En jeux collectifs et jeux de préhension, il faut jouer puis s'entraîner pour mieux jouer

Le départ de toute action d'enseignement dans le cadre du champ d'apprentissage « Conduire et maîtriser un affrontement collectif ou interindividuel » doit se faire à partir d'un jeu. L'élève, en partant d'un jeu global adapté, rencontre alors des difficultés à se reconnaître dans un rôle, à manipuler des engins, à manipuler son adversaire, à atteindre la cible et/ou à respecter des règles plus ou moins simples.

Remarque Trop souvent, les enseignants débutent l'enseignement des jeux collectifs par des ateliers de pratique destinées à renforcer la manipulation des enfants pour qu'ils puissent ensuite jouer. Au contraire d'être le point de départ de l'action, la manipulation d'engins doit venir compléter l'apprentissage de l'élève pour lui permettre de répondre à des problèmes posés dans le jeu. Le jeu est la situation de référence !

Le module doit toujours débuter par un jeu global qui donnera sens alors aux manipulations spécifiques à développer. L'enseignement des jeux collectifs ou de préhension ne doit pas se limiter à l'appropriation de techniques individuelles et collectives de manipulation spécifique. Il convient de privilégier chez les élèves des compétences organisationnelles et informationnelles (Avec qui je joue ? Contre qui ? Où je marque ?).

ex : *En Ultimate, trop souvent, l'entrée dans l'activité débute par la manipulation de frisbee à deux, puis à trois, immobiles puis en mouvement. Après quelques séances de manipulation et de jeux de manipulation, les élèves peuvent enfin jouer avec l'engin dans un jeu global appelé l'Ultimate. Or cette entrée est très éloignée de la volonté première de l'enseignement des jeux collectifs à savoir résoudre à plusieurs le moyen de faire parvenir le frisbee à un partenaire qui se place au dernier moment derrière la ligne du terrain adverse. Par cette entrée, la manipulation complexe de l'engin devient première et les élèves sont donc manipulateurs de frisbee avant d'être joueurs d'Ultimate. Il est préférable de proposer des jeux tels que « la balle au capitaine » qui posent le même problème que l'Ultimate, à savoir « transmettre un engin à un partenaire situé derrière la ligne adverse » mais qui se joue avec un engin plus facile à manier, à savoir la balle. Dès que les élèves auront construit les règles du jeu, les stratégies et les moyens pour monter vers la cible et différencié les rôles de chacun, il sera alors possible de proposer le même jeu avec le frisbee par exemple « le frisbee au capitaine ». Face aux difficultés de manipulation rencontrées lors de ce nouveau jeu global, les élèves devront alors pratiquer des situations de manipulation destinées à renforcer la manipulation du frisbee.*

‣ Dans les jeux collectifs et les jeux d'opposition il y a des gagnants et des perdants

Il n'y a pas de jeux sans victoire et sans défaite. Tout le sens du jeu naît de la volonté de marquer plus de points que l'équipe adverse ou que le combattant adverse. Sans cette volonté première, il n'y a pas de jeu.

Dès lors, à la fin de chaque rencontre, l'élève doit savoir s'il fait partie de l'équipe qui a gagné ou de celle qui a perdu ou s'il est le gagnant ou le perdant du combat.

ex : *À la fin de cette rencontre c'est l'équipe rouge qui a gagné car elle a ramené tous les objets dans sa caisse en premier. À la fin de cette rencontre, c'est Mathieu qui a gagné contre Manuel car il a retourné Manuel 3 fois alors que Manuel ne l'a retourné que 2 fois.*

Apprendre à perdre comme apprendre à gagner fait partie des objectifs de la pratique des jeux collectifs et des jeux d'opposition. L'enseignant peut cependant relativiser la défaite comme la victoire en ajoutant aux notions de victoire ou de défaite, la notion de score.

ex : *Il est plus facile d'accepter une défaite lorsque l'équipe adverse n'a que 2 foulards de plus sur 44 foulards à attraper. Il est plus facile d'accepter la énième défaite contre l'équipe des rouges lorsque, cette fois-ci, on a perdu 3 à 5 alors que la dernière fois la défaite était de 0 à 6 ou que lors de son combat on a retourné une fois de plus l'adversaire que la dernière fois.*

▸ En jeux collectifs, il n'y a pas que des jeux avec ballon

La pratique des jeux collectifs à l'école ne se limite pas à une succession de jeux avec ballon *(ballon prisonnier, balle assise ...)*. Les jeux de poursuite sans ballon doivent être abordés et développés. L'absence de manipulation complexe permet une appropriation plus facile des différents rôles, des stratégies collectives de montée vers la cible. Enfin, ces jeux connus de tous restent très malléables quant aux règles et permettent ainsi de donner du sens à celles-ci *(apporter des modifications aux règles établies pour « permettre le jeu »).*

ex : *Le jeu des sorciers-délivrance permet aux élèves de :*
- *différencier les rôles au sein du jeu (je suis sorcier et je poursuis les lutins) mais aussi au sein de l'équipe (pour les lutins, s'organiser en fonction de la situation « libérer ou fuir » ; pour les sorciers s'organiser en différenciant les rôles : je garde les prisonniers ou je vais toucher les adversaires) ;*
- *de construire des manipulations spécifiques telles que courir pour fuir, pour toucher un adversaire, toucher des partenaires pour les libérer, coordonner des actions de déplacement et de préhension ;*
- *de construire une action collective en fonction de la cible (protéger les cibles et chasser, fuir tout en s'approchant des partenaires pour les libérer) ;*
- *de respecter des règles de plus en plus complexes (ex : on ne peut être libéré que si le partenaire nous a touché la paume de la main ; on doit rester figé lorsqu'on a été pris...).*

▸ Ne pas enseigner un répertoire de jeux

Les jeux traditionnels, les jeux d'opposition, les jeux pré-sportifs sont très nombreux. Les programmes n'imposent aucun d'entre eux. L'enseignement des jeux collectifs et des jeux de préhension ne doit cependant pas se réduire à la mise en place de jeux puisés dans un répertoire. Le projet de l'enseignant se limiterait alors à la simple transmission d'une culture commune, à faire jouer des élèves ensemble et non pas à la maîtrise des compétences spécifiques. Enseigner les jeux collectifs et les jeux de préhension, c'est avant tout se poser les questions sur ce que l'on souhaite enseigner à travers ce jeu. L'enseignant peut faire évoluer progressivement le jeu et ainsi limiter le nombre de jeux qu'il va proposer. Il jouera alors avec chacune des variables didactiques et, en connaissant les effets de celles-ci, sur les conditions d'apprentissage de l'élève.

ex : *Le jeu des transporteurs est un jeu extrêmement adapté pour les élèves de maternelle. Dans ce jeu, deux équipes s'opposent de manière indirecte en vidant et en remplissant leur propre caisse. Il est possible de complexifier ce jeu, en opposant directement les deux équipes dans ce même jeu de transport. Deux ou trois élèves de l'équipe jaune, dans un espace restreint au milieu du terrain des joueurs rouges, vont pouvoir intercepter les joueurs rouges et récupérer les objets à transporter (ce sont des éperviers en cage). Ils déposent dans une caisse posée sur le côté les objets obtenus après avoir immobilisé leurs adversaires. Des éperviers de l'équipe rouge jouent eux sur le terrain de l'équipe jaune. Ce jeu s'appelle « les éperviers transporteurs (ou déménageurs) en cage ». Les défenseurs peuvent ensuite ne plus être limités dans les*

déplacements et peuvent alors agir sur tout le terrain adverse. On peut appeler ce jeu « les éperviers transporteurs ou les éperviers déménageurs ».

En fin de cycle 2, il est possible de demander de ne plus transporter des objets mais un seul ballon. Dès lors, les élèves vont devoir coopérer pour transporter ce seul objet au-delà de la ligne adverse. Ce jeu s'appelle « les éperviers transporteurs 1 ballon ».

Enfin, il est possible de demander à l'une et l'autre des équipes d'amener le ballon posé au sol de l'autre côté de la ligne adverse (il y a donc désormais une cible pour chaque équipe). Ce jeu peut s'appeler « le pose ballon ». En ajoutant progressivement des règles telles que le hors-jeu, l'interdiction de passer en avant, on peut progressivement appeler ce jeu « la balle ovale ».

Le jeu de « la tortue » peut évoluer d'un jeu où un élève tente de retourner son adversaire à un jeu où chacun des deux combattants tente de retourner l'autre. Puis on pourra ajouter une contrainte complémentaire dans la façon de marquer telle qu'il faut retourner ET immobiliser trois secondes l'adversaire sur le dos.

▸ L'élimination dans les jeux

Il n'est pas souhaitable d'éliminer les joueurs lorsqu'ils ont été touchés lors d'un jeu de poursuite, ou lorsqu'ils ont été sortis de l'espace de combat dans le cadre d'un jeu de type « conquête de territoire » par exemple. En effet, on peut supposer que le premier élève touché ou sorti de l'espace de jeu est sûrement l'élève le plus en difficulté. Il est donc celui qui a le plus besoin de pratiquer. Un système de point donné par joueur attrapé (ou sorti) peut permettre de continuer le jeu.

Remarque Pour les mêmes raisons, il n'est pas souhaitable de faire des prisonniers et de les mettre dans des camps. On préfèrera que l'élève touché soit figé sur place (ou accroupi) et qu'il puisse alors être libéré, soit en étant touché par un de ses partenaires, soit dans le cadre d'un jeu de poursuite avec ballon, qu'un partenaire lui fasse une passe directe. En regroupant tous les élèves dans un camp de prisonniers, il devient difficile de libérer les joueurs et le premier pris peut parfois rester prisonnier tout le jeu ! Ainsi, dans le jeu des chats et des souris, les chats doivent attraper les foulards des souris. Lorsqu'une souris a perdu son foulard, elle peut alors aller chercher un foulard dans la réserve des souris. Pendant ce temps, le chat dépose le foulard dans la marmite des chats.
Dans un jeu de combat de type « conquête de territoire », l'élève peut récupérer le « chouchou » (élastique de couleur) de son adversaire pour matérialiser ses réussites. L'élève sorti va chercher un nouveau « chouchou » pour entrer à nouveau dans le jeu. L'élève qui aura le plus de chouchous a gagné la rencontre.

Les ressources d'accompagnement des programmes à consulter

Les ressources d'accompagnement des programmes de maternelle définissent les conditions de la réussite d'un enseignement s'appuyant sur les jeux collectifs et les jeux d'opposition (p. 7-8).

L'évaluation en jeux collectifs

L'évaluation doit être individuelle et collective. Elle ne peut se résumer au simple résultat du match ou du tournoi. Elle doit prendre en compte le comportement de l'élève dans l'action collective et dans l'action d'opposition à l'adversaire.

ex : *Un élève peut être dans l'équipe qui a perdu tous ses matchs mais développer un niveau personnel de manipulation et de lecture du jeu de très bon niveau. A contrario, un joueur peut avoir gagné tous ses matchs avec son équipe et montrer un très faible niveau de participation ou de manipulation.*

Le but est le gain de la partie. C'est donc en référence au score que l'on pourra reformuler, modifier les procédures mises en œuvre. L'évaluation formative devra mettre en exergue certaines procédures et permettre aux élèves de s'interroger sur l'efficacité de celles-ci.

Les ressources d'accompagnement des programmes à consulter

- Les ressources d'accompagnement des programmes de maternelle définissent les indices de progression ainsi que les contextes de leur observation. Document téléchargeable : « suivi et évaluation à l'école maternelle - Évaluation : Agir, s'exprimer, comprendre à travers l'activité physique – Collaborer, coopérer, s'opposer ».
- Les ressources d'accompagnement des programmes de cycle 2 proposent 4 niveaux de repères pour évaluer les élèves dans la pratique d'un jeu collectif de type handball et celle de jeux de lutte. Document téléchargeable : « Évaluer les acquis des élèves - Dans le champ d'apprentissage 4 : D'un jeu collectif avec ballon au mini-hand » et « Évaluer les acquis des élèves - Dans le champ d'apprentissage 4 : lutte ».

Elles proposent également des repères de progressivité sur trois modules d'apprentissage dans les activités hand-ball et lutte. Document téléchargeable : « Transformer. Des contenus à enseigner et des repères de progressivité » - « Dans le champ d'apprentissage 4 : D'un jeu collectif avec ballon au mini-hand » et « Dans le champ d'apprentissage 4 : Les jeux de lutte ».

- Les ressources d'accompagnement des programmes de cycle 3 proposent des repères d'évaluation pour le jeu pré-sportif « ultimate ». Document téléchargeable : « Conduire et maîtriser un affrontement collectif ou interindividuel - Ultimate - repères d'évaluation ».

La gestion de l'hétérogénéité dans les jeux collectifs

Celle-ci est fondamentale. Il est nécessaire de conserver un rapport de force permettant une opposition dans laquelle le gain de la rencontre n'est pas connu à l'avance. Il faut donc que le niveau des équipes soit donc homogène. En revanche, à l'intérieur de chaque équipe, le niveau doit être hétérogène afin que les élèves puissent progresser.

Remarque Il arrive parfois que quelques élèves plus habiles monopolisent le ballon. Par ce jeu individuel, ils empêchent le partage du ballon et ne permettent pas aux partenaires d'essayer, de tenter, voire d'oser (et donc d'apprendre).
Dans les jeux collectifs, pour limiter ces comportements individuels, l'enseignant interdit parfois le dribble. Cette solution n'est pas satisfaisante, elle est même contraire au sens du jeu qui est de monter le plus rapidement vers la cible. L'élève qui traverse le terrain très rapidement, en perdant le moins de temps possible, pour conquérir la cible et marquer un point, prouve qu'il a tout à fait compris le sens du jeu. Il est donc préférable de mettre en place des situations qui permettront de rééquilibrer les rapports de force en aidant par exemple la défense.

ex : *On peut affecter un défenseur supplémentaire à la protection de la cible ou coefficienter les buts marqués par ces joueurs (le 1er but marqué vaut 4 points, le 2nd vaut 2 points et le 3e vaut 1 point. Les suivants ne valent plus que 0,5 point). L'équipe aura donc intérêt à faire marquer tous ses joueurs au moins une fois pour engranger le plus de points possible.*
Une autre solution peut consister à jouer avec des ballons peu gonflés. Le dribble de récupération peut être envisagé, mais il est très difficile de faire un long déplacement avec le ballon, les rebonds n'étant pas toujours fiables.

▸ La gestion de l'hétérogénéité dans les jeux de combat de préhension

La gestion de l'hétérogénéité est ici fondamentale tant du point de vue sécuritaire que de celui des apprentissages. Il est essentiel que chaque élève puisse être en capacité de réussir. Les situations collectives facilitent l'entrée dans l'activité de tous par cette mise en réussite de tous (ex : même si je suis sortie 5 fois de l'espace je fais partie de l'équipe qui a fait sortir le plus d'adversaire »)

Cependant l'activité de référence doit rester une situation « duelle ». C'est pourquoi plusieurs ouvrages proposent l'organisation des rencontres sous forme de « montée/descente » qui permet de réguler les niveaux de pratique et aux élèves de même niveau de se rencontrer.

Bien entendu, les programmes incitent à favoriser des groupes de rencontre mixtes.

B. La démarche d'enseignement en jeux collectifs

▸ La séance

La leçon en maternelle peut se constituer d'un jeu et d'une évolution possible. Aux cycles 2 et 3, la séance peut se composer de jeux d'échauffement (ou jeux de mise en disponibilité), d'une phase de jeu à thèmes et d'un temps de jeu global (ou de match ou de combat).

Les **jeux d'échauffement** permettent à l'élève de se rendre disponible à la technique individuelle, aux autres et aux spécificités de la séance.

ex : *Jeux pour rendre disponible aux autres : « si X s'arrête »... Si l'élève X s'arrête tout le groupe doit s'arrêter... Puis si ton partenaire s'arrête tu dois t'arrêter... Si un chasuble bleu s'arrête, etc. Puis si le maître te touche tu dois t'arrêter... Puis si un joueur bleu te touche tu dois t'arrêter...*